Silke Kaiser
Jüdische Identität in Deutschland und im Exil

Hamburger Historische Forschung | Band 7

Herausgegeben von Rainer Hering

Jüdische Identität in Deutschland und im Exil

Der Lebensweg des Wissenschaftlerehepaars Hans und Rahel Liebeschütz

von Silke Kaiser

2. aktualisierte und erweiterte Ausgabe

Hamburg University Press
Verlag der Staats- und Universitätsbibliothek Hamburg
Carl von Ossietzky

Impressum

BIBLIOGRAFISCHE INFORMATION DER DEUTSCHEN NATIONALBIBLIOTHEK
Die Deutsche Nationalbibliothek verzeichnet diese Publikation in der Deutschen Nationalbibliografie; detaillierte bibliografische Daten sind im Internet über https://portal.dnb.de abrufbar.

ONLINE-AUSGABE
Die Online-Ausgabe dieses Werkes ist eine Open-Access-Publikation und ist auf den Verlagswebseiten frei verfügbar. Die Deutsche Nationalbibliothek hat die Online-Ausgabe archiviert. Diese ist dauerhaft auf dem Archivserver der Deutschen Nationalbibliothek (https://portal.dnb.de) verfügbar.

DOI https://doi.org/10.15460/hup.264.2042

ISBN 978-3-943423-83-9

ISSN 1865-3294

COVERABBILDUNG
Wolfgang Liebeschuetz; Hamburger Bibliothek für Universitätsgeschichte

DRUCK UND BINDUNG
Books on Demand – BoD, Norderstedt

VERLAG
Hamburg University Press, Verlag der Staats- und Universitätsbibliothek Hamburg Carl von Ossietzky, Hamburg (Deutschland), 2023
http://hup.sub.uni-hamburg.de

Inhalt

Vorbemerkung zur zweiten Auflage

Rainer Hering

In den zwei Jahren seit Erscheinen dieses Buches hat sich die Universität Hamburg erneut an Rahel Liebeschütz-Plaut erinnert: Im Universitätsklinikum Hamburg-Eppendorf (UKE) wurde auf Initiative von Studierenden am 23. Februar 2023 – einhundert Jahre nach ihrer Antrittsvorlesung – mit einem hochkarätig besetzten Festakt ein Hörsaal nach Rahel Liebeschütz-Plaut benannt und somit in besonderer Form der ersten in Hamburg habilitierten Ärztin gedacht. Dabei sprachen ihre Enkelinnen Maggie Carver, Sue Liebeschuetz und Rachel Liebeschuetz sowie Hamburgs Zweite Bürgermeisterin Katharina Fegebank, die Dekanin der Medizinischen Fakultät Prof. Dr. Blanche Schwappach-Pignataro sowie andere Mitarbeiter und Mitarbeiterinnen des UKE und ein Student.

Im Jahr 2022 war mit Wolfgang Liebeschuetz zudem das letzte Kind des Ehepaars Liebeschütz verstorben. Wolfgang Liebeschuetz hatte die vorliegende Doppelbiografie seiner Eltern nachdrücklich gefördert. Auf der Trauerfeier am 23. August 2022 in der St. Peter's Church in Nottingham sprach Silke Kaiser über ihre Erinnerungen an „Wolf".

In die zweite Auflage der Biografie konnte Silke Kaiser nun Neuerscheinungen einarbeiten sowie bis dato unbekannte Quellen zur Entschädigung des enteigneten Wohnhauses in Dockenhuden, zum Gedenken des Fachbereichsrats Geschichtswissenschaft an Hans Liebeschütz und zur Verwaltung des Rudolph-Brach-Testaments ermitteln. Rahel Liebeschütz-Plauts Großvater Rudolph Brach (1829–1907) hatte in den USA mit Handel und Beteiligungen ein Vermögen gemacht, das er in diesem Testament aufteilte.

Daher ist es sehr zu begrüßen, dass diese lesenswerte Doppelbiografie, die an der Universität Hamburg als Dissertation angenommen wurde, nun in einer aktualisierten Neuauflage vorliegt.

Vorwort

Die biografische Dimension in der Universitäts- und Wissenschaftsgeschichte

Rainer Hering

Das Leben einzelner Personen, vor allem, wenn sie größere öffentliche Bedeutung gewonnen haben, hat Menschen schon lange fasziniert. Die Biografie (griech.: Lebensbeschreibung) ist eine angesehene literarische Gattung. Der Begriff Biografie entstand um 500 n. Chr. und wurde im späten 17. Jahrhundert in weitere europäische Sprachen übernommen. Inhaltlich wird eine individuelle Lebensgeschichte dargestellt, wobei neben der äußeren auch die geistige und psychische Entwicklung berücksichtigt wird. In der Geschichtswissenschaft wird die Vita einer Person in ihren gesellschaftlichen, sozialen und kulturellen Kontext eingebettet.

Hintergrund für das Entstehen von Lebensbeschreibungen im europäischen Kulturkreis war die besondere Betonung des Individuums gegenüber der Gesamtheit. In der klassischen griechischen Demokratie und in der frühen römischen Republik wurde der einzelne ausschließlich als Teil der Gemeinschaft verstanden, sodass es keine Biografien gab. Im Hellenismus und in der römischen Kaiserzeit wurden dagegen Biografien bekannter Dichter und Philosophen sowie Politiker geschrieben. Im europäischen Mittelalter entstanden die vielfach legendenhaften Viten von Heiligen und Märtyrern, die didaktische oder kirchliche Funktionen hatten, sowie die Porträts von weltlichen und kirchlichen Herrschern, die deren Taten rühmten. In der Renaissance und im Humanismus wuchs im Rückgriff auf die Antike das Interesse am Individuum; es entstanden neben Biografien auch Autobiografien. Nunmehr wurden nicht ausschließlich über Künstler, kirchliche oder politische Funktionsträger Biografien verfasst, sondern auch über (städtische) Bürger. Im 17. Jahrhundert wurde die Biografie zur eigenen literarischen Gattung. Seit der Aufklärung wurden neben den Taten und Werken die Bildung und innere Entwicklung der Menschen besonders herausgestellt. Im 18. und 19. Jahrhundert entstandene biografische Nachschlagewerke formulierten Ansprüche wie Exaktheit der Fakten und Quellenkritik an die jeweiligen Darstellungen. Biografische Quellen, wie Tagebücher und Briefe, wurden verstärkt herangezogen, um einen Lebensweg exakt nachzuzeichnen.

Für das 19. Jahrhundert waren Biografien im Zeichen des Historismus charakteristisch, der Geschichte als einmalige Abfolge nicht wiederholbarer Ereignisse und Konstellationen verstand. Wirkungsmächtig war hier die Kategorie des *Verstehens*, die historische Phänomene aus ihrer jeweiligen Individualität zu erklären versuchte und sie nicht aus allgemeinen Vermutungen über die Entwicklung der Geschichte ableitete. *Verstehen* war die zentrale methodische Erkenntnisweise der modernen Geschichtswissenschaft. Die Historiker sollten sich in einen Menschen „einfühlen" und Vergangenes intuitiv erfassen. Zur Zeit der Weimarer Republik trugen historische Romane sehr zur Popularisierung von Geschichte bei. In den späten Sechziger- und vor allem Siebzigerjahren des 20. Jahrhunderts verdrängten im wissenschaftlichen Bereich sozialwissenschaftliche Konzepte die individuellen Biografien für einige Jahre, sodass lediglich Kollektivbiografien positiv gewürdigt wurden, bei denen die Personen eines Kollektivs anstelle eines einzelnen Individuums im Vordergrund stehen. Die Pluralisierung der historiografischen Ansätze seit den Achtzigerjahren ließ jedoch das Interesse an Biografien einzelner wieder stärker hervortreten. Dabei wandelte sich der Blick von bedeutenden Personen im Rahmen von Alltagsgeschichte, Oral History, Kulturgeschichte, Historischer Anthropologie und Sozialgeschichte auf *kleine Leute*. Die Frauen- und Geschlechtergeschichte lenkte den lange Zeit männerzentrierten Blick auf das individuelle Leben der *großen* oder *kleinen* Frau. Ihr Leben wird in einen überindividuellen Kontext gestellt und unter verschiedenen Fragestellungen interdisziplinär, zum Beispiel auch von Volkskundlerinnen und Volkskundlern, untersucht. Dabei wird insbesondere das Verhältnis von Individuum und Gesellschaft thematisiert.

Die Kritik an der Biografie als historiografischer Gattung ist trotz dieser Auffächerung der Ansätze nicht verstummt. Im Kontext der Diskursanalyse wurde die Frage aufgeworfen, ob nicht eine chronologische Erzählform an sich einen Zusammenhang eines Lebensweges suggeriere, den es so nicht gegeben habe. Gerade autobiografische Darstellungen neigen vielfach dazu, rückblickend eine Vita als stringent auf den zur Zeit der Abfassung erreichten Zustand hin ausgerichtet zu schildern. Es ist zu vermuten, dass die Biografie in der geschichtswissenschaftlichen Diskussion auch weiterhin ein Thema bleiben wird.

Unabhängig von der akademischen Erörterung über die biografische Dimension der Geschichte ist festzuhalten: Das Interesse an Biografien ist den letzten Jahren weiterhin gestiegen. Komplexe Wirklichkeit wird gern in der Perspektive einer einzelnen Person nachvollziehbar gebündelt dargestellt gesehen. Vor allem in der größeren Öffentlichkeit wird Geschichte nach wie vor weitgehend als Geschichte von Personen verstanden. Am Beispiel von individuellen oder kollektiven Biografien lässt sich Geschichte sehr anschaulich vermitteln. Das gilt auch für die Universitäts- und Wissenschaftsgeschichte.

Die Hamburger Ärztin Rahel Liebeschütz-Plaut (1894–1993) war die erste Frau, die sich im Fachgebiet Physiologie habilitierte und somit eine herausragende Rolle in der Medizin- und Universitätsgeschichte einnahm. Die Tochter des Bakteriologen und Mykologen Hugo Carl Plaut (1858–1928) und seiner Frau Adele, geb. Brach (1867–1953), studierte zuerst Zoologie und dann Medizin in Freiburg, Kiel und Bonn. Nach Staatsexamen und Promotion wurde sie 1919 Mitarbeiterin am Physiologischen Institut der Universität Hamburg, wo sie sich 1923 habilitierte. Nachdem sie im folgenden Jahr Hans Liebeschütz (1893–1978) geheiratet hatte, musste sie ihre Stelle aufgeben, arbeitete als Ärztin und lehrte dort unentgeltlich bis zum Entzug der Lehrbefugnis als „Nichtarierin" 1933. Zwischen 1919 und 1925 publizierte sie mehr als 25 Arbeiten zu den Themen Muskelphysiologie, Stoffwechsel und Wärmeregulation. Sie wirkte nunmehr als Ärztin, zeitweise unterrichtete sie an einer jüdischen Hauswirtschaftsschule und am Israelitischen Krankenhaus Pathologie und Physiologie. Ende 1938 musste sie mit ihrer

Familie nach England emigrieren, wo ihre Examina nicht anerkannt wurden, sodass sie nicht weiter berufstätig sein konnte. Sie engagierte sich nach den der Familie gewidmeten Jahren karitativ für ältere Menschen – und entsprach so klassischen Rollenvorstellungen einer bürgerlichen Frau.

Auch ihrem Mann gelang es nicht wirklich, im akademischen Bereich Fuß zu fassen. Der Sohn des Arztes Samuel Liebeschütz (1859–1898) und dessen Frau Lizzy Olga Schönfeld (1867–1950) studierte Geschichte sowie Klassische Philologie. Der Fronteinsatz im Ersten Weltkrieg schädigte seine Gesundheit dauerhaft. Im Jahr 1920 wurde er in Heidelberg bei Karl Hampe (1869–1936) promoviert. Wieder in Hamburg war er einer der ersten Mitarbeiter der Kulturwissenschaftlichen Bibliothek Warburg. Von 1920 bis 1928 arbeitete er als Lehrer an verschiedenen Hamburger Realschulen, von 1929 bis zu seiner Entlassung als „Nichtarier" 1934 an der Lichtwarkschule, das bedeutende Reformgymnasium der Stadt, an dem auch das Ehepaar Hannelore (1919–2010) und Helmut Schmidt (1918–2015) zur Schule ging. Im Jahr 1922 begründete Liebeschütz mit anderen die Nehemia-Nobel-B'nai-B'rith-Loge. Er habilitierte sich 1929 an der Hamburger Universität mit einer Studie über das Weltbild Hildegard von Bingens (1098–1179) für mittelalterliche Philologie.

Nach seiner Entlassung wirkte er in der jüdischen Erwachsenenbildung in Hamburg und von 1936 bis 1939 an der Lehranstalt für die Wissenschaft des Judentums in Berlin. Im Frühjahr 1939 folgte er seiner Familie in die Emigration nach England. Dort unterrichtete er von 1942 bis 1946 an verschiedenen Schulen Latein, 1946 wurde er *Assistant Lecturer* und später *Reader* an der Universität Liverpool, an der er bis zu seinem Ruhestand 1959 mittelalterliche Geschichte vermittelte. Im Rahmen der „Wiedergutmachung" erhielt er an der Universität Hamburg den Titel eines außerplanmäßigen Professors und bot von 1960 bis 1963 Gastvorlesungen an. Sein inhaltliches Interesse galt zunächst dem Weiterleben klassischer Ideale im Mittelalter, seit dem „Dritten Reich" dem Verhältnis zwischen Deutschland und den Juden.

Rahel Liebeschütz-Plaut stammte aus einer sehr wohlhabenden Familie, ihr Mann Hans Liebeschütz aus weniger wohlhabenden Verhältnissen. Im Vergleich zu anderen Emigranten konnten sie gemeinsam immerhin einen gewissen Lebensstandard halten. Dennoch gelang es ihnen aufgrund ihrer Religionszugehörigkeit trotz der Habilitation nicht, dauerhaft eine Professur zu erlangen. Bei Rahel Liebeschütz-Plaut kam die Diskriminierung als Frau hinzu, die ihre akademische Laufbahn in Deutschland beendete.

Beide Lebenswege sind für die Universitätsgeschichte im 20. Jahrhundert exemplarisch von großer Bedeutung. Im Fall von Rahel Liebeschütz-Plaut kommt hinzu, dass es bei ihr als einer der wenigen Hochschullehrerinnen durch ihre Tagebücher und ihre Lebenserinnerungen möglich ist, ihr Leben und ihre Gedankenwelt nachzuvollziehen. Leider sind sonst kaum Nachlässe von Frauen, auch aus dem Wissenschaftsbereich, vorhanden, die einen derartigen Einblick ermöglichen. Das ist eine große Chance für die Universitäts- und Wissenschaftsgeschichte, die Silke Kaiser mit ihrer instruktiven Doppelbiografie genutzt hat. Sie zeigt in ihrer gut lesbaren Studie auf, wie wichtig für die Geschichtswissenschaft und das Geschichtsbewusstsein einer breiten Öffentlichkeit dem aktuellen Forschungsstand entsprechende, auf breiter Quellengrundlage verfasste Biografien sind. Das gilt gerade auch für die Universitäts- und Wissenschaftsgeschichte, die aus dem Schatten einer rein akademischen Disziplin heraustreten muss. Dazu leistet diese Untersuchung einen wichtigen Beitrag.

Vorwort

Prof. em. Dr. Wolfgang Liebeschuetz, FBA, FSA

Ich habe die lange Entstehungsgeschichte von der Magisterarbeit zum druckfertigen Manuskript von Frau Kaisers Buch *Jüdische Identität in Deutschland und im Exil* erlebt. Frau Kaiser hat sich immer wieder bei mir um Informationen erkundigt. Sie hat aber auch gründlich andere Quellen, zum Beispiel die Tagebücher meiner Mutter, gesucht, gefunden und benutzt. Frau Kaiser hat nicht nur das Schicksal meiner Eltern dargestellt, sondern auch dessen politischen Hintergrund, die Entwicklung des antisemitischen Naziregimes. Ich finde, dass Frau Kaiser versucht hat, die böse Zeit so vorurteilslos wie möglich (*sine ira et studio*) zu beschreiben, und, wie es mir jedenfalls scheint, ist ihr das auch gelungen. Ich meine, dass Frau Kaiser das Leben meiner Eltern in ihrer gefahrvollen Umwelt so dargestellt hat, wie es wirklich gewesen ist.

Nottingham, 26.9.2018

Einleitung

Zur Entstehung dieses Buches

Das deutsch-jüdische Wissenschaftlerehepaar Hans und Rahel Liebeschütz, geborene Plaut, ist nur wenigen bekannt. Ihren Lebensweg nachzuzeichnen, gleicht dem Legen eines Puzzles. Erst gibt es nur wenige Teile, aber je mehr sich davon finden, desto mehr Hinweise gibt es auf weitere. Schließlich ist es möglich, aus den vielen Einzelteilen ein Bild zusammenzufügen, das beiden Personen entspricht.

Rahel Plaut habilitierte sich als erste Frau an der Medizinischen Fakultät der Universität Hamburg, Hans Liebeschütz arbeitete als Historiker. Plauts vollständiger Name seit der Eheschließung war Rahel Liebeschütz-Plaut. Sie selber hat den Doppelnamen allerdings kaum benutzt. Ich habe mich daran orientiert und sie daher nach der Eheschließung Rahel Liebeschütz genannt. Hans Liebeschütz unterrichtete an der reformpädagogischen Lichtwarkschule und hatte einen Lehrauftrag an der Universität inne. Die Eheleute erlebten mit ihren drei Kindern die Nazi-Zeit in Hamburg, bis sie 1938 nach Großbritannien emigrierten. Ihr Schicksal ist exemplarisch für die Juden, die während der NS-Zeit in Deutschland gelebt haben und denen die Emigration gelang. Dieses Buch soll den Lebensweg des Paares darstellen und vor dem Vergessen bewahren.

Mein Interesse für die Geschichte jüdischer Menschen in der NS-Zeit entwickelte sich, als ich von 1991 bis 1998 in der Hamburger Willi-Bredel-Gesellschaft – Geschichtswerkstatt mitarbeitete. In diesem Rahmen schrieb ich einen Text zu dem Buch *Fuhlsbüttel unterm Hakenkreuz*, das von der Geschichtswerkstatt herausgegeben wurde. In meinem Beitrag *Jüdische Frauen in Mischehen – Schutz vor der Deportation?* interviewte ich eine jüdische Frau, die die Nazi-Zeit in Hamburg überlebt hatte.[1]

---

1 Silke Kaiser: Jüdische Frauen in Mischehen – Schutz vor der Deportation? In: Fuhlsbüttel unterm Hakenkreuz. Hrsg. von der Willi-Bredel-Gesellschaft-Geschichtswerkstatt e. V. Hamburg 1996, 73–82.

1994 begann ich, an der Universität Hamburg Geschichte zu studieren. Besonderen Eindruck hinterließ ein Seminar über Exil-Wissenschaftler, das ich bei Professor Rainer Nicolaysen besuchte. Von ihm erfuhr ich auch von der Familie Liebeschütz, die dann zum Thema meiner 1999 am Fachbereich Geschichte eingereichten Magisterarbeit wurde.[2]

Bei den Recherchen stieß ich auf die Erinnerungen von Rahel Liebeschütz, die sie 1978 beginnend für ihre Familie über ihr Leben in der NS-Zeit in Hamburg geschrieben hat: *My Memories of the Time when Hitler was Dictator of Germany*. Sie wurden meine wichtigste Quelle. Zusammen mit zwei Ordnern über Hans und Rahel Liebeschütz befinden sie sich in der Hamburger Bibliothek für Universitätsgeschichte. Außerdem konnte ich die Personalakten von Hans und Rahel Liebeschütz im Staatsarchiv Hamburg einsehen.

Nach diesen ersten Archivrecherchen nahm ich Kontakt zu Wolfgang Liebeschuetz (1927–2022), dem ältesten Sohn des Ehepaars, in Nottingham, Großbritannien, auf. In Deutschland hieß er Liebeschütz mit Nachnamen, nannte sich aber in England nach dem Krieg Liebeschuetz. Ich habe ihn daher, wenn es um die Kindheit und Jugend geht, Liebeschütz genannt und für die spätere Lebensphase verwende ich Liebeschuetz.

Anfang Februar 1999 fuhr ich nach England und führte dort ein Interview mit ihm, in dem er mir in sehr offener Weise viele interessante Informationen über seine Kindheit in Hamburg und über sein Elternhaus gab. In einem weiteren Interview mit Arnold Paucker (1921–2016), dem damaligen Direktor des Leo Baeck Institutes in London, der ein Kollege von Hans Liebeschütz gewesen war, erfuhr ich noch mehr über Hans Liebeschütz. Auf dieser Reise besuchte ich auch die Bodleian Library, die die Akten der Society for the Protection of Science and Learning (SPSL) archiviert, die jeweils einen Ordner über Hans und Rahel Liebeschütz bewahren. Mit den Ergebnissen meiner Archiv-Recherchen und den Interviews schrieb ich meine Magisterarbeit, die in erster Linie vom Leben der Familie Liebeschütz in der NS-Zeit handelt.

Während der Abschlussphase meiner Magisterarbeit erfuhr ich von der Existenz der Tagebücher von Rahel Liebeschütz, die sie von ihrer Kindheit

[2] Silke Kaiser: Rahel und Hans Liebeschütz – zwei jüdische Wissenschaftler der Hamburger Universität – ihr Leben unter dem Nationalsozialismus bis 1939 und im Exil in Großbritannien. Magisterarbeit (Geschichtswissenschaft). Ms. Hamburg 1999.

an bis ins hohe Alter geschrieben hat. Die Tagebücher werden von Maggie Carver (*1964), der Enkelin von Hans und Rahel Liebeschütz, verwahrt. Ich beschloss, diese Tagebücher einzusehen und ein Buch über das Leben des Ehepaars Liebeschütz zu schreiben.

In der Zeit von 2001 bis 2014 unternahm ich mehrere Forschungsreisen nach England und eine nach New York. Die erste Reise führte mich zur Familie Carver in London. Dort konnte ich die Tagebücher lesen. Rahel Liebeschütz hatte von 1902 bis 1978 täglich Tagebuch geführt. Zwei Kartons mit den Tagebüchern warteten auf mich. Zwar fehlen einige Bände, aber dennoch ergeben die bestehenden Bücher eine spannende Lektüre: Rahel Liebeschütz hat nicht nur das deutsche Kaiserreich, sondern auch die Weimarer Republik sowie die NS-Zeit und das Exil in England erlebt und in ihrem Tagebuch festgehalten. Es liest sich wie ein Geschichtsbuch, gespiegelt in den Alltagsbeobachtungen einer Augenzeugin.

Während meiner Englandreise konnte ich auch Irene Collins (1925–2015), eine frühere Kollegin von Hans Liebeschütz an der Universität von Liverpool, interviewen. Sie schrieb mir danach zudem über Hans Liebeschütz und seiner dortigen Tätigkeit. Im Archiv der Universität befindet sich auch der Nachlass von Hans Liebeschütz, den ich einsehen konnte.

Im April 2002 reiste ich nach New York, um die im Leo Baeck Institute verwahrten Dokumente über Hans und Rahel Liebeschütz einzusehen. Es handelt sich um die Familiengeschichten von Rahel Liebeschütz, die dort als Original liegen, sowie um Akten über Hans Liebeschütz.

Auf einer weiteren Reise nach England konnte ich nochmals die Tagebücher von Rahel Liebeschütz lesen und auch mit Ivan Hall (*1932), dem Schwiegersohn des Ehepaars Liebeschütz, sowie mit ihrem Neffen Gustav Plaut (1921–2006) sprechen. Letzterer verfasste für mich einen Bericht, in dem er schildert, wie ihn während der Nazi-Zeit in Hamburg andere Jungen aus antisemitischen Motiven heraus auf dem Weg von der Schule nach Hause schikanierten. Im September 2014 führte ich ein Interview mit Wolfgang Liebeschuetz und konnte bei der Familie Carver meine erste Textfassung durch eine stichprobenartige Untersuchung der Tagebücher überprüfen. Die Familie stellte mir zahlreiche Fotos der Familien Plaut und Liebeschütz sowie den Briefwechsel zwischen Hans und Rahel Liebeschütz zur Verfügung. Seit dieser Reise stand ich in regelmäßiger Korrespondenz mit

Wolfgang Liebeschuetz, der 2016 und 2017 noch zwei umfangreiche Texte über seine Familie verfasste. Auch sie stellen eine wertvolle Quelle für die Rekonstruktion des Lebensweges des Ehepaars Liebeschütz dar.

Rahel Plaut arbeitete auf dem Gebiet der Physiologie. Da ich aus einem naturwissenschaftlich geprägten Elternhaus komme – mein Vater war Zoologe an der Universität Hamburg – interessierte mich auch das wissenschaftliche Werk Rahel Plauts. Ich setzte mich daher mit dem Physiologen Ekkehart Rumberger in Verbindung, der mich in die Studien von Rahel Plaut einführte, und verfasste ein Kapitel über ihre wissenschaftliche Arbeit. Erst am 20. Oktober 1989 wurde ihre Arbeit im Rahmen der Hundertjahrfeier des Universitätskrankenhauses Eppendorf bei einem Festakt des Physiologischen Instituts zu Ehren von Rahel Liebeschütz-Plaut gewürdigt. Sie selber war zu dieser Ehrung als 95-Jährige aus England angereist. In seiner Laudatio betonte Ekkehart Rumberger vom Physiologischen Institut der Universität Hamburg die „bemerkenswerte Zähigkeit und Willensstärke", mit der sich die junge Wissenschaftlerin auf ihr neues Aufgabengebiet gestürzt hatte.

Wolfgang Liebeschuetz sprach am 25. Oktober 1991 in der Universität Hamburg in der Reihe *Als „Nichtarier" entlassen* über seinen Vater. Dieser Vortrag war Teil einer Reihe zum Gedenken an jüdische Wissenschaftlerinnen und Wissenschaftler der Universität Hamburg anlässlich des 50. Jahrestages des Beginns der Deportation.

Am 29. April 1994 fand in der Villa Plaut, dem Elternhaus von Rahel Liebeschütz im Blankeneser Ortsteil Dockenhuden, heute auf dem Gelände der Führungsakademie der Bundeswehr, eine Gedenkveranstaltung statt. Die Kinder und Neffen von Rahel Liebeschütz kehrten aus diesem Anlass noch einmal an den Ort ihrer Kindheit zurück. Es wurden Gedenktafeln zur Geschichte des Hauses und seiner einstigen Besitzer sowie zur Erinnerung an die jüdische Lehrerin der Kinder angebracht.

Das seit 2008 bestehende Mentoring-Programm für Klinikerinnen und Postdoc-Wissenschaftlerinnen wurde am 6. Oktober 2014 am Universitätsklinikum Hamburg-Eppendorf in einem Festakt nach Rahel Liebeschütz-Plaut benannt. Wolfgang Liebeschuetz und die Kinder seiner bereits verstorbenen Geschwister Hugo Liebeschütz (1929–1995) und Elisabeth Hall (1932–1995) sowie einige Enkelkinder waren aus England angereist, um der Veranstaltung beizuwohnen.

Auf dem Gelände des Universitätsklinikums Hamburg-Eppendorf befindet sich ein Stolperstein für Rahel Liebeschütz-Plaut.

Hans und Rahel Liebeschütz werden in dem dreibändigen, 1991 von Eckart Krause et al. herausgegebenen Werk *Hochschulalltag im „Dritten Reich". Die Hamburger Universität 1933–1945*[3] erwähnt. Auch in dem von Angela Bottin herausgegeben Band *ENGE ZEIT,*[4] der begleitend zu der vom 23. Februar bis 4. April 1991 stattfindenden Ausstellung *ENGE ZEIT* im Auditorium Maximum der Hamburger Universität 1991 erschien, ist ein Kapitel den beiden Liebeschütz' gewidmet. Über Rahel Liebeschütz gibt es eine Kurzbiografie in dem von Hendrik van den Bussche herausgegeben Band *Medizinische Wissenschaft im „Dritten Reich".*[5] Für den ersten Band der 2001 erschienenen *Hamburgischen Biografie* verfasste ich über Hans und Rahel Liebeschütz separate Beiträge.[6] Hans-Michael Schäfer verfasste 2006 einen Beitrag über Hans Liebeschütz, der in dem Band *Das Jüdische Hamburg. Ein historisches Nachschlagewerk* erschien.[7] 2008 folgte mein Beitrag über Hans Liebeschütz für das *Biographisch-Bibliographische Kirchenlexikon,* XXI. Band.[8] Im dritten Band der *Geschichte(n) der Medizin,* der 2016 von Oliver Erens und Andreas Otto herausgeben wurde, schrieb Doris Fischer-Radizi über Rahel

---

3 Hochschulalltag im „Dritten Reich". Die Hamburger Universität 1933–1945. Hrsg. von Eckart Krause u. a. (Hamburger Beiträge zur Wissenschaftsgeschichte 3). Berlin-Hamburg 1991.

4 Angela Bottin unter Mitarbeit von Rainer Nicolaysen: ENGE ZEIT. Spuren Vertriebener und Verfolgter der Hamburger Universität (Hamburger Beiträge zur Wissenschaftsgeschichte 11). Berlin-Hamburg 1992 [zuerst: Ausstellungskatalog, Hamburg 1991].

5 Hendrik van den Bussche (Hrsg.): Medizinische Wissenschaft im „Dritten Reich". Kontinuität, Anpassung und Opposition an der Hamburger Medizinischen Fakultät (Hamburger Beiträge zur Wissenschaftsgeschichte 5). Berlin-Hamburg 1989, 49 f.

6 Silke Kaiser: Hans Liebeschütz. In: Hamburgische Biografie. Personenlexikon. Hrsg. von Franklin Kopitzsch, Dirk Brietzke, 1. Hamburg 2001, 184 f.; Silke Kaiser: Rahel Liebeschütz-Plaut. In: Hamburgische Biografie. Personenlexikon. Hrsg. von Franklin Kopitzsch, Dirk Brietzke, 1. Hamburg 2001, 185 f.

7 Hans-Michael Schäfer: Hans Liebeschütz, in: Das Jüdische Hamburg. Ein historisches Nachschlagwerk. Göttingen 2006, 176.

8 Silke Kaiser: Hans Liebeschütz. In: Biographisch-Bibliographisches Kirchenlexikon, XXIX. Hrsg. von Traugott Bautz. Nordhausen 2008, 813–821.

Liebeschütz den Beitrag *Rahel Liebeschütz-Plaut. Die erste und einzige habilitierte Physiologin 1923 in Deutschland.*[9] In dem Band *Mit aller Kraft verdrängt. Entrechtung und Verfolgung „nicht arischer" Ärzte in Hamburg 1933–1945.*[10] von Anna von Villiez wird Rahel Liebeschütz in einer Kurzbiografie vorgestellt. Im Jahr 2019 erschien das Buch *Vertrieben aus Hamburg. Die Ärztin Rahel Liebeschütz-Plaut* von Doris Fischer-Radizi, das neben einer Biografie Rahel Liebeschütz-Plauts auch eine Übersetzung von *My Memories of the Time when Hitler was Dictator of Germany* und eine Darstellung ihres wissenschaftlichen Werkes beinhaltet.[11]

Eva-Maria Bast verfasste 2019 den Beitrag *Rahel Liebeschütz-Plaut. Die erste habilitierte Ärztin - Ein ungewöhnlicher Weg.*[12] Meine hier vorliegende Arbeit schildert zunächst die Kindheit und Jugend von Hans Liebeschütz und Rahel Plaut separat und verbindet die Darstellung ihrer Lebenswege vom Moment des Kennenlernens miteinander. Dabei werden die aus Tagebüchern, Erinnerungen und Archivdokumenten rekonstruierten Biografien in den historischen Rahmen eingebunden.

Zur Kindheit und Jugend von Hans Liebeschütz gibt es nur wenige Quellen, lediglich der undatierte Bericht Rahel Liebeschütz' für das Institut für Zeitgeschichte München gibt einige Informationen.[13] Dieses Dokument konnte ich in der Hamburger Bibliothek für Universitätsgeschichte einsehen, wo Kopien davon liegen. Ergänzen ließ sich der Bericht durch einen Vortrag, den Wolfgang Liebeschuetz 1991 an der Universität Hamburg über seinen Vater gehalten hatte. Zu Rahel Plauts Kindheit dagegen ist die Quellenlage sehr viel besser. Sie hat in ihren Erinnerungen an ihren Vater viel über ihre

[9] Doris Fischer-Radizi: Rahel Liebeschütz-Plaut. Die erste und einzige habilitierte Physiologin 1923 in Deutschland. In: Geschichte (n) der Medizin, 3. Hrsg. von Oliver Erens, Andreas Otte. Stuttgart 2016, 175–183.

[10] Anna von Villiez: Mit aller Kraft verdrängt. Entrechtung und Verfolgung „nicht arischer" Ärzte in Hamburg 1933 bis 1945 (Studien zur jüdischen Geschichte 11). Hamburg-München 2009.

[11] Doris Fischer Radizi: Vertrieben aus Hamburg. Die Ärztin Rahel Liebeschütz-Plaut (Wissenschaftler in Hamburg 2). Göttingen 2019, 337–338.

[12] Rahel Liebeschütz-Plaut. Die erste habilitierte Ärztin - Ein ungewöhnlicher Weg. In: Hamburger Frauen - Historische Lebensbilder aus der Stadt an der Elbe. Überlingen 2019, 22–28.

[13] IfZ MA 1500/37, o. Bl., Kopien in der Hamburger Bibliothek für Universitätsgeschichte, Rahel Liebeschütz über Hans Liebeschütz, Ordner Hans Liebeschütz.

Kindheit und ihre Familiensituation berichtet, hinzu kommt ein Text, den sie ausschließlich über ihre Kindheit und Jugend verfasst hat. Diesen habe ich in Kopie von Wolfgang Liebeschuetz erhalten. Die Erinnerungen von Rahel Liebeschütz an ihren Vater Hugo Carl Plaut werden im Leo Baeck Institut in New York als Original verwahrt, Kopien befinden sich in der Hamburger Bibliothek für Universitätsgeschichte. Da Rahel Plaut mit acht Jahren begann, Tagebuch zu schreiben, können auch die Tagebücher als Quelle für ihre Kindheit und Jugend genutzt werden.[14] Mit den genannten Quellen war es möglich, das anfänglich rudimentäre Datengerüst mit Leben zu füllen und die Kindheit und Jugend von Hans Liebeschütz und Rahel Plaut zu rekonstruieren.

Für die Zeit der Weimarer Republik waren zum einen die Personalakten der Universität Hamburg, die Vorlesungsverzeichnisse der Universität sowie die Tagebücher Rahel Plauts die wichtigsten Quellen. So ließ sich der berufliche Werdegang der beiden rekonstruieren und durch die Tagebücher nachvollziehen, wie sie sich kennengelernt haben. Für die Spätzeit der Weimarer Republik habe ich einen Briefwechsel zwischen Hans und Rahel Liebeschütz und die Tagebücher ausgewertet. Rahel Liebeschütz' Erinnerungen *My Memories when Hitler was Dictator of Germany* beginnen 1932. Sie werden in der Hamburger Bibliothek für Universitätsgeschichte verwahrt. Auf der Basis ihrer Tagebücher beschreibt Rahel Liebeschütz darin, wie die Familie in dieser Zeit lebte und wie die nationalsozialistische Bewegung Größe und Einfluss gewann. Von 1933 bis 1939 schildert sie, wie sich ihre Lebensbedingungen unter der NS-Herrschaft veränderten. Ich habe diese Erinnerungen als Grundlage für die Darstellung ihres Lebens in dieser Zeit genommen und immer wieder mit anderen Quellen abgeglichen. Ergänzend habe ich ein Interview herangezogen, das ich mit Wolfgang Liebeschuetz führte und in dem er mir über seine Kindheit in Hamburg und die Emigration erzählte. Stichprobenartig habe ich die Tagebücher herangezogen, um die Erinnerungen auf Plausibilität hin zu überprüfen und für manche Ereignisse die Tagebucheinträge wiedergegeben. Bei der Lektüre der Tagebücher fällt auf, dass Rahel Liebeschütz fast ausschließlich Fakten notiert hat,

---

14 ME 847, Rahel Liebeschütz. Hugo Carl Plaut, Part II, 1890–1928, Privatdruck 1976, Nachdruck London 1989, Kopien in der Hamburger Bibliothek für Universitätsgeschichte.

während ihre Gefühle unerwähnt blieben. Briefe und Dokumente von Hans Liebeschütz habe ich in der Bibliothek der Universität Liverpool einsehen und auswerten können.[15]

Für die Zeit des Exils konnte ich die Dokumente der Society for the Protection of Science and Learning (SPSL) auswerten, die in der Bodleian Library in Oxford aufbewahrt werden. Sie geben Aufschluss darüber, wie Hans Liebeschütz sich mithilfe dieser Organisation bemühte, eine Anstellung in England zu finden. Auch Rahel Liebeschütz nahm Kontakt zur SPSL auf, weil sie hoffte, irgendwann wieder wissenschaftlich arbeiten zu können. Der Bericht einer Kollegin von Hans Liebeschütz an der Universität Liverpool bot die Grundlage für die Beschreibung seiner Universitätszeit in England. Wichtige Informationen bezog ich durch das Interview mit Arnold Paucker, der ein langjähriger Kollege von Hans Liebeschütz am Leo Baeck Institut in London gewesen war. Außerdem lagen die Tagebücher vor, in denen Rahel Liebeschütz ihren Alltag skizzierte. Ein Interview mit ihrem Schwiegersohn Ivan Hall bot auch Informationen über ihre Tätigkeit im Women's Royal Voluntary Service, in dem sie sich viele Jahre lang um ältere Menschen kümmerte.

Biografisches Schreiben wird seit einiger Zeit wieder als wissenschaftliches Verfahren angesehen. Das liegt zum einen daran, dass sich die Geschichtswissenschaft seit den 1970er-Jahren dieser Darstellungsform neu geöffnet hat, aber auch daran, dass es mehr und mehr zu einer Theoretisierung des Genres gekommen ist. So ist die Ablehnung der Gattung Biografie als methodisch rückständig oder theoretisch naiv nicht mehr zeitgemäß. Vielmehr kann in verschiedenen historischen Fachdisziplinen von einer Renaissance der Biografie gesprochen werden.[16]

Es gibt beim Verfassen einer Biografie drei grundlegende Verfahren, um sich die Vergangenheit zu erschließen, nämlich Selektion, Konstruktion und Gegenwartsbezug. Sie werden als Erinnerungsprozesse bezeichnet, weil sie strukturelle Ähnlichkeit zum individuellen Erinnern haben. Erstens können

15 The University of Liverpool, University Library, Special Collection and Archives, Cache Hans Liebeschuetz, D 216/1.

16 Vgl. Anita Runge: Wissenschaftliche Biographik. In: Handbuch Biographie. Methoden, Traditionen, Theorien. Hrsg. von Christian Klein. Stuttgart 2009, 113–121, hier 113.

aus der Menge des vergangenen Geschehens nur einzelne Ereignisse ausgewählt werden, somit ist das Gedächtnis ein Selektionsapparat. Er funktioniert, indem das meiste des Erinnerbaren vergessen wird. Zweitens erfolgt ein Konstruktionsprozess, in dem ausgewählte Elemente verarbeitet werden. Drittens besteht eine Gegenwartsbezogenheit jeder Rekonstruktion der Vergangenheit. Es wird entsprechend den Bedürfnissen und Belangen der Gegenwart erinnert.

Eine Biografie wird verfasst durch die Verbindung historischer Quellen mit gegenwärtigem Wissen und Erkenntnisinteressen, mit aktuellen Auseinandersetzungen über die Vergangenheit und Theorien biografischen Schreibens.[17]

Die Biografie ist eine Gattung, die sowohl auf verschiedenen Ebenen Gedächtnis prägt als auch von Gedächtnis geprägt wird. Das Quellenmaterial, das die Grundlage der Biografie darstellt, besteht aus Erinnerungen der Biografierten und anderer Zeitzeugen, die in der Biografie verarbeitet werden. Aber auch das Lesergedächtnis spielt eine Rolle. Die Erinnerung an vorherige biografische Lektüre wird vom Leser bei neuen Biografien angeregt und bestimmt den Leseprozess. Umgekehrt kann die Biografie das Gedächtnis des Lesers beeinflussen nicht nur hinsichtlich seines Wissens über die biografierte Person, sondern auch im Hinblick auf seine eigene Lebenserfahrung. Die Biografie als Gedächtnisgattung ermöglicht es, die Aufmerksamkeit auf ihre kulturelle Erinnerungshaftigkeit zu lenken. So wird der Blick auf ihre Selektivität, Konstruktivität und Gegenwartsorientierung gerichtet.[18]

Die Vertreibung der Juden aus dem nationalsozialistischen Deutschland ist mit Zahlen und Erhebungen umfassend beschrieben. Gleichermaßen bedeutend ist die Beschreibung der Auswirkungen auf den Einzelnen, das heißt die konkreten Einzelschicksale. Nur die Erfassung beider Aspekte führt dazu, die Absurdität des nationalsozialistischen Systems darzustellen. Die Aufgabe der Biografie liegt darin, Menschen einen Zugang zur Geschichte zu ermöglichen, die über persönliche Berichte eher zu erreichen sind als durch strukturgeschichtliche Darstellungen.

---

17 Vgl. Astrid Erll: Biographie und Gedächtnis. In: Handbuch Biographie. Methoden, Traditionen, Theorien. Hrsg. von Christian Klein. Stuttgart 2009, 79–86, hier 82.

18 Ebd., 86.

Die Exilforschung, wie sie im Folgenden von Claus-Dieter Krohn beschrieben wird, ist in den 1960er-Jahren durch die Beschäftigung der Emigration aus dem nationalsozialistischen Deutschland nach 1933 ein eigenes Forschungsgebiet geworden.[19] Dies lag daran, dass im 20. Jahrhundert die Vertreibung ganzer Bevölkerungsteile aufgrund ideologischer, rassischer oder politischer Gründe zu einem Massenphänomen geworden war.

Die Exilforschungszentren wurden vor allem in Deutschland und auch in den Zufluchtsländern, insbesondere in den USA, gegründet. Insgesamt gab es etwa 500.000 Flüchtlinge aus Deutschland und den von ihm besetzten Gebieten. Wenn man sich ihre Lebensläufe ansieht, wird deutlich, dass ein beträchtlicher Teil von ihnen zur intellektuellen und kulturellen Elite gehörte. Es wird geschätzt, dass etwa 10.000 Künstler und Literaten emigrierten. Zusätzlich haben etwa 3.000 Personen ihre Arbeitsplätze an Universitäten verloren, von denen etwa 2.000 ins Exil gingen. Die Zahl der Filmschaffenden, Verleger und Buchhändler, die ins Exil gehen mussten, ist ebenfalls hoch.

Die Exilforschung widmet sich nicht nur den Umständen der Vertreibung, sondern untersucht auch den Nutzen, den die Exilierten für die Aufnahmeländer brachten, sowie den Verlust, den sie für das Vertreibungsland darstellten. Dabei unterscheidet sie zwischen zwei Gruppen von Exilanten. Zunächst beschäftigt sie sich mit der Gruppe derjenigen, die aus politischen Gründen Deutschland verlassen hatten und auf eine Rückkehr hofften. Diese betrachteten sich als das *Andere Deutschland* im *antifaschistischen Widerstand* gegen den Nationalsozialismus. Die zweite Gruppe umfasst die integrationswilligen Exilanten, zu denen auch viele jüdische Flüchtlinge, Wissenschaftler und Künstler gehörten. In der Forschung geht es hier in erster Linie um die Fragestellung, wie geistige Inhalte vom Vertreibungsland ins Aufnahmeland transportiert wurden und wie die Akkulturation verlief. Dieser Ansatz der Exilforschung unterscheidet sich deutlich von Untersuchungen über das *Andere Deutschland*, bei denen die nationale Orientierung im Mittelpunkt stand.

---

[19] Claus-Dieter Krohn, Exilforschung, Version: 1.0, in: Docupedia-Zeitgeschichte, 20.12.2012, https://doi.org/10.14765/zzf.dok.2.253.v1; siehe auch: Claus-Dieter Krohn (Hrsg.): Jüdische Emigration zwischen Assimilation und Verfolgung, Akkulturation und jüdischer Identität. Hrsg. im Auftrag der Gesellschaft für Exilforschung (Exilforschung. Ein internationales Jahrbuch, 19). München 2001; Claus-Dieter Krohn, Lutz Winckler in Verbindung mit Erwin Rotermund (Hrsg.): Exilforschungen im historischen Prozess (Exilforschung 30). München 2012.

Vor dem Beginn der Exilforschung herrschte in der BRD eine Kultur des Verdrängens, die eine Auseinandersetzung mit dem Thema verhinderte. In den 1960er-Jahren kam es jedoch zu einem Wandel: Ein wichtiger Auslöser waren die Eichmann- und Auschwitz-Prozesse. Darüber hinaus wurde der frühere Exilant Willy Brandt im Jahr 1966 zum Außenminister und 1969 zum Bundeskanzler ernannt. Ein weiterer Schub kam durch Werner Röders 1968 veröffentlichte Dissertation über *Die deutschen sozialistischen Exilgruppen in Großbritannien*[20]. Im Jahr 1965 sorgte eine Ausstellung der Deutschen Bibliothek in Frankfurt am Main im In- und Ausland für großes Interesse und setzte den Impuls für die beginnende Exilforschung. Diese hatte aufgrund ihres *antifaschistischen* Ansatzes mit Vorbehalten seitens konservativer Teile der Gesellschaft zu kämpfen, die sie hauptsächlich als politisch motiviert ansahen und deshalb nicht anerkannten.

In der Nachkriegszeit wurde das Thema Exil nicht nur aufgrund der Vertreibung aus dem nationalsozialistischen Deutschland, sondern auch aufgrund der Verdrängung in den Köpfen der Deutschen kaum beachtet. Um dem entgegenzuwirken, schlossen sich in den frühen 1970er-Jahren verschiedene Institutionen in der BRD mit dem Ziel zusammen, Dokumentationen zur Exilforschung zu erstellen. Das bedeutendste Ergebnis dieses Forschungsnetzwerks ist das *Biographische Handbuch der deutschsprachigen Emigration nach 1933*[21], das von Werner Röder und Herbert A. Strauss herausgegeben und von 1980 bis 1983 veröffentlicht wurde. Das Handbuch ist die erste umfassende Darstellung der Vertreibung aus dem nationalsozialistischen Deutschland, des Exils und der Emigration verschiedener sozialer Gruppen.

Zu Beginn der Exilforschung konzentrierte sich die Forschung eher auf die Analyse von Texten von Schriftstellern und Einzelbiografien. Bei der Beschäftigung mit Gruppenbiografien ging es häufig um Wissenschaftler, die bestimmten Schulen angehörten und Unterstützung von gegründeten Hilfskomitees erhielten.

---

[20] Werner Röder: Die deutschen sozialistischen Exilgruppen in Großbritannien: ein Beitrag zur Geschichte des Widerstandes gegen den Nationalsozialismus. Hannover 1968.

[21] Werner Röder, Herbert A. Strauss: Biographisches Handbuch der deutschsprachigen Emigration nach 1933. Berlin 1999, Jubiläumsausgabe Reprint 2016.

Herbert A. Strauss führte die wichtigste Studie über die jüdische Emigration in die USA durch: *Jewish Immigrants of the Nazi Period in the U.S.A.*[22] In seine Untersuchung bezog er auch Aspekte wie *Acculturation* ein. In den USA wurde bereits seit Langem eine wissenschaftliche Diskussion über den Begriff *Akkulturation* geführt, die auch von deutschen Emigranten geprägt wurde. 1937 fand an der New School for Social Research in New York ein Symposium statt, bei dem die *Interrelation of Cultures* diskutiert wurde. Hier entstand auch die Definition des Akkulturierten, der seine kulturellen Wurzeln bewahrt, aber gleichzeitig offen für die Kultur des Aufnahmelandes ist. Ein solcher Mensch lebt auf der Grenze von zwei kulturellen Welten und bildet daher einen neuen Persönlichkeitstyp.

Erst ab Ende der 1970er-Jahre begann auch in Deutschland die Forschung zur Akkulturation, als die Deutsche Forschungsgemeinschaft auch die Gruppe der Wissenschaftler in ihre Untersuchungen zum Exil von Schriftstellern und Politikern einbezog. Später wurde auch das Exil der Künstler und „kleinen Leute" in der Forschung thematisiert.

Bei der Betrachtung der Biografien von Hans und Rahel Liebeschütz wird deutlich, dass sie nicht zu jenen Flüchtlingen zählten, die das *Andere Deutschland* verkörperten. Beide verließen Deutschland nicht aus politischen Gründen, sondern weil sie als Juden in Deutschland keine Zukunft mehr sahen. Sie kehrten Deutschland den Rücken, weil es ihnen die Möglichkeit nahm, ihr Leben so zu führen, wie sie es sich vorgestellt hatten. Sie gingen nach England, weil sie die Hoffnung hatten, dass sich ihre Vorstellungen dort umsetzen ließen. Dabei ließen sie sich auf die andere Kultur ein, ohne sich vollständig zu assimilieren.

Während es eine ganze Reihe von männlichen Emigranten gab, die unmittelbar nach ihrer Flucht Berichte verfassten, in denen sie ihre Erlebnisse festhielten, waren Texte von Frauen zu diesem Thema lange Zeit nicht zu finden. Dies änderte sich erst, als 1992 der Band *Erinnerungen deutsch-jüdischer Frauen 1900–1990*[23] auf Deutsch erschien. Der Herausgeber Andreas Lixl-Purcell vermutet sogar, dass es vor allem Frauen waren, die später im Exil ihre Erinnerungen an die Flucht aus dem nationalsozialistischen Deutschland verfassten. Auch das Leo Baeck Institut in New York bewahrt in seiner umfangreiche Memoirensammlung eine ganze Reihe zwischen 1940 und 1945 von deutsch-jüdischen

---

22 Herbert A. Strauss: Jewish immigrants of the Nazi period in the U.S.A. New York 1978–1987.

23 Andreas Lixl-Purcell (Hrsg.): Erinnerungen deutsch-jüdischer Frauen 1900–1990. Leipzig 1992.

Frauen verfasste Berichte, die überwiegend noch ungedruckt sind. Es gibt also eine bestimmte Anzahl von veröffentlichten autobiografischen Texten, die von Männern über Flucht und Exil verfasst wurden, während die Berichte von Frauen überwiegend unveröffentlicht geblieben sind. Diese Frauen haben aus einer ganz bestimmten Haltung heraus geschrieben. Ihnen war es wichtig, ihre Geschichte zu überliefern, aber nicht an die Öffentlichkeit weiterzugeben. Sie wollten ihren Kindern und Enkelkindern Zeugnis ablegen von der Zeit der Verfolgung, der Flucht und den Erfahrungen des Exils. Die meisten dieser Berichte sind in den frühen 1970er-und 1980er-Jahren geschrieben worden. Ein Grund für die Verzögerung, mit der die Frauen ihre Erinnerungen verfassten, liegt darin, dass Memoiren und Autobiografien typische Alters-Genres sind. Außerdem setzt das Schreiben von Memoiren Erinnern voraus. Dieser Prozess kann schmerzhaft sein. Erst nach dreißig bis fünfzig Jahren scheint die zeitliche Distanz groß genug gewesen zu sein, dass die Emigrantinnen bereit waren, die Arbeit des Erinnerns auf sich zu nehmen.[24] Die genannten Beobachtungen über Memoiren und Autobiografien von deutsch-jüdischen Emigrantinnen treffen auch auf Rahel Liebeschütz zu. Auch sie hat erst im fortgeschrittenen Alter ihre Jugendberichte und ihre Erinnerungen über die Nazizeit verfasst, um ihren Kindern und Enkeln darzulegen, wie die Zeit ihrer Jugend, die der Verfolgung und Vertreibung sowie des Exils für die Familie gewesen war.

Erinnerungen werden immer mit einem zeitlichen Abstand und mit einer bestimmten Intention geschrieben. Sie müssen daher kritisch betrachtet werden. Erst einmal kann die Erinnerung fehlerhaft, sein, aber es ist auch möglich, dass durch die Absicht des Verfassers oder der Verfasserin Verzerrungen entstehen. Sachverhalte, die erwähnt werden, können durch das Wissen der Gegenwart verändert sein. So kann aus einem Erinnerungstext nicht geschlossen werden, dass die Verfasserin ihr Wissen schon zum Zeitpunkt des beschriebenen Ereignisses hatte, sondern eher, dass sie dieses Wissen zur Zeit des Verfassens erworben hatte. Ich habe stichprobenartige Vergleiche zwischen Tagebuchaufzeichnungen und Erinnerungen durchgeführt, um festzustellen, ob sie sich decken

---

24 Vgl. Gabriele Mittag: Erinnern, Schreiben, Überliefern. Über autobiographisches Schreiben deutscher und deutsch-jüdischer Frauen. In: Jahrbuch „Exilforschung". Hrsg. im Auftrag der Gesellschaft für Exilforschung von Claus-Dieter Krohn, Erwin Rotermund, Lutz Winckler und Wulf Köpke 11: Frauen und Exil. Zwischen Anpassung und Widerstand. München 1993, 53–67, hier besonders 53–55.

oder welche Unterschiede bestehen. In den meisten Fällen glichen sich Tagebuchaufzeichnungen und Erinnerungen, allerdings waren die Erinnerungen ausführlicher und brachten auch Hintergrundinformationen für den Leser, die die Tagebücher nicht enthielten. Auffällig ist außerdem, dass die Tagebuchaufzeichnungen sehr sachlich gehalten sind und keine Emotionen wiedergeben.

Wichtige Erklärungen zur Bedeutung von Tagebüchern finden sich bei Steuwer und Graf:[25] Immer mehr Geschichtswissenschaftler interessieren sich für Tagebücher von gewöhnlichen Leuten und nicht nur von Politikern. Sie wollen aus erster Hand erfahren, wie diese Personen früher über sich selbst und die Welt gedacht haben. Obwohl Historiker Tagebücher als Informationsquelle nutzen, haben sie bisher wenig darüber geforscht, wie Tagebücher entstanden sind und welche Formen sie haben können. Tagebücher werden oft nur als Aufzeichnungen von Ereignissen angesehen und weniger als Ausdruck der Gedanken und Gefühle des Schreibers. Tatsächlich sind Tagebücher jedoch ein klassisches Medium, in dem Menschen ihre eigene Sicht auf sich selbst und die Welt ausdrücken können. Deshalb sind Historiker daran interessiert, mehr über unbekannte Personen und ihre Gedanken und Perspektiven zu erfahren. Dabei betrachten sie auch, wie diese Perspektiven in den Tagebüchern dargestellt werden. Früher wurde angenommen, dass das Selbst und die Welt einfach und direkt wahrgenommen werden konnte. Heute wissen wir jedoch, dass die Darstellung dieser Aspekte in Tagebüchern von verschiedenen Faktoren beeinflusst werden kann, die ihrerseits nun von Historikern genauer untersucht werden.

Das Tagebuch wurde im 18. und 19. Jahrhundert als spezifisch bürgerliches Ego-Dokument betrachtet und hatte zu dieser Zeit im Bürgertum eine besondere Bedeutung als Teil einer Schreib- und Lesekultur, die dazu beitrug, bürgerliche Identität zu schaffen und sich von anderen Schichten abzugrenzen. Das Bürgertum unterschied sich dabei von analphabetischen Teilen der Bevölkerung und vom Adel, indem es eine Schriftkultur pflegte, während der Adel nonverbale Verhaltensformen, Gestik und körperliche Rituale als höfische Kultur pflegte.

---

25 Vgl. Janosch Steuwer, Rüdiger Graf: Selbstkonstitution und Welterzeugung in Tagebüchern des 20. Jahrhunderts. In: Selbstreflexion und Weltdeutungen. Tagebücher in der Geschichte und Geschichtsschreibung des 20. Jahrhunderts. Hrsg. von Janosch Steuwer und Rüdiger Graf. Göttingen 2015, 7–36, hier insbesondere 7–32.

Tagebücher spielten eine wichtige Rolle und waren eng mit zentralen Elementen des bürgerlichen Ideals verbunden. Doch gegen Ende des 19. Jahrhunderts änderte sich dies: Die Praxis des Tagebuchschreibens beschränkte sich nicht mehr nur auf das Bürgertum, sondern verbreitete sich auch in anderen Schichten der Gesellschaft. Gleichzeitig entstanden verschiedene Formen des Tagebuchschreibens.

Es gab fünf Gründe, warum sich Tagebücher im Laufe der Zeit verändert haben. Erstens haben sich die Arten von privaten Schreibweisen stark gewandelt. Zweitens wurden immer mehr Tagebücher veröffentlicht. Drittens haben auch Menschen aus niedrigeren sozialen Schichten Tagebücher geschrieben und dadurch öffentliche Aufmerksamkeit erhalten. Viertens gab es aufgrund von sozialen, wirtschaftlichen und politischen Veränderungen mehr Gründe zum Schreiben und mehr Interesse an Tagebüchern, wenn Individuen ihr Leben als historisch betrachteten. Fünftens haben sich im 20. Jahrhundert die Vorstellungen von Individualität und Selbst verändert, was dazu führte, dass es eine Vielzahl von verschiedenen Möglichkeiten gab, sich im Tagebuch auszudrücken. Diese fünf Prozesse führten zu einer Inflation des Tagebuchschreibens und zu dessen Verbreitung in der Gesellschaft. Gleichzeitig entstanden verschiedene Formen des Tagebuchschreibens, die sich voneinander unterschieden.

Im Bürgertum des 19. Jahrhunderts war das Führen eines Tagebuchs nicht nur ein persönliches Anliegen, sondern es diente auch dazu, die Verhaltensweisen und Regeln der eigenen sozialen Gruppe zu erlernen. Das Schreiben orientierte sich an prominenten Vorbildern und folgte klaren Genreregeln, wie zum Beispiel einer bestimmten Kodierung von Gefühlen. Das Tagebuchschreiben war eine Übung in bürgerlichem Selbstgefühl und half dabei, mentale und emotionale Eigenschaften zu erwerben und auszudrücken. Es war Ausdruck und zugleich Inszenierung von sozialer Identität. Als das Tagebuch in andere soziale Schichten verbreitet wurde, lösten sich diese Genreregeln auf. Dies hatte auch Auswirkungen auf den wissenschaftlichen Umgang mit Tagebüchern im 20. Jahrhundert. Die Interpretation von Tagebüchern aus vergangenen Zeiten konnte sich an formalen Genreregeln orientieren, aber aufgrund der Vielfalt von Tagebuchformen und Schreibpraktiken im 20. Jahrhundert ist dies nicht mehr möglich. Die Schreibpraktiken selbst müssen nun zum Gegenstand der Untersuchung werden.

Das Tagebuch unterscheidet sich durch eine spezifische Schreibdynamik von der Autobiografie. Während die Autobiografie zahlreiche Möglichkeiten hat, die Lebensgeschichte durch Hinzufügungen, Unterlassungen oder Erfindungen zu verändern, kann das Tagebuch das nicht. Ausgedachte Ereignisse müssten bei den folgenden Einträgen fortgesetzt werden, was unmöglich ist. Die Datierung ist ein fester Bestandteil des Tagebuchschreibens. Für Historiker sind Tagebücher besonders interessante Quellen, da sie Ereignisse wie zum Beispiel Erlebnisse und Gefühle auf eine Weise dokumentieren, die in anderen Quellen nicht zu finden sind. Allerdings stellen die schriftlichen Eigenschaften von Tagebüchern auch spezielle Anforderungen an die Auswertung durch Historiker. Da sie fortlaufend geschrieben werden, bieten umfangreiche Tagebuchaufzeichnungen nur begrenzte Einblicke in die Persönlichkeit und das Leben der Autoren. Dies liegt daran, dass die aufeinanderfolgenden Einträge kein zusammenhängendes Gesamtbild ergeben. Stattdessen behandeln Tagebuchautoren oft wiederholt die gleichen Themen, wodurch Tagebücher stark repetitiv und redundant sind.

Das Tagebuch verspricht, dass es die wahren Gedanken und Gefühle seines Verfassers widerspiegelt. Aber das ist nicht immer der Fall. Tatsächlich wird das Tagebuch von seinem Verfasser oft als Mittel genutzt, um Probleme und Phänomene zu erklären und zu interpretieren. Dabei beeinflusst das Tagebuch, wie der Autor über sich selbst und die Welt denkt. Es ist also nicht einfach eine ehrliche Darstellung des Selbst, sondern eher eine Art der Selbstgestaltung in einem bestimmten Medium. Um die Bedeutung eines Tagebuchs zu verstehen, muss man seine Funktionen in Bezug auf das Leben seines Verfassers genau untersuchen. Wenn wir Tagebücher als Werkzeuge der Selbstgestaltung und Welterschaffung betrachten und ihre Inhalte nicht als absolute Wahrheit nehmen, können sie uns Einblicke in vergangene Selbstreflexionen und Interpretationen der Welt geben.

Die Doppelbiografie von Hans und Rahel Liebeschütz versteht sich auch als Beitrag zur deutsch-jüdischen Geschichte. Die jüngere jüdische wissenschaftliche Geschichtsschreibung begann etwas später als die allgemeine moderne Geschichtswissenschaft.[26] Ihre Entstehung wurde durch die Aufklärung und den deutschen Historismus beeinflusst. Ihr Ziel war es, eine umfassende Geschichte

[26] Vgl. Shulamit Volkov: Die Juden in Deutschland 1780–1918 (Enzyklopädie deutscher Geschichte 16). München 1994, 73–82.

der Juden und des Judentums zu schreiben, die parallel zur neu entstehenden National- und Weltgeschichte verlief. Ab etwa 1820 wurde sie hauptsächlich von jüdischen akademischen Gelehrten verfasst.

Die vorhergehende Geschichte der Juden wurde entweder von christlichen Historikern geschrieben, die oft voreingenommen waren, oder von rabbinischen jüdischen Autoritäten. Historiker publizierten kritische Arbeiten größeren Umfangs erst im frühen 19. Jahrhundert, waren jedoch von ihrer Zeit geprägt. Isaak Jost verfasste Mitte des 19. Jahrhunderts eine mehrbändige *Geschichte der Israeliten*, die vom Kampf um die Emanzipation und vom zeitgenössischen innerjüdischen Disput über Reformen und Säkularisierung handelt.[27] In der ersten Generation akademisch gebildeter Juden war das Interesse an der deutschen Kultur und der Betonung von Literatur, Philologie und Philosophie weit verbreitet. Jost datierte den Beginn der neueren jüdischen Geschichtsschreibung auf 1740, das Jahr der Thronbesteigung Friedrichs II. von Preußen (1712–1786), und versuchte so, deutsche und jüdische Geschichte miteinander zu verbinden. Sein Hauptziel war jedoch, die Situation der Juden zu verbessern und ihre Gleichstellung zu erreichen. Er kämpfte dabei an zwei Fronten: Er wollte auf der einen Seite den Juden durch eine Neuinterpretation ihrer Geschichte bei den Nichtjuden mehr Respekt verschaffen, aber auf der anderen Seite auch Reformbestrebungen innerhalb des Judentums unterstützen. Er betonte die Einzigartigkeit der jüdischen Geschichte und Tradition, kritisierte jedoch auch das traditionelle Judentum, das durch einen übergroßen Einfluss der Rabbiner und die intellektuelle Isolation der Juden gekennzeichnet war.

Die neueren jüdischen Historiker fokussierten sich hauptsächlich auf die Entwicklung der religiösen jüdischen Literatur und suchten nach einer neuen Interpretation des Judentums. Wichtige Themen waren dabei die rechtliche Gleichstellung der Juden und deren Akkulturation. Das Ziel der Historiker war es, die erstarrte Tradition durch eine dynamische Entwicklung des Judentums zu ersetzen. Allerdings beschränkten sie sich bei der Darstellung der Geschichte weiterhin auf eine Sichtweise von innen. Die neueren jüdischen Historiker betrachteten die äußeren Ereignisse der jüdischen Geschichte als eine Abfolge von

---

27 Isaak Markus Jost: Geschichte der Israeliten seit der Zeit der Maccabäer bis auf unsre Tage: (in der ersten Hälfte des XIX. Jahrhunderts) 10. Neuere Geschichte der Israeliten Abt. 3 Culturgeschichte, nach den Quellen bearbeitet von J. M. Jost. Breslau [ca. 1857].

Unterdrückung und Verfolgung. Die Historiker dieser Zeit nutzten ihre Geschichtsschreibung hauptsächlich als Nachweis für das wachsende historische Bewusstsein innerhalb der jüdischen Gemeinschaft. Erst Heinrich Graetz, ein Gelehrter des 19. Jahrhunderts, schrieb eine umfassende Geschichte der Juden, die sowohl eine interne als auch externe, intellektuelle, soziale und politische Darstellung bot. Graetz' Werk *Geschichte der Juden von den ältesten Zeiten bis auf die Gegenwart*[28] wurde zwischen 1853 und 1876 veröffentlicht. Wie auch bei anderen Historikern seiner Zeit, konzentrierte sich Graetz auf die leidvolle Diaspora-Existenz der Juden, die von zahlreichen intellektuellen Errungenschaften unterbrochen wurde. Graetz versuchte jedoch, die Diaspora als Werkzeug zur Erfüllung einer kulturellen Mission des Judentums darzustellen, was typisch für die damalige Zeit war.

Simon Dubnow (1860–1941) veröffentlichte in russischer Sprache eine zehnbändige *Weltgeschichte* die später ins Deutsche übersetzt wurde, um das Standardwerk von Graetz zu ersetzen.[29] Sein Werk bietet eine umfassende Darstellung der jüdischen Geschichte im deutschen Kulturbereich und betont die Bedeutung der Geschichte der deutschen Juden für die Selbstdarstellung des modernen europäischen Judentums. Da in Deutschland eine relativ große jüdische Gemeinschaft die rechtliche Gleichstellung erreicht hatte, konnten dort die Folgen der Emanzipation besonders gut beobachtet und beurteilen werden. Dubnow analysierte die Auswirkungen verschiedener Reformströmungen am Beispiel der deutschen Juden, um das Schicksal einer modernen jüdischen Gemeinde, die offen für äußere Einflüsse war und zu Wohlstand und Ansehen gekommen war, zu untersuchen.

In den 1860er-Jahren entwickelte sich bei jüdischen und nichtjüdischen Wissenschaftlern ein wachsendes Interesse an der Geschichte der aschkenasischen Juden. Der christliche Historiker Otto Stobbe (1831–1887) veröffentlichte im Jahr 1866 gemeinsam mit Graetz eine *Geschichte der mittelalterlichen deutschen Juden in politischer, sozialer und rechtlicher Beziehung*.[30]

---

[28] Heinrich Graetz: Geschichte der Juden von den ältesten Zeiten bis auf die Gegenwart aus den Quellen neu bearbeitet. Leipzig 1853, Berlin 1996, Reprint der Ausgabe Leipzig.

[29] Simon Dubnow: Weltgeschichte des jüdischen Volkes. Von der Entstehung des Volkes Israel bis zum Ende der persischen Herrschaft. 3. Aufl., Berlin 1925.

[30] Otto Stobbe: Die Juden in Deutschland während des Mittelalters in politischer, sozialer und rechtlicher Beziehung, Berlin 1923.

In den 1880er-Jahren beschäftigte sich eine zweite Generation jüdischer Gelehrter mit der deutsch-jüdischen Sozialgeschichte und legte damit den Grundstein für eine eigene Geschichtsschreibung der deutschen Juden. Im späten 19. Jahrhundert begann das deutsche Judentum, sich seiner Identität bewusst zu werden, während zeitgleich der deutsche Nationalstaat entstand. Dies führte zur Erforschung einer Gesamtgeschichte des deutschen Judentums. Bald darauf ermöglichte die Gründung eines Gesamtarchivs der deutschen Juden erstmalig einen neuen wissenschaftlichen Zugang zu diesem Thema. Während der Zeit des Nationalsozialismus wurden trotz der dramatischen Ereignisse einige Werke veröffentlicht, darunter die *Geschichte der Juden in Deutschland* von Ismar Elbogen (1874–1943)[31] im Jahr 1935. Es war die erste Gesamtdarstellung dieser Art. In dieser äußerst schwierigen Zeit wurden noch einige weitere Arbeiten veröffentlicht, unter anderem Max Wieners (1882–1950) *Jüdische Religion im Zeitalter der Emanzipation*[32] und Jacob Letschinskys (1846–1928) Aufsatzsammlung *Das wirtschaftliche Schicksal des deutschen Judentums.*[33] Umfassendere geschichtswissenschaftliche Darstellungen über das deutsche Judentum wurden jedoch erst nach dem Zusammenbruch des Nationalsozialismus geschrieben.

Zahlreiche der Verfolgung in Deutschland entkommene jüdische Wissenschaftler, auch professionelle Historiker, Philosophen und Politologen begannen, in Großbritannien, den USA und dem damaligen Palästina zu arbeiten und zu publizieren. Sie hatten das starke Bedürfnis, die nationalsozialistische „Machtergreifung" und die Entwicklung des Antisemitismus zu untersuchen. Die besten Arbeiten über den Antisemitismus erschienen schon während des Krieges oder unmittelbar danach. Paul Massings (1902–1979) Buch *Rehearsal for Destruction* erschien bereits 1949 in New York.[34] Das Buch *Hostages of Civilization* von Eva Reichmann (1897–1998) wurde 1950 in

---

31 Ismar Elbogen: Geschichte der Juden in Deutschland. Berlin 1935.

32 Max Wiener: Jüdische Religion im Zeitalter der Emanzipation. Hrsg. und mit einem Nachwort versehen von Daniel Weidner, Berlin 2002.

33 Jacob Letschinsky: Das wirtschaftliche Schicksal des deutschen Judentums: Aufstieg, Wandlung, Krise, Ausblick. In: Schriften der Zentralwohlfahrtsstelle der deutschen Juden und der Hauptstelle für jüdische Wanderfürsorge, Berlin [1932?].

34 Paul W. Massing.: Rehearsal for Destruction. A study of political anti-semitism in imperial Germany, New York 1949.

London veröffentlicht.[35] Hannah Arendts (1906–1975) Werk *Elemente und Ursprünge totaler Herrschaft* von 1951 in englischer Sprache enthält nicht nur eine ausführliche Darstellung des Antisemitismus, sondern auch der Stellung der Juden in der europäischen Gesellschaft des 19. Jahrhunderts.[36]

1955 wurde das Leo Baeck Institut mit dem Ziel gegründet, die wissenschaftliche Forschung zur Geschichte der deutschsprachigen Juden seit der Zeit der Aufklärung zu fördern. Dazu gehörte auch das Sammeln von Material und die Veröffentlichung wissenschaftlicher Darstellungen. Die Bedeutung des Instituts für die Entwicklung der deutsch-jüdischen Geschichtsschreibung war enorm[37] und ist an folgenden drei Standorten tätig: Das Londoner Arbeitszentrum gibt das *Yearbook* heraus, das New Yorker Institut verfügt über ein umfangreiches Archiv und eine wertvolle Bibliothek, und die Jerusalemer Arbeitsgruppe ist für das *Bulletin* verantwortlich. Gemeinsam tragen sie dazu bei, eine neue Teildisziplin der neueren Geschichtsschreibung der Juden in Deutschland entstehen zu lassen.

Die Geschichtsschreibung der deutsch-jüdischen Geschichte erhielt Impulse aus den Forschungen auf mindestens drei Kontinenten. Nach der Flucht deutscher Juden im Jahr 1933 entstanden zunächst Forschungszentren in den USA, England und Israel. Seit den späten 1960er-Jahren entstand auch in der Bundesrepublik Deutschland ein neues Interesse an diesem Thema. Ein besonderes Augenmerk galt zunächst der Erforschung des Antisemitismus. Das bahnbrechende Buch *Er ist wie du* von Eleonore Sterling (1925–1968) wurde 1956 veröffentlicht.[38] Das oben erwähnte Werk von Hannah Arendt erschien 1955 in deutscher Sprache, Eva Reichmanns Buch im Jahr 1956 und Paul Massings erst 1959.[39]

---

35 Eva Reichmann: Hostages of Civilization. London 1950.

36 Hannah Arendt: The Origins of Totalitarism. New York 1951.

37 Ruth Nattermann: Deutsch-jüdische Geschichtsschreibung nach der Shoa. Die Gründungs- und Frühgeschichte des Leo Baeck Institute. Essen 2004, 11–12.

38 Eleonore Sterling: Er ist wie du. Aus der Frühgeschichte des Antisemitismus in Deutschland (1815–1850), Vorwort von Karl Schmid. München 1956.

39 Hannah Arendt: Elemente und Grundlagen totalitärer Herrschaft: Antisemitismus, Imperialismus, Totalitarismus. München 1955; Eva Reichmann: Die Flucht in den Hass: die Ursache der deutschen Judenkatastrophe. Frankfurt/Main 1956; Paul W. Massing: Vorgeschichte des politischen Antisemitismus. Aus dem Amerikanischen übersetzt und für die deutsche Ausgabe bearbeitet von Felix J. Weil. Frankfurt/Main 1959.

Gleichzeitig entwickelte sich in der Bundesrepublik Deutschland ein neues Interesse an der Erforschung der Geschichte einzelner nicht mehr existierender jüdischer Gemeinden. Die ersten Erinnerungsbände stammten vor allem von ehemaligen Gemeindemitgliedern, die oft Überlebende des Holocausts waren. Diese lokalen Studien sammelten wichtige Materialien und Informationen, ihre Bedeutung war eher erzieherisch-politisch. In der deutsch-jüdischen Geschichtsforschung dominierte immer noch die Geistesgeschichte, mit wichtigen Vertretern wie Martin Buber (1878–1965), Hermann Cohen (1842–1918) und Franz Rosenzweig (1886–1929). Die älteren Schriften von Max Wiener (Jüdische Religion) und Hans-Joachim Schoeps (Jüdische Religionsphilosophie) wurden erneut gelesen.[40] Eine neue Veröffentlichung war das Buch von Wanda Kampmann (1903–1978) mit dem Titel *Deutsche und Juden*.[41]

In den späten 1960er-Jahren entstand ein zunehmendes Interesse an Sozialgeschichte, wovon die Teildisziplin der jüdischen Geschichte besonders profitierte. Das Zentrum der deutsch-jüdischen Geschichtsschreibung verschob sich geografisch zurück nach Deutschland. Im Jahr 1968 veröffentlichte Reinhard Rürup (1934–2018) den Essay *Judenemanzipation und bürgerliche Gesellschaft in Deutschland*,[42] der ein Jahr später in englischer Sprache im *Yearbook* des Leo Baeck Instituts abgedruckt wurde.

Die jüngere Generation deutscher Historiker begann in den 1960er-Jahren, verstärkt an sozialgeschichtlichen Untersuchungen zu arbeiten. Gleichzeitig entwickelte sich eine neue Zusammenarbeit mit älteren jüdischen Historikern, die meist im Ausland lebten. Diese Zusammenarbeit führte dazu, dass Deutschland wieder zum Zentrum der deutsch-jüdischen Geschichtsschreibung wurde, die sich nun eher auf soziale und politische als auf traditionelle kulturelle Aspekte konzentrierte. In diesem Zusammenhang veröffentlichte Monika Richarz 1971 ihre Dissertation über den Eintritt der Juden

---

40 Hans-Joachim Schoeps: Jüdischer Glaube in dieser Zeit. Geschichte der jüdischen Religionsphilosophie in der Neuzeit. Jüdisch-christliches Religionsgespräch in neunzehn Jahrhunderten, mit einer Einleitung von Friedrich Wilhelm Kantzenbach. Nachdruck der Ausgabe Berlin 1932, Berlin 1935, Frankfurt/Main 1949, Hildesheim 1990.

41 Wanda Kampmann: Deutsche und Juden: die Geschichte der Juden in Deutschland vom Mittelalter bis zum Beginn des Ersten Weltkriegs. Frankfurt/Main 1979.

42 Reinhard Rürup: Judenemanzipation und bürgerliche Gesellschaft in Deutschland. In: Gedenkschrift für Martin Göhring. Wiesbaden 1968, 174–199.

in akademische Berufe,[43] während Arno Herzigs Studie *Judentum und Emanzipation in Westfalen*[44] 1973 erschien. Auch in Israel erstarkte seit den späten 1950er-Jahren das Interesse an der Geschichte der Juden in Deutschland, das sich mehr auf Sozialgeschichte konzentrierte, obwohl die Geistesgeschichte an israelischen Universitäten nach wie vor einen hohen Stellenwert hatte. Ein wichtiger Beitrag zur deutsch-jüdischen Geschichte in Israel war das Buch *Tradition and Crisis*[45] von Jacob Katz aus dem Jahr 1958, das die frühneuzeitliche Geschichte umfasst.

Ein wachsendes Interesse an der deutsch-jüdischen Geschichte ergab sich auch aufgrund von intellektuellen Entwicklungen, die sich hauptsächlich in den USA vollzogen. Die zunehmende Beschäftigung mit den Ethnic Studies – indirekt ein Ergebnis der Bürgerrechtsbewegung und des wachsenden Selbstbewusstseins der Afroamerikaner – gab der jüdischen Geschichte einen neuen Impuls. Fortschritte in der Soziologie und die zunehmende Bedeutung der Sozialgeschichte ermöglichten die Untersuchung neuer historischer Probleme und die Anwendung neuer Methoden. Dies führte zu einem stärkeren Anreiz für junge Wissenschaftler, die Geschichte ihrer europäischen Vorfahren zu studieren. Das Leo Baeck Institut in New York wurde bald zum Zentrum für junge Forscher.

Die Bemühungen, Quellen für das Studium des deutschen Judentums zu sammeln, waren ebenfalls von Erfolg gekrönt. Neben dem Archiv des Leo Baeck Instituts in New York entstand eine bedeutende Sammlung deutscher Quellen im Zentralarchiv für die Geschichte des jüdischen Volkes in Jerusalem.

Durch Vereinbarungen mit den zuständigen Behörden in der Bundesrepublik gelangten viele Gemeindeunterlagen entweder in das Zentralarchiv oder wurden von israelischen Wissenschaftlern kopiert. Eine reichhaltige Quelle für jüdisches Leben sind Zeitschriften, Zeitungen und Lokalblätter, die heute in der Nationalbibliothek in Jerusalem aufbewahrt werden. Auch

---

43 Monika Richarz: Der Eintritt der Juden in die akademischen Berufe. Jüdische Studenten und Akademiker in Deutschland 1678–1848, mit einem Geleitwort von Adolf Leschnitzer (Schriftenreihe wissenschaftlicher Abhandlungen des Leo-Baeck-Instituts 28). Tübingen 1974.

44 Arno Herzig: Judentum und Emanzipation in Westfalen (Veröffentlichungen des Provinzialinstituts für Westfälische Landes- und Volksforschung des Landesverbandes Westfalen-Lippe, Reihe 1 (17). Münster 1973.

45 Jacob Katz: Tradition and Crisis. Jewish society at the end of the Middle Ages. New York 1961.

die Bibliothek Germania Judaica in Köln besitzt eine gute Sammlung. Besonders interessant für Historiker sind Memoiren. Deutsche Juden scheinen eine starke Neigung zur Selbstreflexion gehabt zu haben. Neben vielen gedruckten Autobiografien verfügt das Leo Baeck Institute in New York über eine Sammlung von fast tausend Memoiren oder Familienchroniken in Manuskriptform, die für Historiker von unschätzbarem Wert sind. Monika Richarz veröffentlichte eine Auswahl aus diesem Material in *Jüdisches Leben in Deutschland*.[46] Inzwischen sind noch viele weitere Quellen hinzugekommen, die noch ausgewertet werden können.

Die Doppelbiografie von Hans und Rahel Liebeschütz versteht sich außerdem auch als Beitrag zur Frauen- und Geschlechtergeschichte.[47] Dieser Bereich der Geschichte war in den frühen 1970er-Jahren ein völlig unerforschtes Gebiet. Eine wachsende Anzahl von Forscherinnen begann jedoch, sich in diesem Bereich zu engagieren. Diese Frauen waren von der neuen Frauenbewegung inspiriert, kamen aus verschiedenen Disziplinen und waren von den akademischen Traditionen ihrer Heimatländer geprägt. Anfangs gingen sie eher vorsichtig als zielgerichtet vor. Sie mussten sich mit professionellen Widerständen auseinandersetzen und sich um materielle und personelle Unterstützung bemühen. Darüber hinaus war es notwendig, schwierige inhaltliche, methodische und theoretische Übereinstimmungen zu erzielen, was oft konfliktreich war. Bis Anfang der 1990er-Jahre hatte sich die Geschlechtergeschichte in vielen Ländern zu einem wichtigen Teil der Geschichtswissenschaft entwickelt und wurde als unverzichtbar für jede historische Gesellschaftsanalyse angesehen. Allerdings bedeutete dies noch nicht, dass sie in den Entwürfen der Gesellschaftsgeschichte konzeptionell und in der Forschungspraxis einen akzeptierten Platz hatte.

Die Geschlechtergeschichte nahm ihren Anfang, als die Geschichtswissenschaft begann, die Vorherrschaft der althergebrachten Politikgeschichte zu überwinden. Sie entwickelte Ansätze wie Sozial-, Wirtschafts-, Arbeiter- und Mentalitätsgeschichte, um eine neue Gesellschaftsgeschichte zu schaffen. Dabei wurden folgende Fragen aufgeworfen: Wie war es, als Mann oder

---

46 Jüdisches Leben in Deutschland. Selbstzeugnisse zur Sozialgeschichte. Hrsg. und eingeleitet von Monika Richarz (Veröffentlichungen des Leo-Baeck-Instituts). Stuttgart 1976.

47 Vgl. Karin Hausen: Geschlechtergeschichte als Gesellschaftsgeschichte (Kritische Studien zu Geschichtswissenschaft 202). Göttingen 2013, 7–11.

Frau in vergangenen Gesellschaften und Kulturen zu leben und zu arbeiten? Wie beeinflusste die herrschende Geschlechterordnung die historischen Gesellschaften?

In den 1970er- und 1980er-Jahren begannen Frauen, die Durchführung frauenspezifischer Forschungsprojekte zu fordern. Die Neuausrichtung der Projekte führte unter anderem dazu, dass männliche Wissenschaftler nun ihre Positionen im Wissenschaftsbetrieb verteidigten. In diesem Konflikt warfen männliche Wissenschaftler ihren weiblichen Kolleginnen manchmal eine unwissenschaftliche Herangehensweise vor. Trotzdem erreichte es die neue Frauenbewegung, diese Auseinandersetzung öffentlich zu machen. Dies weckte ein Interesse für die Geschichte der Geschlechterverhältnisse, deren Struktur lange Zeit als natürlich angesehen wurde und dabei Männer bevorzugte.

Auch die herkömmliche Praxis, bei wissenschaftlichen Analysen die grundlegende gesellschaftliche Ordnung der Geschlechterverhältnisse auszuschließen, geriet in die Kritik. Es wurde offenbar, wie sehr in der Forschung über Frauen oder Männer in allen Disziplinen von einem natürlichen und normalen Geschlechterverhältnis ausgegangen wird und wie selbstverständlich es ist, wenn ausschließlich an Männer gedacht und Frauen ausgeschlossen werden. Die feministischen Wissenschaftlerinnen reagierten auf diese wissenschaftlich nicht legitimierte Unterlassung mit der Forderung, Geschlecht als grundlegende Kategorie anzuerkennen und in der Forschungspraxis anzuwenden. Darüber hinaus forderten sie zu prüfen, wie sich diese Innovation auf die bisherige Forschung und vermeintlich gesicherte Erkenntnisse auswirkt.

Mit zunehmendem Erfolg der feministischen Bewegungen, die Ende der 1960er-Jahre international für mehr Chancengleichheit für Frauen kämpften, gewann die Geschlechtergeschichte in der Geschichtswissenschaft an Anerkennung. Ausschlaggebend dafür war, ob und wie viele Wissenschaftlerinnen beruflich an Universitäten, Fakultäten und Instituten arbeiteten und welche Einflussmöglichkeiten sie dort hatten, um Forderungen der Frauenbewegung in die Universitäten und in die akademische Lehre und Forschung zu bringen. Entscheidende Impulse kamen hierfür aus den USA und aus Großbritannien. Internationaler Austausch und praktizierte Interdisziplinarität waren auch in Deutschland von Anfang an Bestandteil der historischen Frauenforschung.

Die Frauenforschung hatte als wichtiges Ziel, die patriarchalische Männergeschichte aufzudecken und so zu einer umfassenden Geschlechtergeschichte zu gelangen. Es war offensichtlich, dass sowohl Frauen in der Geschichte eine historisch angemessene Bedeutung bekommen mussten wie auch die Geschichte von Männern und Männlichkeit. Erst so konnte die wechselseitige Beziehung zwischen Frauen, Männern und Gesellschaft untersucht werden. In den 1990er-Jahren begannen Wissenschaftlerinnen und Wissenschaftler, sich zunehmend mit Männern und Männlichkeiten in der Geschichte zu befassen, und trugen so dazu bei, dass die Geschlechtergeschichte, die bereits in den 1980er-Jahren angestrebt wurde, eine breitere und solide Grundlage bekam.

Die historische Geschlechterforschung hat mittlerweile eine anerkannte Position in der akademischen Welt erreicht und ist zweifellos zu einem produktiven Forschungsfeld geworden. Dabei hat sie ihre Faszination für geschichtswissenschaftliches Experimentieren beibehalten.

Die Doppelbiografie von Hans und Rahel Liebeschütz versteht sich außerdem als Beitrag zur Universitätsgeschichte. Die Beschäftigung mit der Institution unter historischer Perspektive reicht bis in die Frühe Neuzeit zurück.[48] In der Vergangenheit ging es in der Forschung häufig um Werke im Zusammenhang mit Jubiläen einzelner Universitäten, die als Auftragsarbeit von Historikern verfasst wurden. Deshalb wurde die Universitätsgeschichte lange Zeit nicht als eigenständiges Forschungsgebiet betrachtet. Sie ist auch heute noch ein eher kleiner Bereich innerhalb der Geschichtsforschung. Erst seit Mitte der 1990er-Jahre hat die Universität das Interesse von Forschern geweckt, die sich verstärkt mit wissenschaftsgeschichtlichen und selbstreflexiven Themen auseinandersetzen.

So entwickelte sich in den letzten Jahrzehnten die Universitätsgeschichte zu einem eigenständigen Fach. Im Jahr 1998 wurde erstmals das *Jahrbuch für Universitätsgeschichte*[49] veröffentlicht, was die Bedeutung des Fachs unterstreicht. Die Gründung von Universitätsarchiven unter professioneller Leitung, die sich

---

48 Paletschek, Sylvia: Stand und Perspektiven der neueren Universitätsgeschichte. NTM Zeitschrift für Geschichte der Wissenschaften, Technik und Medizin. 19. 169–189, https://doi.org/10.1007/s00048-011-0051-8, 2011.

49 Jahrbuch für Universitätsgeschichte. Hrsg. von Rüdiger vom Bruch. Stuttgart 1998.

bereits in den 1960er-Jahren anbahnte, trug zur Professionalisierung der Universitätsgeschichte bei. Das zeigen auch die Quellenerschließungen in größeren Projekten, wie die Herausgabe und Online-Zugänglichmachung der Rektoratsreden deutscher und Schweizer Universitäten im 19. und 20. Jahrhundert durch Dieter Langewiesche (Tübingen) und Rainer C. Schwinges (Bern).[50]

Die Universitätsgeschichte ist für das Mittelalter und die Frühe Neuzeit im Vergleich zum 19. und 20. Jahrhundert besser erforscht. Eine Ausnahme bildet jedoch die Zeit des Nationalsozialismus, die aus geschichtspolitischen und erinnerungskulturellen Gründen vielfach untersucht worden ist. Ein Beispiel dafür ist ein achtjähriges Forschungsprojekt, das in den 1980er-Jahren von Eckart Krause an der Universität Hamburg koordiniert wurde und 1991 mit der Veröffentlichung des dreibändigen Werkes *Hochschulalltag im „Dritten Reich"* abgeschlossen wurde.[51]

Es gibt durchaus Ideen, die Geschichte der Wissensgesellschaft in den Mittelpunkt der Geschichte der Neuzeit zu stellen, dies aber hat bislang nur ansatzweise stattgefunden. Obwohl es einige Überblicksdarstellungen zur Universitätsgeschichte der Neuzeit gibt, ist die Forschung bisher hauptsächlich auf bestimmte Themen konzentriert, wie beispielsweise die politische Haltung von Studenten und Professoren in Bezug auf Nationsbildung oder die Leistungen einiger herausragender Wissenschaftler für die Universität. Eine Verknüpfung zwischen Universitätsgeschichte und Wissenschaftsgeschichte steht noch aus.

Historisch gesehen war die Universität eine Institution für höhere Bildung, die aus der mittelalterlich-europäischen Tradition hervorging. Sie wurde als *universitas* verstanden, was sowohl eine Gemeinschaft von Lernenden und Lehrenden als auch einen Ort bedeutete, an dem im Idealfall alle Wissenschaften vertreten waren. Das Ziel der Universität der Neuzeit ist es, Allgemeinbildung und akademisch-theoretische Berufsbildung zu vermitteln und wissenschaftliche Wissensproduktion zu ermöglichen. An mittelalterlichen und frühneuzeitlichen Universitäten standen vor allem die Ordnung, Speicherung und Weitergabe von Wissen im Zentrum.

---

50 Historische Kommission bei der Bayrischen Akademie der Wissenschaften, Rektoratsreden im 19. und 20. Jahrhundert – Online-Bibliographie. https://www.historische-kommission-muenchen-editionen.de/rektoratsreden/ (letzter Zugriff 24.7.2023).

51 Hochschulalltag im „Dritten Reich". Die Hamburger Universität 1933–1945. Hrsg. von Eckart Krause u. a. (Hamburger Beiträge zur Wissenschaftsgeschichte 3). Berlin-Hamburg 1991.

Im Laufe des 19. Jahrhunderts vollzog sich der Übergang zur Forschungsuniversität, die Produktion von neuem Wissen wurde immer wichtiger. In der unmittelbaren Nachkriegszeit nach 1945 lag das Hauptaugenmerk der Universität auf der Bildung von Menschen im Sinne einer moralischen und weltanschaulichen Erziehung. Die Geschichte der Ausbildungs- und Bildungsfunktion, ihre Verflechtungen mit Gesellschaft und Politik sowie die Produktion von Wissen sind zentrale Bestandteile der akademischen Forschung.

Die Universitätsgeschichte befasst sich mit dem historischen Wandel der Universität als Institution sowie ihren Akteuren, einschließlich ihres Selbstverständnisses, ihrer Aufgabenbestimmung, ihrer sozialen und kulturellen Praktiken sowie ihrer Art der Wissensproduktion, Wissensvermittlung und Wissensspeicherung. Dabei wird auch untersucht, wie die Institution Universität mit staatlichen, politischen, sozialen und kulturellen Einrichtungen interagiert hat.

Die drei Aufgabengebiete der Universität – Bildung, Forschung und Wissenstransfer – sind miteinander verknüpft und auch mit Gesellschaft, Wirtschaft, Politik und Kultur verbunden. Das Aufgabenfeld Bildung steht in engem Zusammenhang mit der weltanschaulichen, sozialen und politischen Sozialisation, die die Studierenden in der Universität erfahren und die sie zu zukünftigen Führungskräften der Gesellschaft macht. Daher sind die Studierendengeschichte sowie Politik- und Gesellschaftsgeschichte eng miteinander verwoben.

Im 19. Jahrhundert umfasste die Bildungsaufgabe der Universität nicht nur die Sozialisation und Allgemeinbildung der Studierenden, sondern auch die Bereitstellung von Aufklärungs- und Wissensangeboten für die breite Öffentlichkeit. Die Aufgabe der Universität, akademische Berufsausbildung anzubieten, ist eng mit der Geschichte der jeweiligen Berufe und der Nachfrage von Staat und Gesellschaft nach Experten in bestimmten Fachrichtungen verbunden.

Im 19. Jahrhundert war die Universität verstärkt gefragt, um Absolventen in Bereichen wie Medizin, Chemie, Jura, Theologie und Lehramt auszubilden. Im 20. Jahrhundert stieg die Nachfrage nach Absolventen in Bereichen wie Wirtschaftswissenschaften, Kulturwissenschaften, Ingenieurwesen, Naturwissenschaften, Soziologie und Informatik. Diese Beispiele verdeutlichen die breite Palette an akademischen Berufen, für die die Universität die entsprechende wissenschaftliche Ausbildung bereitstellt. Eine geringe, jedoch wichtige Aufgabe der Universität besteht darin, zukünftige Wissenschaftler zu qualifizieren, die dann selbst als Hochschullehrende tätig werden können.

Eine Universitätsgeschichte muss auch die in der Institution gewonnenen Kenntnisse berücksichtigen: Dies ist eine Herausforderung für die Universitätshistoriker, die nicht nur die Fachgeschichte kennen müssen, sondern sich auch in die Inhalte der untersuchten Disziplinen einarbeiten müssen. Bei Geistes-, Sozial- und Kulturwissenschaften ist das wegen der Nähe zu den Geschichtswissenschaften noch leichter möglich, bei medizinischen, naturwissenschaftlichen oder technischen Fächern ist das viel schwieriger. Außerdem gibt es in den naturwissenschaftlichen, technischen und medizinischen Fächern Disziplinen, die sich mit der Geschichte dieser Bereiche beschäftigen und somit auch Kompetenzen in der Geschichtswissenschaft verlangen. In den Geistes-, Kultur- und Sozialwissenschaften hingegen wird die Wissenschaftsgeschichte von den Einzeldisziplinen betrieben. Es gibt hierbei eine Selbstreflexion in diesen Fächern, was zur Konjunktur geisteswissenschaftlicher Wissenschaftsgeschichte geführt hat.

Um die Universitätsgeschichte vollständig zu verstehen, ist es unerlässlich, den Zusammenhang zwischen der Institutions-, Sozial-, Politik- und Kulturgeschichte der Universität und ihrer Wissensproduktion zu untersuchen. Dabei wird gefragt, in welcher Beziehung zueinander die gesellschaftlichen Entwicklungen, institutionelle und soziale Strukturen – wie etwa die Gründung von Instituten und Seminaren –, die Besetzung des Lehrkörpers, die Studierendenfrequenz, die Inhalte der Lehre und die Stellenausstattung stehen.

In den letzten Jahren erschien eine Vielzahl von Veröffentlichungen zur Universitätsgeschichte aufgrund von anstehenden Jubiläen. Die Anzahl von Monografien, die nicht auf Jubiläen zurückzuführen sind, ist begrenzter. Diese Monografien neigen dazu, die Geschichte der Universität als eine Mischung aus politischer Strukturgeschichte und an Personen orientierter Geistesgeschichte darzustellen.

Noch gibt es keine übergreifenden Darstellungen zur deutschen Universitätsgeschichte, die den neuesten Forschungsstand zusammenfassen. Es wäre wünschenswert, eine Gesamtdarstellung der Universitätsgeschichte zu schaffen, die auf den neuesten Forschungsergebnissen und konzeptionellen Überlegungen basiert.

Hamburg um die Jahrhundertwende

Die Stadt ihrer Kindheit

Als Hans Liebeschütz und Rahel Plaut ihre Kindheit in Hamburg verbrachten, war die Hansestadt eine blühende Handelsmetropole, die nur von London und New York übertroffen wurde.[52] Die Hamburger Handelshäuser trugen in diesen Jahrzehnten sehr entscheidend zum Wirtschaftswachstum bei, und sie profitierten gleichermaßen am meisten davon. Lag der Import 1880 noch bei einem Wert von 1,7 Milliarden Mark, so stieg er in den beiden folgenden Jahrzehnten bis 1900 auf 3,8 Milliarden Mark. Der Export nahm von 1,6 Milliarden auf fast 3,3 Milliarden Mark zu.[53]

Aufgrund der Bedeutung Hamburgs als Zentrum des Handels und Weltverkehrs sowie des industriellen und technischen Wachstums konzentrierten sich hier auch die großen Banken und Versicherungen. Mitte des 19. Jahrhunderts entstand die Vereinsbank, 1870 die Commerz- und Disconto-Bank AG, die in erster Linie den Handel fördern und erleichtern sollte; wenig später eröffneten auch die großen überregionalen Banken Filialen in Hamburg. Darüber hinaus gab es noch eine Reihe bedeutender, international angesehener Privatbanken wie zum Beispiel Joh. Berenberg, Gossler & Co. sowie das Bankhaus M. M. Warburg & Co.[54]

Hamburgs Wohlstand gründete sich im 19. Jahrhundert und auch danach auf den Handel, besonders auf den Überseehandel. Trotz aller Bedeutung, die Schifffahrt, Versicherung, verarbeitende Industrien, Bankwesen und Schiffbau und andere Branchen hatten, waren sie doch letztlich eng mit dem Ruf und den Aktivitäten der Stadt als Handelszentrum verknüpft. Senat und Verwaltung stellten die Handelsinteressen über alle anderen Anliegen.

---

52 Volker Plagemann (Hrsg.): Industriekultur in Hamburg. Des Deutschen Reiches Tor zur Welt. München 1984.

53 Werner Jochmann: Handelsmetropole des Deutschen Reiches. Das Tor zur Welt. In: Hamburg: Geschichte der Stadt und ihrer Bewohner, 2 Bde., 2: Vom Kaiserreich bis zur Gegenwart. Hrsg. von Werner Jochmann und Hans-Dieter Loose. Hamburg 1986, 15–35, hier 22.

54 Richard J. Evans: Tod in Hamburg. Stadt, Gesellschaft und Politik in den Cholera-Jahren 1830–1910. Hamburg 1996, 59.

Welchen Einfluss die Bedeutung des Handels auf den Lebensstil und das Selbstverständnis des Bürgertums der Stadt hatte, geht aus den Worten des Verfassers des Führers *Ein Spaziergang durch Hamburgs City* (1897) hervor:

> Eigentlich leidet diese Ueberschrift an einem inneren Widerspruch; denn in der City einer Welthandelsstadt, sei es London, New York oder Hamburg, wird überhaupt nicht spazierengegangen – da wird geeilt, gehastet, da ist jede Minute Geld, kurz es giebt da nur emsige Geschäftsleute, denen auch der kürzeste Weg zu lang ist, aber keine Flaneurs, keine Spaziergänger, kein Stehenbleiben und gemächliches Weiterschlendern. Alles hat Zweck und Ziel im Gehen und Sprechen und vor Allem – im Handeln.[55]

Die durch die Industrialisierung in Gang gesetzte Zuwanderung löste eine Dynamik in der Bevölkerungsentwicklung aus, deren Folgen für die Stadt kaum kontrollier- und steuerbar wurden. Zur Zeit der Reichsgründung 1871 betrug die Einwohnerzahl Hamburgs knapp 300.000, bis 1880 wuchs sie auf fast eine halbe Million und bis 1890 auf 623.000 an. Vor Beginn des Ersten Weltkrieges war die Millionengrenze bereits überschritten. Um 1900 war schon die Hälfte der Einwohner Hamburgs nicht mehr in der Stadt geboren, sondern zugezogen.[56]

Eine Universität indes gab es in Hamburg nicht. Zwar bestand seit 1613 das Akademische Gymnasium, das eine Art Mittelweg zwischen Schule und Hochschule darstellte. Es sollte neben der Forschung angehenden Studenten ermöglichen, die ersten Semester in ihrer Heimatstadt zu verbringen. Gelehrte wie der Mathematiker, Physiker und Philosoph Joachim Jungius (1587–1657) und der Professor für Mathematik Johann Georg Büsch (1728–1800) verliehen der Institution Ansehen weit über die Grenzen Hamburgs hinaus. Dieser Ruf blieb bis zu Beginn des 19. Jahrhunderts bestehen, dann aber begann der Niedergang der Einrichtung. Der wirtschaftliche Wettbewerb der Hansestadt mit dem Ausland

---

55 Ein Spaziergang durch Hamburgs City. In: Hamburgs Handel und Verkehr. Illustrirtes Export-Handbuch. Hamburg 1897/99, 411.

56 Evans: Tod in Hamburg (Anm. 54), 83 f.

und das eingangs geschilderte Primat des Handels banden alle Finanzen und Energien, sodass das Akademische Gymnasium verkümmerte.[57]

Das Öffentliche Vorlesungswesen dagegen stellte seit 1895 in Hamburg das Zentrum des wissenschaftlichen Lebens dar. Es wurde in den folgenden Jahren erweitert.[58] Im Winter 1900/01 boten 86 Dozenten 111 *Curse* an. In diesem Halbjahr betrug die Gesamthörerzahl aller Einzelveranstaltungen schon 66.000.[59]

Im Jahr 1906 wurde eine ordentliche Professur für Nationalökonomie eingerichtet, die im folgenden Jahr mit Karl Rathgen (1856–1921), dem späteren Gründungsrektor der Hamburgischen Universität besetzt werden konnte.[60] Die Vorlesungen wurden in der Aula und den Hörsälen des Johanneums, des Wilhelm-Gymnasiums, in der Aula des Schul- und Museumsgebäudes am Steintorplatz sowie den Hörsälen der hamburgischen wissenschaftlichen Einrichtungen abgehalten. Die Aula des Johanneums bot Platz für 450 Personen, die Aula des Wilhelm-Gymnasiums für 340.[61] Im Jahr 1907 wurde die Hamburgische Wissenschaftliche Stiftung gegründet, die den weiteren Ausbau des Vorlesungswesens und Berufungen namhafter Wissenschaftler ermöglichte. So wurde 1907 auf die Stiftungsprofessur für Geschichte der aus Heidelberg abgeworbene Historiker für Neuzeit Erich Marcks (1861–1938) berufen.[62]

Gleich wie wertvoll das Öffentliche Vorlesungswesen für Hamburg war, so ersetzte es doch keine Universität. Junge Menschen wie Hans Liebeschütz und Rahel Plaut, die ein reguläres Studium anstrebten, mussten Hamburg verlassen, um in einer der Universitätsstädte studieren zu können.

Zur Zeit der Reichsgründung 1871 lebten in Hamburg zirka 14.000 Juden. Das entsprach gut 4 Prozent der 350.000 Einwohner der Hansestadt. Schon vor

---

57 Rainer Nicolaysen: Wissenschaft ohne Zentrum: Über das Ende des Akademischen Gymnasiums 1883 und den schwierigen Weg zur Gründung einer Universität. In: Das Akademische Gymnasium. Bildung und Wissenschaft in Hamburg 1613–1883. Hrsg. von Dirk Brietzke, Franklin Kopitzsch, Rainer Nicolaysen (Hamburger Beiträge zur Wissenschaftsgeschichte 23). Hamburg 2013, 213–235, hier 228; Gustav Schiefler: Eine Hamburgische Kulturgeschichte 1890–1920. Beobachtungen eines Zeitgenossen, bearbeitet von Gerhard Ahrens, Hans Wilhelm Eckardt und Renate Hauschild-Thiessen. Hamburg 1985, 350.

58 Schiefler, Hamburgische Kulturgeschichte (Anm. 57), 350 f.

59 Nicolaysen, Wissenschaft ohne Zentrum (Anm. 57), 228.

60 Nicolaysen, Wissenschaft ohne Zentrum (Anm. 57), 228.

61 Jahrbuch der Hamburgischen Wissenschaftlichen Anstalten XVII. Hamburg 1900, Anlage 1.

62 Nicolaysen, Wissenschaft ohne Zentrum (Anm. 57), 228 f.

der Reichsgründung gab es wichtige Änderungen, die das Leben der Juden betrafen. Mit der Hamburger Verfassung von 1860 war die Glaubensfreiheit garantiert worden, das heißt, niemand durfte wegen seines Glaubens benachteiligt oder von bestimmten Berufen ausgeschlossen werden. Die Zwangsmitgliedschaft in der jüdischen Gemeinde war 1865 aufgehoben und 1867 die Deutsch-Israelitische Gemeinde gegründet worden. Sie bestand aus zwei selbstständigen Kultusverbänden: dem Deutsch-Israelitischen Synagogenverband, in dem die orthodoxen Juden organisiert waren, und dem Israelitischen Tempelverband, in dem die Reformjuden eine religiöse Heimat fanden. Das *Hamburger System* stand für das seit vielen Jahren bestehende breite religiöse Spektrum der Hamburger Juden und ermöglichte auch religiös indifferenten Juden die Mitgliedschaft. Die liberalen Juden Hamburgs hatten damit erreicht, dass der Einzelne über seine religiöse und organisatorische Bindung frei entscheiden konnte. Der Orthodoxe Synagogenverband hatte im Kaiserreich zirka 1.200, der liberale Tempelverband zwischen 600 und 700 männliche Mitglieder. Die Deutsch-Israelitische Gemeinde hatte die Aufgabe, für das Schul-, Wohlfahrts- und Begräbniswesen zu sorgen. Beim Ritus der Beschneidungen, Hochzeiten und Beerdigungen setzte sich der Synagogenverband durch. Eine jüdische Identität wurde unter anderem in jüdischen Schulen entwickelt, vor allem in der Talmud-Tora Schule, die von rund der Hälfte der schulpflichtigen jüdischen Schüler besucht wurde.

Auseinandersetzungen innerhalb der Gemeinde und mit der Stadt gab es bis in die Achtzigerjahre des 19. Jahrhunderts wegen des Begräbniswesens. Hamburg verhinderte 1875, dass die Gemeinde ein Gelände auf dem Ohlsdorfer Zentralfriedhof als Eigentum bekam. Man einigte sich 1885 auf eine vertragliche Nutzung nahezu ohne Einschränkungen. Im Jahr 1894 wurde ein weiterer, gemäßigt konservativer Kultusverband gegründet: Die Neue Dammtor Synagoge. Die beiden anderen Kultusverbände versuchten in den folgenden Jahrzehnten vergeblich, ihn zu integrieren. Hamburg war damit die einzige Stadt in Deutschland, die eine jüdische Gemeinde mit drei religiös unterschiedlichen Kultusverbänden hatte. Bis 1910 stieg die Zahl der jüdischen Bewohner in Hamburg auf etwa 5.000. Ihr relativer Anteil sank jedoch auf 1,87 Prozent, was an der hohen Zuwanderung in die Stadt lag. Nur 52,3 Prozent der Juden in Hamburg waren dort auch geboren. Der sinkende Anteil der Juden an der Hamburger Bevölkerung in den folgenden Jahren begründete sich auch dadurch, dass viele von ihnen der Mittel- und Oberschicht angehörten, in denen späte Heiraten und weniger Kinder üblich waren. In der zweiten Hälfte des 19. Jahrhunderts stiegen viele Hamburger Juden in den bürgerlichen Mittelstand auf. Die Familien der jüdischen Oberschicht hatten zwar Vermögen, aber erreichten nicht den Wohlstand der Familien der christlichen Führungsschicht. Juden, die sich zu ihrem Glauben bekannten, wurden nach wie vor vom höheren Staatsdienst oder Offizierskorps ausgeschlossen. Die sozialen Kreise blieben getrennt. Wohlhabende Hamburger Juden übernahmen den Lebensstil des hanseatischen Großbürgertums und verhielten sich religiös indifferent. Orthodoxe waren kaum darunter. Einige jüdische Bürger traten dem Christentum bei. Damit wollten sie ihren gesellschaftlichen und beruflichen Ausschluss verhindern.

Bis in die Siebzigerjahre des 19. Jahrhunderts wohnten drei Viertel der Hamburger Juden in der Alt- und Neustadt, konzentriert in bestimmten Straßen. Ende des 19. Jahrhunderts setzte ein Wandel ein. Wohlhabende Juden zogen nach Rotherbaum, Harvestehude und Eppendorf. Im Grindelviertel entstand ein jüdisches Zentrum mit jüdischem Kleinhandel und -gewerbe, der Synagoge am Bornplatz und der Talmud-Tora-Schule. Um 1925 lebten rund siebzig Prozent der Hamburger Juden in diesen Stadtteilen.

In Hamburg gab es ein lebendiges jüdisches Vereinsleben. Um 1900 dehnte es sich über religiöse und wohltätige Anliegen aus, auch kulturelle und politische Vereinigungen, wie Frauenvereine und zionistische Vereine, wurden gegründet. Um 1913 existierten in Hamburg 163 jüdische Vereine, wobei viele Juden auch in nichtjüdischen Vereinen aktiv waren. Bemerkenswert ist das Engagement der Juden aus dem Hamburger Bürgertum für Literatur und Theater. So gründeten jüdische Intellektuelle 1891 die Literarische Gesellschaft, die zum Zentrum des Hamburger Kulturlebens wurde. Die wichtigsten Theater Hamburgs, das Thalia Theater und das Stadttheater, standen während des Kaiserreichs unter Leitung von Direktoren jüdischen Glaubens.

Die Auswanderung von Juden aus Osteuropa machten Hamburg zur Zwischenstation auf dem Weg nach Übersee. Aus der Unterstützung Hamburger Juden für die Auswanderer entwickelte sich um 1900 die zionistische Bewegung. Im Jahr 1909 tagte in Hamburg der IX. Zionistische Weltkongress.[63]

---

63 Vgl. Ortwin Pelc: Kaiserreich und Weimarer Republik (1871–1933). In: Das Jüdische Hamburg. Ein historisches Nachschlagewerk. Hrsg. vom Institut für die Geschichte der deutschen Juden. Göttingen 2006, 153–157.

Hans Liebeschütz

Kindheit und Jugend

Hans Liebeschütz wurde am 3. Dezember 1893 in Hamburg geboren.[64] Sein Vater war der praktische Arzt John Liebeschütz (1859–1898),[65] der aus dem ostpreußischen Dorf Ramutten bei Gumbinnen stammte, wo dessen Vater ein jüdischer Landwirt gewesen war. Hans Liebeschütz' Mutter Lizzy Olga Liebeschütz, geborene Schönfeld (1867–1950), war Hamburgerin. Der Vater von Hans Liebeschütz führte in der Straße Rutschbahn im Grindelviertel eine Arztpraxis. Um die Jahrhundertwende war in den Stadtteilen Rotherbaum, Harvestehude, Eimsbüttel und dem darin eingeschlossenen Grindel ein neues jüdisches Zentrum entstanden.[66] In diesem Viertel wohnten bereits um 1900 rund 40 Prozent der Hamburger Juden. Daher wurde es im Volksmund bald Klein-Jerusalem genannt.[67] Als Hans Liebeschütz fünf Jahre alt war, starb sein Vater. Seine Mutter zog im Februar 1899 vom Grindelviertel zu ihrem Vater, dem kurz vorher verwitweten Kaufmann Joseph Schönfeld (1824–1909), in das Haus Magdalenenstraße 69 im Stadtteil Rotherbaum,[68] einem vornehmen Villenviertel westlich der Außenalster. Es zeichnete sich durch einen hohen Anteil wirtschaftlich selbstständiger Bewohner und ein hohes jährliches Pro-Kopf-Einkommen aus. In den Neunzigerjahren des 19. Jahrhunderts verfügte

---

64 Hierzu und im Folgenden: Rahel Liebeschütz über Hans Liebeschütz, IfZ MA 1500/37, o. Bl., Kopien Hamburger Bibliothek für Universitätsgeschichte, Ordner Hans Liebeschütz.

65 Hans Liebeschütz' Vater hatte ursprünglich den Namen Samuel Graunem. Dieser Name stand auf Hans Liebeschütz' Geburtsschein. Privatarchiv Wolfgang Liebeschuetz.

66 Vgl. Hermann Hipp: Freie und Hansestadt Hamburg. Geschichte, Kultur und Stadtbaukunst an Elbe und Alster. Köln 1989, 365–380.

67 Vgl. Beatrix Piezonka, Ursula Wamser: Von der Neustadt zum Grindel. In: Eine verschwundene Welt. Jüdisches Leben am Grindel. Hrsg. von Ursula Wamser und Wilfried Weinke. Springe 2006, 16–23, hier 20.

68 Wolfgang Liebeschuetz: Biography of my father Hans Liebeschuetz 9.11.2016, Typoskript o. O. [Nottingham], 14 Seiten, hier 1.

Abb. 1: Hans Liebeschütz mit seiner Mutter und als Kind (Fotos: Familie Carver).

mehr als die Hälfte der Haushalte dieses Stadtteils über Dienstboten, die mit im Haus lebten.[69] Um 1900 betrug der Anteil der jüdischen Bevölkerung in Rotherbaum 17,87 Prozent, bezogen auf die Gesamtbevölkerung der höchste Anteil in Hamburg.[70] Allerdings gilt zu berücksichtigen, dass auch das sehr dicht von Juden besiedelte Grindelviertel zum Stadtteil Rotherbaum gehörte.

Hans Liebeschütz' Großvater Joseph Schönfeld engagierte sich besonders in der jüdischen Gemeinde. Neben anderen Ehrenämtern, die er ausübte, war er Vorsteher der liberalen Tempelgemeinde.[71] Dieser Großvater soll auf Hans Liebeschütz einen großen Einfluss ausgeübt haben. In seinem

69 Vgl. Evans: Tod in Hamburg (Anm. 54), 88.

70 Vgl. Piezonka, Wamser: Neustadt (Anm. 67), 20; Hermann Hipp: Harvestehude, Rotherbaum. Hamburg 1976 (Arbeitshefte zur Denkmalpflege in Hamburg, Heft 3; siehe auch: Harald Vieth. Hier lebten sie miteinander ... in Harvestehude-Rotherbaum. Jüdische Schicksale. Alltägliches. Heutiges. Hamburg 1993.

71 Andreas Brämer: Judentum und religiöse Reform. Der Hamburger Israelitische Tempel 1817–1938 (Studien zur jüdischen Geschichte 8). Hamburg 2000.

Haus spielte das Judentum eine wichtige Rolle. Dies bedeutete in erster Linie, dass die großen Feste Pessach, Rosch Haschana und Jom Kippur gefeiert wurden und im Alten Testament besonders die Propheten gelesen wurden. Den Speisegesetzen wurde weniger große Bedeutung beigemessen. Der Großvater Schönfeld war auch das erste Bindeglied zur Familie Plaut, der Herkunftsfamilie von Hans Liebeschütz' späterer Ehefrau, denn er freundete sich im Vorstand des israelitischen Siechenheims mit dem Bakteriologen Hugo Carl Plaut (1858–1928), ihrem Vater, an. Wolfgang Liebeschuetz berichtete über das Elternhaus seines Vaters:

> Zu Haus war der gesellschaftliche Umgang wohl hauptsächlich mit Juden, aber die geistige Kultur war deutsch. Dieser Dualismus hat die Persönlichkeit des jungen Hans Liebeschütz geprägt. Er fühlte sich als Deutscher, aber eben auch so sehr als Jude, und war sich – wie ich glaube – schon lange vor der Hitler-Diktatur bewusst, dass diese doppelte Zugehörigkeit irgendwie problematisch war.[72]

Hans Liebeschütz wurde 1900 in die Thomsensche Vorschule in der Esplanade 42 eingeschult. Die Vorschule für Knaben von Otto Georg Adolf Thomsen (1836–1911) war von diesem 1876 übernommen worden und bestand bis 1906. Angesehene Hamburger Familien schickten ihre Söhne besonders gern auf diese Schule, weil sie die Schüler für den Besuch der renommiertesten humanistischen Gymnasien vorbereitete. An erster Stelle stand das Wilhelm-Gymnasium, an zweiter die Gelehrtenschule des Johanneums, das Realgymnasium oder eine Realschule. Im Jahr 1893 besuchten 221 Schüler die Einrichtung, die in neun Parallelklassen unterrichtet wurden. Der Anteil jüdischer Schüler lag zwischen 1890 und 1905 bei 25 bis 30 Prozent, 70 bis 75 Prozent der Schüler stammten aus evangelischen Familien.[73] In seinem Abgangszeugnis der Thomsenschen Vorschule steht, dass

---

72 Wolfgang Liebeschuetz: Zur Erinnerung an Hans Liebeschütz. Vortrag gehalten am 25. Oktober 1991 an der Universität Hamburg, Manuskript von Eckart Krause überarbeitet, Hamburger Bibliothek für Universitätsgeschichte, Ordner Hans Liebeschütz.

73 Vgl. Andreas Hoffmann: Schule und Akkulturation. Geschlechtsdifferente Erziehung von Knaben und Mädchen der Hamburger jüdisch-liberalen Oberschicht 1848–1942 (Jüdische Bildungsgeschichte in Deutschland 3). Münster-New York-München-Berlin 2001, 68.

Hans Liebeschütz die Einrichtung von Ostern 1900 bis Ostern 1903 besucht habe. Seine Noten waren überwiegend *gut* oder *sehr gut*, seine Handschrift beurteilte der Lehrer nur als *genügend*. Fleiß und Ordnung erhielten die Beurteilung *ganz gut*, sein Verhalten war *gut*. Insgesamt zeigten sich seine späteren Stärken und Schwächen schon deutlich: Religion war sein bestes Fach und wurde mit *besonders gut* bewertet. An seiner Schule hatte jeder Schüler ein Berichtsheft, in dem die Lehrer die Fortschritte beziehungsweise den Mangel an Fortschritten ihrer Schüler festhielten. Die Einträge bei Hans Liebeschütz waren meisten *gut*, aber der Lehrer vermerkte auch, dass er sich beim Schreiben mehr Mühe geben müsse.[74]

1903 trat Hans Liebeschütz in die Sexta der Gelehrtenschule des Johanneums ein.[75] Er legte den täglichen Weg vom Anleger Rabenstraße zur Schule mit dem Alsterdampfer zurück, und es heißt, dass sich auf diesen Fahrten sein lebenslanges Interesse für Schiffe entwickelte.[76] Den Lehrern allerdings machte Hans Liebeschütz die Arbeit durch seine Handschrift schwer. Als Direktor Friedrich Schultess (1851–1919) in der Abiturrede am 2. September 1912 mit Bezug auf den Dichter Herder von der Zeit- und Schulkrankheit *Schlenderei* sprach, meinte Hans Liebeschütz, dass diese Worte an ihn persönlich gerichtet gewesen seien. Tatsächlich war seine Handschrift in einzigartiger Weise unleserlich.[77] Seine Leistungen im Abitur wurden in Religion, Deutsch und Geschichte/Erdkunde mit *sehr gut*, Latein, Griechisch, Französisch, Englisch, Mathematik und den Naturwissenschaften mit *gut*, im Turnen mit *ungenügend* beurteilt.[78]

Die Schulzeit am Johanneum war für Hans Liebeschütz aus zweierlei Gründen wichtig: Zum einen entwickelten sich hier viele freundschaftliche

---

[74] Bericht von Wolfgang Liebeschuetz: Biography of my father Hans Liebeschuetz 9.11.2016, Typoskript, 14 Seiten, hier 1.

[75] Lebenslauf Hans Liebeschütz, IfZ MA 1500/37, o. Bl., Kopien Hamburger Bibliothek für Universitätsgeschichte, Ordner Hans Liebeschütz.

[76] Rahel Liebeschütz über Hans Liebeschütz, IfZ MA 1500/37, Bl. 1, Kopien Hamburger Bibliothek für Universitätsgeschichte, Ordner Hans Liebeschütz.

[77] Wolfgang Liebeschuetz: Zur Erinnerung an Hans Liebeschütz (Anm. 72).

[78] Abiturzeugnis Hans Liebeschütz vom 22.8.1912, Privatarchiv Wolfgang Liebeschuetz, Nottingham.

Beziehungen, die über die gemeinsame Schulzeit hinaus Bestand haben sollten. Zum anderen hat ihm das Johanneum ein dauerndes Interesse an klassischer Literatur, Philosophie und Geschichte vermittelt, das für seinen weiteren Lebensweg bestimmend wurde.[79] An dieser Schule lernte Hans Liebeschütz Wolfgang Michow kennen, der zu seinem besten Freund wurde. Wolfang Michow besaß ein Ruderboot, mit dem die Jungen auf der Elbe fuhren.[80]

Nach dem Abitur wollte Hans Liebeschütz Rabbiner werden, doch seine Verwandten, die auf seine Mutter, eine mittellose Witwe, starken Einfluss ausübten, waren entschieden dagegen. Ihrem Wunsch entsprechend sollte er Kaufmann werden. Hans Liebeschütz hatte aber seiner Meinung nach weder die Befähigung noch die Mittel, um selbstständiger Kaufmann zu werden. Er setzte sich mit seinem Berufswunsch durch und begann im Winter 1912/13 israelitische Theologie an der Lehranstalt für die Wissenschaft des Judentums in Berlin zu studieren, wo damals schon Leo Baeck (1873–1956) dozierte.[81] Baeck war Rabbiner und zu seiner Zeit der bedeutendste Vertreter des deutschen liberalen Judentums sowie jahrelang Führungsfigur und Repräsentant der deutschen Juden.[82]

---

79 Wolfgang Liebeschuetz, zur Erinnerung an Hans Liebeschütz (Anm. 72).

80 Bericht von Wolfgang Liebeschuetz: Biography of my father Hans Liebeschuetz (Anm. 68), 1.

81 Rahel Liebeschütz über Hans Liebeschütz, IfZ MA 1500/37, Bl. 1, Kopien Hamburger Bibliothek für Universitätsgeschichte, Ordner Hans Liebeschütz.

82 Leo Baeck hatte Philosophie und Philologie an den Universitäten Breslau und Berlin studiert. Als Schüler gehörte er dem Jüdisch-Theologischen Seminar in Breslau und nachher der Lehranstalt für die Wissenschaft des Judentums in Berlin an, wo er 1897 das Rabbinerzeugnis bekam. Nach seiner Promotion wurde er von 1897 bis 1907 Rabbiner in Oppeln, von 1907 bis 1912 in Düsseldorf. Anschließend war er Rabbiner der Gemeinde Berlin und Dozent an der Lehranstalt für die Wissenschaft des Judentums. Von 1914 bis 1918 arbeitete Baeck als Feldgeistlicher an der West- und Ostfront. In seiner wissenschaftlichen Arbeit befasste er sich hauptsächlich mit Religionsphilosophie und Religionsgeschichte. Große Jüdische National-Biographie. Hrsg. von S. Wininger. Nendeln/Liechtenstein 1979, 216.

Studium und Erster Weltkrieg

Parallel zu dem Studium an der Lehranstalt für die Wissenschaft des Judentums besuchte Hans Liebeschütz Vorlesungen und Übungen an der Philosophischen Fakultät der Königlichen Friedrich-Wilhelms-Universität zu Berlin, der späteren Humboldt-Universität zu Berlin, Übungen über Platos Staat bei dem klassischen Philologen Ulrich von Wilamowitz-Moellendorff (1848–1931) und über Geschichte des Altertums bei dem Historiker Eduard Meyer (1855–1930). Sie wurden für seine weitere Entwicklung wichtig. Rahel Liebeschütz schrieb über die Studienwahl ihres Mannes: „Am Ende des ersten Semesters erkannte Hans, daß er das, was er suchte nicht im Rahmen einer organisierten Religion finden würde."[83] Dazu gehörten die vielfältigen Speisegesetze und andere Gesetze des traditionellen orthodoxen Judentums. Er wusste, dass er als Rabbiner, auch als liberaler, diese Gesetze nicht einfach ignorieren konnte.[84] Daher beschloss er, Alte Geschichte zu studieren und Lehrer zu werden. Nach drei Semestern in Berlin wechselte er im Sommer 1914 nach Marburg, um die Vorlesungen des damals sehr bekannten Philosophen und Pädagogen Paul Natorp (1854–1924) zu hören.

Mit Beginn des Ersten Weltkriegs erhielt Hans Liebeschütz seine militärische Ausbildung im 76er Regiment in Hamburg. Anschließend wurde er zur 13. Kompanie des Mecklenburgischen Füsilier-Regiments 90 versetzt. In Frankreich erlebte er den Schützengrabenkrieg in der Champagne und in den zwei Sommeschlachten, bei denen seine Kompanie auf achtzig Mann zusammenschmolz. Dort verlor er seinen besten Freund Wolfgang Michow (1894–1916). Wolfgang Liebeschuetz erinnert sich, dass sein Vater ein Foto von Michow in Uniform auf seinem Schreibtisch stehen gehabt habe. Er selbst sei nach Wolfgang Michow benannt worden, nicht nach Goethe oder Mozart.[85]

---

83 Rahel Liebeschütz über Hans Liebeschütz, IfZ MA 1500/37, Bl. 1, Kopien Hamburger Bibliothek für Universitätsgeschichte, Ordner Hans Liebeschütz.

84 E-Mail von Wolfgang Liebeschuetz vom 7.2.2017, Archiv Silke Kaiser.

85 E-Mail von Wolfgang Liebeschuetz vom 3.3.2016, Archiv Silke Kaiser.

Hans Liebeschütz erhielt das Eiserne Kreuz II. Klasse und sollte zu einem Offiziersanwärterkurs kommandiert werden, als er an Gelbsucht erkrankte.[86] Er verbrachte viele Monate in Lazaretten, zuerst in Frankreich, dann in Deutschland. Aus dem Kriegslazarett Cambrai wurde er im Februar 1917 in das Potsdamer Städtische Krankenhaus verlegt, wo die Ärzte eine Lungenentzündung feststellten. Es folgte im Juli 1917 die Verlegung ins Israelitische Krankenhaus Altona und dann in die Lungenheilanstalt Edmundsthal-Siemerswalde in Geesthacht bei Hamburg.[87] Im Dezember 1917 diagnostizierten die Ärzte eine offene Lungentuberkulose. Im Januar 1918 wurde Hans Liebeschütz aus der Behandlung entlassen mit der dringenden Mahnung, noch privat eine Lungenheilanstalt aufzusuchen und nicht in die Großstadt zurückzukehren. Nach einem Vierteljahr in St. Blasien nahm er im Sommersemester 1918 sein Studium in Heidelberg wieder auf. Er studierte dort schwerpunktmäßig mittelalterliche Geschichte. Im Mai 1920 wurde er bei dem Historiker für mittelalterliche Geschichte Karl Ludwig Hampe (1869–1936) mit einer Dissertation über *Die Beziehungen Kaiser Friedrichs II. zu England seit dem Jahr 1235* an der Philosophischen Fakultät mit magna cum laude promoviert. Zwei Monate zuvor hatte er in Karlsruhe das Staatsexamen für das Höhere Lehramt mit der Gesamtnote *vorzüglich* abgelegt. Aus den Unterlagen geht hervor, dass er seine mündliche Prüfung am 21. März 1920 ablegte. Als Kriegsveteran war er von der schriftlichen Prüfung befreit.[88] Er erhielt damit die Fakultas für Geschichte, Deutsch und Latein als Hauptfächer. Sein Referendariat absolvierte Liebeschütz von 1920 bis 1921 an der Realschule Seilerstraße in Hamburg, wo er im Anschluss bis 1924 weiter unterrichtete. Von 1924 bis 1929 war er Lehrer an der Realschule Uferstraße.[89]

---

[86] Rahel Liebeschütz über Hans Liebeschütz IfZ MA 1500/37, o. Bl., Kopien Hamburger Bibliothek für Universitätsgeschichte, Ordner Hans Liebeschütz.

[87] Bescheinigung Landesamt für Gesundheit und Soziales - Krankenbuchlager über Hans Liebeschütz vom 20.11.2001, LAGeSo 905 b.

[88] Wolfgang Liebeschuetz: Biography of my father Hans Liebeschuetz (Anm. 68), 4.

[89] Rahel Liebeschütz über Hans Liebeschütz, IfZ MA 1500/37, Bl. 2, Kopien Hamburger Bibliothek für Universitätsgeschichte, Ordner Hans Liebeschütz.

Reformen an Hamburger Schulen von 1918 bis 1933

Der Übergang zur parlamentarischen Demokratie seit dem November 1918 setzte in Hamburg schulpolitische und reformpädagogische Kräfte frei, die dazu führten, dass das Hamburg der Weimarer Republik oft als Stadt der Schulreformen bezeichnet wurde. Schon im Kaiserreich wurde in Hamburg 1908 der Bund für Schulreform gegründet. Aus ihm ging 1915 der Deutsche Ausschuss für Erziehung und Unterricht hervor. Das Ziel der Reformpädagogik bestand darin, die Selbstständigkeit der Schüler, ihre Persönlichkeitsentwicklung und die Erziehung zur Gemeinschaft zu fördern. Der Lernprozess sollte dem individuellen Erkenntnisdrang und Entwicklungsstand des Lernenden angepasst sein. Er sollte die Schüler auf das Leben in der modernen Gesellschaft vorbereiten und ihnen die dazu notwendigen Kulturtechniken vermitteln.[90]

Häufig konzentrieren sich Untersuchungen über Reformpädagogik auf die wenigen Versuchsschulen der Hansestadt, dabei wird außer Acht gelassen, dass in Hamburg auch in Regelschulen, besonders im Volksschulwesen, reformpädagogische Ansätze verfolgt wurden. Dabei ging es um eine Pädagogik *vom Kinde aus*. Gemeint war damit eine Erziehung, die auf das Individuum einging, seine Entwicklungsstufe berücksichtigte und die Pflege der Schulgemeinschaft förderte. Im Jahr 1908 hatte die Schulsynode – Mitspracheorgan der Hamburger festangestellten Lehrer seit 1870 – einen Lehrplan-Entwurf geschaffen, der nach 1918 den Schulen wahlweise mit dem Lehrplan der Oberschulbehörde als Grundlage für den Unterricht diente. 1926 wurden Richtlinien für den Arbeitsplan der Hamburger Volksschulen erlassen. Für die Grundschule gab es bereits seit 1922 Richtlinien. Einzelne Fächer wie zum Beispiel der Deutschunterricht sollten bis zum achten Schuljahr das Sich-frei-Ausdrücken und den freien Aufsatz fördern. Der Ge-

[90] Uwe Schmidt: Hamburger Schulen im „Dritten Reich", 1. Hrsg. von Rainer Hering (Beiträge zur Geschichte Hamburgs 64). Hamburg 2010, https://doi.org/10.15460//HUP/BGH.64.101, 27 (letzter Zugriff 28.6.2019).

schichtsunterricht sollte sich inhaltlich von den großen Persönlichkeiten entfernen und stattdessen das Studium der *wirtschaftlichen Verhältnisse und der damit verbundenen Ideen* in den Mittelpunkt stellen.[91]

Am folgenden Beispiel soll dargestellt werden, was mit dem Begriff Reformpädagogik gemeint ist. Über die Arbeit in der ersten Klasse der Grundschule berichtet ein Lehrer: Es wurde über den Sonntagskuchen erzählt. Daraus entwickelte sich ein Gespräch über das Backen. Aus Knetmasse wurden kleine Kuchen und Brote geformt. Eine Brotfabrik stellte Brot her. Es bildeten sich Hersteller, Verteiler und Verbraucher. Daran waren alle Kinder beteiligt. Daraufhin stellten die Kinder das Schulgestühl um: Es entstand eine Bäckereiabteilung für die Produktion, eine Tütenfabrik sowie eine Druckerei für Preislisten und Plakate, auch Verkaufsstellen und einzelne Haushalte. Aufträge wurden erteilt, Lieferwagen brachten die Backwaren, Lastwagen den Zucker und das Mehl in die Fabrik. Mutter konnte sein, wer Aufträge schreiben konnte, Verkäufer, wer auch richtig rechnen konnte. Das Kind, das einkaufte, konnte sein, wer beides noch nicht beherrschte.[92]

Reformpädagogen der höheren Schulen orientierten sich an Wilhelm Paulsen (1875–1943), der Schule als *Lebensstätte der Jugend* und *Schule der Erfahrung* definierte. Hugo Gaudigs (1860–1923) Ideen von der Selbstständigkeit des Schülers, das heißt vom selbstständigen Anwenden von Techniken für geistige Arbeiten, wurden richtungsweisend für eine ganze Generation von Lehrern.

Von 1919 bis 1933 gab es einen Wandel bei der Zusammensetzung der Lehrerschaft in allen Schulformen. Lehrer, die um die Jahrhundertwende geboren waren und ihre Ausbildung schon in der Weimarer Republik durchlaufen hatten, trugen Reformansätze in alle Schularten. Der Begriff *Reform* geriet jedoch schnell in parteipolitische Auseinandersetzungen. Die Forderung der Reformpädagogen nach der Einheitsschule konnte nicht umgesetzt werden. Konsens gab es nur bei der für alle Kinder verbindlichen vierjährigen Grundschule. Zwischen 1919 und 1933 war ein, schon um die Jahrhundertwende einsetzender,

---

91 Vgl. Reiner Lehberger: Einflüsse der Reformpädagogik auf das Hamburger Regelschulwesen in der Weimarer Republik. In: Der Traum von der freien Schule. Schule und Schulpolitik während der Weimarer Republik. Hrsg. von Peter de Lorent und Volker Ullrich. Hamburg 1988, 118–134, hier 118–121.

92 Lehberger, Einflüsse der Reformpädagogik (Anm. 91), 123.

Anstieg der Abiturientenzahlen zu beobachten, die Zunahme der Mädchen darunter sowie die allmähliche soziale Öffnung der höheren Schule.[93]

Eine der Reformschulen in Hamburg war die Lichtwarkschule, an der Hans Liebeschütz von 1929 bis 1934 unterrichtete. Sie war nach dem Ersten Weltkrieg und der Revolution aus der 1914 gegründeten Realschule Winterhude hervorgegangen und trug seit 1921 den Namen Alfred Lichtwarks (1852–1914). In ihrem Kollegium wurden reformpädagogische Ideen gesammelt, wobei die Schule eine pädagogische Eigenständigkeit besaß, aber in Hamburg nicht isoliert war. Alle Reformansätze der Lichtwarkschule entwickelten sich in Diskussionen. Die Charakteristika der Schule von der Kulturkunde bis zur täglichen Turnstunde, von musischer Erziehung bis zur Erlebnispädagogik gründeten sich auf Reformideen. Sie wurden nicht in Hamburg erfunden, aber von anderen Reformschulen aufgegriffen, abgewandelt und weiterentwickelt.

Hatte die Realschule Winterhude noch kein besonderes pädagogisches Profil, so änderte sich während des Ersten Weltkriegs die Zusammensetzung ihres Lehrerkollegiums, sodass sich nach 1918/19 zahlreiche reformorientierte Lehrer an der Schule sammelten. Ihnen gemein waren laut Heinrich Landahl (1895–1971), einer der Schulleiter der Lichtwarkschule, vor allem zwei Ziele: erstens die kritische Einstellung gegenüber traditionellen Formen und Inhalten der bestehenden Schule und zweitens die freudige Einstellung gegenüber Versuchen in der Schule, das Gehen neuer Wege und die Anwendung neuer Mittel in der Schule. Das Prinzip des Wahlkollegiums ermöglichte das Anwerben von Lehrerinnen und Lehrern, die ähnliche Erziehungsziele hatten. Passende Kollegen wurden gesucht oder wechselten von sich aus an die Lichtwarkschule. Auch Hans Liebeschütz wurde von Heinrich Landahl explizit angeworben.

Religiös und politisch war das Lehrerkollegium heterogen. Verbindend waren die gemeinsamen pädagogischen Ideale. Trotz unterschiedlicher Ansätze und inhaltlicher Vorstellungen der einzelnen Lehrer und ihres Unterrichts gab es doch verbindende Ziele und Wege, diese zu erreichen. Diese Ideen hielten das Kollegium zusammen. Die Lehrer wollten die Kinder *als ganze Menschen* sehen und erziehen und alle ihre Anlagen entdecken und

93 Uwe Schmidt (Anm. 80), 28 f.

fördern. Ein leitendes Erziehungsziel war der Gemeinschaftsgedanke, die Erziehung zur Selbstständigkeit und das aus den Fächern Deutsch, Geschichte und Religion zusammengesetzte Fach Kulturkunde. Die Schulpraxis sollte gegenwarts- und handlungsbezogen sein. Motorische und ästhetische Kompetenzen der Schüler hatten einen wichtigen Platz im Stundenplan. Der außerschulische Unterricht, besonders in Form der jährlichen Klassenreisen, war sehr wichtig. Das erforderte großen Arbeitseinsatz der Lehrer, der über die übliche Lehrtätigkeit weit hinaus ging. Als Klassenlehrer oder Klassenlehrerin waren die Pädagogen stark in das Schulleben eingebunden. Die Klassen mussten mit hoher Stundenzahl betreut werden, Unterrichtsstoff vorbereitet und gemeinsam fächerübergreifend erarbeitet werden. Die Lichtwarkschule unterschied sich so in verschiedenen Punkten stark von dem bislang bekannten traditionellen Gymnasium, das humanistisch orientiert war und die alten Sprachen betonte. Sie entsprach eher dem Konzept der Deutschen Oberschule unter anderem dadurch, dass sie die modernen Sprachen förderte.

Obwohl sich die Erziehungsziele der Lichtwarkschule in der Reformpädagogischen Bewegung und der Jugendbewegung wiederfinden, unterschied sie sich deutlich von anderen Reformschulen. Die Lichtwarkschule entstand nicht aus einem festen pädagogischen Konzept, weniger aus Theorien denn aus praktischen Entwicklungen. Ihr Leitgedanke war nicht die Abkehr von der modernen Gesellschaft und ihrer großstädtischen Realität, sondern die Erfassung des ganzen Menschen in seiner Zeit und Umgebung. Dadurch grenzte sie sich von der Jugendbewegung und der Landerziehungsheimbewegung ab. Die Pädagogen betonten bewusst den Charakter der öffentlichen Großstadtschule und suchten mit ihren Schülern die kritische Auseinandersetzung mit der direkten, städtischen Umgebung. Die Lehrer waren vor allem als Pädagogen und Erzieher gefordert. Es wurde von ihnen erwartet, die Erziehungs- und Unterrichtskunst zu entfalten. Die Schule sollte sich als tätiges Element in die Gegenwart einfügen und so ihren Sinn und ihre Aufgabe erfüllen. Besondere Bedeutung wurde der ästhetischen Erziehung beigemessen. Kunst und Kultur wurden als Grundlage der Gemeinschaft und nicht als schmückendes Beiwerk betrachtet. Die Lehrer waren durchdrungen vom Glauben an den gesellschaftlichen Aufbruch, an eine Kultur, die auf Werten basierte, und an Kunst, die Ausdruck echter Gefühle war. Die Musik sollte daher einen hohen Stellenwert im Leben der Schule haben, entsprechend ihrem Stellenwert in der deutschen Kulturgeschichte. Besondere Bedeutung wurde der Kunst und Kultur des Mittelalters und der Musik Johann Sebastian Bachs beigemessen. Auch an der Deutschen Oberschule war das Mittelalter ein wichtiger Bezugspunkt, aber mehr, um den Schülern die germanischen Wurzeln ihres Deutschtums aufzuzeigen. An der Lichtwarkschule dagegen bestand als wichtigstes Ziel, auf den einheitlichen Charakter der mittelalterlichen Kultur hinzuweisen, den die Lehrer unterstellten, so Joachim Wendt.[94]

Aus der gelegentlichen Aufnahme einzelner Schülerinnen in die Oberstufe entwickelte sich 1925 die konsequente Durchführung der Koedukation. Die zahlreichen Veränderungen der Unterrichtspraxis und des Fächerangebots machen es schwer, von einem pädagogischen Konzept zu sprechen. So sagte Schulleiter Landahl, dass die Schule kein Programm, keine Idee und auch kein endgültiges Bild ihrer Arbeit und ihres Wesens vortragen könne. Lediglich sei von ihrer gegenwärtigen Arbeit und dem augenblicklichen Stand ihrer Entwicklung zu berichten. Dies zeigt die grundsätzliche Eigenart der Lichtwarkschule. Von 1921 bis 1937 wandelte sich ihre Unterrichtsorganisation grundlegend. Die Zusammensetzung des Lehrerkollegiums – Träger der Schulidee – erneuerte sich. Es blieb das Erziehungsziel, Schüler und später auch Schülerinnen nicht nur auf das Abitur vorzubereiten, sondern auf die Anforderungen des Lebens in der gegenwärtigen Gesellschaft und zumindest bis 1933 zur Demokratisierung der Gesellschaft beizutragen.[95]

---

94 Vgl. Joachim Wendt: Die Lichtwarkschule in Hamburg (1921–1937). Eine Stätte der Reform des höheren Schulwesens (Beiträge zur Geschichte Hamburgs 57). Hamburg 2000 zugleich (Hamburger Schriftenreihe zur Schul- und Unterrichtsgeschichte 8), 130.

95 Vgl. Anne-Kathrin Beer: Eine Schule, die hungrig machte. Helmut und Loki Schmidt und die Lichtwarkschule (Studien der Helmut und Loki Schmidt Stiftung 3). Bremen 2007, 57–65.

Rahel Plaut

Kindheit und Jugend

Elisabeth Amalie Rahel Plaut wurde am 21. Juni 1894 in Leipzig geboren.[96] Ihr Vater, der Bakteriologe Hugo Carl Plaut (1858–1928), kam aus Leipzig, ihre Mutter Adele Plaut, geb. Brach (1867–1953) wurde in Paris geboren und wuchs in Hamburg auf. Adele Brach und Hugo Carl Plaut stammten beide aus wohlhabenden jüdischen Familien. Hugo Carl Plauts Vater Gustav Plaut war Teilhaber der Privatbank H. C. Plaut, die unter anderem den Bau der Eisenbahn zwischen Leipzig und Erfurt finanziert hatte.[97] Adele Brachs Vater, Rudolph Brach (1829–1907), war als junger Mann 1849 nach Amerika emigriert und hatte an der texanisch-mexikanischen Grenze durch Handel ein Vermögen gemacht. Er gründete, nachdem er 1853 nach Europa zurückgekehrt war, ein Exportgeschäft.[98]

Nach der Heirat lebte das Ehepaar Plaut in Leipzig. Das älteste Kind, Theodor, wurde 1888 geboren, ein Jahr später der zweite Sohn Hubert Curt. Hugo Carl Plaut erwarb 1891 für seine Familie ein Haus am Stadtrand von Leipzig, in dem er vormittags eine allgemeinärztliche Praxis führte und nach und nach ein Labor einrichtete. Ein drittes Kind, die Tochter Caroline Elisabeth Amalie Maud, wurde 1892 geboren, zwei Jahre später kam das vierte Kind Elisabeth Amalie Rahel zur Welt.[99]

---

96 StA HH, HW – DPA IV 619, o. Bl., Lebenslauf Rahel Liebeschütz, Personalakte Hamburgische Universität.

97 Rahel Liebeschütz: Hugo Carl Plaut, Part I: 1858–1890. Privatdruck 1976, Nachdruck London 1989, 6, Leo Baeck Institute New York, ME 847 H. C. Plaut, Kopien in der Hamburger Bibliothek für Universitätsgeschichte.

98 Leo Baeck Institute MS 252; MSF 47, Rahel Liebeschütz: Feist-Belmont History: 1775–1882; Leo Baeck Institute ME 66, Rudolph Brach Autobiography, Rudolph Brach 1829–1907 Autobiography, Original auf Deutsch, handgeschrieben, Typoskript ins Englische übersetzt von Rahel Liebeschütz, 49 Seiten, ohne Ort, ohne Jahr. Siehe auch: Alexandra Gittermann: Rudolph und Friederike Brach. Vom Rio Grande an die Elbe (Mäzene für Wissenschaft, Neue Folge 6). Göttingen 2023.

99 Rahel Liebeschütz: Hugo Carl Plaut, Part II 1890–1928. Privatdruck 1976, Nachdruck London 1989, 4.

Rahel Liebeschütz schrieb in den Erinnerungen an ihren Vater, dass ihre Mutter sehr krank nach ihrer Geburt wurde, sodass sie diese nie als gesunde Frau erlebte. In ihrer frühen Kindheit erinnerte sie die Mutter manchmal im Rollstuhl und meinte, dass sie der Grund der mütterlichen Schwäche war.[100]

Vor diesem Hintergrund ist es verständlich, dass Rahel Liebeschütz sich gegenüber ihrer Mutter schuldig fühlte, und sich deshalb Zeit ihres Lebens verpflichtet sah, für diese zu sorgen.

Da ihre Eltern den Grundsatz verfolgten, die Pflege und Erziehung der Kinder so wenig wie möglich Angestellten zu überlassen, übernahm der Vater viele der Pflichten, die die Mutter nicht mehr erfüllen konnte. Die Sorge um die Gesundheit seiner Familie, so Rahel Liebeschütz, beeinträchtigten seine Arbeit zeitweise beträchtlich. Die Anfälligkeit gegenüber kleineren Infektionen und Krankheiten, zu denen die ganze Familie bis auf den Vater neigte, war sehr lästig. Schwere Erkältungen, gefolgt von Husten, Ohrenschmerzen, sowie Magen-Darm-Infekten durchzogen nahezu ununterbrochen den Alltag der Familie.[101]

Rahel Liebeschütz suchte später nach einer Erklärung, weshalb gerade die Kinder eines Bakteriologen so anfällig für Infektionen waren. Ihrer Meinung nach wurden die von Bakterien ausgehenden Gefahren überschätzt, Vitamine und ihre Bedeutung für die Widerstandskraft des Körpers waren unbekannt. Lebensmittel wurden lange erhitzt, bevor sie auf den Tisch kamen, und es gab wenig rohes Obst und Salat. Die Familie durfte nur die Produkte aus dem eigenen Garten ungekocht essen. Jede Störung wurde mit einer noch faderen, also vitaminärmeren Diät behandelt, sodass ein Teufelskreis entstand. Ihr Vater, so erinnerte Rahel Liebeschütz, habe viele Spezialisten konsultiert. Wenn ein Arzt damals kein Heilmittel wusste, empfahl er einen Aufenthalt in einem Badekurort oder Luftveränderung. Man hatte großes Vertrauen in die Wirkung bestimmter Wasser und Klimate für die verschiedensten Erkrankungen. Die Familie verbrachte die Sommer der Jahre 1895 bis 1900 in Kurorten, entweder in den Bergen oder an der See.[102]

Begleitet von ihrem sächsischen Dienstpersonal zog die Familie Plaut 1897 nach Hamburg. Die Eltern von Rahel Plauts Vater wohnten dort; wegen

100 Rahel Liebeschütz: Hugo Carl Plaut, Part II, 4.

101 Rahel Liebeschütz: Hugo Carl Plaut, Part II, 9.

102 Rahel Liebeschütz: Hugo Carl Plaut, Part II, 9.

Abb. 2: Die Plaut-Kinder (Foto: Familie Carver).

deren Alters wollte Hugo Carl Plaut in ihrer Nähe sein. Die Familie Plaut wohnte zunächst in einem Haus in Eppendorf, einem Vorort, der damals noch viele Wiesen, Parks und große Gärten umfasste. Hugo Carl Plaut richtete in der Nähe des Wohnhauses ein Labor ein. Die Tätigkeit als praktischer Arzt nahm er nicht wieder auf, sondern beschränkte sich auf seine Arbeit als Bakteriologe.[103]

Als Achtjährige, also 1902, begann Rahel Plaut, regelmäßig Tagebuch zu führen. Sie notierte täglich, was sie getan hatte und was in der Familie passiert war.[104] Die vier Kinder der Familie Plaut spielten viel miteinander. In den Sommermonaten war ihre Lieblingsbeschäftigung Croquet. Auch Turnen gehörte zu ihren gemeinsamen Aktivitäten. Rahel zeichnete viel, strickte, nähte und fertigte Laubsägearbeiten an. Gelegentlich spielte sie mit ihrer Schwester mit Puppen. In ihrem Tagebuch äußerte sie aber auch harsche Kritik an ihrer älteren

103 Rahel Liebeschütz: Hugo Carl Plaut, Part II, 11.

104 Rahel Plaut, Tagebuch 1902.

Schwester. Auf der ersten Seite ihres Tagebuchs von 1907 steht als Überschrift *Beweise*. Darunter:

> Es giebt Leute wie Carry [Caroline, S. K.] die mögen keine Beweise. Sie sagen, wenn man sagt: „Soll ich Dir das beweisen??“ unfehlbar „nein“ da sie denken ein Beweis ist langweilig, dauert lange vielleicht auch ich verstehe doch nicht und ist mir unsimpathisch weil er so etwas philosophisches hat. Dies ist eine sehr dumme Ansicht oder vielmehr überhaupt keine sondern ein Gefühl welches der Mensch zum Ausdruck bringt man soll (wie ja auch Cartesius-Dekartes gesagt hat) alles beweisen suchen und wenn es auch noch so schwer ist. Jemand der alles was er tut bewiesen hat wie einen mathematischen Satz der hat (wenn er sich nicht versehen hat) in allem Recht. Ist das nicht genug, um ein Ideal zu sein?

Unter der Überschrift *Logisch und Unlogisch* schreibt sie:

> Es giebt Leute die sind unlogisch zum Beispiel Carry. Mit denen lässt sich nicht sprechen. Sie sagen: „sprich nicht so lange“ „schrei nicht so“ „du quasselst wieder“ „Schreihannes“ oder „Brüllhannes“ gehen weg oder so wenn sie merken, das man dabei ist ihnen zu beweisen dass sie unrecht haben. Sie denken nicht [...].[105]

An diesen Tagebuchaufzeichnungen zeigt sich, dass Rahel Plaut schon sehr früh ihre intellektuelle Begabung entwickelte. Sie war noch Kind, als sie ihre Gedankengänge formulierte und im Tagebuch festhielt. Aus ihren Worten geht jedoch auch hervor, dass es geschwisterliche Konflikte gab.

Rahel erhielt Französisch- und Englischunterricht bei Privatlehrerinnen sowie Chemiestunden bei ihrem Vater. Ihre Mutter gab jeden Samstag Unterricht in biblischer Geschichte. Regelmäßig las sie ihren Kindern aus Werken der deutschen Literatur vor. Gelegentlich besuchten Hugo Carl und Adele Plaut mit ihren Kindern die Großeltern Brach oder die Familie Plaut.[106]

---

105 Rahel Plaut, Tagebuch 1907.

106 Rahel Plaut, Tagebuch 1902.

Rahel Liebeschütz schrieb später über ihre frühe Kindheit, sie und ihre Schwester hätten zu ihren Brüdern aufgesehen und seien wegen der Freundschaft zu ihnen eifersüchtig aufeinander gewesen. Normalerweise erlangte ihre Schwester Caroline, die immer die Führung hatte, die Freundschaft eines der Brüder, und Rahel musste dann den nehmen, der übrig blieb. Manchmal wählte Caroline Theodor, der der ältere, stärkere und bedeutendere war. Er war ein sehr effizienter und pflichtbewusster Junge, der jede Minute des Tages mit nützlicher und höchst praktischer Arbeit verbrachte.[107]

Über die geschwisterlichen Streitigkeiten schrieb Rahel Liebeschütz: Es gab Zeiten, in denen Caroline und Theodor nicht miteinander auskamen und Streit entstand. Dies war durch Theodors Charakter verständlich. Er war als Junge konservativ, stand für die Rechte des Erstgeborenen und die Überlegenheit von Männern über Frauen sowie die Treue zum Judentum. Ihre Brüder, so Rahel Liebeschütz, beschäftigten sich schon sehr früh mit ihrer Religion. Als sie ungefähr fünf Jahre alt war und die Jungen zehn beziehungsweise elf, spielten ihre Brüder mit Zinnsoldaten. In ihren Kriegsspielen kämpften *Aer* gegen *Eer*. Rahel und ihre Schwester versuchten zu verstehen, was das bedeutete und erst viel später wurde ihnen gesagt, dass *Aer* für Antisemiten und *Eer* für Juden stand.

Theodor bastelte in seiner freien Zeit ein Modellschiff, und als wes zu Wasser gelassen werden sollte, veranstaltete er einen Wettbewerb um den besten Namen dafür. Alle Kinder schlugen Namen vor. Theodor wählte Huberts Vorschlag *Judea*.

Durch den Einfluss englischer Gouvernanten und die Sympathie seiner Mutter für England entwickelte Theodor eine Ablehnung gegen alles Deutsche. Er ging in Opposition zu seinem deutschen Umfeld, zum deutschen Staat und war sogar gegen deutsche Bücher, die für deutsche Jungen geschrieben waren. Während des Boxer-Aufstands in China und des Herero-Aufstands in Afrika war er entschieden gegen Deutschland. Wegen dieser Haltung geriet er mit Caroline in Konflikt.

Als Theodor fünfzehn Jahre alt war, entwickelte er eine noch strengere Haltung als vorher. Er aß überhaupt keine Süßigkeiten mehr, obwohl ihnen zu der Zeit ohnehin wenige zugestanden wurden. Außerdem kleidete er sich

---

[107] Rahel Liebeschütz: Rachel und Theodor. The Plaut Familiy 1888–1948. Typoskript, o. O., o. J., 19 Seiten, hier 1.

nachlässig, was Carolines besonderen Ärger verursachte. Als diese Streitigkeiten aufkamen, verbündete sich Caroline mit Hubert, während sich Rahel mit stillem Fanatismus an Theodors Seite stellte und versuchte, in jeder Hinsicht so wie er zu sein. Sie schrieb später, sie bezweifele, dass er gemerkt habe, wie sehr er ihr Held gewesen sei, als sie neun Jahre alt war.[108]

Rahel Liebeschütz schrieb: Nach und nach überwog die Vernunft. Theodor und Caroline wurden trotz ihrer unterschiedlichen Auffassungen gute Freunde und sie fand heraus, dass sie mit Hubert viel gemeinsam unternehmen konnte und dass dies auf Augenhöhe geschah. Als ihre Schwester aufhörte, mit Puppen zu spielen, begann Rahel mit Hubert mit Zinnsoldaten zu spielen, Bäume zu erklettern und wilde Spiele im Garten zu veranstalten. Bald begann sie mit Hubert, über Philosophie zu diskutieren. So bildeten sich Freundschaften zwischen ihr und Hubert und auch zwischen Caroline und Theodor.[109]

Rahel Plaut berichtete in ihren Tagebüchern auch davon, wenn es Streit in der Familie gab. So notierte sie zum Beispiel am 23. Oktober 1902: „Papa und Mama zanken sich."[110] Auch kulturelle Erlebnisse fanden Niederschlag in ihrem Tagebuch. Ende April 1903 schrieb sie: „Das erste Mal im Theater".[111]

Sommerwohnsitz Dockenhuden

Hugo Carl Plaut war weiterhin sehr um die Gesundheit seiner Kinder besorgt. Diese Sorge nahm so extreme Ausmaße an, dass sie zu depressiven Verstimmungen führte, die ihn daran hinderten zu publizieren. Der Drang, durch Kontrolle der Lebensweise der Kinder deren Infektionsrisiko zu verringern, belastete die ganze Familie. Die Kinder durften nur zu Hause oder bei den Großeltern Plaut essen, in seltenen Fällen, wenn überhaupt, bei den Großeltern Brach. Es gab noch zahlreiche weitere Verbote, die aber leichtere und schwerere Infekte nicht verhinderten. Da Hugo Carl Plaut während seiner Junggesellenzeit zu der Überzeugung gelangt war, Alkohol bringe unendlich viel Elend und moralischen Verfall über die Menschheit, war er

---

108 Rahel Liebeschütz: Rachel & Theodor, 1 f.

109 Ebd.

110 Rahel Plaut, Tagebuch 1902, Eintrag vom 23.10.

111 Rahel Plaut, Tagebuch 1903, Eintrag vom 30.4.

Abb. 3: Dockenhuden, Schanzkamp 52 (Fotos: Familie Carver).

überzeugter Antialkoholiker. Alle Getränke und Speisen, die Alkohol enthielten, durften in der Familie nicht auf den Tisch kommen.[112]

Schon ein Jahr nach dem Umzug nach Eppendorf nahm die Familie ihre sommerlichen Reisen zu Kurorten wieder auf.[113] Rahel Liebeschütz schrieb, es sei eine große Verbesserung gewesen, als ihre Eltern es aufgaben, mit ihnen Kurorte zu besuchen, und stattdessen einen dauerhaften Sommerwohnsitz in der Nähe von Hamburg suchten. So ein Domizil fanden sie 1901 in dem Dorf Dockenhuden in der Nähe der Elbe, ungefähr zwölf Kilometer vom Stadtzentrum Hamburgs entfernt. Das Haus umgab ein fünfeinhalb Hektar großes Grundstück, das hauptsächlich aus Wiesen, Wald und Gebüsch bestand. Außerdem gab es einen Küchengarten, Obstgärten, Gewächshäuser, einen Teich und einen kleinen Hügel mit einem chinesischen Pavillon sowie viele Blumenbeete. In Rahel Liebeschütz' Erinnerung war es ein kleines Paradies für die Kinder, besonders im Frühling, wenn der Garten voller Vögel war und die Nachtigallen die

112 Rahel Liebeschütz: Hugo Carl Plaut, Part II, 8.

113 Ebd., 12.

ganze Nacht hindurch sangen. Die Familie verbrachte die Zeit von April bis Oktober in Dockenhuden und während der Wintermonate in Eppendorf.[114]

Laut Rahel Liebeschütz hatte Dockenhuden einen positiven Einfluss auf die Familie. Die depressiven Verstimmungen ihres Vaters besserten sich allmählich, und er begann wieder, seine wissenschaftlichen Erkenntnisse zu veröffentlichen. Auch die Gesundheit der Familienmitglieder stabilisierte sich, weniger, so Rahel Liebeschütz, wegen der besseren Luft als durch eine vitaminreichere Ernährung. Die Kinder durften die Produkte des eigenen Anbaus ungekocht essen, der große Garten lieferte einen Großteil des familiären Bedarfs an Obst und Gemüse.[115]

In den Jahren von 1905 bis 1907 gab es verschiedene Faktoren, die das Leben der Familie Plaut veränderten. Zunächst, so erinnerte sich Rahel Liebeschütz, schienen die depressiven Verstimmungen, unter denen der Vater mehr als zehn Jahre lang gelitten hatte, endgültig überwunden zu sein. Für sie war diese Entwicklung hauptsächlich darauf zurückzuführen, dass ihr Vater sich allmählich an die Verhältnisse in Hamburg und dessen Mediziner-Welt gewöhnt hatte. Ein anderer wichtiger Grund sei aber auch der Einfluss der Familie gewesen. Nach einem *Zusammenstoß* mit der Familie Brach wurde 1905 wieder *Friede* geschlossen und mit sehr viel weniger Spannungen aufrechterhalten als vorher. Innerhalb der engeren Familie ließ die überängstlich-gesundheitsbewusste Lebensweise allmählich nach. Reste des Systems blieben zwar noch lange bestehen, aber ohne die nervliche Anspannung, die sie einst geschaffen hatten.[116]

Rahel Liebeschütz erinnert sich, dass sie und ihre Geschwister im Sommer alle viel im Garten gearbeitet hätten. Als die Familie nach Dockenhuden zog, bekam jedes Kind ein Stück Land zugewiesen, um Gemüse und Blumen anzupflanzen. Ihr Bruder Theodor sei am erfolgreichsten gewesen. Er habe ein Frühbeet angelegt, auf dem er alle möglichen Experimente durchführte. Außerdem richtete er eine Baumschule in der sogenannten Wildnis des hinteren Gartens ein. Der Gärtner Gottfried Schulze war sein Mentor. Als Theodor ungefähr fünfzehn Jahre alt war, sagte Schulze über ihn, dass er so viel

---

114 Rahel Liebeschütz: Hugo Carl Plaut, Part II, 12.

115 Ebd., 13.

116 Ebd., 25.

über das Gärtnern wisse wie ein gelernter Gärtner. Für seine Projekte benötigte Theodor oft die Hilfe seiner Schwestern, die ihn sonst in der Regel nicht sonderlich interessierten. Er nannte sie herablassend „die kleinen Mädchen" oder sogar „das kleine Gezappel".[117]

In der Familie Plaut wurde viel Sport getrieben. Der Vater bevorzugte diejenigen Sportarten, die er selber praktiziert hatte. Die Jungen lernten Fechten, als sie noch relativ klein waren. Zielschießen mit Gewehren, manchmal mit Pistolen, war ein beliebter Familiensport, den sie in den Sommermonaten ausübten. Im Winter gingen alle zusammen Schlittschuhlaufen. Als sie jünger waren, liefen sie auf einem kleinen Teich, den der Gärtner im Garten angelegt hatte, später gingen sie zur Schlittschuhbahn des Eislaufvereins. Im Frühling, bevor sie wie jedes Jahr nach Dockenhuden umzogen, ruderten sie auf der Alster. Über ihre Lieblingsportart, das Reiten, schrieb Rahel Liebeschütz in den Erinnerungen an ihre Kindheit: Reiten war für sie der schönste Sport. Als ihre Brüder Reitunterricht bekamen, bestand sie darauf, es auch zu lernen und zwar auch mit demselben Satteltyp. Bis dahin war es üblich, dass Frauen und Mädchen auf speziellen Damensatteln ritten. Als die Jungen an die Universität gingen, machten sie in den Ferien zusammen Ausritte. Für Rahel Plaut war das Reiten eine stärkende und freudige Erfahrung.[118]

Aus Rahel Liebeschütz Schilderungen ihrer Kindheit geht hervor, dass ihre Eltern nicht nur Wert auf eine intellektuelle Bildung legten, sondern einen ganzheitlichen Erziehungsansatz anstrebten. Neben den Sprachen, der Literatur und den Naturwissenschaften förderten sie handwerkliche Arbeit, Gartenarbeit, künstlerische Betätigungen und sportliche Aktivitäten.

Privatunterricht und Schule – Neue Rabenstraße

Es sei ihrem Vater klar gewesen, schreibt Rahel Liebeschütz, dass die Lebensweise, die er für notwendig hielt und die ihm Kontrolle über alle Einzelheiten erlaubte, nicht mehr möglich wäre, wenn die Kinder zur Schule gingen. Rahel Liebeschütz vermutete, dass dies, wenn auch unbewusst, der Hauptgrund dafür war, dass ihre Eltern sie nicht zur Schule schickten, sondern ihnen den

---

117 Rahel Liebeschütz: Rachel & Theodor, 1.

118 Ebd., 3 f.

größten Teil ihrer Kindheit hindurch Privatunterricht erteilen ließen. Es gab weitere wichtige Gründe für die Entscheidung: Die Jungen, insbesondere Theodor, waren beide kurzsichtig. Man glaubte damals, Kurzsichtigkeit würde durch Lesen verschlechtert. Von einem Privatlehrer konnten die Eltern verlangen, unnötige Belastungen der Augen zu vermeiden. Über die Maßnahme, ihre Kinder durch Privatunterricht vor Antisemitismus zu schützen, schrieb Rahel Liebeschütz in den Erinnerungen an ihren Vater: Noch wichtiger waren die Erinnerungen, die beide Eltern an den Antisemitismus in der eigenen Schulzeit erlebt hatten. Die Gefahr, dass die Charaktere ihrer Kinder durch ein emotionales Trauma gebrochen werden könnten, musste um jeden Preis verhindert werden.[119]

Ein wichtiger Grund für die Entscheidung von Adele und Hugo Carl Plaut, ihre Kinder privat unterrichten zu lassen, bestand also darin, sie so vor Antisemitismus zu schützen. Dieser Plan stellte sich als richtig heraus, denn nicht nur Adele Plaut selbst, sondern auch zahlreiche andere Juden, die über ihre Kindheit berichten, erzählen, dass die Schule der Ort gewesen sei, wo sie den Antisemitismus am direktesten zu spüren bekamen.[120] Adele Plaut hatte ihrer Tochter Rahel von ihren Erfahrungen der Schulzeit berichtet. Sie war auf eine protestantische Schule gegangen. Als „Fräulein" Kreussler, eine Tochter des Hauptpastors der St.-Petri-Kirche, die Schule übernahm, hielt ein antisemitischer Geist Einzug in den Schulalltag. Kreussler erklärte gleich zu Beginn, sie würde keine Juden aufnehmen. Trotzdem blieben Adele Plaut und ihre Schwestern an der Schule. Was Adele Plaut in der Person ihrer jungen Schulleiterin erlebte, waren Einflüsse der christlich-sozialen Bewegung des Hofpredigers Adolf Stoecker (1835–1909).[121] Stoecker begründete mit den Christlich-Sozialen die sogenannte Berliner Bewegung, die rückwärtsgewandte mit modernen Elementen vereinte. Vom Programm her trat sie auf einer protestantischen Grundlage antikapitalistisch, antiliberal und antisozialistisch auf, verknüpft durch einen scharfen Antisemitis-

---

119 Rahel Liebeschütz: Hugo Carl Plaut, Part II, 10.

120 Monika Richarz (Hrsg.): Bürger auf Widerruf. Lebenszeugnisse deutscher Juden 1780–1945. München 1989.

121 Rahel Liebeschütz: Hugo Carl Plaut, Part I, 58–60.

mus, der sich gegen den „verjudeten" Großkapitalismus wie gegen die „verjudete" Linke richtete. Das politische Fernziel Stoeckers war ein christlich-deutscher Gottesstaat als Ständestaat.[122]

Rahel Liebeschütz schrieb über die Bemühungen ihrer Mutter, Privatlehrer für die Kinder zu finden: Es war etwas ziemlich Ungewöhnliches in Hamburg. Nur mit enormem Aufwand gelang es Adele Plaut, geeignete Lehrer für die verschiedenen Fächer und die unterschiedlichen Altersstufen der Kinder zu finden. Das Ergebnis war ein kompliziertes und kostspieliges System. Die Kinder lernten jedoch genau so viel wie andere Kinder in weniger Zeit und hatten so mehr Zeit für Gartenarbeit, Holzarbeiten, Zeichnen und Malen. Da die modernen Sprachen von englischen und französischen Lehrerinnen unterrichtet wurden, lernten sie diese besser als ihre späteren Klassenkameraden, und die guten Sprachkenntnisse waren für ihr späteres Leben von großem Vorteil. Das Hauptziel der Eltern, sie vor den Demütigungen des Antisemitismus zu schützen, konnte so auch erreicht werden.[123]

Der Privatunterricht erlaubte den Eltern Plaut, den Lehrplan so zu gestalten, wie sie es sich wünschten. Mathematik und die modernen Fremdsprachen, die von Muttersprachlern unterrichtet wurden, blieben Hauptfächer. Zeichnen wurde als sehr wichtig betrachtet. Deutsch und Geschichte vernachlässigten die Eltern bewusst, weil sie nicht wollten, dass die Lehrer den Kindern ihre Meinungen aufzwangen. Dies sei auch der Grund dafür gewesen, dass Adele Plaut die Bibelstunden ihren Kindern selbst gab. Den Mangel an Deutschunterricht hätten die Eltern Plaut dadurch ausgeglichen, dass sie ihren Kindern viel vorlasen. Morgens beim Frühstück las der Vater aus dem *Poetischen Hausschatz des deutschen Volkes* oder Verse von Paul Gerhardt.

Rahel Liebeschütz erinnerte sich an die abendlichen Lesungen von *Tell*, der *Jungfrau von Orleans*, die von den Eltern in einem Puppentheater aufgeführt wurden, von *Wallenstein*, *Julius Cäsar* und vom *Nibelungenlied*. Ihre Mutter las mit Theodor die historischen Stücke Shakespeares, Schillers *Geschichte des Dreißigjährigen Krieges* und Friedtjof Nansens *In Nacht und Eis*. Das Lesen in der Familie hatte einen großen Einfluss auf die Kinder, was dadurch zum Ausdruck kam, dass sie den ganzen Tag über das, was ihnen vorgelesen wurde, sprachen. Darüber hinaus nahm der Inhalt der Stücke

---

122 Alf Christophersen: Stoecker, Christian Adolf. Neue Deutsche Biographie 25. Berlin 2013, 377 f.

123 Rahel Liebeschütz: Hugo Carl Plaut, Part II, 25 f.

Einzug in ihre Spiele. Für Rahel Plaut als die jüngste waren die Texte oft zu schwierig, aber sie interessierten sie so, dass sie sie immer wieder las, bis sie sie Jahre später verstand. Sie war der Meinung, dass sie insgesamt eine breitere Bildung erhielten als andere Kinder ihres Alters.[124]

Zwar war es möglich, den Besuch der Grundschule durch den Privatunterricht zu vermeiden. Um aber ihre Kinder auf das Abitur vorbereiten zu lassen, konnten auch die Eltern Plaut nicht anders, als ihre Kinder zur Schule zu schicken.

Die Söhne der Familie, Theodor und Hubert, besuchten auf Wunsch ihres Vaters ab 1905 beziehungsweise 1906 ein humanistisches Gymnasium, das Wilhelm-Gymnasium[125] in Hamburg, die beiden Mädchen, Caroline und Rahel ab 1909 das Realgymnasium für Mädchen des Hamburgischen Vereins zur Förderung von Frauenbildung und Frauenstudium.[126] Bis 1914 gab es in Hamburg nur zwei private und eine halböffentliche Schule, die Mädchen auf das Abitur vorbereiteten. Der Träger einer dieser privaten Einrichtungen war ein Zweigverein der Ortsgruppe des Allgemeinen Deutschen Frauenvereins, der Hamburgische Verein zur Förderung von Frauenbildung und Frauenstudium.[127] Er hatte sich vorrangig gegründet, um Realgymnasialklassen für Mädchen der gebildeten Schichten einzurichten, die die Schülerinnen in einem fünfjährigen Lehrgang dazu befähigen sollten, an einem Gymnasium die Abiturprüfung abzulegen. Dabei wurde auf die Gleichwertigkeit der Ausbildung mit der an Gymnasien und Realgymnasien für Jungen gebotenen Wert gelegt.[128] Als Zugangsbedingungen galten entweder der Abschluss einer neunklassigen Mädchenschule oder eine Aufnahmeprüfung.[129]

---

124 Rahel Liebeschütz: Rachel & Theodor, 2.

125 Wilhelm-Gymnasium Hamburg 1881–2006. Festschrift zum 125-jährigen Jubiläum 2006 im Auftrage der Schulkonferenz, des Schulvereins und des Ehemaligen-Vereins. Hamburg 2006.

126 Kirsten Heinsohn: Hamburgischer Verein zur Förderung von Frauenbildung und Frauenstudium (1900–1924). Ein Beispiel für die Entwicklung des höheren Mädchenschulwesens im Deutschen Reich, Magisterarbeit (Geschichtswissenschaft), Ms. Hamburg 1988.

127 Ebd., 55–65.

128 Ebd., 65.

129 Ebd., 65.

Zunächst war der Lehrplan an dem eines humanistischen Gymnasiums orientiert, allerdings begannen der Griechisch-Unterricht und die naturwissenschaftlichen Fächer erst in der Untersekunda. In der Obertertia lernten die Mädchen Latein (sechs Stunden in der Woche), Mathematik und Rechnen (vier bis fünf Stunden), Deutsch (drei Stunden), Geschichte und Geografie (drei Stunden) sowie Englisch und Französisch (zwei Stunden).[130] Der ehrenamtliche Leiter der Gymnasialklassen war der Pädagoge Gustav Wendt (1848–1933).[131] Die Schülerinnen der Realgymnasialklassen wurden nach einem leicht veränderten Lehrplan des Realgymnasiums für Jungen unterrichtet. In den ersten beiden Klassen lag der Schwerpunkt auf Latein und Mathematik, während sich in den folgenden drei Jahren die Gewichtung zugunsten der Naturwissenschaften verlagerte. Der Unterricht fand von Montag bis Samstag statt.[132]

Im Jahr 1911 besuchten 132 Mädchen die Schule. Sie hatte damit eine so hohe Schülerinnenzahl erreicht wie nie zuvor und danach. In den Jahren 1911 bis 1912 führte der Vorstand des Vereins Verhandlungen mit der Oberschulbehörde, um die Prüfungsberechtigung der Realgymnasialklassen zu erreichen. Dieser Antrag wurde am 7. November 1912 abgelehnt. Abiturientinnen mussten also weiterhin ihre Prüfung als Externe an einem Gymnasium für Jungen ablegen.[133]

Rahel und Caroline Plaut besuchten diese Schule seit Januar 1909; die siebzehnjährige Caroline trat in die Untersekunda ein, die fünfzehnjährige Rahel in die Obertertia. Da beide für diesen Schultyp gut vorbereitet waren, mussten sie nicht übermäßig intensiv lernen. Rahel Plaut empfand das Leben sogar leichter als vorher und musste wegen der Hausaufgaben nie auf ihre sonstigen Freizeitbeschäftigungen verzichten.[134]

Rahel Plaut war eine gute Schülerin mit hervorragenden Leistungen in den naturwissenschaftlichen Fächern. In ihrem Zeugnis vom 23. März 1912 hatte sie in den Fächern Religion, Deutsch, Latein, Französisch, Englisch, Geschichte und

---

130 Heinsohn: Hamburgischer Verein (Anm. 126), 66 f.

131 Ebd., 70.

132 Ebd., 73.

133 Heinsohn: Hamburgischer Verein (Anm. 126), 84–86.

134 Rahel Liebeschütz: Hugo Carl Plaut, Part II, 25 ff.

Geografie jeweils eine *Zwei* erhalten, in Mathematik, Physik, Chemie und Biologie eine *Eins*.[135] Ihr Abitur legte sie Ostern 1913 als Externe am Realgymnasium des Johanneums ab.[136]

Ende August 1906 kündigte der Vermieter ihres Eppendorfer Hauses der Familie Plaut, weil er das Grundstück aus Stadtentwicklungsgründen verkauft hatte. Schon einen Monat später fand Hugo Carl Plaut ein Haus, das ihm in jeder Hinsicht gefiel: das Haus Neue Rabenstraße 21 im Stadtteil Rotherbaum. Es war 1888 vom bekannten Architekten Martin Emil Ferdinand Haller (1835–1925)[137] im klassizistischen Stil erbaut worden; ein großes, herrschaftliches Haus mit vielen Räumen, von denen der repräsentativste der als Wohnzimmer genutzte sogenannte Kolonialsaal war. An das Haus schloss sich das Kutscherhaus sowie der Wohnbereich des Hausmeisters und seiner Frau an. Seit 1903 besaß die Familie Plaut ein Pferd mit einem Wagen und einem Anhänger, um Gepäck und Gartenprodukte aus Dockenhuden in die Stadt zu transportieren. Das Haus Neue Rabenstraße lag verkehrsgünstig; es war fußläufig vom Bahnhof Dammtor entfernt, in zehn Minuten ließen sich das Stadtzentrum wie die Oper erreichen.[138]
Die zehnjährige Rahel Plaut konnte offensichtlich die Freude ihres Vaters über das Haus in der Neuen Rabenstraße nicht teilen, als sie es am 1. September 1906 als „entsetzlich billich und fürchterlich viel zu grooz"[139] charakterisierte. Als die Familie 1907 einzog, äußerte sie ihre Abneigung noch deutlicher: „Wuä, wie ist es hier hässlich."[140]

Die Nähe ihres neuen Wohnorts zum Stadtzentrum erlaubte es den Plauts, viele Konzerte, Opern- und Theatervorstellungen zu besuchen. Häufig ging die ganze Familie in die Oper, wenn Edith Walker (1870–1950) in einer Wagner-Oper sang und Gustav Brecher (1879–1940) dirigierte. Auch

---

135 Zeugnis Rahel Plaut, 23. März 1912, Privatarchiv Familie Carver, Winchester.

136 Birgit Formanski: Rahel Liebeschütz-Plaut. In: 100 Jahr Frauenstudium. Frauen an der Rheinischen Friedrich-Wilhelms-Universität Bonn. Hrsg. von Anette Kuhn, Valentine Rothe, Brigitte Mühlenbruch. Dortmund 1996, 195–196, hier 195.

137 Wilhelm Hornbostel/David Klemm (Hrsg.): Martin Haller. Leben und Werk 1835–1925. Hamburg 1999; Klaus Mühlfried: Baukunst als Ausdruck politischer Gesinnung. Martin Haller und sein Wirken in Hamburg. Hamburg 2005.

138 Rahel Liebeschütz: Hugo Carl Plaut, Part II, 27–29.

139 Rahel Plaut, Tagebuch 1906, Eintrag vom 1.9.

140 Rahel Plaut, Tagebuch 1907, Eintrag vom 4.7.

Abb. 4: Neue Rabenstraße 21 (Fotos: Familie Carver).

den Tenor Enrico Caruso (1873–1921), der damals sehr beliebt war, hörten sie mehrfach. Rahel Liebeschütz schrieb über ihn, sie hätten alle seine phänomenale Stimme gehört, und es sei unvergesslich gewesen. Sie erinnerte sich, dass sie eines Abends mit ihrem Vater an der Oper vorbeigekommen sei, als eine Vorstellung von *Fidelio* beginnen sollte. Spontan hätten sie sich entschlossen, hineinzugehen. Sie hätten Stehplätze ganz hinten im Saal eingenommen und die Aufführung genossen. Im Hause Plaut wurde sehr viel musiziert: Klavierspiel, Gesang, Flöte und Gitarre. Adele Plaut konnte vom Blatt spielen und jedes Stück begleiten. Beethoven-Sonaten und Schuberts Impromptus habe sie auf sehr schöne Weise interpretiert. Sie und ihre Kinder waren regelmäßige Konzertbesucher, während ihr Mann zwar gerne Musik hörte, aber selten Konzerte besuchte.[141]

Die Familie Plaut und das jüdische Leben in Hamburg

Rahel Plauts Eltern waren assimilierte Juden. Ihr Vater war vom politischen wie vom religiösen Liberalismus überzeugt. Seine Frau Adele teilte diese Auffassung nicht. Sie hatte eine protestantische Schule in Hamburg besucht, die

141 Rahel Liebeschütz: Hugo Carl Plaut, Part II, 37.

großen Einfluss auf sie ausübte. Rahel Liebeschütz meinte, wenn sie die Hilfe, die ihr die Lehren Jesu und die des Heiligen Paulus gaben, hätte aufgeben müssen, wäre sie eher zum orthodoxen Judentum übergetreten. Es regelte das Leben durch Einschränkungen, die in den göttlichen Geboten wurzeln, auf andere, aber dem strengen Protestantismus vergleichbare Weise.[142]

Im täglichen Leben der Familie scheinen jüdische Bräuche nicht gepflegt worden zu sein. Außer den samstäglichen Bibelstunden, die Adele Plaut ihren Kindern gab, finden sich in den Tagebüchern und Erinnerungen wenige Hinweise auf die Religionsausübung innerhalb der Familie. Als Achtjährige notierte Rahel Plaut in ihrem Tagebuch: „Wir schmücken den Weihnachtsbaum."[143]und einige Tage später: „Weihnachten oder Hanka".[144] Mit *Hanka* war wahrscheinlich Chanukka gemeint, das jüdische Lichterfest, das fast zur gleichen Zeit wie Weihnachten gefeiert wird.

War die Religionsausübung innerhalb der Familie eher zurückhaltend, so war Hugo Carl Plauts Engagement für die jüdische Gemeinde dafür umso größer. Rahel Liebeschütz schrieb, ihr Vater habe Beiträge für nahezu 350 Vereine gezahlt, wovon der überwiegende Teil jüdischen Wohltätigkeitsorganisationen zugutekam. Er sei aber von dem tolstoischen Prinzip überzeugt gewesen, dass Geld für einen guten Zweck zu geben, wenig im Vergleich zu aktiver Arbeit sei. Er habe viel Zeit und Mühe für das Wohl der jüdischen Gemeinde aufgewandt.[145]

In Hamburg hatte sich 1812 die Deutsch-Israelitische Gemeinde gebildet. Mit rund 6.300 aschkenasischen Juden war sie zu dieser Zeit die größte jüdische Gemeinschaft in Deutschland.[146] Seit 1867 umfasste sie zwei religiöse Gruppen: Den mitgliederstarken orthodoxen Synagogenverband und den

---

142 Rahel Liebeschütz: Hugo Carl Plaut, Part I, 62.

143 Rahel Plaut, Tagebuch 1902, Eintrag vom 20.12.

144 Rahel Plaut, Tagebuch 1902, Eintrag vom 24.12.

145 Rahel Liebeschütz: Hugo Carl Plaut, Part II, 20.

146 Vgl. Ina Lorenz: Deutsch-Israelitische Gemeinde (DIG). In: Das Jüdische Leben in Hamburg. Ein historisches Nachschlagewerk. Hrsg. vom Institut für die Geschichte der deutschen Juden. Göttingen 2006, 58–60, hier 58; Ina Lorenz: Die jüdische Gemeinde Hamburg 1860–1943. Kaiserreich – Weimarer Republik – NS-Staat. In: Die Juden in Hamburg 1590 bis 1990, wissenschaftliche Beiträge der Universität Hamburg zur Ausstellung „Vierhundert Jahre Juden in Hamburg". Hrsg. von Arno Herzig in Zusammenarbeit mit Saskia Rode, 2, 77–100.

kleineren liberalen Tempelverband. Die Steuer wurde von der Gemeindeverwaltung eingezogen und verwaltet, aber es stand jedem Gemeindemitglied frei, zehn Prozent seines Steuerbeitrags für einen der Kultusverbände zu bestimmen. Die Hamburger Deutsch-Israelitische Gemeinde unterschied sich von allen jüdischen Gemeinden der Welt durch die Trennung des Kultus von den anderen Aufgaben der Gemeinde, dem Wohlfahrts-, Armen-, Schul- und Begräbniswesen sowie der Vertretung der Hamburger Juden gegenüber staatlichen Behörden.[147] Im Kaiserreich zählte der orthodoxe Synagogenverband ungefähr 1.200, der liberale Tempelverband zwischen 600 und 700 männliche Mitglieder.[148]

Die Deutsch-Israelitische Gemeinde wurde von einem Vorstand und einem Repräsentantenkollegium geleitet. Der Vorstand bestand aus sieben Mitgliedern, von denen jedes vier Jahre im Amt blieb, während die fünfzehn Mitglieder des Repräsentantenkollegiums alle fünf Jahre neugewählt wurden.[149] Die verschiedenen Einrichtungen, Krankenhäuser, Schulen und so weiter hatten ihre eigenen Vorstände, die von Delegierten des Gemeindevorstands geleitet wurden.[150]

Hugo Carl Plaut gehörte den Vorständen dreier Institutionen an; dem zweier Altenheime – eines für die körperlich Gesunden und eines für die chronisch Kranken –[151] sowie dem Vorstand des Waisenhauses für Jungen. Außerdem überwachte er wie bereits in Leipzig das Wohl von Waisen, die

147 Vgl. Helga Krohn: Die Juden in Hamburg. Die politische, soziale und kulturelle Entwicklung einer jüdischen Großstadtgemeinde nach der Emanzipation 1848–1918 (Hamburger Beiträge zur Geschichte der deutschen Juden 4). Hamburg 1974, 61.

148 Ortwin Pelc: Kaiserreich und Weimarer Republik (1871–1933). In: Das Jüdische Hamburg. Ein historisches Nachschlagewerk. Hrsg. vom Institut für die Geschichte der deutschen Juden. Göttingen 2006, 153–157, hier 153.

149 Vgl. Ina Lorenz: Die Juden in Hamburg zur Zeit der Weimarer Republik, 2 Bde., 1. Hamburg 1987, 82.

150 Rahel Liebeschütz: Hugo Carl Plaut, Part II, 20 f.

151 StA HH, 522-1 Jüdische Gemeinden 297, Bd. 16: Hinweise auf Plauts Tätigkeit im Siechenheim der Deutsch-Israelitischen Gemeinde befinden sich in den Protokollen des Vorstands der Deutsch-Israelitischen Gemeinde, Protocoll des Vorstands der Deutsch-Israelitischen Gemeinde 1907, S. 114; StA HH 522-1, Jüdische Gemeinden, 297, Bd. 17: Ein Hinweis auf seine Tätigkeit im Altenhaus der Deutsch-Israelitischen Gemeinde befindet sich im Protokoll des Vorstands der Deutsch-Israelitischen Gemeinde 1910.

in Pflegefamilien aufwuchsen.[152] Im Dezember 1902 wurde er ins Repräsentantenkollegium gewählt. Plaut erhielt mit 690 die größte Zahl an Wählerstimmen,[153] bei der nächsten Wahl im Dezember 1906 sogar die Rekordzahl von 910 Stimmen.[154]

Rahel Liebeschütz schrieb in den Erinnerungen an ihren Vater über dessen Engagement in der jüdischen Gemeinde: Trotz seiner Beliebtheit meinte Plaut, dass er sehr wenig in den Versammlungen des *Collegiums* erreichen konnte. Er war in Traditionsfragen fortschrittlicher als die Mehrheit und insgesamt ein Außenseiter. Gegen die Autorität der Familie Warburg konnte er sich nicht durchsetzen. Moritz Warburg[155], der Seniorpartner der Bank, war Mitglied des Gremiums. Kein Vorschlag hatte eine Chance, angenommen zu werden, wenn er sich dem entgegenstellte.[156] Dieser bestimmende Einfluss hing damit zusammen, dass die Familie Warburg in Hamburg seit dem Ende des 18. Jahrhunderts zu den bedeutendsten Familien des jüdischen Bürgertums in Hamburg, Deutschland und den USA gehörte. 1789 wurde in Hamburg das Bankhaus M. M. Warburg & Co gegründet.[157] Max Moritz Warburg (1867–1946) war der wichtigste Bankier innerhalb der Familiendynastie Warburg und außerdem eine politisch bedeutende Persönlichkeit. Er wurde 1893 Teilhaber bei M. M. Warburg & Co und baute deren internationale Verbindungen und Geschäftsaktivitäten systematisch aus.[158]

---

152 Rahel Liebeschütz: Hugo Carl Plaut, Part II, 20 f.

153 StA HH, 741-4 Jüdische Gemeinden, 3470 (Filmnummer: Sa 1059). Die Datierung von Plauts Engagement im Repräsentanten-Kollegium stimmt nicht mit den Gemeindeunterlagen überein. Diesen zufolge fand die Wahl, in der Plaut 690 Stimmen erhielt, am 16. November 1903 statt.

154 StA HH, 741-4 Jüdische Gemeinden, 347p. Wieder stimmt das Datum, das Rahel Liebeschütz für die Wahl angibt, nicht mit den Gemeindeunterlagen überein. Diese geben den 16. November 1906 als Datum der Wahl an. Plaut erhielt in dieser Wahl 910 Stimmen. StA HH, 741-4 Jüdische Gemeinden, 347q. Von Rahel Liebeschütz unerwähnt blieb die Wahl vom 23. November 1909, in der Plaut 751 Stimmen erhielt.

155 Gabriele Hoffmann: Max M. Warburg-Biografie. Hamburg 2009.

156 Rahel Liebeschütz: Hugo Carl Plaut, Part II, 21.

157 Eckart Kleßmann: M. M. Warburg & Co 1798–1998. Die Geschichte eines Bankhauses. Hamburg 1998.

158 Frank Bajohr: Warburg, Max M. In: Das jüdische Hamburg. Ein historisches Nachschlagewerk. Hrsg. vom Institut für die Geschichte der deutschen Juden. Göttingen 2006, 272 f: Bereits im Kaiserreich nahm Warburg in der hamburgischen, deutschen und internationalen Politik eine

Jüdische Bildung war ein weiterer Bereich, in dem Hugo Carl Plaut sich engagierte. Er war Gründungsmitglied der Gabriel-Riesser-Vereinigung, einer Gesellschaft, die Vortragsabende zur jüdischen Geschichte und Literatur organisierte.[159] Sie begannen im Winter 1907/08 und wurden gut besucht, da die Gesellschaft, so Rahel Liebeschütz, hervorragende Redner für sich gewinnen konnte. Zu ihnen gehörten der jüdische Philosoph Hermann Cohen (1842–1918) aus Marburg, der Ökonom Werner Sombart (1863–1941) aus Berlin und Baron Alfred von Berger (1853–1912), der von 1900 bis 1912 Direktor des Deutschen Schauspielhauses in Hamburg war. Für die Vorträge von Werner Sombart und Alfred von Berger war der Laeisz-Saal der Musikhalle angemietet worden. Plaut beteiligte sich zudem an der Gründung einer jüdischen Bibliothek samt Lesesaal, die am 1. Juni 1909 eröffnet wurde. Die jüdische Gemeinde gehörte zu ihren Förderern. In einem Nachruf, der im Gemeindeblatt der Deutsch-Israelitischen Gemeinde unter der Rubrik *Personalien und Kleine Mitteilungen* abgedruckt ist, finden sich folgende Hinweise auf Plauts Tätigkeit im Waisenhaus für Jungen und im Altenhaus der Gemeinde:

> Herr Prof. Plaut hat sich in früheren Jahren auch im Dienste der Gemeinde bewährt, er war jahrelang Mitglied des Vorstandes des Altenhauses und gehörte dem Repräsentantenkollegium von 1910 bis 1920 an. In der Kriegshilfe-Arbeit, welche die Kommission für das Wohlfahrtswesen entfaltete, wirkte er an leitender Stelle mit und zeigte sich hier als der Philanthrop, als der er auch sonst vielfach im

---

wichtige Rolle ein. Er gehörte der Hamburger Bürgerschaft an (1904–1919), außerdem war er Mitglied der Hamburger Handelskammer (1903–1933) und gehörte zu den sogenannten Kaiserjuden, die Wilhelm II. in Finanzfragen berieten. Aufgrund seines internationalen Ansehens wurde er 1919 als Finanzsachverständiger in die deutsche Friedensdelegation in Versailles berufen, was ihm später heftige Angriffe von Antisemiten eintrug, obwohl Warburg für die Ablehnung des Versailler Vertrags plädiert hatte. Nach 1933 setzte er sich als Vorsitzender des Hilfsvereins der deutschen Juden dafür ein, die Emigration von Juden vor allem in finanzieller Hinsicht zu verbessern. Nachdem M. M. Warburg & Co 1938 arisiert worden war, reiste Warburg mit seiner Frau und Tochter in die USA. Eigentlich hatte er eine Rückkehr nach Deutschland geplant, die jedoch durch den Novemberpogrom unmöglich wurde. Warburg starb 1946 im Exil in New York.

159 Erika Hirsch: Jüdisches Vereinsleben in Hamburg bis zum Zweiten Weltkrieg. Jüdisches Selbstverständnis zwischen Antisemitismus und Assimilation (Judentum und Umwelt 63). Frankfurt/Main-Berlin-Bern-New York-Paris-Wien 1996, 124.

> stillen gewirkt hat. Auch in der Verwaltung des hiesigen Knabenwaisenhauses ist er in früheren Jahren tätig gewesen.[160]

Adele Plaut, Rahel Liebeschütz' Mutter, schätzte die jüdischen Aktivitäten ihres Mannes sehr. Sie war der Meinung, jüdische Wohlfahrt sei wertvoll, während die Unterstützung christlicher Einrichtungen durch Juden der Verbesserung ihres sozialen Status diene. Sie förderte auch jüdische Einzelhändler, Schneider und Maler sowie jüdische Lehrer, die ihre Kinder privat unterrichteten. Rahel Liebeschütz meinte, ihre Mutter hätte sich sicherlich der zionistischen Bewegung angeschlossen, wenn ihr Ehemann nicht dagegen gewesen wäre. So beschränkte sie sich darauf, die zionistische Zeitschrift *Ost und West* zu abonnieren, während Hugo Carl Plaut argumentierte, Palästina sei schon von anderen Leuten besiedelt. Er war Mitglied des Centralvereins deutscher Staatsbürger jüdischen Glaubens (C. V.).[161] Dieser Verband wurde 1893 zur Verteidigung der Emanzipation der deutschen Juden gegründet, als der politische Antisemitismus im Kaiserreich seinen Höhepunkt erreicht hatte. Der Centralverein deutscher Staatsbürger jüdischen Glaubens war zwar offiziell eine organisatorische Vertretung einer Religionsgruppe, befasste sich aber fast ausschließlich mit weltlichen Belangen. Sein Ziel war die Anerkennung von Bürgerrechten auf dem Weg über die Gerichte und Parlamente.[162]

Studium und Erster Weltkrieg

Rahel Plaut plante nach dem Abitur, Zoologie zu studieren, war sich aber noch nicht ganz sicher, ob dieses Fach das Richtige für sie sei. Ihre Schwester studierte bereits in Freiburg Medizin, und auch ihr Bruder Hubert hielt sich zum Studium in Freiburg auf. Vermutlich war dies der Grund, dass Rahel Plaut ebenfalls Freiburg als Studienort wählte. Am 23. April 1913 fuhr sie mit ihren

---

160 StA HH, Z 680/4b Gemeindeblatt der Deutsch-Israelitischen Gemeinde, Nr. 3, 4. Jahrgang, 10. März 1928, 5.

161 Rahel Liebeschütz: Hugo Carl Plaut, Part II, 24 f.

162 Michael Brenner: Jüdische Kultur in der Weimarer Republik. München 2000, 29 f.; vgl. ferner die ausführliche Darstellung von Avraham Barkai: „Wehr Dich!". Der Centralverein deutscher Staatsbürger jüdischen Glaubens (C. V.) 1893–1938. München 2002.

Eltern und ihrer Schwester nach Freiburg, ihrem zukünftigen Studienort. An diesem Tag schrieb sie in ihr Tagebuch:

> Grässlich, dass ich Ibi [Elisabeth Marcks, S. K.], die heute durchkam, versäumt habe, weil ich die Depesche nicht bekam. Nun habe ich sie diesmal wieder nicht gehabt. Aber vielleicht war das ein Wink Gottes, ich sollte mich allein durchfinden und nicht verzweifeln, wenn Ibi mir in der Viertelstunde auf dem Bahnhof hernach den Halt nicht geben kann, den ich brauche. Hubi und Carry [Hubert und Caroline, S. K.] geben ihn mir auch nicht, die Eltern ebenfalls nicht, nur ich mir selbst. Es ist jetzt eine sehr interessante Zeit. Betet und wachet.[163]

Auch wenn dieser Eintrag im Tagebuch zeigt, dass Rahel Plaut dem neuen Lebensabschnitt mit Unruhe oder sogar Angst entgegengesehen hat, deutet er aber doch zugleich darauf hin, dass sie über eine große innere Stärke und einen festen Glauben verfügt haben muss, diese Angst aus sich selbst heraus überwinden zu wollen.

In ihrem ersten Semester, das im April 1913 begann, belegte sie Kurse über Physiologie, Chemie sowie Knochenlehre und besuchte das zoologisch-zootomische Praktikum. Rahel und Caroline Plaut belegten zum Teil dieselben Lehrveranstaltungen. Schon am 8. Mai, also zwei Wochen nach Studienbeginn, beschloss Rahel Plaut, von der Zoologie zur Medizin hinüberzuwechseln.[164] Später begründete sie ihren Entschluss damit, eine „Abneigung“ dagegen gehabt zu haben, „immer auf die reine Theorie angewiesen zu bleiben“.[165]

Rahel Plaut gehörte zur ersten Generation von Frauen, die an einer deutschen Universität studierten. Seit 1899 wurden Frauen in Baden an den Universitäten Heidelberg und Freiburg zum Studium zugelassen, 1903 folgten Bayern, 1904 Württemberg und 1906 Sachsen. Als letzter der größeren deutschen Staaten ließ Preußen 1908 Frauen zum Studium an Universitäten zu.

---

163 Tagebuch 1913, Eintrag vom 23.4.

164 Tagebuch 1913, Eintrag vom 8.5.

165 StA HH, HW-DPA IV 619, o. Bl., Lebenslauf Rahel Liebeschütz Personalakte, Hamburgische Universität.

Als 1909 das Großherzogtum Mecklenburg-Schwerin mit der Universität Rostock folgte, war den Frauen überall im Deutschen Reich der Zugang zur Universität gesichert.[166]

Als Preußen 1908/09 die Immatrikulation von Frauen zuließ, waren insgesamt mehr als tausend Studentinnen an deutschen Universitäten eingeschrieben. Diese Zahl stieg bis zu Beginn des Ersten Weltkriegs auf 4.053, insgesamt 6,7 Prozent der rund 60.000 Studierenden.[167]

Im Ersten Weltkrieg nahm die Anzahl der weiblichen Studierenden kontinuierlich zu, während ihre männlichen Kommilitonen zwar immatrikuliert blieben, aber die Universität nicht besuchten, weil sie zum Kriegsdienst beurlaubt und von der Teilnahme an Lehrveranstaltungen befreit waren. Im ersten Kriegssemester 1914/15 waren bereits über sechzig Prozent der männlichen Studierenden wegen Kriegsdienst beurlaubt.[168]

Bei der konfessionellen Herkunft der Studentinnen in den ersten Jahren des Frauenstudiums fällt eine deutliche jüdische Überrepräsentanz auf. Das gleiche gilt für die Studenten, allerdings waren die konfessionellen Abweichungen vom Bevölkerungsdurchschnitt bei den Studentinnen zunächst noch weit ausgeprägter. Während der jüdische Anteil an der Gesamtbevölkerung des Deutschen Reiches lediglich bei etwas mehr als ein Prozent lag, waren insgesamt 11,2 Prozent der Studentinnen 1911/12 Jüdinnen.[169]

Dieser enorm hohe Anteil von Juden und besonders Jüdinnen an den Universitäten lässt sich durch die unterschiedliche Sozialstruktur der jüdischen und der nicht-jüdischen Bevölkerung erklären. In der jüdischen Bevölkerung war der Anteil der wohlhabenden, bürgerlichen Schichten sehr viel höher als in der Gesamtbevölkerung.[170] Es scheint ein bestimmter Familientypus gewesen zu sein, in dem es eher denkbar war, auch den Töchtern ein Universitätsstudium zu ermöglichen. Zahlen zur sozialen Herkunft der Studentinnen zeigen, dass akademische Elternhäuser und Familien des besitzenden Bürgertums in einem

---

166 Claudia Huerkamp: Bildungsbürgerinnen. Frauen im Studium und in akademischen Berufen 1900–1945. Göttingen 1996, 75.

167 Ebd., 75 f.

168 Ebd., 76.

169 Huerkamp. Bildungsbürgerinnen (Anm. 166), 24.

170 Ebd.

deutlich höheren Maße vertreten waren als bei den Studenten. Diese Sozialstruktur deckt sich mit der jüdischen Bevölkerung. So lässt sich schließen, dass Jüdinnen deshalb so häufig an Universitäten studierten, weil gutbürgerliche Familien, die sich bereit erklärten, ihren Töchtern ein Universitätsstudium zu ermöglichen, in der jüdischen Bevölkerung häufig waren.[171]

Zudem zeigt sich, dass in jüdischen Familien seit jeher Wissen und Bildung eine wichtige Rolle spielten, wovon auch die Mädchen profitierten.[172] Was über die Elternhäuser der jüdischen Studentinnen dargelegt wurde, trifft auch auf die Familie Plaut zu. Wie Rahel Plaut in ihrem Lebenslauf betonte, prägte eine hohe Wertschätzung von Wissen und Bildung auch ihre Familie.

Die Zahlen zeigen, dass ein Studium für Frauen auch nach der Öffnung der Universitäten für diese eine Ausnahme blieb. Offensichtlich war es im deutschen Bürgertum nicht selbstverständlich, dass Mädchen studierten. In der Familie Plaut jedoch konnten beide Töchter ihrem Studienwunsch nachgehen. Aus den Tagebüchern geht nicht hervor, dass Rahel Plaut oder ihre Schwester gegen Widerstände kämpfen mussten, um studieren zu können. Vielmehr schrieb Rahel Plaut in ihrem Lebenslauf:

> Der Geist meines Elternhauses – naturwissenschaftlicher Forscherenthusiasmus bei meinem Vater, Neigung zu theoretischem Nachdenken und Erkennen bei meiner Mutter – beeinflussten mich frühzeitig, so dass ich schon mit 7 Jahren beschloss Naturwissenschaften zu studieren. Meinen Absichten sind weder von der Familie noch von aussen jemals irgendwelche Schwierigkeiten entgegengebracht worden, so dass mir das Studium leicht wurde.[173]

Die Familie Plaut hat also in dieser Hinsicht eine Vorreiterrolle gespielt. An ihrem zweiten Studientag schrieb Rahel Plaut in ihr Tagebuch:

> Morgens um ½ 6 auf, bei herrlichem Morgen den Brief an Marie beendet mit Hubi gefrühstückt und zu Keibel. Das ist ein sonderbarer

---

171 Ebd.

172 Ebd., 26.

173 StA HH, HW-DPA IV 619, o. Bl., Lebenslauf Rahel Liebeschütz in der Personalakte, Hamburgische Universität.

> Mann, Mittelding zwischen altem Weib und Mönch, der recht nett über Knochen spricht. Er demonstriert sie uns dann & ist besonders freundlich zu den Mädchen, so erklärt er mir alles furchtbar nett. Das ganze Kolleg mit seiner lateinischen Nomenklatur ist, wie Carry mir schon sagte, etwas mittelalterlich. Von da zu von Kriess. Er heisst mit Recht Kanarienvogel, weil er piept wahrscheinlich infolge eines Kropfes. Er liest Physiologie der Ernährung, was sehr interessant ist & ich verstehe es auch. [...] Dann zu Doflein, wieder famos. Es geht über Amoeben mit anschließenden mikroskopischen Demonstrationen. Dort treffe ich Frl. Wolf, Anne Rosin und Wesemeyer, die mich sehr nett zum Chemischen Institut begleitet. [174]

Rahel Plaut nahm ihr Studium ernst und studierte intensiv. Ihre Schilderung der Physiologie-Vorlesung zeigt, dass sie dieses Fach sehr interessierte und deutet auf ihr späteres Arbeitsgebiet hin.

Über ihre Kommilitonen äußert sie sich anfangs sehr negativ: „Die Kommilitonen in den Kollegs sind mir höchst unsympathisch, Jungs wie Mädchen, ich hab wenig Lust, irgendwen davon kennenzulernen."[175] Anfang Mai 1913 notierte Rahel Plaut in ihrem Tagebuch:

> Morgens zu Keibel. Dann mit Carry bei Kriess (Blutdruck) & Kiliani. Hernach gehe ich nachhaus & arbeite etwas bis zu Doflein. Danach zur Zähringerstr., wo es heute etwas besser geht mit den anderen Gästen. Das Essen ist dort vorzüglich. Zuhause ruhe ich mich aus, spiele Klampfe & arbeite. Dann zu Himstedt, Elektrizität angefangen. Von dort nachhaus, mit Hilde & Rohden, wo diese beiden mit uns dreien gemeinsam Physik repetieren. Es geht aber ziemlich

---

[174] Tagebuch 1913, Eintrag vom 25.4.; Franz Keibel (1861–1929), deutscher Anatom und Zoologe; Johannes Adolf von Kriess (1853–1928), deutscher Physiologe; Franz John Theodor Doflein (1873–1924), deutscher Zoologe.

[175] Tagebuch 1913, Eintrag vom 24.4.

> schlecht, weil wir es nicht systematisch genug machen & Rohden nichts kann. Danach gearbeitet, umgezogen und zum Konzert.[176]

Am Ende des ersten Semesters beschäftigte sich Rahel Plaut gedanklich mit einem Studienfachwechsel. Sie beschrieb dies in ihrem Tagebuch:

> Morgens im Kolleg. Während der Freistunde werde ich fertig mit der Überlegung, wie mein Studium weitergehen soll & zwar auf einer Wiese in Herdern. Ich weiss jetzt genau, was ich nächstes Semester mache & bin erstmal beruhigt.[177]

Die Überlegungen, die Rahel Plaut in ihrem Tagebuch schildert, führten dazu, dass sie bald darauf von der Zoologie zur Medizin überwechselte.

Hubert, Caroline und Rahel Plaut verbrachten einen Großteil ihrer freien Zeit miteinander. Sie unternahmen Ausflüge in die Umgebung Freiburgs, besuchten Konzerte und kochten miteinander. Rahel und Caroline wohnten zusammen in der Zähringerstraße, offensichtlich in einer Pension, in der noch andere Studentinnen lebten. Der Zusammenhalt der Familie scheint sehr stark gewesen zu sein. Um mit den Eltern und Geschwistern zusammen zu sein, kam am 25. April 1913 Theodor Plaut nach fünfundzwanzigstündiger Fahrt aus Kopenhagen nach Freiburg, bevor er in Berlin sein Volontariat begann.[178]

In Freiburg engagierte sich Rahel Plaut im Studentinnenverein. Sie nahm regelmäßig an dessen Sitzungen teil. Aus ihrem Tagebuch geht hervor, dass sie das Studium ernst nahm und gewissenhaft lernte, aber auch viele Aktivitäten verfolgte, die außerhalb des Studiums lagen. Sie nahm Fechtunterricht und musizierte häufig. An den Wochenenden wanderte sie mit ihren Geschwistern gemeinsam, im Winter gingen sie Skilaufen.

Vom Wintersemester 1914 bis Wintersemester 1915 setzte Rahel Plaut mit ihrer Schwester ihr Medizinstudium an der Universität Kiel fort. An den

---

[176] Tagebuch 1913, Eintrag vom 7.5.; Heinrich Kiliani (1855–1945), deutscher Chemiker; Franz Himstedt (1852–1933), deutscher Physiker.

[177] Tagebuch 1913, Eintrag vom 10.7.

[178] Tagebuch 1913, Eintrag vom 25.4.

Wochenenden fuhren die beiden Schwestern meistens nach Hamburg zu den Eltern, wo sie auch die Semesterferien verbrachten. Im Sommersemester 1915 legte Rahel Plaut an der Christian-Albrechts-Universität zu Kiel ihr Physikum mit der Note 1 ab.[179] Zu Beginn des Sommersemesters 1916 wechselte sie an die Universität Bonn, wo sie ihre klinischen Semester absolvierte.[180] Wieder wohnte sie mit ihrer Schwester zusammen. Während dieses Studienabschnitts war sie vom 11. September bis 27. Oktober Famula am Israelitischen Krankenhaus[181] in Hamburg unter Leitung von Siegfried Korach (1855–1943).[182] In den nächsten Semesterferien im Frühjahr 1917 arbeitete sie als Praktikantin auf der Entbindungsstation des Eppendorfer Krankenhauses[183]. Am 7. Mai begann sie ein Praktikum an der Frauenklinik in Bonn. Sie assistierte dort bei Geburten und Operationen, untersuchte Schwangere und begleitete die Hebammen mit dem Auto zu Notfällen. Soweit es ihre Zeit zuließ, besuchte sie Vorlesungen.[184]

Das Thema ihrer Dissertation erhielt sie Anfang 1917 vom Lehrstuhlinhaber für Pathologische Anatomie Hugo Ribbert (1855–1920) in Bonn. Sie bekam von ihm die Aufgabe gestellt, den Zusammenhang der intracaniculären und der gewöhnlichen Adenome der Brustdrüse festzustellen.[185] Im

---

179 StA HH, HW-DPA IV 619, o. Bl., Lebenslauf Rahel Liebeschütz Personalakte, Hamburgische Universität.

180 StA HH, HW-DPA IV 619, o. Bl., Lebenslauf Rahel Liebeschütz, Personalakte, Hamburgische Universität.

181 Israelitisches Krankenhaus Hamburg (Hrsg.): 150 Jahre Israelitisches Krankenhaus in Hamburg. Hamburg 1997; 140 Jahre Israelitisches Krankenhaus. Vorgeschichte und Entwicklung, im Auftrage des Kuratoriums verfasst von Mary Lindemann. Hamburg 1981; Harro Jenss, Marcus Jahn, Peter Layer, Carsten Zornig (Hrsg.): Israelitisches Krankenhaus in Hamburg – 175 Jahre. Berlin 2016.

182 Tagebuch 1916, Einträge vom 11.9. und 27.10.

183 Tagebuch 1917, Einträge vom 11.3. und 21.4.

184 Tagebuch 1917, Eintrag vom 7.5.

185 Amtsbuch 42, Nr. 101, Archiv der Rheinischen Friedrich-Wilhelms-Universität Bonn. Laut Auskunft des Archivs vom 3.5.1999 sind die Promotionsunterlagen nicht im Besitz des Archivs. Eine Kopie der Promotionsurkunde befindet sich in der Hamburger Bibliothek für Universitätsgeschichte, Ordner Rahel Liebeschütz-Plaut. In einem Brief an das Dekanat der Rheinischen Friedrich-Wilhelms-Universität zu Bonn vom 5.2.1969 bat Rahel Liebeschütz darum, ihr in Anbetracht des kommenden Jubiläums ihres medizinischen Doktordiploms, „die fuenfzigjährige Wiederkehr der Verleihung durch Erneuerung des Diploms bestaetigen zu wollen" Beitrag über Rahel Liebeschütz von Birgit

Mai 1918 schloss sie ihr Studium in Bonn mit „sehr gut“ im Staatsexamen ab. Und am 25. August 1919 wurde Rahel Plaut an der Universität Bonn bei Hugo Ribbert mit einer Arbeit *über das spaltzystenbildende Adenom der Brustdrüse* mit Auszeichnung promoviert.[186]

Als der Erste Weltkrieg begann, hielt sich Rahel Plaut in Hamburg auf. Ihre Eindrücke notierte sie in ihrem Tagebuch: „Große Aufregung und Kriegsstimmung den ganzen Tag, aber in der Stadt gedrückte Stimmung und wenig Begeisterung. Nur die Truppenzüge werden mit Begeisterung begrüsst.“[187] Am 6. August schrieb Rahel Plaut in ihr Tagebuch: „Morgens mit Thetje [Theodor, S. K.] zum Bittgottesdienst in die Synagoge. Leimdorfer spricht. Die Frauen weinen fürchterlich.“[188] David Leimdörfer (1851–1922) war Prediger, Rabbiner und Religionswissenschaftler. Seit 1883 war er als Erster Prediger des religiös-liberalen Tempelverbands in Hamburg tätig, der ihm 1907 den Titel eines Rabbiners verliehen hatte.[189] Die in den Tagebucheintragungen von Rahel Plaut beschriebene Resonanz der Bevölkerung auf den Kriegsbeginn bezeugen unterschiedliche Reaktionen innerhalb der hamburgischen Bevölkerung, die keineswegs einhellig kriegsbegeistert war.[190]

Ihr Bruder Hubert meldete sich als Freiwilliger. Er stellte damit keine Ausnahme dar. Jüdische Organisationen, selbst die Zionisten, riefen ihre Mitglieder

---

Formanski in: 100 Jahre Frauenstudium. Frauen an der Rheinischen Friedrich-Wilhelmsi-Universität zu Bonn. Hrsg. von Anette Kuhn, Valentine Rothe, Brigitte Mühlenbruch. Dortmund 1996, 195–196.

186 StA HH, HW-DPA IV 619, o. Bl., Lebenslauf Rahel Liebeschütz, Personalakte Hamburgische Universität.

187 Tagebuch 1914, Eintrag vom 2.8.

188 Tagebuch 1914, Eintrag vom 6.8.

189 Andreas Brämer: Leimdörfer, David. In: Das Jüdische Hamburg. Ein historisches Nachschlagewerk. Hrsg. vom Institut für die Geschichte der deutschen Juden. Göttingen 2006, 173.

190 Vgl. Volker Ullrich: Die nervöse Großmacht 1871–1918. Aufstieg und Untergang des deutschen Kaiserreichs. Frankfurt/Main 2001, 263; Volker Ullrich: Vom Augusterlebnis zur Novemberrevolution. Beiträge zur Sozialgeschichte Hamburgs und Norddeutschlands im Ersten Weltkrieg. Bremen 1999; Volker Ullrich: Kriegsalltag. Hamburg im ersten Weltkrieg. Köln 1993; Werner Jochmann, Hans-Dieter Loose: Hamburg. Geschichte der Stadt und ihrer Bewohner, Bd. 2: Vom Kaiserreich bis zur Gegenwart. Hamburg 1986; Christoph Strupp: die mobilisierte Gesellschaft. Hamburg im Ersten Weltkrieg. In: Zeitgeschichte Hamburg 2014. Hrsg. von der Forschungsstelle für Zeitgeschichte Hamburg. Hamburg 2015, 11–37.

dazu auf, sich „über das Maß der Pflicht hinaus" für das Vaterland einzusetzen.[191] Mehr als 10.000 jüdische Männer folgten dem Aufruf und meldeten sich in den ersten Wochen als Freiwillige, um die Aufrichtigkeit ihres Patriotismus zu beweisen.[192] Es muss ein schwerer Schlag für diese jungen Männer gewesen sein, als das Kriegsministerium im Oktober 1916 eine statistische Erhebung, die sogenannte Judenzählung, über die Dienstverhältnisse der deutschen Juden während des Krieges anordnete. Mit diesem Erlass reagierte der Kriegsminister auf den im deutschen Offizierskorps verbreiteten Antisemitismus und die von antisemitischen Verbänden, Parteien und Medien damals verstärkte Propaganda, Juden seien „Drückeberger", die sich dem Waffendienst an der Front mit allen möglichen Ausreden entzögen. Die Ergebnisse der Erhebung wurden nie veröffentlicht, aber das Kriegsministerium sorgte auch nicht dafür, die antisemitischen Behauptungen zu widerlegen.[193]

Der Kriegsbeginn 1914 und das damit einhergehende Erstarken des Nationalbewusstseins sowie die begeisterten Bezeugungen der Opferbereitschaft wurden auch von Juden als Beginn einer neuen Epoche nationaler Solidarität begrüßt.[194] Eine nüchterne Einschätzung der Lage war im deutschen Judentum während der ersten Kriegstage nicht weitverbreitet.[195]

Rahel Plaut besuchte schon am ersten Kriegstag einen Samariterkurs im Eppendorfer Krankenhaus. Am 10. August 1914 begann sie dort ihren

---

191 Zit. nach Egmont Zechlin: Die deutsche Politik und die Juden im Ersten Weltkrieg. Göttingen 1969, 87.

192 Roger Chickering: Das Deutsche Reich und der Erste Weltkrieg. München 2002, 158; vgl. auch Ullrich: Nervöse Großmacht (Anm. 190), 486.

193 Vgl. Werner Jochmann: Gesellschaftskrise und Judenfeindschaft in Deutschland 1870–1945 (Hamburger Beiträge zur Sozial- und Zeitgeschichte 23). Hamburg 1988, 110 f; ferner Militärgeschichtliches Forschungsamt Potsdam (Hrsg.): Deutsche Jüdische Soldaten 1914–1945. Von der Epoche der Emanzipation bis zum Zeitalter der Weltkriege. Berlin 1997; Werner Angress: Das deutsche Militär und die Juden im Ersten Weltkrieg. In: Militärgeschichtliche Mitteilungen 19/1976, 77–146; Volker Ullrich: Fünfzehntes Bild: Drückeberger. In: Julius Schoeps, J. Schlör (Hrsg.): Bilder der Judenfeindschaft. Antisemitismus, Vorurteile und Mythen. Augsburg 1999, 210–217; Jacob Rosenthal: die Ehre des jüdischen Soldaten. Die Judenzählung im Ersten Weltkrieg und ihre Folgen. Frankfurt/Main 2007.

194 Jochmann: Gesellschaftskrise und Judenfeindschaft (Anm. 193), 99.

195 Ulrich Sieg: Jüdische Intellektuelle im Ersten Weltkrieg. Kriegserfahrungen, weltanschauliche Debatten und kulturelle Neuentwürfe. Berlin 2001, 58.

Dienst in der Direktorial-Baracke, wo zum Teil schwerkranke Patienten lagen. Ihr Pavillon wurde für Verwundete geräumt; schon Ende September trafen schwerverletzte Soldaten ein. Lebensbedrohliche Verletzungen und Amputationen kamen häufig vor.[196]

In den Erinnerungen an ihren Vater beschrieb Rahel Liebeschütz den Patriotismus ihrer Familie: Zu Hause war es die Aufgabe Adele Plauts, die *Liebesgaben* genannten Päckchen für die Soldaten zu verschicken. Sie sorgte damit für die Söhne vieler Freunde und Bekannten. Außerdem stellte sie noch Päckchen für Soldaten zusammen, deren Adressen sie vom Roten Kreuz bekommen hatte und die keine andere Versorgungsquelle hatten. Als Hubert Plaut an die Front ging, bekam er jeden Tag ein Päckchen geschickt. Das Einkaufen, Packen und Verschicken dieser Geschenke nahm nahezu den ganzen Tag in Anspruch. Wenn Rahel und Caroline zu Hause waren, halfen sie dabei. Als der Krieg voranschritt und Nahrungsmittel rationalisiert wurden, nahm der Umfang dieser Aktivitäten ab.[197]

Im Sommer 1915 veranstalteten Adele und Hugo Carl Plaut mehrere Feste für verwundete und kranke Soldaten.[198] Der Patriotismus in der Familie Plaut war sehr ausgeprägt. Rahel Plaut hoffte auf einen baldigen Sieg Deutschlands. Am 31. Dezember 1914 schrieb sie in ihr Tagebuch: „Hoffentlich bringt uns das nächste Jahr den endgültigen Sieg."[199]

Von Juni bis Oktober 1918 war Rahel Plaut Medizinalpraktikantin am Israelitischen Krankenhaus in Hamburg bei Professor Siegfried Korach tätig, vom Oktober bis November 1918 als Praktikantin beziehungsweise Volontärassistentin in der Inneren Abteilung des Allgemeinen Krankenhauses Eppendorf.[200] Als Praktikantin bekam sie auf dem Krankenhausgelände eine kleine Wohnung gestellt. Während sie ihr Praktikum in Eppendorf absolvierte, erreichte die Spanische Grippe, an der damals weltweit Millionen von Menschen starben, ihren Höhepunkt. Rahel Plaut notierte: „Grippeepide-

---

196 Tagebuch 1914, Eintrag vom 2., 3. und 5.8.

197 Rahel Liebeschütz: Hugo Carl Plaut, Part II, 58.

198 Rahel Liebeschütz: Hugo Carl Plaut, Part II, 58 f.

199 Tagebuch 1914, Eintrag vom 31.12.

200 StA HH, HW-DPA IV 619, o. Bl., Personalakte Rahel Liebeschütz, Hamburgische Universität.

mie. Krankenhaus voll besetzt. Täglich 90 Todesfälle auch Schwestern, Pflegerinnen. Heute nacht ein Todesfall auf meiner Station."[201] In ihrer freien Zeit arbeitete sie im bakteriologischen Institut ihres Vaters. Rahel Plaut wurde am 2. August 1919 in die Matrikel der Hamburgischen Ärzte aufgenommen.[202] Im November 1919 wurde sie, wie es damals hieß, wissenschaftliche Hilfsarbeiterin am Physiologischen Institut der in diesem Jahr gegründeten Hamburgischen Universität bei Otto Kestner (1873–1953).

Die Assistenzzeit in Eppendorf unterbrach sie vom Frühjahr bis Herbst 1922, um physikalische Methoden an der tierärztlichen Hochschule in Berlin und physikalisch-chemische Methoden am Chemischen Institut der Charité zu erlernen.[203] Im Februar 1923 habilitierte sich Rahel Plaut als erste Frau an der Hamburger Medizinischen Fakultät mit einer Arbeit über die Sperrung des Skelettmuskels.[204] Am 21. Februar 1923 schrieb sie in ihr Tagebuch:

> Dann Probevortrag gehalten. Um ½ 9 muss ich zur Fakultät [...] Heinemann, Fahr und Fraenkel reden & ich suche sie zu beantworten. Dann muss ich draussen warten. Es dauert etwas lange. Kowitz gratuliert mir schon. Ich hole dann Müller & uns wird beiden die Venia legendi erteilt. Dann müssen wir jedem von der Fakultät die Hand geben und dürfen uns entfernen.[205]

Zwei Tage später notierte sie:

> Morgens früh im Institut. Um 9 Uhr Antrittsvorlesung. Vorher mit Kestner & Frau, & Groebbels versammelt, die aber an der anderen Tür reingehen. Fraenkel und viele Assistenten sind da, u. a. Le Blanc, E. F. Müller [...], die Eltern und Thetje u. a. Fraenkel wünscht

---

201 Tagebuch 1918, Eintrag vom 17.10.

202 StA HH, 352-3 Medizinalkollegium I c 11.

203 StA HH, HW-DPA IV 619, o. Bl., Lebenslauf Rahel Liebeschütz, Personalakte Hamburgische Universität.

204 Rahel Plaut: Beobachtungen zur Sperrung des Skelettmuskels. In: Pflügers Archiv für die gesamte Physiologie des Menschen und der Tiere, 202, 1924, 410–428, Hamburger Bibliothek für Universitätsgeschichte, Ordner Rahel Liebeschütz-Plaut.

205 Tagebuch 1923, Eintrag vom 21.2.

> mir, dass alle meine Vorlesungen so gut besucht seien wie diese. Nachher mit den Eltern Chokolade getrunken. Thema war ‚Wärmeregulation bei Mensch & Tier'. Dauerte etwas zu kurz: ½ St. [...] Blumen bekommen.[206]

Am 24. Februar 1923 notierte sie in ihr Tagebuch: „Noch Dankbriefe für Gratulationen geschrieben."[207] Als Privatdozentin leitete Rahel Plaut in der Folgezeit mit Franz Groebbels (1888–1960) zusammen das physiologische Praktikum und hielt Vorlesungen über Physiologie.[208]

Die Novemberrevolution in Hamburg

Die Novemberrevolution begann in Kiel, wo sie sich aus einer Matrosenrevolte heraus entwickelt hatte.[209] Rahel Plaut wusste aus der Zeitung, was in Kiel geschehen war. Am 4. November 1918 notierte sie: „Matrosen sind durch die Stadt gezogen, um drei Gefangene zu befreien und haben unterwegs mit Infanterie gekämpft". Und am 5. November: „In Kiel ist Revolution. Es herrscht die Marine und ein Arbeiter- und Soldatenrat."[210]

---

206 Tagebuch 1923, Eintrag vom 23.2.

207 Tagebuch 1923, Eintrag vom 24.2.

208 Hamburgische Universität Verzeichnis der Vorlesungen Wintersemester 1923/24 und Sommersemester 1924.

209 Volker Ullrich: Die Hamburger Arbeiterbewegung vom Vorabend des Ersten Weltkriegs bis zur Revolution 1918/19, 2 Bde. Hamburg 1976; vgl. Volker Ullrich: Augusterlebnis (Anm. 190), 163 f; Volker Ullrich: Die Revolution von 1918/19. München 2009; Volker Ullrich: „Ruhestörer sofort unschädlich machen". Im Januar 1918 wagten 30 000 Werftarbeiter in Hamburg einen verzweifelten Aufstand gegen den Krieg – das Vorspiel zur Revolution im November. In: DIE ZEIT, Hamburg, Nr. 5, 25.1.2018; Volker Ullrich: Kurz lebe die Revolution! Vor hundert Jahren wehte auf dem Hamburger Rathaus die rote Fahne. Arbeiter und Soldaten rissen die Macht an sich. Doch ihre Herrschaft dauerte nur wenige Wochen. In: DIE ZEIT, Hamburg, Nr. 45, 31.10.2018; Hans-Jörg Czech, Olaf Matthes, Ortwin Pelc (Hrsg.) unter Mitwirkung des Vereins für Hamburgische Geschichte: Revolution! Revolution? Hamburg 1918/19. Kiel, Hamburg 2018; Zur Revolution in Kiel: Martin Rackwitz: Kiel 1918 Revolution – Aufbruch zur Demokratie und Republik. Kiel 2018; ferner: Sonja Kinzler/Doris Tillmann (Hrsg.): Die Stunde der Matrosen. Kiel und die deutsche Revolution 1918. Darmstadt 2018.

210 Tagebuch 1918, Einträge vom 4. und 5.11.

Die Nachricht von der Revolution brachten aufständische Kieler Matrosen noch am Nachmittag des 5. Novembers nach Hamburg. Hier beschlossen die Führer von MSPD und Gewerkschaften, eine Entscheidung über Kampfmaßnahmen zu vertagen, aber durch Vorgänge auf einer Massenversammlung im Gewerkschaftshaus, zu der die USPD aufgerufen hatte, wurde dieser Beschluss schon wenige Stunden später wirkungslos. Der Hauptredner der Versammlung, der USPD-Reichstagsabgeordnete und spätere Volksbeauftragte Wilhelm Dittmann (1874–1954), rief dazu auf, in Hamburg dem revolutionären Beispiel Kiels zu folgen. Im Anschluss an seine Rede verbrüderten sich Matrosen, Soldaten und Arbeiter unter enormem Jubel. Wie in Kiel hatten auch in Hamburg die Matrosen eine entscheidende Rolle bei den revolutionären Handlungen, die in der Nacht vom 5. auf den 6. November begannen. Mit Waffengewalt wurden strategisch wichtige Orte besetzt und Straßenbarrikaden errichtet, da noch mit Gegenreaktionen des kaisertreuen Militärs gerechnet werden musste.[211]

Rahel Plaut erlebte die Novemberrevolution während ihres Praktikums am Eppendorfer Krankenhaus. Am 6. November erfuhr sie morgens bei Dienstantritt, dass Soldaten mit Karabinern und Maschinengewehren vor dem Krankenhaus vorgefahren waren und dort nach Offizieren gesucht hatten. Sie notierte in ihrem Tagebuch:

> Es fahren nur ganz wenige äusserst überfüllte Bahnen. Die Strassen sind daher ziemlich belebt. Man sieht viel unbewaffnete Soldaten ohne Cocarden und Achselklappen, zum Teil in Trupps. Ich sehe nur einen bewaffneten Zivilisten: gar keine Offiziere [...].[212]

Rahel Plauts Haltung zu den Revolutionären geht aus ihren Notizen unmissverständlich hervor: „Man gibt diesen Leuten zu viel nach. Sie befreien in der Stadt die Strafgefangenen, nehmen allen Offizieren die Säbel und Cocarden weg, stellen überall Maschinengewehre auf."[213] Das Erscheinungsbild der

211 Vgl. Ullrich: Augusterlebnis (Anm. 190), 162–164; „Wir sind die Kraft" Arbeiterbewegung von den Anfängen bis 1945 - Katalog zu Ausstellungen des Museums für Hamburgische Geschichte. Hrsg. von Ulrich Bauche, Ludwig Eiber, Ursula Wamser, Wilfried Weinke. Hamburg 1988.

212 Tagebuch 1918, Eintrag vom 6.11.

213 Tagebuch 1918, Eintrag vom 6.11.

Stadt hatte sich am Morgen des 6. November vollkommen verändert. So schilderte Paul Neumann (1880–1961), Sekretär des Arbeiter- und Soldatenrates:

> Durch die Straßen hasteten mit Soldaten besetzte Autos. Trupps revolutionärer Arbeiter und Soldaten durchzogen die Stadt. An verschiedenen Strassenecken wurden von Autos aus Ansprachen gehalten. Auf den im Hafen liegenden Kriegsfahrzeugen wurde die rote Flagge gehisst. Als Zeichen der Revolution mussten alle Soldaten ihre Kokarden von den Mützen trennen und ihre Ehrenabzeichen ablegen [...]. Geschäftskundige Leute handelten an den verschiedensten Stellen der Stadt mit roten Bändchen. Revolutionäre schmückten sich mit dem Zeichen der Freiheit, Gleichheit und Brüderlichkeit.[214]

Am 6. November bildete sich in Hamburg nach Kieler Vorbild ein Arbeiter- und Soldatenrat, hinter den sich eine wenige Stunden später stattfindende Massenversammlung auf dem Heiligengeistfeld stellte, zu der 40.000 Arbeiter, Soldaten und Matrosen erschienen. Die Anwesenden beschlossen, den Sitz des stellvertretenden Generalkommandos in Altona zu stürmen, um die Militärgewalt von den bis dahin bestehenden Kräften zu übernehmen. Da das kaiserliche Militär allerdings schon die Flucht ergriffen hatte, erfolgte die Gewaltenübernahme ohne eine militärische Handlung. Damit war die Macht faktisch in der Hand des Arbeiter- und Soldatenrats, obwohl Senat und Bürgerschaft als Institutionen noch bestanden.[215] Rahel Plaut schrieb über den Beginn der Revolution:

> Ein Arbeiter- und Soldatenrat hat sich konstituiert und beherrscht die Stadt. Alle Soldaten laufen ohne Cocarden und Achselklappen. Alle Offiziere und Ärzte tragen Zivil. Es wurde ein Ärzte- und Soldatenrat in Eppendorf gewählt. [...] Die rote Garde kommt in die Küche und revidiert. Darum bekommen jetzt alle Einheitsfraß. [...] Die

214 Paul Neumann: Hamburg unter der Regierung des Arbeiter- und Soldatenrats. Hamburg 1919, 6 f.

215 Vgl. Ullrich: Augusterlebnis (Anm. 190), 164 f.

> Strassen sind belebt aber ordentlich. Unsere Sowjet hält Ordnung. Autos mit roten Fahnen und mit bewaffneten Matrosen und Soldaten fahren durch die Stadt. [...] Abendbrot Krankengeschichte geschrieben. Dabei fallen draussen dauernd Schüsse.[216]

Das Ringen um die Macht zwischen den Hamburger Mehrheitssozialdemokraten und Gewerkschaften auf der einen und den Revolutionären auf der anderen Seite ging zugunsten der Revolutionäre aus. Das lag vor allem daran, dass die die USPD die politische Führung der Massenbewegung in ihren Händen hielt. Anfänglich gab es eine Bereitschaft des Ausgleichs, aber durch die kompromittierende Haltung der MSPD während des Krieges war dies für die Revolutionäre nicht akzeptabel. So wurde die MSPD aus dem provisorischen Arbeiter- und Soldatenrat ausgeschlossen.

Sehr bald zeigte sich jedoch, dass die von USPD und Linksradikalen in den ersten Revolutionstagen eingenommenen Positionen keinesfalls die realen Kräfteverhältnisse der Hamburger Arbeiterschaft widerspiegelten. Die Mehrheit der Arbeiter wünschte sich eine Beendigung der Streitigkeiten zwischen den verschiedenen Parteirichtungen und deren Einigung. So kam es, dass die Führer der Linkradikalen den Hamburger MSPD-Vorständen am 8. November Gespräche anboten. Das Verhandlungsergebnis führte zu einer deutlichen Korrektur der Entscheidungen vom 6. November. Es gewährte den Vertretern von MSPD und Gewerkschaften eine paritätische Beteiligung in der Exekutive des am 8. November neu gewählten Großen Arbeiterrats.[217]

Die ersten drei Tage der Revolution in Hamburg waren Rahel Plauts Tagebuchaufzeichnungen nach sehr chaotisch. Am 8. November schrieb sie, die Bewegung dehne sich rasch aus und die Matrosen versuchten, mit drakonischen Maßnahmen Ruhe zu schaffen. „Auch während ich hier schreibe, es ist 11 Uhr nachts, wird draussen geschossen"[218] Am 9. November notierte sie:

---

216 Tagebuch 1918, Eintrag vom 7.11.

217 Vgl. Ullrich: Augusterlebnis (Anm. 190), 168 f.

218 Tagebuch 1918, Eintrag vom 8.11.

> In der Stadt Ruhe. In ganz Deutschland ist jetzt Revolution [...]. Max von Baden hat demissioniert, der Kaiser abgedankt auf das Ultimatum der Sozi hin, der Kronprinz auf den Thron verzichtet [...]. Der A. & S. Rat hat sich jetzt aber mit dem Senat und den alten Behörden geeinigt und arbeitet mit ihnen zusammen.[219]

Drei Tage nach dieser Notiz wurde am 12. November eine Proklamation durchgesetzt, welche die Übernahme der politischen Gewalt durch den Arbeiter- und Soldatenrat und die Absetzung von Senat und Bürgerschaft verkündete.[220] Rahel Plaut notierte:

> Senat und Bürgerschaft sind abgesetzt. Hier regiert jetzt der A. & S. Rat. Die Senatoren arbeiten aber zum Teil weiter. Es besteht jetzt die Spaltung zwischen den völlig Unabhängigen Sozi, die die Diktatur d. Sozialdemokratie wollen & in Hamburg regierenden demokratischen Sozi, die eine Nationalversammlung einberufen wollen.[221]

Schon wenige Tage später musste die Entscheidung, die Bürgerschaft außer Kraft zu setzen, revidiert werden. Dies hing mit der erpresserischen Drohung wichtiger Repräsentanten der hamburgischen Finanz- und Geschäftswelt zusammen, durch einen möglichen Verlust der Kreditfähigkeit die Versorgung Hamburgs grundlegend zu gefährden, wenn der Beschluss vom 12. November nicht revidiert werden sollte. Daher setzte der Arbeiter- und Soldatenrat in einer Verordnung vom 18. November Senat und Bürgerschaft wieder ein. Er beanspruchte weiterhin die politische Gewalt und behielt sich ein Vetorecht gegen die Beschlüsse von Senat und Bürgerschaft vor.[222] Die Frage der politischen Macht in Hamburg blieb durch diesen Kompromiss unentschieden. Da der Arbeiter- und Soldatenrat nicht über erfahrene und geschulte Fachleute verfügte, um das Vetorecht gegenüber den Verwaltungsbehörden wirksam

---

219 Tagebuch 1918, Eintrag vom 9.11.

220 Paul Neumann: Hamburg (Anm. 214), 25.

221 Tagebuch 1918, Eintrag vom 13.11.

222 Neumann: Hamburg (Anm. 214), 31.

auszuüben, konnte die Bürgerschaft beinahe ungestört von äußeren Eingriffen weiterarbeiten. Auch der Senat nahm seine Aufgaben wieder auf.[223]

Das Universitätsklinikum Hamburg-Eppendorf

Im Jahre 1919 wurde nach jahrelangen Debatten in den politischen Gremien und in der Öffentlichkeit die Hamburgische Universität gegründet.[224] Revolution und Kriegsende hatten in der Universitätsfrage den entscheidenden Durchbruch gebracht. Dies lag zum einen am im Zuge der Revolution eingeführten allgemeinen Wahlrecht, das zu einer universitätsfreundlichen Mehrheit in der neuen Bürgerschaft führte, zum anderen an der Notsituation, die durch den Ansturm heimkehrender Kriegsteilnehmer auf die Universitäten entstand.[225]

Die Professoren und Dozenten der wissenschaftlichen Einrichtungen Hamburgs taten sich zusammen, um Notkurse für einheimische Bewerber, die keinen Studienplatz erhalten hatten, zu organisieren. Die Kurse begannen bereits am 6. Januar 1919, also noch vor Gründung der Universität. Auch die Ärzte der Krankenhäuser beteiligten sich an den vorläufigen Universitätskursen und trugen damit zur weiteren Entwicklung des Eppendorfer Krankenhauses, in dem der größte Teil der medizinischen Versorgung stattfand, zur Universitätsklinik bei. Da der ärztliche Direktor Ludolph Brauer (1865–1951) noch in englischer Kriegsgefangenschaft war, übernahm der Chirurg Hermann Kümmell (1852–1937) die Organisation der medizinischen Kurse unterstützt durch Brauers Stellvertreter Eugen Fraenkel (1853–1925). Die medizinische Fakultät war aus der Not heraus entstanden, ohne fertige Konzeption, geschweige eine exakte Bedarfsplanung. Mit den Folgen der überstürzten Gründung, die darüber hinaus in die wirtschaftlich schwierige Nachkriegszeit fiel, hatten die Professoren der ersten Stunde noch lange zu kämpfen.[226]

---

223 Vgl. Ullrich: Augusterlebnis (Anm. 190), 163–165.

224 Vgl. Gordon Uhlmann, Ursula Weisser: Grundzüge einer Geschichte des Eppendorfer Krankenhauses. In: 100 Jahre Universitätskrankenhaus Eppendorf 1889–1989. Hrsg. von Ursula Weisser. Tübingen 1989, 12–121, hier 63.

225 Rainer Nicolaysen: „Frei soll die Lehre sein und frei das Lernen". Zur Geschichte der Universität Hamburg. Hamburg 2008.

226 Uhlmann/Weisser: Grundzüge (Anm. 224), 66–68.

Über die Situation am Eppendorfer Krankenhaus schrieb Rahel Liebeschütz in den Erinnerungen an ihren Vater: Im August 1919 kam Ludolph Brauer aus der englischen Kriegsgefangenschaft zurück und übernahm die Leitung des Krankenhauses Eppendorf. Als eine seiner ersten Amtshandlungen, so Rahel Liebeschütz, kündigte er allen jungen Ärzten, die nicht im Krieg gewesen waren. Betroffen davon waren in erster Linie Ärztinnen, Rahel Plaut eingeschlossen. Während sie Volontärassistentin in der Kinderklinik gewesen war, hatte sie am Physiologischen Institut nebenbei Untersuchungen über die hormonelle Regulierung der Milchsekretion durchgeführt. Der Leiter des Instituts, Otto Kestner, bot ihr eine neu geschaffene Universitätsstelle als wissenschaftliche Hilfsarbeiterin (damalige Bezeichnung für wissenschaftliche Assistentinnen) an.[227]

Drei Mitglieder der Familie Plaut waren bald nach der Gründung eng mit der Hamburgischen Universität verbunden: Rahel Plaut begann ihre Assistententätigkeit am Physiologischen Institut am 1. November 1919.[228] Ihr Bruder Theodor war seit August 1918 Forschungsassistent an der Zentralstelle des Hamburgischen Kolonialinstituts (später Weltwirtschaftsarchiv) und ab 1. Mai 1919 dort ständiger wissenschaftlicher Hilfsarbeiter. Am 1. Oktober 1920 erhielt er eine Stelle als wissenschaftlicher Hilfsarbeiter am Seminar für Nationalökonomie und Kolonialpolitik bei Karl Rathgen an der Hamburger Universität.[229] Neben seiner wissenschaftlichen Arbeit war er in den Lehrbetrieb eingebunden.[230] Als außerordentlicher Professor gehörte auch Rahel Plauts Vater dem Lehrkörper der neuen Universität an.[231]

---

227 Rahel Liebeschütz: Hugo Carl Plaut, Part II, 85 f.

228 StA HH, HW DPA IV 619, o. Bl., Biographischer Bogen und Lebenslauf Rahel Liebeschütz.

229 StA HH, HW DPA IV 1415, o. Bl., Personalakte Theodor Plaut, Hamburgische Universität. Zu Theodor Plaut vgl.: Christian Scheer: Beiträge zur Biographie der deutschen Emigration 1933–1945: Rudolf Grabower, Otto Freiherr v. Mering, Theodor Plaut, Eduard Rosenbaum, Oswald Schneider, Carl v. Tyska (Diskussionsschriften aus dem Institut für Finanzwissenschaften der Universität Hamburg, Nr. 60). Hamburg 1998, 20–31.

230 Hamburgische Universität Verzeichnis der Vorlesungen: Im Wintersemester 1919/20 hielt er am Seminar für Nationalökonomie eine Übung über Ricardos Lehren, im Sommersemester 1920 eine Übung über klassische Schriftsteller der Volkswirtschaftslehre ab.

231 StA HH, HW DPA I 323, o. Bl., Brief der Senatskommission vom 16.7.1919 an H. C. Plaut mit der Mitteilung über Erteilung des Titels außerordentlicher Professor am 19.5.1919.

Rahel Plaut berichtet in ihrem Tagebuch davon, dass sie mit ihrem Schwager Moritz Sprinz (1885–1975) und ihrer Schwester Caroline in einem Vortrag ihres Bruders Theodor vor der nationalökonomischen Fachschaft saß, in dem er über seine Amerikareise sprach. Sie schrieb: „Hinter uns reden Studenten über unsere Familie, und sagen wir hätten uns alle in die Uni hineingemuschelt [...]."[232] Eine Bemerkung, die nicht nur von ihr als latenter Antisemitismus gedeutet werden konnte.

Das Universitätsklinikum Hamburg Eppendorf stellte in der Zeit, als Rahel Plaut dort zu arbeiten begann, eine von Männern dominierte Welt dar, obwohl in den Stationen nicht nur zahlreiche Krankenschwestern, sondern auch eine ganze Reihe von Ärztinnen tätig waren. Das zeigte sich zum Beispiel an der Bedeutung des Ärzte- und Apotheker-Kasinos. Es war eine Tischgesellschaft, in die man als Assistent aufgenommen werden konnte, allerdings blieb die Aufnahme männlichen Ärzten vorbehalten.[233] Da diese Vereinigung eine wichtige Rolle bei der Besetzung von Assistentenstellen spielte, waren Frauen bei dieser Entscheidung von vornherein ausgeschlossen. Rahel Liebeschütz erzählte in einem Interview in fortgeschrittenem Alter, dass sie einmal von einem Assistenten ans Telefon im Ärztekasino gerufen wurde und dieser anschließend eine Strafe dafür zahlen musste, dass er eine Frau ins Kasino hineingelassen hatte.

Die Eppendorfer Ärztinnen nahmen ihre Mahlzeiten getrennt von ihren männlichen Kollegen im Praktikanten-Kasino ein.[234] Dort gab es einen Frauentisch, Volontäre und Praktikanten saßen an einem anderen Tisch. Sogar als Privatdozentin durfte Rahel Plaut ihre Mahlzeiten nur im Praktikanten-Kasino einnehmen. Bei diesen Rahmenbedingungen war es kein Wunder, dass sich die Ärzte sehr arrogant gegenüber ihren Kolleginnen verhielten. Über die Assistenten sagte Rahel Liebeschütz in einem Interview 1984, ihre Gesinnung sei empörend gewesen. Sie seien aufgeblasen und sehr oft auch unfreundlich zu den Patienten gewesen. Sie führte dies auf die Prägung durch die Studentenverbindungen zurück, denen sie angehörten. Die in den Burschenschaften organisierten Assistenten grüßten die Ärztinnen auch

---

232 Tagebuch 1931, Eintrag vom 16.7.

233 Rudolf Janzen: Die Medizinische Fakultät. In: Universität Hamburg 1919–1969. o. O., o. J. [Hamburg 1970], 179–201, hier 184.

234 Ebd.

nicht auf dem Gelände. Sie seien als Frauen sehr gegen die Haltung dieser Kollegen gewesen.[235]

Frauen hatten demnach nicht nur weniger Einfluss auf Entscheidungen, die das Arbeitsleben im Krankenhaus betrafen, sie wurden vielmehr von vielen Ärzten nicht als Kolleginnen betrachtet und ignoriert. In ihren Tagebüchern erwähnte Rahel Plaut, dass sie an den Versammlungen des Assistentinnenbundes teilnahm. Sie organisierte sich zusammen mit anderen Assistentinnen in Eppendorf, um ihre Belange im Krankenhaus besser vertreten zu können.

Das Physiologische Institut, an dem Rahel Plaut ihre Assistentinnentätigkeit am 1. November 1919 aufnahm, bestand bereits seit 1913, also schon vor der Gründung der Universität. Sein erster Direktor war der Heidelberger Physiologe Otto Cohnheim (1873–1953), der sich seit 1917 Kestner nannte.[236] Kestner erwarb sich durch seine wissenschaftlichen Arbeiten auf dem Gebiet der Verdauungsphysiologie internationale Anerkennung. So entdeckte er die Enzyme Erepsin und Trypsin und trug wesentlich zur Erforschung der Physiologie des Magens bei.

Kestner galt als hervorragender Lehrer, der den Studenten die Physiologie anschaulich machen konnte und seine Vorlesungen mit vielen Versuchen interessant gestaltete. Als „Nichtarier" wurde er zum 30. Juni 1934 zwangsemeritiert. Ab 1935 verlagerte er seine Arbeiten mehr und mehr auf Forschungsstellen

---

235 Interview Astrid Dageförde mit Rahel Liebeschütz o. J., 17, Hamburger Bibliothek für Universitätsgeschichte, Ordner Rahel Liebeschütz-Plaut. Das Interview wurde im Rahmen des von der Vizepräsidentin der Hamburger Universität Prof. Heide Pfarr Anfang Juni 1984 bei der Behörde für Wissenschaft und Forschung beantragten und bereits Ende Juni 1984 bewilligten Forschungsprojekts „Frauen an der Universität Hamburg 1933–1945", Laufzeit 12 Monate, geführt. Im Unterschied zu anderen der in diesem Kontext geführten Interviews ist es nicht datiert, es ist von einer Entstehungszeit zwischen Mitte 1984 und Mitte 1985 auszugehen. Die Auswertung der insgesamt 28 von Astrid Dageförde geführten Interviews erfolgte in: Frauen an der Hamburger Universität 1933–1945. Forschungsbericht, vorgelegt im Auftrag der Behörde für Wissenschaft und Forschung. Freie und Hansestadt Hamburg, von Astrid Dageförde, Hamburg 1987, VI, 261 S. Dort waren die Interviews anonymisiert und durchnummeriert, das mit Rahel Liebeschütz unter der Nummer 14.

236 StA HH, HWP-DPA I 239, I, Bl. 93, Personalakte Otto Kestner, Antwort der NSDAP, Gauleitung Hamburg vom 10. Januar 1939 auf Anfrage Dr. Nickel, Arzt bezüglich Kestners Namensänderung vom 6.12.1938: „[A]uf sein Gesuch vom 29. Dezember 1916 ist vom Senat der Stadt Hamburg am 7. November genehmigt worden, dass er für sich und seine Frau den Familiennamen Kestner führt."

in Großbritannien, wohin er 1939 endgültig emigrierte. Kestner kehrte 1949 nach Hamburg zurück. Er wurde regulär emeritiert und starb dort 1953.[237] Rahel Plaut schrieb über ihren Entschluss, eine Stelle am Physiologischen Institut anzunehmen:

> Im November 1919 nahm ich eine Assistentenstelle im physiologischen Institut bei Herrn Prof. Kestner an, zunächst nur um zu probieren, ob ich mich für theoretisches Arbeiten eignete. Ich verdanke es zum grossen Teil der anregenden, ideenreichen Art meines Chefs und seiner Gewohnheit in selbstlosester Weise seine Schüler zu fördern und auf ihre Gedanken einzugehen, dass ich bei der Physiologie geblieben bin.[238]

Innerhalb der Physiologie arbeitete Rahel Plaut auf sehr unterschiedlichen Gebieten, wobei der Schwerpunkt ihrer Arbeit in der Erforschung des Stoffwechsels lag. Ihre Tagebücher enthalten Notizen über ihre wissenschaftliche Arbeit im Institut, wie zum Beispiel Beschreibungen von Tierversuchen. Besonders intensiv widmete sie sich der Erforschung der Wärmeregulation. Im Frühjahr 1921 arbeitete sie an einer Studie über den Stoffwechsel bei der Wärmeregulation, die sie in der *Zeitschrift für Biologie* publizierte.[239]

Die Beziehung Rahel Plauts zu ihrem Chef Kestner war freundschaftlicher Natur. Arbeit und Privatleben waren nicht strikt getrennt. Wiederholt begegnete man sich auch in der Freizeit. Einen speziellen Betriebs- wie Familienausflug beschrieb sie am 22. Februar 1920:

---

[237] Ekkehart Rumberger, Diana Hünerbein: Das Physiologische Institut. Ein Schritt vom AKE zum UKE vor 75 Jahren. In: 100 Jahre Universitäts-Krankenhaus Eppendorf 1889–1989. Hrsg. von Ursula Weisser. Tübingen 1989, 348–352, hier 348 f.

[238] StA HH, HW-DPA IV 619, o. Bl., Lebenslauf Rahel Liebeschütz, Personalakte Hamburgische Universität.

[239] Rahel Plaut: Über den Stoffwechsel bei der Wärmeregulation, Zeitschrift für Biologie, Bd. 76, Nr. 58. (1922), 183–212.

> Um 12 Uhr ins Eppendorfer Moor mit Prof. Kestner [...] um Frösche zu fangen. Nachmittags noch einmal dahin, diesmal auch Frau Kestner mit Kindern, Plaut und Groebbels. Wir finden eine Unzahl Esculenten & Kröten beim Laichen, weiter im Moor herum.[240]

Im Sommer 1922 fuhr Rahel Plaut mit der ganzen Familie Kestner übers Wochenende aufs Land und kümmerte sich dort um die Kinder.[241] Ein anderes Mal hütete sie im Kestner'schen Haus ein und passte auf die Kinder auf, als Kestner und seine Frau verreisten.[242] Als Kestners zurückkehrten, schrieb sie: „Die Kinder sind ganz traurig, dass ich weggehe."[243]

Rahel Plauts Tagebuchaufzeichnungen bezeugen, dass sie sehr konzentriert wissenschaftlich arbeitete, auch ihre Lehrtätigkeit ernst nahm und gerne ausübte. Nach der Arbeit oder an Feiertagen verbrachte sie ihre freie Zeit mit Spaziergängen, mit Freunden und Bekannten oder mit Besuchen kultureller Veranstaltungen wie Konzerten und Vorträgen. Insbesondere der Besuch von Konzerten mit klassischer Musik bereitete ihr große Freude. So notierte sie am 23. Februar 1920: „Abends Mozart Requiem. Es ist wunderbar. Auch die Aufführung grossartig. Abends gemütlich beisammen."[244]

In dieser Zeit verbrachte sie mit ihrem Bruder Theodor einen großen Teil ihrer Freizeit auf dem Wasser. Theodor kaufte ein Kanu, Hadumoth benannt nach einer Person aus Joseph Victor von Scheffels *Ekkehard*. Sie fuhren auf der Alster nach St. Georg, um Caroline zu besuchen, die Assistentin am Allgemeinen Krankenhaus St. Georg war. Aber es ging auch die Alster hinauf: An Sonntagen im Sommer brachte Hadumoth sie nach Ohlsdorf und Poppenbüttel. Es sei wunderschön dort gewesen.[245]

---

240 Tagebuch 1920, Eintrag vom 22.2.

241 Tagebuch 1922, Eintrag vom 9.7.

242 Tagebuch 1922, Eintrag vom 29.8.

243 Tagebuch 1922, Eintrag vom 8.9.

244 Tagebuch 1920, Eintrag vom 23.2.

245 Rahel Liebeschütz: Rachel & Theodor, 8.

Das politische Leben in Hamburg

In einer bürgerlichen Familie aufgewachsen, teilte Rahel Plaut weitgehend die politische Einstellung ihrer sozialen Schicht. Wenngleich keine Anhängerin der DNVP, war sie konservativ und national eingestellt und hegte eine tiefgehende Ablehnung gegenüber dem Sozialismus. Für Rahel Plaut war der Sozialismus nicht nur eine zu verwerfende Idee, sondern eine ständige Bedrohung, die während der Revolution und in der nachrevolutionären Phase immer größer werdende Ausmaße angenommen hatte. So schrieb sie 1920 in ihr Tagebuch: „Abends mit Thetje in einem Vortrag von General von Seeckt über Reichswehr und den Friedensvertrag. Er ist sachlich, gut & sehr national."[246] Johannes Friedrich Leopold von Seeckt (1866–1936) war ein deutscher Generaloberst und von 1920 bis 1926 Chef der Heeresleitung der Reichswehr.

Am 6. Juni 1920, dem Tag der Reichstagswahl, notierte sie: „Den Vormittag gewählt. Liste Dauch.[...] Mami wählt auch Dauch, Vating [Vater, S. K.] Petersen."[247]

Am Folgetag hatte sie in ihr Tagebuch geschrieben: „Bei der Wahl am schlechtesten abgeschnitten: Demokraten & Zentrum. Zugenommen haben Deutschnationale, Deutsche Volkspartei & Unabh. Sozi. In Hamburg sind gewählt: Petersen, Dauch, Helfferich[248] und 4 Sozi."[249]

Rahel Plaut und ihre Mutter hatten die Deutsche Volkspartei (DVP) gewählt, für die 1920 der Mittelamerika-Kaufmann Walther Dauch (1874–1943) im Reichstag angetreten war. Die Deutsche Volkspartei war in Hamburg die Nachfolgerin der Nationalliberalen Partei und der drei *alten* Fraktionen der Bürgerschaft. Die DVP war besonders für die in Handel, Schifffahrt und Bankwesen tätigen Großbürger sowie für Akademiker, hohe Beamte und Richter attraktiv. Ein Großteil der Hamburger Kaufleute zählte ebenfalls zu ihren Unterstützern. Die DVP Hamburg gehörte dem rechten Flügel der Gesamtpartei an.[250]

---

[246] Tagebuch 1920, Eintrag vom 20.2.

[247] Tagebuch 1920, Eintrag vom 6.6.

[248] Karl Erich Born: Helfferich, Karl Theodor, Neue Deutsche Biographie 8. Berlin 1969, 470–472. Karl Helfferich (1872–1924) war seit 1918 in der DNVP ein führender Vertreter der deutschen Rechten.

[249] Tagebuch 1920, Eintrag vom 7.6.

[250] Ursula Büttner: Politische Gerechtigkeit und sozialer Geist. Hamburg zur Zeit der Weimarer Republik (Hamburger Beiträge zur Sozial- und Zeitgeschichte XX). Hamburg 1985, 55 f.

Für die meisten Anhänger der DVP waren Liberalismus und Demokratie nicht miteinander vereinbar. Sie werteten das demokratische Prinzip, allen Staatsbürgern die gleichen politischen Rechte zu gewähren, als „Gleichmacherei" ab. Durch das allgemeine Wahlrecht wurden ihrer Meinung nach besonders erfahrene und fähige Persönlichkeiten daran gehindert, Einfluss auf das öffentliche Leben zu nehmen. Obwohl die DVP viele Vorbehalte gegen die demokratische Republik hegte, schlossen ihre Spitzenpolitiker eine auf Zerstörung zielende Feindschaft gegen den Staat aus.[251]

Rahel Plauts Vater wählte die Deutsche Demokratische Partei (DDP), die in Hamburg die Nachfolgerin der Vereinigten Liberalen war. Bei den Hamburger Linksliberalen zeigte sich die Prägung durch Friedrich Naumann (1860–1919) sehr deutlich. Es war seinem Einfluss zu verdanken, dass die Partei sich bemühte, die Arbeiterschaft durch weitreichende soziale und politische Reformen in den Staat zu integrieren. Besonders in der Schul- und Sozialpolitik hatte es eine enge Zusammenarbeit mit der SPD gegeben, sodass im Laufe der Zeit eine gute und vertrauensvolle Beziehung zu ihr entstanden war. Spitzenpolitiker der SPD pflegten daher nach der Revolution Kontakte zu Politikern der DDP im Senat und in der Bürgerschaft.

Viele junge Akademiker und Studenten schlossen sich der DDP an. Für sie war die rigide Gesellschaftsordnung des Kaiserreichs einengend gewesen. Bewusst strebten sie danach, die Barrieren zu anderen Bevölkerungsgruppen abzubauen und einen sozial gerechten, freiheitlichen Staat mit aufzubauen. Sie wollten sich der SPD nicht anschließen, weil sie Angst vor den gleichmacherischen Tendenzen der Klassenkampfpartei und deren Antiintellektualismus hatten. Zu den wenigen sozialdemokratischen Kollegen ihres Alters pflegten sie aber engen Kontakt. An der Spitze der Gruppe stand nach kurzer Zeit der Studienrat Heinrich Landahl (1895–1971). Mit 29 Jahren war er 1924 als jüngster Abgeordneter der DDP in die Bürgerschaft eingezogen. Später wurde er Schulleiter an der reformpädagogischen Lichtwarkschule in Hamburg und nach 1945 Schulsenator.[252]

---

[251] Büttner: Politische Gerechtigkeit und sozialer Geist (Anm. 250), 57 f.

[252] Rainer Nicolaysen: Das „Ja" eines späteren Sozialdemokraten. Über Heinrich Landahl (1895–1971) und seine Zustimmung zum „Ermächtigungsgesetz" am 23. März 1933. In: ZHG 98 (2012), 151–192.

Die DDP war die bevorzugte Partei der in Hamburg lebenden Juden. Mit der DDP verbanden sie die Hoffnung auf Überwindung der gesellschaftlichen Diskriminierung, die ihnen trotz der formalen rechtlichen und politischen Gleichstellung das Leben erschwerte. Viele jüdische Kaufleute und Industrielle fühlten sich aus diesem Grund von der DDP angezogen. Ihre nichtjüdischen Standesgenossen zogen dagegen mehrheitlich die konservativ-liberale DVP vor.

Wie bereits die Vereinigten Liberalen war auch die Hamburger DDP bis zum Ende der Weimarer Republik links von der Gesamtpartei positioniert. Sie hatte Vorbehalte gegen das Notstandsrecht des Reichspräsidenten und kämpfte gegen ihre eigenen Minister dafür, dieses Recht durch Ausführungsbestimmungen so einzuschränken, dass ein Machtmissbrauch der Exekutive ausgeschlossen würde. Ebenso kritisch wie die SPD beurteilte sie die Reichswehrpolitik.[253]

Die Deutschnationale Volkspartei (DNVP) wurde in Hamburg seit ihrer Gründung 1918 von völkischen Antisemiten beherrscht. Sie fanden unter den Selbstständigen, Angestellten und den Beamten des Mittelstands, die in der stärker werdenden Arbeiterbewegung eine Gefahr sahen, die meisten Unterstützer. Auch die Vorstandsmitglieder und Funktionäre gehörten zu dieser Gruppe und gaben die politische Richtung der DNVP an.

Der Hamburger Landesverband der DNVP war für seinen extremen Kurs bekannt. Er verbreitete aggressive und primitive antisemitische Parolen in der Bürgerschaft sowie in seiner Flugblattwerbung und führte den „Arierparagraphen" bereits im Mai 1923, ein Jahr früher als die Reichsorganisation, ein. Gegenüber der Republik blieb die DNVP während der gesamten Zeit ihres Bestehens feindlich gesonnen. Als zentrale Forderung stand im Programm der Partei die Rückkehr zur Monarchie. Die DNVP lehnte es ab, mit SPD, DVP oder DDP in einer Regierung zusammenzuarbeiten, weder auf Reichsebene noch in Hamburg. In den ersten Jahren ihres Bestehens wurde die DNVP stark durch selbstständige Handwerker und Ladenbesitzer geprägt. Entsprechend waren die typischen Interessen des Mittelstands ein besonderes Anliegen der deutschnationalen Abgeordneten in der Bürgerschaft. Zudem schloss sich eine Reihe von Großunternehmern, vorwiegend Industrielle, dieser Gruppe an. Im traditionell

---

253 Büttner: Politische Gerechtigkeit und sozialer Geist (Anm. 250), 52–54.

durch hanseatische Kaufleute geprägten Hamburg fühlten sie sich häufig nicht hinreichend in Staat und Gesellschaft repräsentiert und wandten sich darum der alternativen politischen Richtung der DNVP zu. Nicht wenige von ihnen vertraten zudem die militant antiliberale und völkisch-antisemitische Ideologie des Alldeutschen Verbandes, der seit der Jahrhundertwende in Hamburg aktiv war.

Ähnliche Motive verfolgten auch viele Akademiker in der hamburgischen DNVP. Sie befürchteten den wirtschaftlichen oder sozialen Abstieg. Zahlreiche Ärzte, Apotheker und Rechtsanwälte erhofften sich von der Ausschaltung der Juden eine Minderung der Konkurrenz in ihren Berufen.[254]

Der Hamburger Landesverband der von Rahel Plaut als Sozi bezeichneten Sozialdemokratischen Partei war schon im Kaiserreich eine ihrer finanziell stärksten und einflussreichsten Organisationen gewesen. Die SPD hatte wegen Einberufungen zum Heer und wegen ihrer Burgfriedenspolitik viele Mitglieder verloren. Nach dem Krieg konnte sie jedoch schon innerhalb kurzer Zeit wieder ihre früheren Mitgliederzahlen verzeichnen. Die enge Verbundenheit der SPD zu den Gewerkschaften sowie der Wunsch nach einer geeinten Arbeiterbewegung erhöhten die Attraktivität der Partei für die aus dem Krieg heimkehrenden Soldaten.

Die Arbeiterschaft stellte mit rund sechzig Prozent noch immer den größten Anteil unter den Mitgliedern der SPD dar. Besonders angezogen von der Partei fühlten sich Facharbeiter und gesellschaftlich organisierte, oft schon ältere Arbeitnehmer. Bei den Ungelernten, unter ihnen die große Gruppe der Werft- und Hafenarbeiter, hatte die Mitgliederwerbung der SPD wenig Erfolg.

Im Kaiserreich wie in der Weimarer Republik war die SPD eine Partei der Arbeitnehmer gewesen. Allerdings stieg der Anteil der Angestellten. Insgesamt blieben aber ihre Versuche, neue bürgerliche Bevölkerungsgruppen zu erreichen, relativ erfolglos.

Ihre Hauptaufgabe sah die SPD darin, sich für die Interessen der Arbeitnehmer, vorrangig der Arbeiter zu engagieren. Der Einsatz für die Belange des Bürgertums oder der Wirtschaft blieb eine Aufgabe ihrer Koalitionspartner DDP und DVP.

---

[254] Ebd., 59–61.

Eine Schwäche, mit der die SPD zu kämpfen hatte, war ihre relative Überalterung. Mit diesem Problem stand sie nicht allein da: Alle Parteien außer der KPD sowie später der NSDAP waren davon betroffen. Etwa 27 Prozent der wahlberechtigten Bevölkerung war nicht älter als 30 Jahre, der Anteil der Mitglieder dieser Altersgruppe betrug jedoch nur zwanzig Prozent.

Da der Einfluss der jüngeren Mitglieder in der SPD gering war, verstärkte sich deren traditionalistischer Charakter, was insbesondere die Führungsgremien prägte. Sie waren hauptsächlich Verwaltungsorgane, die sowohl für das Anwerben neuer Mitglieder und deren Betreuung als auch für die Finanzen und die Agitation verantwortlich waren. Die politische Richtung legte die Bürgerschaftsfraktion fest, die sich ohne Ausnahme aus den Spitzenfunktionären zusammensetzte. Meistens wurden Genossen gewählt, die sich in der Partei- oder Gewerkschaftsarbeit bewährt hatten, oft bestätigte man aber einfach diejenigen, die bereits ein Amt bekleidet hatten. Dadurch konnten neue Mitglieder in der SPD nur schwer Einfluss erlangen. Es gelang der SPD in der Weimarer Republik nicht, die Überalterung und die herkömmliche Berufsstruktur der Gremien sowie die Dominanz der eingesessenen Arbeiter zu verändern.[255]

Rahel Plaut berichtete in ihrem Tagebuch: „Auf der Rückfahrt erzählt Kestner die ganze Zeit über Geschichte, & versucht mich zur Demokratie zu überreden.“[256] Für sie war die Demokratie ein Konzept, das sie nicht akzeptieren konnte. An anderer Stelle schrieb sie in den Erinnerungen an ihre Kindheit: Mittwochsabends seine sie manchmal zum Uhlenhorster Fährhaus gerudert, wo Musik gespielt wurde. Die Abende endeten mit dem Singen eines patriotischen Liedes, das gegen die damalige Regierung war. Sie hätten die Gefahren, die von der Rechten ausgingen, nicht gesehen und seien gegen die sozialistische Regierung gewesen.[257] Es ist nicht erstaunlich, dass die Kinder der Familie Plaut die Gefahren, die von der Rechten ausgingen, nicht erkannten, da sie bürgerlich-konservativ geprägt waren. Auch die Charakterisierung der damaligen Regierung als sozialistisch war vor diesem Hintergrund nur konsequent.

255 Ebd., 47–49.

256 Tagebuch 1922, Eintrag vom 9.7.

257 Rahel Liebeschütz: Rachel & Theodor, 8.

Rahel Plaut besuchte häufig Vorträge, die nicht nur Medizin und Physiologie, sondern auch geisteswissenschaftliche sowie politische und gesellschaftliche Themen einschlossen. Sie gehörte zu dem Kreis derer, die die Vorträge in der Kulturwissenschaftlichen Bibliothek Warburg (K.B.W.) besuchten. Die Warburg-Bibliothek hatte sich aus der studentischen Büchersammlung des Kunsthistorikers Aby Moritz Warburg (1866–1929)[258] zu einer Bibliothek mit über 60.000 Bänden entwickelt. Diese Büchersammlung war dem Nachleben der Antike gewidmet. Zwischen 1919 und 1924 wurde die Bibliothek unter Warburgs Assistenten Fritz Saxl (1890–1948), der die kommissarische Leitung der Bibliothek übernommen hatte, nach und nach zu einem halböffentlichen Institut ausgebaut, das der Universität Hamburg frei angegliedert war. Ab 1921 ließ Warburg in einem Vortragssaal, der ungefähr 150 bis 200 Zuhörer aufnehmen konnte, Vorlesungen vor einer von ihm selbst gewählten qualifizierten Hörerschaft abhalten.[259]

Mit dem Neubau des Bibliotheksgebäudes 1926 in der Heilwigstraße begann die Blütezeit der Bibliothek, die über Warburgs Tod 1929 hinaus bis zur Überführung nach England 1933 andauerte.

Die K.B.W. zog zahlreiche Wissenschaftler an. Sie bildeten einen Kreis, dem Ernst Cassirer (1874–1945; Philosophie), Gustav Pauli (1866–1938; Kunstgeschichte) Erwin Panofsky (1892–1968; Kunstgeschichte) und andere angehörten. Es gelang 1933, die Bibliothek vor dem Zugriff der Nationalsozialisten zu retten. Sie ist heute als The Warburg Institute an die Universität London angegliedert.[260]

Hans Liebeschütz hatte in Heidelberg von Franz Boll (1867–1924), der von 1908 bis 1924 als ordentlicher Professor in der Philosophischen Fakultät das Fach Klassische Philologie lehrte, eine Empfehlung an den kommissarischen Leiter

---

258 Ernst H. Gombrich: Aby Warburg. Eine intellektuelle Biographie. Hamburg 1992; siehe auch Karen Michels: Aby Warburg. Im Bannkreis der Idee. München 2007; Nicolas Bock, Peter Theissen-Abendroth: Aby Warburg. Der Bilderdenker. Berlin 2017.

259 Carl Georg Heise: Persönliche Erinnerungen an Aby Warburg. Hamburg 1959, 58.

260 Hans-Michael Schäfer: Kulturwissenschaftliche Bibliothek Warburg. In: Das Jüdische Hamburg. Ein historisches Nachschlagewerk. Hrsg. vom Institut für die Geschichte der deutschen Juden. Göttingen 2006, 166.

der Bibliothek Fritz Saxl bekommen.[261] So wurde Hans Liebeschütz einer der ersten Mitarbeiter der K.B.W. [262]

Bei den Vorträgen in der Warburg-Bibliothek, so Rahel Liebeschütz, lernten sie und Hans Liebeschütz sich kennen. Am 26. Januar 1924 schrieb sie in ihr Tagebuch:

> Abends zu einem Vortrag in der Bibliothek Warburg über Rechtssymbolik. [...] Frl. Rosenbacher dort, Wohlwill, Maria Schütt, Liebeschütz und Hasebroek. Mit den zwei letzteren gehe ich nachher noch zu Liebeschützens wo wir Thee trinken, kloek snacken & es sehr spät wird, aber sehr interessant. Liebeschütz begleitet mich noch nach Hause. Sie reden über moderne Geschichtswissenschaft.[263]

Einen Monat später heißt es in ihrem Tagebuch:

> Abends Vortrag im Haus Warburg von Hoffmann aus Heidelberg über Platonismus im Mittelalter. Ganz neue eigenartige Interpretation von Plato, bei der das Wort „Idee“ nicht vorkommt. Mit Liebeschütz zurück, und sehr gut unterhalten.[264]

Zudem interessierte sich Rahel Plaut auch für aktuelle gesellschaftliche und politische Themen. So besuchte sie einen Vortrag von Gertrud Bäumer (1873–1954) über die Frauenfrage. In ihren Notizen hielt Rahel Plaut fest: „Sie sagt manches Vernünftige, zum Beispiel dass die Unterschiede, die man zwischen Mann Frau macht, „Eros & Logos“ u. s. w. Schemata seien, an denen zwar Wahrheit sei, auf denen man aber praktisch nichts aufbauen könnte.“[265] Auf ihr Leben zurückblickend, betonte Rahel Liebeschütz:

---

261 Vgl. Dagmar Drüll: Franz Boll. In: Heidelberger Gelehrtenlexikon 1803–1923. Berlin-Heidelberg 1986, 24 f.

262 Rahel Liebeschütz über Hans Liebeschütz, IFZ/MA 1500/37, o. Bl., Kopien Hamburgische Bibliothek für Universitätsgeschichte, Ordner Hans Liebeschütz.

263 Tagebuch 1924, Eintrag vom 26.1.

264 Tagebuch 1924, Eintrag vom 8.3.

265 Tagebuch 1919, Eintrag vom 14.9.

Ich glaubte eigentlich nicht daran, daß die Frauen sehr verschieden wären [...] es hat sich im Lauf des Lebens etwas geändert. Ich glaubte, daß die Frauen im Grunde geistig sehr ähnlich wären [wie die Männer, S. K.] und eben dasselbe leisten können. Ich habe die Verschiedenartigkeit der Geschlechter damals noch nicht so anerkannt, wie jetzt.[266]

[266] Interview Astrid Dageförde mit Rahel Liebeschütz. o. J. [1984] 17, Hamburger Bibliothek für Universitätsgeschichte, Ordner Rahel Liebeschütz-Plaut.

Antisemitismus in der Weimarer Republik

Es begann schon früher

Im letzten Kriegsjahr wurde der Antisemitismus unübersehbar zu einem politischen Faktor in Deutschland. Antisemitische Organisationen wie der Reichshammerbund, der Verband gegen die Überhebung des Judentums sowie der Deutschbund entfalteten eine intensive Tätigkeit. Sie erhielten Unterstützung durch neue Gruppen wie die Deutsche Arbeiter- und Angestelltenpartei und die Deutschvölkische Beamtenvereinigung. Als Prinz Max von Baden (1867–1929) am 9. November 1918 angesichts der drohenden militärischen Niederlage des Reiches die Abdankung des Kaisers bekanntgab, machten die extremen Nationalisten und Antisemiten, allen voran der Alldeutsche Verband, die Juden für den „unblutigen Umsturz", wie sie es nannten, verantwortlich. In ihren Augen waren demokratische Ideen „ein Gift jüdischer Herkunft". Damit erklärten sie die Juden für schuldig an sämtlichen politischen Veränderungen in Deutschland sowie an allen wirtschaftlichen, geistigen und kulturellen Entwicklungen, die ihnen missfielen.[267]

Es hatte sich schon vor dem politischen Umsturz und der Kriegsniederlage abgezeichnet, dass es wieder die Juden sein würden, die als Blitzableiter herhalten mussten. Trotzdem war das Ausmaß der antisemitischen Agitation um das Jahresende 1918 ohne Beispiel. Zwar hatten viele Juden befürchtet, dass die Antisemiten unter tatkräftiger Unterstützung der wirklich Verantwortlichen auf den bewährten Sündenbock zurückgreifen würden. Die Vehemenz und Radikalität, mit der diese vorgingen und die Wirkung, die sie erlangten, übertraf jedoch alles, was deutsche Juden sich vor dem Hintergrund ihrer bisherigen Erfahrungen mit dem Antisemitismus vor 1914 vorstellen konnten. Die politischen, ökonomischen, sozialen und psychologischen Rahmenbedingungen sorgten für einen idealen Nährboden, um den

[267] Werner Jochmann: Die Ausbreitung des Antisemitismus. In: Deutsches Judentum in Krieg und Revolution 1916–1923. Hrsg. von Arnold Paucker, Werner E. Mosse. Tübingen 1971, 409–511, hier 437 f.

latenten Antisemitismus der deutschen Bevölkerung gezielt zu instrumentalisieren.[268]

Mitte September 1918 hatte der Alldeutsche Verband unter Leitung des Freiherrn Konstantin von Gebsattel (1854–1932) einen „Judenausschuss" gegründet. Ende Oktober kündigte von Gebsattel zukünftige Aktionen an. Er plante, die Juden als „Blitzableiter für alles Unrecht" darzustellen.[269] Dazu wurde eine Organisation geschaffen, die mit der Unterstützung des Alldeutschen Verbandes die Arbeit „in der Drecklinie" ausführen sollte. Hierfür boten sich die schon vorher aktiven antisemitischen Gruppen und Bünde an, verstärkt durch aus demobilisierten Soldaten bestehende antirevolutionäre Wehrverbände, die sich 1919 im Deutschvölkischen Schutz- und Trutzbund[270] zusammenschlossen. Diese Organisation entfaltete eine intensive Agitationstätigkeit, wobei sie die Juden des „Dolchstoßes" in den Rücken des angeblich siegreichen Militärs bezichtigte sowie als „Drahtzieher der Revolution" für den verlorenen Krieg verantwortlich machte.[271] Die Massenveranstaltungen des Deutschvölkischen Schutz- und Trutzbundes führten häufig, besonders in überwiegend von Ostjuden bewohnten Vierteln, zu gewalttätigen Ausschreitungen. Es gelang dem Bund jedoch in den ersten Nachkriegsjahren nicht, die breitere Bevölkerung zu blutigen Pogromen gegen Juden aufzustacheln, da die staatlichen Machtorgane derartige Bestrebungen im Keim erstickten. Die Mordaktionen gegen linksradikale und demokratische, zum Teil jüdische Politiker konnten sie allerdings nicht verhindern.[272]

Die Ermordung Rosa Luxemburgs (1871–1919) und Karl Liebknechts (1871–1919) und einiger Führer der bayerischen Räterepublik wie Kurt Eisner (1867–1919) und Gustav Landauer (1870–1919), später Matthias Erzbergers (1875–1921) und Walther Rathenaus (1867–1922) zeigten deutlich, wie weit die Völkischen gehen würden. Ihr Aufruf zu rücksichtslosem, brutalem

---

[268] Cornelia Hecht: Deutsche Juden und Antisemitismus in der Weimarer Republik. Bonn 2003, 76.

[269] Werner Jochmann: Die Ausbreitung des Antisemitismus (Anm. 267), 448; vgl. auch Rainer Hering: Konstruierte Nation, Der Alldeutsche Verband 1890–1939 (Hamburger Beiträge zur Sozial- und Zeitgeschichte 40). Hamburg 2003.

[270] Uwe Lohalm: Völkischer Radikalismus. Die Geschichte des Deutschvölkischen Schutz- und Trutzbundes 1919–1923. Hamburg 1970.

[271] Avraham Barkai: „Wehr Dich". Der Centralverein deutscher Staatsbürger jüdischen Glaubens (C. V.) 1893–1938. München 2002, 103.

[272] Ebd., 104.

Vorgehen bis zum „Äußersten“ gegen jüdische Politiker und Publizisten war unter diesen Umständen eine offene Aufforderung zum Mord. Wer von den Opfern kein Jude war, wurde kurzerhand als Jude oder „Judengenosse“ bezeichnet. Funktionäre des Schutz- und Trutzbundes waren entscheidend an der Planung der meisten Attentate beteiligt. Er war die größte und radikalste antisemitische Organisation in der Frühzeit der Weimarer Republik. Die meisten ehemaligen Soldaten, die die Morde und Attentate verübten, gehörten für kürzere oder längere Zeit dieser Organisation als Mitglieder an. Erst die Ermordung des Außenministers Walther Rathenau im Juni 1922 veranlasste die Regierung und die Gerichte der Weimarer Republik, den Deutschvölkischen Schutz- und Trutzbund zu verbieten.[273]

Die Nachricht von Rathenaus Ermordung löste bei Rahel Plaut und ihren Bekannten, wie aus ihrem Tagebuch hervorgeht, große Bestürzung und Angst aus: „Rathenau in Berlin ermordet. Von Organisation C.[onsul, S. K.] 3 junge Leute mit Maschinengewehren und Handgranaten. Grosse Aufregung. Jeder denkt er sei der nächste [...]. Auch auf Max Warburg Mordanschlag geplant; er hat sich aber rechtzeitig von der Polizei gewarnt nicht blicken lassen & ist zum Kösterberg entschwunden.“[274]

Die jüdische Gemeinde in Hamburg traf der Antisemitismus nicht überraschend. Eine Gruppe von Gemeindemitgliedern war im überkonfessionellen Verein zur Abwehr des Antisemitismus engagiert. Der Vorstand der Deutsch-Israelitischen Gemeinde sah sich bereits im Jahre 1919 dazu gezwungen, eine Eingabe an die Polizeibehörde wegen Volksverhetzung zu richten.[275] Er begründete sein Vorgehen damit, dass auch in Hamburg die „zunehmende antisemitische Hetzerei eine Gestalt angenommen hat, die das Schlimmste befürchten läßt“.[276] In Hetzblättern werde zu Gewalttaten aufgerufen. Aus diesen Aufrufen sei die Aufforderung zu Mord und Tot-

---

273 Jochmann: Ausbreitung des Antisemitismus (Anm. 267), 464 f.

274 Tagebuch 1922, Eintrag vom 24.6.

275 Ina Lorenz: Die Juden in Hamburg zur Zeit der Weimarer Republik, 2. Hamburg 1987, 1000.

276 Brief der Deutsch-Israelitischen Gemeinde an den Vorstand der Polizeibehörde Hamburg vom 12. Juni 1919 zitiert nach Ina Lorenz: Die Juden in Hamburg zur Zeit der Weimarer Republik, 2. Hamburg 1987, 1006.

schlag sowie zur Plünderung herauszulesen. „Offen zur *Vernichtung und Tötung* der Juden fordert das Flugblatt auf, das im Berliner Tageblatt vom 6. Mai abgedruckt ist."[277] Das in Hamburg und seinen Nachbargemeinden gelesene *Hamburger* [Israelitische, S. K.] *Familienblatt* berichtete 1919 wiederholt über antisemitische Angriffe. Am 15. August 1921 schilderte es einen Vorfall, der sich im Garten des Uhlenhorster Fährhauses abgespielt hatte. Auf einem Boot forderten mehrere junge Männer die Kapelle durch Zurufe auf, das „Flaggenlied" zu spielen. Als dies nicht gleich geschah, fingen sie an, ein Lied zu singen, das mit dem Refrain endete „Wir brauchen keine Judenrepublik". Es handelte von der sogenannten Brigade Ehrhardt.[278] Mehrere jüdische Gäste verließen daraufhin den Garten. Ein anderes Mal provozierten einige junge Männer, indem sie die Worte „Juden raus" in den Garten riefen.[279]

Im Sommer 1919 kam es, so Rahel Plaut, im Krankenhaus St. Georg zu gewalttätigen Auseinandersetzungen zwischen jüdischen und antisemitischen Ärzten, die gerade aus der Armee zurückgekehrt waren. Sie gipfelten darin, dass der jüdische Arzt Gasmann mit einer Reitpeitsche in den Speisesaal der Ärzte ging, um seinen Gegner Kuhlmann zu verprügeln.[280] Als Folge des Vorfalls kündigte der Krankenhausdirektor Theodor Deneke (1860–1954) allen Mitarbeitern, die sich an dem Streit beteiligt hatten. Caroline Plaut, die sich gut mit Gasmann verstanden und unvorsichtigerweise für ihn gesprochen hatte, erhielt ebenfalls die Kündigung. Hugo Carl Plaut versuchte, eine Stelle für seine Tochter am Eppendorfer Krankenhaus zu finden. Es war jedoch beschlossen worden, dass diejenigen, denen wegen des erwähnten Vorfalls gekündigt worden war, in keinem der staatlichen Krankenhäuser Hamburgs wiedereingestellt werden dürften. Eugen Fraenkel , der geschäftsführende Direktor des Eppendorfer

---

[277] Ebd., 1006 f.

[278] In einem Lied dieser Freikorps-Brigade Ehrhardt hieß es: „Hakenkreuz am Stahlhelm, schwarzweiß-rotes Band".

[279] Brief der Deutsch-Israelitischen Gemeinde an den Vorstand der Polizeibehörde Hamburg vom 12. Juni 1919 zitiert nach Ina Lorenz: Die Juden in Hamburg zur Zeit der Weimarer Republik, 2. Hamburg 1987, 1006. Zu Antisemitismus in Hamburg siehe auch: Ursula Wamser, Wilfried Weinke: Antisemitismus. In: Eine verschwundene Welt. Jüdisches Leben am Grindel. Hrsg. von Wilfried Weinke und Ursula Wamser. Springe 2006, 172–194.

[280] Rahel Liebeschütz: Hugo Carl Plaut, Part II, 83.

Krankenhauses, musste Hugo Carl Plaut davon in Kenntnis setzen. Sie waren gute Freunde gewesen, aber diese Angelegenheit war ein schwerer Schlag für ihre Beziehung. Ihre Freundschaft sei, so Rahel Liebeschütz, nie wieder so wie vorher gewesen. Für ihre Schwester blieb der Vorfall ohne bedeutende Folgen, denn innerhalb eines halben Jahres war sie verlobt und gab die Medizin auf.[281] Rahel Liebeschütz nahm dieses De-facto-Berufsverbot gelassen zur Kenntnis und ordnete diese Zwangsmaßnahme gegen ihre Schwester vielmehr deren biografischer Entwicklung unter.

Meldungen über antisemitische Ausschreitungen unter Beteiligung von Soldaten in den Seebädern und Kurorten Kolberg (Pommern), Bad Salzbrunn (Niederschlesien) und Cranz (Ostpreußen) beunruhigten in den ersten Monaten des Jahres 1919 die Öffentlichkeit. In Marburg und Gießen hatten antisemitische Studenten jüdische Kommilitonen misshandelt. Auch in Berlin waren antisemitische Zwischenfälle zu diesem Zeitpunkt nichts Außergewöhnliches mehr. Eine zusammenhängende und überregional beachtete Thematisierung der verschiedenen Ereignisse und Vorfälle gab es zunächst nicht. Das änderte sich im Sommer 1919 mit dem Auftreten antisemitischer Agitatoren auf den Straßen Berlins und anderswo, die mit der Verbreitung antisemitischer Flugblätter und Schriften sowie durch antisemitische Werbereden die Aufmerksamkeit des Publikums zu erlangen versuchten. Der Centralverein deutscher Staatsbürger jüdischen Glaubens in Berlin bat seine Mitglieder, auf das Verhalten der Verkäufer zu achten und ihm antisemitische Ausschreitungen beim Verkauf des *Deutschen Wochenblattes* sofort zu melden.[282]

In der Hamburger Bürgerschaft fand 1920 die erste Antisemitismusdebatte in der Weimarer Republik statt. In den folgenden Jahren kam es weiter zu antisemitischen Handlungen, jedoch maß die Deutsch-Israelitische Gemeinde ihnen zunächst keine größere Bedeutung bei. Sie ging den Vorfällen nach, auch die Presse erwähnte sie. Erst im November 1923 entschloss sich die Gemeinde, den Hamburger Senat in einer Eingabe auf den im Reich anwachsenden Antisemitismus hinzuweisen. Im Sommer des Jahres 1924 befürchtete die Gemeinde einen Anschlag auf die Synagoge am Bornplatz. Hamburger Politiker schätzten

---

281 Rahel Liebeschütz: Hugo Carl Plaut, Part II, 83.

282 Vgl. Dirk Walter: Antisemitische Kriminalität und Gewalt. Judenfeindschaft in der Weimarer Republik. Bonn 1999, 23 f.

den Antisemitismus in Hamburg Anfang 1926 eher als „sektenhafte Erscheinung“ ein, die zwar ärgerlich, aber nicht wirklich besorgniserregend sei.[283]

Auch Rahel Plaut hatte aus ihrem Umfeld von antisemitischen Vorfällen erfahren. Am 22. Juli 1931 notierte sie: „An der Universität war eine Prügelei. Rolf Behrendsohn ist von Nazis misshandelt worden. Es waren Nichtstudenten aus dem Braunen Haus dabei.“[284] Der von Rahel Liebeschütz erwähnte Rolf Behrendsohn war der Neffe des Hamburger Professors Walter A. Berendsohn (1884–1984). SA-Leute schlugen auf Rolf Berendsohn, der als sozialistischer Student Flugblätter verteilte, ein. Sie warfen ihn zu Boden und traten ihn mit Füßen, sodass er schwerverletzt ins Eppendorfer Krankenhaus gebracht werden musste.[285]

Die zweite Welle antisemitischer Vorfälle, die gegen Ende der Weimarer Republik einsetzte, war noch heftiger als jene von 1918/19. Insbesondere weil weitaus mehr Gewalttaten gegenüber Juden verübt wurden als zu Beginn der Weimarer Republik. Auch das Niveau der Gewalt hatte sich geändert; die Zahl schwerer Körperverletzungen häufte sich, auch Todesfälle kamen vor. Im Gegensatz zu Beginn der Zwanzigerjahre stellte jetzt inszenierte und organisierte Gewalt einen Teil der Bedrohung dar. Die Vielzahl und Vielfältigkeit von antisemitischen Vergehen machte es selbst für interessierte Zeitgenossen sehr schwierig, jedem einzelnen Delikt sorgfältig nachzugehen. Antisemitismus war zum Alltagsphänomen geworden.[286]

---

[283] Lorenz: Juden in Hamburg (Anm. 275), 1000.

[284] Tagebuch 1931, Eintrag vom 22.7.

[285] Vgl. Ursula Wamser, Wilfried Weinke: Antisemitismus (Anm. 279), 179.

[286] Vgl. Walter, Antisemitische Kriminalität und Gewalt (Anm. 278), 222; vgl. ferner: Hermann Beck: Antisemitische Gewalt während der Machtergreifungszeit und die Reaktion der deutschen Gesellschaft. In: Hering, R. (Hrsg.): Die "Reichskristallnacht" in Schleswig-Holstein: Der Novemberpogrom im historischen Kontext: Bd. 109. Hamburg 2016, https://doi.org/10.15460/HUP.LASH.109.

Ein Paar: Hans und Rahel

Verlobung und Heirat

Hans Liebeschütz und Rahel Plaut begegneten sich seit Beginn des Jahres 1924 mehrere Male. Des Öfteren erwähnte Rahel Plaut Hans Liebeschütz in ihren Tagebüchern. Unerwähnt blieb jedoch, dass Rahel Plauts Eltern Kontakt zu einem Heiratsvermittler[287] aufgenommen hatten, um ihre Tochter zu verheiraten. Über diesen Heiratsvermittler kam die Verbindung mit Fritz von Gutfeld (1888–1947)[288] zustande. Am 13. April 1924 schrieb Rahel Plaut in ihr Tagebuch über die Verlobung mit von Gutfeld: „Erst kurz in Eppendorf. Dann in Dockenhuden, wo mit Fritz v. Gutfeld verlobt."[289]

Ein paar Tage später, am 17. April 1924 vertraute sie ihrem Tagebuch an: „Etwas Katzenjammer wegen Verlobung. Kestner rät mir unter Ausschaltung

---

[287] Rahel Liebeschütz' Enkelin Maggie Carver schrieb dazu, es habe in der Generation ihrer Mutter noch Heiratsvermittler gegeben. In liberalen und reformierten Gemeinden sowie orthodoxen Mainstream-Gemeinden gebe es heutzutage keine Heiratsvermittler mehr, aber es gebe andere modernere Mittel wie Websites und in den liberalen/reformierten Gemeinden eine Organisation namens Mazel Tov, um Menschen zu helfen, einen Partner zu finden. Heiratsvermittler existierten noch in streng orthodoxen Gemeinden. E-Mail von Maggie Carver vom 23.10.2017, Archiv Silke Kaiser.

[288] Immatrikulation von Fritz von Gutfeld, Matrikelbuch der Universität Rostock 1904–1912. http://purl.uni-rostock.de/matrikel/200009452 (letzter Zugriff 20.9.2019). Fritz von Gutfeld geboren am 14.11.1888 in Berlin studierte in Berlin, Freiburg i. Br. und Rostock Medizin. Am 11.3.1933 gehörte er zu den von der SA misshandelten, verhafteten und vertriebenen Ärzten des Krankenhauses am Urban in Berlin Kreuzberg. Eine Gedenktafel, auf der die Namen der verfolgten Ärzte stehen, erinnert heute daran. Auch der Name Fritz von Gutfelds befindet sich darunter. Berliner Bezirkslexikon Friedrichshain-Kreuzberg. Hrsg. von Hans-Jürgen Mende und Kurt Wernicke, Berlin 2003, 231. Von Gutfeld erhielt seine Entlassung im Juli 1934. Zu dieser Zeit war er der Leiter der Bakteriologischen Abteilung des Krankenhauses am Urban. 1938 wurde er Chefarzt des Jüdischen Krankenhauses, 1939 emigrierte er über Schweden in die USA. Dort wurde er Assistant Professor am Medical College Virginia. Er starb am 23.3.1947 in New York. Verfolgte Ärztinnen und Ärzte des Berliner städtischen Gesundheitswesens (1933–1945). Institut für Geschichte der Medizin, Datenbank, Charité. Berlin 2013, https://geschichte.charite.de/verfolgte-aerzte/liste.php (letzter Zugriff 20.9.2019).

[289] Tagebuch 1924, Eintrag vom 13.4.

der Eltern viel mit Fritz allein zu sein."[290] Am 20. April 1924 wurde die Verlobung mit Fritz von Gutfeld mit einem kleinen Empfang gefeiert.[291]

Am 14. Mai 1924 war Rahel Plauts letzter Arbeitstag im Institut. In ihrem Tagebuch stand lapidar: „Zum letzten Mal im Institut". Es folgt noch ein kurzer Bericht eines Versuches, den sie durchführte, und die Schilderung einer Radtour mit dem Chef und den Kollegen.[292] Ihr Tagebuch enthält keine Äußerung zu ihren Gefühlen, weder Worte des Bedauerns noch der Wehmut. Nach ihrem Ausscheiden aus dem Institut lernte Rahel Plaut bis Ende Juni 1924 Kochen und Haushaltsführung bei Karoline Geppert.

Nachdem sie bereits aus dem Institut ausgeschieden war, suchte sie Kestner dort noch einmal auf, um über ihre Verlobung mit Fritz von Gutfeld zu sprechen. Es scheint, dass sie große Zweifel an dieser Verbindung hatte. Vermutlich war ihr klar geworden, dass sie von Gutfeld nicht liebte und sich auch keine Gefühle der Liebe entwickeln würden. Kestner versprach, sich bei Hans Liebeschütz für sie einzusetzen. Am nächsten Tag sprach er mit Hans Liebeschütz über Rahel Plaut. Sie berichtete am 28. Mai 1924 darüber in ihrem Tagebuch: „Kestner erzählt mir, dass alles wahrscheinlich gut geht, wenn L nicht aus ‚übergramten Gründen' noch nein sagt. Er habe noch kaum jemanden so erschüttert gesehen." Rahel Plaut war nicht weniger aufgewühlt; noch am selben Tag notierte sie in ihrem Tagebuch: „Abends arbeiten unmöglich. Um 8 ½ ruft Kestner an, ich soll hinkommen. Wir trinken Wein & sind froh. Abends sage ich es noch Vating. Eilbrief an Herrn v. Gutfeld."[293] Ebenfalls in ihrem Tagebuch von 1924, allerdings erst 1981 eingetragen, berichtete Rahel Liebeschütz, dass ihre Eltern den von Gutfelds eine Entschädigungssumme für die aufgelöste Verlobung bezahlen mussten.[294]

Rahel Liebeschütz schrieb später in den Erinnerungen über ihre Kindheit, dass es ein höchst ungewöhnliches Verhalten von ihr war, eine bereits vollzogene Verlobung wieder aufzulösen. Als sie sich zu diesem Schritt entschlossen

290 Tagebuch 1924, Eintrag vom 17.4.
291 Tagebuch 1924, Eintrag vom 20.4.
292 Tagebuch 1924, Eintrag vom 14.5.
293 Tagebuch 1924, Eintrag vom 28.5.
294 Tagebuch 1924, Eintrag vom 12.6.

hatte, um Hans Liebeschütz zu heiraten, hatte sie das Gefühl, aus einem Käfig auszubrechen und ins Freie hinauszutreten.[295]

Die Geschichte ihrer ersten Verlobung mit Fritz von Gutfeld und der zweiten Verlobung mit Hans Liebeschütz sagt sehr viel aus über das familiäre Verhältnis im Hause Plaut. Der Heiratsvermittler war von Rahel Plauts Eltern engagiert worden, da sie als unverheiratete Frau mit 28 Jahren als alt galt. Einerseits bestimmten die Eltern damit einen wesentlichen Teil des Lebens ihrer Tochter. Auf der anderen Seite entschied Rahel Plaut selbst für sich und erzählte hinterher dem Vater, dass sie sich trotz der Verlobung mit von Gutfeld mit Hans Liebeschütz verlobt habe. Die Situation war für die Eltern Plaut peinlich und mit Kosten verbunden. Trotzdem akzeptierte der Vater die Auflösung der Verlobung, stand zu seiner Tochter und unterstützte sie sogar in ihrer Entscheidung.

Am 19. Juni 1924 suchten die Frischverlobten zusammen den Rabbi auf, um mit ihm über ihre Trauung zu sprechen. Sie wollten offenbar gern an einem Freitag heiraten, der Rabbi aber war dagegen.[296] Für ihn war ein Freitag unvereinbar mit einer Trauung. Die Auseinandersetzung um den Trautermin zeigt, dass Rahel Plaut und Hans Liebeschütz liberale Juden waren. Sie richteten sich bei der Planung ihrer Hochzeit nach den Gepflogenheiten ihrer christlichen Umgebung, in der es üblich war, freitags zu heiraten. Die standesamtliche Trauung fand am 4. Juli 1924 statt.[297] Dies war ein Freitag. Also haben sich die beiden mit dem Wochentag ihrer Trauung beim Rabbiner durchgesetzt.

Nach der Hochzeit fuhren Rahel und Hans Liebeschütz auf Hochzeitsreise nach Davos und kehrten erst am 5. August nach Hamburg zurück. Sie bezogen zunächst zwei Zimmer im ersten Stock des Hauses Neue Rabenstraße 21.

Über ihre Ankunft in Hamburg schrieb Rahel Liebeschütz am 5. August 1924 in ihr Tagebuch: „Morgens in Hamburg um 8 h angekommen. Erst ‚Siesta' geschlafen. Mami hat uns zwei Zimmer im ersten Stock reizend eingerichtet, aber provisorisch. Vielleicht kriegen wir im Winter den 2ten Stock."[298]

Rahel Liebeschütz hielt auch nach der Trauung Vorlesungen zusammenmit Franz Groebbels über pathologische Physiologie.

---

295 Rahel Liebeschütz: Rachel & Theodor, 18, Privatarchiv Wolfgang Liebeschuetz, Nottingham.

296 Tagebuch 1924, Eintrag vom 19.6.

297 StA HH, 332-5 Standesämter, 8790, Trauregister des Standesamts 3 1924 Nr. 242.

298 Tagebuch 1924, Eintrag vom 5.8.

Freunde und Bekannte

Rahel Liebeschütz nahm weiterhin intensiv am kulturellen Leben Hamburgs teil. Ein großer Freundeskreis, die Tätigkeit im Krankenhaus sowie der stets enge Kontakt zu ihrer Familie ließen sie häufig unter Menschen sein. Zu den Freundinnen gehörten die Ärztin Margarete Schmidt-Schütt und Karoline Geppert, die sie während ihrer Tätigkeit am Eppendorfer Krankenhaus kennengelernt hatte. Ihre engste Freundin war Elisabeth Marcks, geborene Tietgens, mit der sie seit den letzten beiden Schuljahren am Realgymnasium für Mädchen befreundet war. Marcks war Krankenschwester am Eppendorfer Krankenhaus gewesen und studierte nun in Hamburg Malerei. Rahel Liebeschütz schrieb, sie verdanke Elisabeth Marcks und deren Eltern Hermann und Amelie Tietgens (1864–1943), geborene Strantzen, eine bedeutende Erweiterung ihres Horizonts.[299] Über Hermann Tietgens (1851–1941) schrieb sie, dass Tietgens zwar ausschließlich die Realschule besucht hatte, aber dennoch über ein sehr breites Wissen verfügte, das er sich im Wesentlichen durch private Studien angeeignet hat. So hat er zum Beispiel Reisen nach Indien gemacht und dort Interesse für indische Philosophie entwickelt. Er war Geschäftsmann und importierte Schmalz aus den USA nach Osteuropa. Neben seinen beruflichen Aktivitäten pflegte er sein Interesse an Religion, Literatur, Musik, Geschichte und bildender Kunst. Er zog Experten aus all diesen Fachgebieten an und nahm sie in seinen Freundeskreis auf. Er interessierte sich auch unvoreingenommen für das Judentum, und Rahel Liebeschütz erinnerte sich, dass sie die einzige deutsche Übersetzung des Talmuds aus seiner Bibliothek entliehen hatte.[300]

---

299 Rahel Liebeschütz: Memories, 8.

300 Rahel Liebeschütz: Memories, 8 f.

Tietgens' Tochter Elisabeth heiratete im Januar 1920 Erich Marcks (1891–1944)[301], einen der Söhne des Historikers Erich Marcks (1861–1938).[302]

Rahel Plaut konnte Erich Marcks anlässlich dieser Hochzeit kennenlernen. Damals schrieb sie in ihr Tagebuch, er sei „furchtbar nett".[303] Erich Marcks wurde später General der Wehrmacht, war an verschiedenen Fronten des Krieges eingesetzt und kam 1944 bei einem Tieffliegerangriff in der Normandie ums Leben.

In ihren Erinnerungen charakterisierte sie Erich Marcks ausführlich: Er war überaus begabt. So lernte er viele Sprachen, konnte Dostojewski im Original lesen und versuchte, sogar Chinesisch zu erlernen. Nach dem Abitur am Hamburger Johanneum studierte er zunächst Jura und Philosophie in Freiburg, schlug dann aber die aktive Offizierslaufbahn ein. Rahel Liebeschütz' Bruder Hubert begegnete ihm in einem Seminar von Heinrich John Rickert (1863–1936) und erzählte, dass Erich Marcks und Martin Heidegger dort die intellektuellen Leuchten gewesen seien.[304] Darüber hinaus sei er Hegelianer gewesen und habe ein Porträt dieses Philosophen über seinem Schreibtisch hängen gehabt. Rahel Liebeschütz selbst habe dagegen nie den Versuch gemacht, die Hegel'sche Philosophie zu verstehen, habe aber geglaubt, dass sie leicht mit einer Vergötterung des Staates zu verbinden sei.[305]

---

301 Peter Fuchs: Marcks, Erich, Neue Deutsche Biographie 16. Berlin 1990, 125. Erich Marcks studierte nach dem Abitur am Hamburger Johanneum zunächst Jura und Philosophie, schlug dann aber die aktive Offizierslaufbahn ein. Zu Beginn des Ersten Weltkriegs wurde er schwer verwundet. 1917 kam er als Hauptmann in den Generalstab und 1918 in die Oberste Heeresleitung, wo er mit Kurt von Schleicher und Erwin Planck zusammenarbeitete. 1920 wurde er ins Reichwehrministerium versetzt, war unter von Schleicher an der Vorbereitung des Reichswehrgesetzes beteiligt und übernahm 1929 als Major die Leitung der Nachrichtenstelle. 1932 wurde er zum Reichspressechef ernannt. 1933 kehrte er wieder in die Reichswehr zurück, wurde Abteilungskommandeur in Münster, 1935 Oberst und Generalstabschef des VII. Armeekorps in Breslau und 1942 General der Artillerie. Er starb wenige Tage nach der Landung der Alliierten in der in der Normandie als kommandierender General bei einem Tieffliegerangriff.

302 Rahel Liebeschütz: Memories, 9.

303 Rahel Liebeschütz: Memories, 11.

304 Rahel Liebeschütz: Memories, 10.

305 Rahel Liebeschütz: Memories, 12.

Rahel Liebeschütz wurde Patin des ältesten Sohnes von Elisabeth Marcks, Hermann. Als sie der Taufe beiwohnte, entstand für sie eine unangenehme Situation. Der Pastor fragte nach dem Credo, ob Eltern und Taufpaten dies alles glaubten. Sie als Jüdin konnte darauf nicht antworten, aber auch die anderen Anwesenden sagten nichts, vermutlich aus anderen Beweggründen. So kam es zu einer peinlichen Stille, die schließlich durch glücklicherweise zustimmendes Gemurmel durchbrochen wurde.[306] Es ist bemerkenswert, dass das Ehepaar Marcks die Jüdin Rahel Plaut als Taufpatin für ihren Sohn wählte.

Am 1. Juni 1931, so Rahel Liebeschütz in ihren Erinnerungen, trafen sie und ihr Mann Erich Marcks im Hause Tietgens, da Hermann Tietgens seinen Geburtstag feierte. Sie schrieb darüber: Auf dem Rückweg sprach Erich Marcks über die politische Situation. Deutschland, so sagte er, sei in einer besseren Lage als andere europäische Länder, da es zwei radikale Parteien habe, die Kommunisten auf der linken und die Nationalsozialisten auf der anderen Seite, die sich möglicherweise gegenseitig neutralisieren. Ein paar Monate später, so Rahel Liebeschütz, dachte niemand mehr an ein derartiges Gleichgewicht, denn die Allianz der deutschen Nationalisten unter Hugenberg mit Hitler hatte den Rechtsradikalen eine überwältigende Mehrheit gegeben. Erschreckenderweise hatten sogar Angehörige der Mittelschicht keine Bedenken mehr, Hitler zu unterstützen, obwohl jeder wusste, dass seine Anhänger nicht vor Verbrechen zurückschreckten.[307]

Durch die Ehe mit Hans Liebeschütz erweiterte sich Rahel Liebeschütz' Freundes- und Bekanntenkreis. Obwohl er keinen Alkohol trank, nicht rauchte und nicht spielte, hatte Hans Liebeschütz viele Freunde und Bekannte. Er pflegte Freundschaften aus allen Phasen seines Lebens. Abende in Gesellschaft verbrachte er mit Unterhaltungen.[308] Zu seinen Bekannten und Freunden gehörten Mitarbeiter der Warburg-Bibliothek wie zum Beispiel Fritz Saxl und Erwin Panofsky sowie deren Ehefrauen. Zu einem Abend Ende August 1924 notierte Rahel Liebeschütz: „Abends bei Saxls in Gr. Borstel. Es ist sehr interessant. Er erzählt vom frühen Christentum und seinen Beziehungen zu den Mysterienbünden.“ [309] Auch mit seinen

[306] Rahel Liebeschütz: Memories, 12.

[307] Rahel Liebeschütz: Memories, 12.

[308] Rahel Liebeschütz: Memories, 6.

[309] Tagebuch 1924, Eintrag vom 30.8.

Abb. 5: Rahel Liebeschütz (Foto: Familie Carver).

Schulfreunden aus dem Johanneum traf sich Hans Liebeschütz regelmäßig. Die Klassentage, so nannten sich die monatlich stattfindenden Klassentreffen der ehemaligen Schüler des Johanneums, fanden bei einem der *Ehemaligen* zu Hause statt, auch die Ehefrauen nahmen an diesen Treffen teil. Rahel Liebeschütz schrieb, dass sie die Klassentage gemeinsam mit ihrem Mann regelmäßig besuchte.[310]

Auch einige Kollegen aus Hans Liebeschütz' Schule gehörten zum Freundeskreis des Ehepaares. Man besuchte sich zum Kaffeetrinken oder abends zu Hause. Einer von ihnen war der Lehrer Paul Böckmann (1899–1987), der wie Hans Liebeschütz an der Realschule Uferstraße unterrichtet hatte. Er war wesentlich jünger als Hans Liebeschütz, hatte sich in der Jugendbewegung engagiert und bereitete sich nun auf eine Karriere an der

310 Rahel Liebeschütz: Memories, 7.

Universität als Germanist vor. Er war ein Anhänger des protestantischen Theologen Karl Barth (1886–1968).[311] Karl Barth war ein Schweizer evangelisch-reformierter Theologe. Er war 1934 Mitbegründer der Bekennenden Kirche.[312]Mit dem Polizisten Walter Griphan (1891–1947) verband Hans Liebeschütz eine Freundschaft, seit sie während des Krieges zusammen im Schützengraben gelegen hatten. Griphan stammte laut Rahel Liebeschütz aus einer mecklenburgischen Familie der unteren Mittelschicht und war in ihren Augen intelligent und unternehmungslustig. Er hatte eine Laufbahn bei der Hamburger Polizei eingeschlagen.[313]

Eine lose Bekanntschaft bestand zwischen Rahel Liebeschütz und Helene Woermann, geborene Tietgens. Sie war eine der Schwestern ihrer Freundin Elisabeth und hatte den Hamburger Geschäftsmann Kurt Woermann (1888–1951) geheiratet. Er stammte aus der Hamburger Reederfamilie Woermann, die mit der 1885 gegründeten Woermann-Linie führend in der Afrikaschifffahrt gewesen war. Im Ersten Weltkrieg ging das Vermögen der Firma verloren. Kurt Woermann wurde nach Kriegsende Mitinhaber eines auf Afrikahandel spezialisierten Unternehmens.[314]

Die ersten Ehejahre und berufliche Konsolidierung

Über die ersten Ehejahre von Hans und Rahel Liebeschütz existieren wenige Quellen, da die Tagebücher der Jahre 1925 und 1926 fehlen. Aus den Erinnerungen an Hugo Carl Plaut geht aber hervor, dass Rahel Liebeschütz am 26. April 1926 ein Mädchen, Elisabeth Adele, zur Welt brachte, das allerdings

311 Rahel Liebeschütz: Memories, 12.

312 Zu Karl Barth: Christiane Tietz: Karl Barth. Ein Leben im Widerspruch. München 2018.

313 Rahel Liebeschütz: Memories, 7.

314 StA HH, Zeitungsausschnittssammlung a 773, Hamburger Abendblatt vom 27./28.1.1951, Hamburger Freie Presse vom 27.1.1951; vgl. Ursula Büttner: Politische Gerechtigkeit und sozialer Geist (Anm. 239), 266; vgl. Barbara Vogel: Anpassung und Widerstand. Das Verhältnis Hamburger Hochschullehrer zum Staat 1919 bis 1945. In: Hochschulalltag im „Dritten Reich". Die Hamburger Universität 1933–1945. Hrsg. von Eckart Krause u. a., Berlin-Hamburg 1991, 3–83, hier 33. Kurt Woermann war 1932 Mitglied des wirtschaftspolitischen Beraterkreises Adolf Hitlers, von dem im November 1932 die Initiative zur Eingabe führender Wirtschaftsrepräsentanten an Hindenburg ausging, Hitler zum Kanzler zu ernennen.

schon nach zwei Tagen am 28. April 1926 starb. Das Kind hatte bei der Geburt innere Verletzungen erlitten. Rahel Liebeschütz schrieb, dass der Tod ihres Kindes ihren Vater über alle Maßen betrübt habe. Wie sie selbst den Verlust der gerade geborenen Tochter, Elisabeth Adele, empfunden hat, schrieb sie nicht. Hugo Carl Plaut beauftragte einen Bildhauer, ein Grabmal für das verstorbene Kind zu schaffen. Dieser entwarf ein Relief eines geflügelten Kindes für das Grab, das auf Plauts Wunsch hin in einem Buchenhain in Dockenhuden, den er als seinen eigenen letzten Ruheort ausgesucht hatte, angelegt wurde.[315]

Am 22. Juni 1927 brachte Rahel Liebeschütz ihren Sohn Wolfgang zur Welt. Über die Geburt notierte sie:

> Morgens Rhizinusöl zwecks Einleitg. der Geburt. [...] Immer herumgegangen. Nachmittags Chinin. Um ½ 5 Uhr fangen Wehen an. Beim Kaffeetrinken mit Schwiegerma Frau Gridel & Geppert angerufen, die gleich kommen. Geppert geht nochmal nach Elim & kommt dann eben noch rechtzeitig zur Entbindg. um 7 h. Keine Zeit zum Aufgeregtsein für Eltern. Junge 3300 g. Kaum Kopfgeschwulst. Haare: hellbraun, Augen grau. Nabelschnur um den Hals, muss abgenabelt werden ehe er geboren ist. Sieht Elisabeth Adele sehr ähnlich. Gleich sehr süss. Namensfrage: John Hugo wie weiter? Hinterher Zitteranfall aber sonst sehr wohl. Alle sehr glücklich. Keine Narkose, kein Riss. Abends noch einige Leute antelefoniert & an Ibi [Elisabeth Marcks, S. K.] geschrieben, der ich erst am Morgen in anderer Sache geschrieben hatte.[316]

Der Junge erhielt die Vornamen John Hugo Wolfgang Gideon.[317]

Am 23. Juni 1927 schrieb Rahel Liebeschütz: „Baby wird dreimal angelegt. Trinkt, saugt & schluckt gleich das erste Mal."[318] Am 24. Juni 1927 notierte sie: „Baby 5 x angelegt: Nase kriegt andere Form. Kinn und Mund hat er von mir, Kopfform Hans. Anzeigen im Fremdenblatt und Nachrichten.

315 Rahel Liebeschütz: Hugo Carl Plaut, Part II, 101.
316 Tagebuch 1927, Eintrag vom 22.6.
317 Tagebuch 1927, Eintrag vom 23.6.
318 Tagebuch 1927, Eintrag vom 23.6.

Abb. 6: Hans Liebeschütz und Sohn (Foto: Familie Carver).

Nachmittags wird er zur Grossmama gebracht, die sehr von ihm entzückt; dass er schon fertig sei. Hat uns wohl so was nicht zugetraut."[319] Am 25. Juni 1927 berichtete sie: „Baby hat etwas Ikterus. Trinkt aber gut & nimmt gut zu."[320] Am 30. Juni schrieb Rahel Liebeschütz über den Säugling in ihr Tagebuch: „Er trinkt ohne satt zu werden, soviel man ihm gibt."[321]

Mit Beginn des Wintersemesters bereitete Rahel Liebeschütz aber auch wieder Vorlesungen vor[322] und führte Gaswechseluntersuchungen bei Patienten durch.[323] Zwei Jahre später, am 3. Dezember 1929 kam Rahel und Hans Liebeschütz' zweites Kind Hugo zur Welt.

Zur Betreuung ihrer Kinder hatte Rahel Liebeschütz ein Kindermädchen, aber auch ihre Mutter und ihre Schwiegermutter standen helfend zur

319 Tagebuch 1927, Eintrag vom 24.6.

320 Tagebuch 1927, Eintrag vom 25.6.

321 Tagebuch 1927, Eintrag vom 30.6.

322 Tagebuch 1927, Eintrag vom 1.11.

323 Tagebuch 1927, Eintrag vom 2.11.

Abb. 7: Hans Liebeschütz mit Wolfgang und Hugo 1931 (Foto: Familie Carver).

Seite. Rahel Liebeschütz betrachtete die Versorgung der Kinder trotzdem in erster Linie als ihre eigene Aufgabe: Sie ging regelmäßig jeden Tag mit ihnen spazieren, war meistens auch tagsüber für sie da und brachte sie abends ins Bett. Sie notierte:

> Morgens die Kinder versorgt. Mit dem Dicken ausgegangen. Vormittags geschlafen. Nachmittags Kinder & Rechnungen. Die Kleinen nehmen jetzt fast den ganzen Tag in Anspruch. Abends Hans in einem Diskussionsabend. Ich mit Mami in einem Vortrag des Naturw. Vereins über Eiszeitfunde in der Gegend von Mainz.[324]

Um an solchen Veranstaltungen teilnehmen zu können, aber auch um die eigenen Vorlesungen vorbereiten zu können, konnte Rahel Liebeschütz die Kinderbetreuung dem Kindermädchen überlassen. Nach der Geburt ihres

[324] Tagebuch 1930, Eintrag vom 15.1.

ersten Kindes Wolfgang notierte sie zum Beispiel „Morgens Baby zurecht gemacht. Dann kommt Baronesse v. Schwedes zum Gaswechseln. [...] Nachmittags Kolleg."[325]

Auch für die Haushaltsführung verfügte Rahel Liebeschütz offenbar über Personal, denn im Gegensatz zu den ersten Monaten der Ehe, in denen sie ihre Arbeiten im Haushalt erwähnte, schrieb sie nach der Geburt der Kinder kaum noch etwas darüber. Einmal notierte sie: „Frl. Reinhard wäscht die Wäsche ohne Frau Lemke, ist schnell fertig."[326]

In den Wintermonaten wohnte die Familie im zweiten Stock des Hauses Neue Rabenstraße 21, wo Rahel Liebeschütz' Mutter und Großmutter den ersten Stock und das Parterre bewohnten. Das Erdgeschoss des Hauses in Dockenhuden stand Rahel Und Hans Liebeschütz zur Verfügung. Da es aber nicht heizbar war, zog die Familie Liebeschütz jedes Frühjahr dorthin und verließ es wieder, wenn die kältere Jahreszeit begann Der erste Stock war dort für die Familien ihrer Schwester Caroline und die ihres Bruders Hubert reserviert, wenn sie in den Ferien aus Berlin kamen. Rahel Liebeschütz' Bruder Theodor, der Professor für politische Ökonomie war, besaß ein Haus im Vorort Hochkamp, ungefähr einen Kilometer vom Besitz der Mutter in Dockenhuden entfernt.[327]

Im Frühjahr 1929 reiste Hans Liebeschütz nach Seefeld zu einer Tagung, auf der Martin Heidegger sprach. In einem Brief an Rahel Liebeschütz schrieb er:

> Mein liebes Rahelchen heute abend [...] bekam ich Deine Karte mit dem unglaublich süßen Hühnerstrampel und Deinen Brief vom 20ten. [...] Ellens Dummheiten beziehen sich wohl auf Taten in der Sache Theo-Laufbahn? Ich habe in dieser Hinsicht immer das Gefühl gehabt, daß sie gar nichts gescheites zu Stande bringen würde. Sie kann wohl mal eine kluge oder schlaue Bemerkung machen, aber um so etwas gut durchzuführen, dazu gehören doch ganz andere,

---

325 Tagebuch 1927, Eintrag vom 2.11.

326 Tagebuch 1930, Eintrag vom 28.8.

327 Rahel Liebeschütz: Memories, 6.

> Gundolf* würde sagen, rundere Qualitäten. [...] Für heute Schluß, Gruß, Kuß Dein Hans Piep[328]

In einem anderen Brief berichtete ihr Liebeschütz von Spaziergängen mit Heidegger:

> Liebe Rahel, heute bekam ich die Karte Strampel mit Mutter in d. Sonne; ich bin sehr neugierig auf die nächsten Bilder. Wir haben in den letzten 2 Tagen nur kleine Rundspaziergänge gemacht mit Jausenstation; heute morgen habe ich mich mit Heidegger allein in den Wald zurückgezogen, es gefiel uns beiden sehr gut; „er" war wenigstens zu mir nett. [...] Morgen werden wir wohl wieder einen größeren Spaziergang machen (mit Rechtsanwalt und ohne Heidegger). [...] Mehr wird Dich interessieren, daß, wie ich heute im Lokalanzeiger las, Hauptmann Marcks die Leitung d. Pressestelle im Reichswehrministerium bekommen hat.[329]

Rahel Liebeschütz schrieb an ihren Mann:

> Liebes Hänslein, auf Dein liebes und vergnügtes Briefchen muss ich auch mit einem Brief antworten, wenn auch kurz, weil Baby wartet. [...] Wir fuhren um ½ 11 nach Hamburg, ich mit Wolf und Carry selbdritt. Dort regnete es; Oma Lütz stand auf dem Balkon der Rabenstr., von wo man aber nichts sehen konnte. So nahmen wir sie mit nach der Moorweide, denn ich wusste aus Erfahrung, dass wenn am Dammtor das Gedränge noch so stark ist, man an der Tesdorpfstr. bequem etwas sehen kann. So war es auch. Man konnte von dort die Reichswehr, wenn auch von hinten, sehen. Nach der Parade ritten und marschierten sie alle ganz dicht an uns vorbei. [...]. Die Leute waren anscheinend nach Rassegesichtspunkten ausgelesen:

---

[328] Brief von Hans Liebeschütz an seine Frau vom 22.2.1929, Privatarchiv Familie Carver, Winchester.

[329] Brief von Hans Liebeschütz an seine Frau vom 19.3.1929, Privatarchiv Familie Carver, Winchester.

> alle nordisch. Das sah natürlich unter dem Stahlhelm sehr martialisch aus. Die Bevölkerung begrüsste die Truppen fast ausschliesslich mit „Heil" und „Deutschland erwache". Die wohl sicher in der Überzahl anwesenden Andersdenkenden äusserten sich nicht. Einige Reichswehrsoldaten beantworteten den Fascistengruss. Sie trugen übrigens an den Mützen nur eine die schwarz-weisse-Kokarde. Während man auf der Moorweide den Eindruck hatte, man stünde vor der Machtergreifung durch die NSDAP, sah man von der Vorortbahn aus, dass seit dem letzten Wahlkampf die Symbole der S.P.D sehr stark zugenommen hatten; sie beherrschten entschieden das Strassenbild. Kommunistische Fahnen fehlten fast ganz; Nazifahnen haben seit der letzten Wahl sich nicht vermehrt. [...]
> Es grüsst Dich, gutes Hänslein, Deine Rahel.
> Eine Anmeldung für das Winterpraktikum liegt vor. Viele hätten Angst vor dem Praktikum schreibt die Betreffende.[330]

Rahel Liebeschütz war an der politischen Entwicklung interessiert. Sie beobachtete sie aufmerksam, aber sie unterschätzte 1932 die Gefahr, die von den Nationalsozialisten ausging.

Hans und Rahel Liebeschütz begannen ihre berufliche Laufbahn in den Anfangsjahren der Weimarer Republik. Sie konnten zweifelsohne von den rechtstaatlichen und demokratischen Errungenschaften der ersten deutschen Republik profitieren. Die Teilnahme der verschiedenen Gruppen am gesellschaftlichen Leben hat der Weimarer Republik einen ihr eigenen, einzigartigen Charakter verliehen. Dennoch hatte sie von Anfang an mit großen Schwierigkeiten zu kämpfen, insbesondere durch die entschiedenen Gegner der Demokratie und die desolate wirtschaftliche Situation, was letztlich auch zu ihrem Scheitern geführt hat. Häufig wird die Weimarer Republik von ihrem Ende aus beurteilt. Diese Sichtweise bedeutet aber, so Peter Gay, die Unvermeidbarkeit des Scheiterns zu unterstellen und die Leistungen ihrer demokratischen Kräfte unter schwierigsten Bedingungen auszublenden.

---

330 Brief von Rahel Liebeschütz an ihren Mann vom 26.7.1932, Privatarchiv Familie Carver, Winchester.

Dieser schon während ihres Bestehens verbreitete Pessimismus, der die Weimarer Republik von Anfang an zum Untergang verurteilt sah, hat dazu beigetragen, die eigenen Prophezeiungen zu erfüllen.[331]

An der Hamburgischen Universität gab es zum Ende der Weimarer Republik einige Privatdozenten und wissenschaftliche Assistenten jüdischer Herkunft.[332] Zu ihnen zählten neben Eduard Heimann (1889–1967), Theodor Plaut, Richard Salomon (1884–1966), Erwin Panofsky und Walter Berendsohn auch Hans und Rahel Liebeschütz. Der Anteil von Juden im akademischen Mittelbau war größer als unter den Ordinarien.[333]

Die Chancen, die Hamburg jüdischen Wissenschaftlern an seiner Universität bot, unterschieden sich jedoch wenig von den Möglichkeiten, die Juden an vergleichbaren Universitäten hatten.[334] An der Universität Heidelberg und den Großstadtuniversitäten Berlin und Frankfurt am Main war der jüdische Anteil weit höher, in Göttingen und Köln ähnlich, während in Tübingen, Erlangen und Rostock so gut wie keine jüdischen Dozenten eingestellt wurden.[335]

Für Rahel Liebeschütz bedeutete die Heirat das Ende ihrer Assistentinnentätigkeit, denn aufgrund der Verordnung zur Herabminderung der Personalausgaben des Reichs, die die Entlassung von Angestellten vorsah, wenn ihre wirtschaftliche Situation gesichert erschien, traf dies durch die Eheschließung auch auf Rahel Liebeschütz zu.[336] Gleichwohl konnte sie auch

---

331 Peter Gay: Die Republik der Außenseiter. Geist und Kultur in der Weimarer Zeit 1918–1933. Frankfurt/Main 2004, 18.

332 Barbara Vogel: Anpassung und Widerstand (Anm. 314), 15.

333 Ebd.

334 Ebd.; Peter Freimark: Juden an der Hamburger Universität, 125–129.

335 Barbara Vogel, Anpassung und Widerstand (Anm. 314), 15; Peter Freimark, Juden an der Hamburger Universität (Anm. 334), 125.

336 Artikel 14 und 15, Verordnung zur Herabminderung der Personalausgaben des Reichs (Personal-Abbau-Verordnung) vom 27. Oktober 1923, Reichsgesetzblatt, Teil I, 30. Oktober 1923, 999–1006. Die Reichsverordnung wurde in Hamburgisches Gesetz überführt: Hamburgisches Gesetz und Verordnungsblatt vom 23. November 1923, Artikel 13 § 1, 1461–1467: „Angestellte sind zu entlassen, sofern nicht zwingende dienstliche Rücksichten der Entlassung entgegenstehen [...]. Die Entlassenen können die im Artikel 9 §2 Abs. 2 vorgesehenen Abfindungssummen erhalten, weibliche Angestellte jedoch nur dann, wenn nach dem Ermessen der zuständigen Behörde ihre wirtschaftliche Versorgung nicht gesichert erscheint."

nach ihrer Heirat Lehrveranstaltungen abhalten und im Physiologischen Institut weiterarbeiten, allerdings unbezahlt. In der Zeit von 1919 bis 1925 veröffentlichte sie 25 Arbeiten zu Fragen der Muskelphysiologie, des Stoffwechsels und der Wärmeregulation.[337] Um etwas Geld zu verdienen, ließ sie sich im Frühjahr 1925 als Ärztin nieder. Sie beschränkte sich in ihrer Praxis aber in erster Linie auf Stoffwechseluntersuchungen bei Patienten, die ihr von anderen Ärzten überwiesen wurden.[338]

Seit 1924 war Hans Liebeschütz Lehrer an der Realschule Uferstraße. Neben seiner Unterrichtstätigkeit arbeitete er intensiv wissenschaftlich. Am 29. Juni 1929 habilitierte er sich an der Hamburgischen Universität mit einer Arbeit über Hildegard von Bingen[339] und erhielt die Venia Legendi für mittelalterliche Philologie.[340] Über die Habilitation ihres Mannes schrieb Rahel Liebeschütz am 29. Juni 1929 in ihr Tagebuch:

> Morgens geht Hans zum Kolloquium. Er redet über die Staatstheorie des Joh. v. Salisbury. Die Diskussion dauert sehr lange; alle aus der Kommission geben ihren Senf dazu. Er wird dann für Mittelalterliche Philologie habilitiert. Thedje nimmt ihn in Empfang und stellt ihn den Herren seiner Fakultät vor, beschwagert ihn überhaupt nach Möglichkeit. Zum Essen Mami und Mutter Liebeschütz, um den Tag etwas zu feiern. Mami schläft dann und fährt wieder nach Hamburg. Sie hat sich sehr über die Habilitation gefreut. [...] Abends geht Hans in einen Vortrag der B. W., kommt spät zurück.[341]

---

[337] StA HH, HW-DPA IV 619, o. Bl., Verzeichnis der Veröffentlichungen, Personalakte Rahel Liebeschütz, Hamburgische Universität. Die Veröffentlichungsliste befindet sich im Anhang dieses Buches.

[338] StA HH, HW-DPA 619, o. Bl., Lebenslauf Rahel Liebeschütz, Personalakte Hamburgische Universität.

[339] Hans Liebeschütz: Das allegorische Weltbild der heiligen Hildegard von Bingen. (Studien der Bibliothek Warburg 16). Leipzig-Berlin 1930. XII, 179 S. (Neudruck Darmstadt 1964).

[340] StA HH, HW-DPA IV 1197, o. Bl., Personalakte Hans Liebeschütz, Hamburgische Universität.

[341] Tagebuch 1929, Eintrag vom 29.7.

In der Kulturwissenschaftlichen Bibliothek Warburg wurde ein Tagebuch geführt, in dem in kurzen Notizen wichtige Belange der Bibliothek festgehalten wurden. Auch Hans Liebeschütz wurde dort erwähnt. So findet sich am 22. Juli 1929 folgender Eintrag Warburgs: „Höre auf dem Spaziergang durch den Stadtpark bei feinst bürgerlichem Wetter von College Bing sehr gerne, daß Hans Liebeschütz sich in so guter Form habilitiert hat."[342]

Im selben Jahr erhielt Hans Liebeschütz von Heinrich Landahl, dem Schulleiter der Lichtwarkschule, das Angebot, an dessen Schule zu unterrichten. Die Lichtwarkschule war eine Versuchsschule, die junge Reformpädagogen aus dem höheren Schulwesen 1920/21 gegründet hatten. Die Begründer der in der Weimarer Republik neu entstandenen Schulform *Deutsche Oberschule*, zu der auch die Lichtwarkschule zählte, hatten mit den Forderungen nach einem *organischen Gesamtunterricht* Elemente der Reformpädagogik aufgegriffen, zum Beispiel die Zusammenlegung der Fächer Deutsch, Geschichte und Religion zu dem diesen Schultyp prägenden Fach Kulturkunde. Die Einführung der Koedukation, die Festlegung der täglichen Turnstunde, die Beteiligung der Schüler an der Gestaltung der Schule sowie die Einführung von Schülerjahresarbeiten waren weitere wichtige, das Schulleben bestimmende Elemente.[343] Bis zu seiner Zwangsentlassung im Frühjahr 1934 lehrte Hans Liebeschütz als Privatdozent an der Universität und unterrichtete mit reduzierter Stundenzahl Kulturkunde und Latein an der Lichtwarkschule, hauptsächlich in den höheren Klassen.[344]

---

[342] Aby Warburg. Tagebuch der Kulturwissenschaftlichen Bibliothek Warburg mit Einträgen von Gertrud Bing und Fritz Saxl. Hrsg. von Karen Michels und Charlotte Schoell-Glas (Aby Warburg. Gesammelte Schriften. Studienausgabe Siebte Abteilung VII). Berlin 2001, 477.

[343] Arbeitskreis Lichtwarkschule (Hrsg.): Die Lichtwarkschule – Idee und Gestalt. Hamburg 1979; vgl. Reiner Lehberger: Die Lichtwarkschule in Hamburg. Das pädagogische Profil einer Reformschule des höheren Schulwesens in der Weimarer Republik. Darstellung und Quellen. Hamburg 1996; Joachim Wendt: Die Lichtwarkschule in Hamburg (1921–1937). Eine Stätte der Reform des höheren Schulwesens. Beiträge zur Geschichte Hamburgs 57; zugleich Hamburger Schriftenreihe zur Schul- und Unterrichtsgeschichte 8). Hamburg 2000.

[344] Rahel Liebeschütz über Hans Liebeschütz, IfZ/MA 1500/37, o. Bl., Kopien Hamburger Bibliothek für Universitätsgeschichte, Ordner Hans Liebeschütz.

An der Universität bot er im Wintersemester 1929/30 Übungen über Augustin und den Augustinismus des frühen Mittelalters sowie die kursorische Lektüre lateinischer Historiker des Mittelalters an. Im Sommersemester 1930 behandelte er in einer Übung die lateinische Literatur im Zeitalter des Bernhard von Clairvaux, in einer weiteren die Geschichte der Autobiografie im Mittelalter. In den folgenden Semestern gab er sowohl Übungen in Mittellatein als auch Veranstaltungen über die politische und gesellschaftstheoretische Literatur des Mittelalters sowie die Kulturprobleme in der Hochscholastik. Im Wintersemester 1932/33 hielt er eine Übung über Thomas von Aquin und Meister Eckhart sowie zur Universitäts- und Ordensgeschichte im 13. Jahrhundert ab.[345]

Nicht nur Hans, sondern auch Rahel Liebeschütz waren an Religionsgeschichte interessiert. Beide waren Mitglied der Religionswissenschaftlichen Gesellschaft in Hamburg. Diese tagte einmal im Monat, um mit ihren Mitgliedern in nichtöffentlichen Sitzungen Vorträge zu religionswissenschaftlichen beziehungsweise theologischen Themen zu diskutieren. Die Veranstaltungen fanden entweder im Museum für Völkerkunde, der Kulturwissenschaftlichen Bibliothek Warburg oder im Phonetischen Laboratorium statt.[346] Hans Liebeschütz hielt am 14. Januar 1932 einen Vortrag in der Religionswissenschaftlichen Gesellschaft mit dem Titel *Über den Rationalismus der scholastischen Gesellschaftstheorien*.[347]

Die Endphase der Weimarer Republik

Obwohl Rahel Liebeschütz seit der Geburt der Kinder sehr mit ihrer Familie beschäftigt war, verfolgte sie die politische Entwicklung in Deutschland. Im November 1929 schrieb sie in ihr Tagebuch: „Das Volksbegehren von Hugenberg-Hitler ist angenommen; es hat gerade die 10 % erreicht."[348] Bei dem erwähnten Ereignis handelt es sich um die dem Volksbegehren gegen den

---

345 Hamburgische Universität, Verzeichnis der Vorlesungen Wintersemester 1929/30 bis Sommersemester 1934.

346 Rainer Hering: Theologische Wissenschaft und „Drittes Reich" (Studien zur Hamburger Wissenschafts- und Kirchengeschichte im 20. Jahrhundert, Reihe Geschichtswissenschaft 20). Pfaffenweiler 1990, 121 f.

347 Ebd., 134.

348 Tagebuch 1929, Eintrag vom 2.11.

Young-Plan vorangehende Sammlung von Unterschriften. Eine Mindestzahl von Unterschriften war notwendig, um das Volksbegehren ausführen zu können. Der Plan setzte die endgültige Reparationssumme neu fest (112 Milliarden Reichsmark) und bestimmte erstmals eine zeitliche Grenze der Zahlungsverpflichtungen. Die Zahlungen sollten demnach erst nach fast sechs Jahrzehnten beendet sein.[349] Dieser Vorschlag löste 1929 massive innen- und außenpolitische Diskussionen in Deutschland aus.[350]

Bald nachdem der Young-Plan bekannt wurde, gründete die DNVP unter Führung Hugenbergs (1865–1951) mit dem Stahlhelm, Bund der Frontsoldaten einen Reichsausschuss für das deutsche Volksbegehren gegen den Young-Plan, dem umgehend die Nationalsozialisten beitraten. Durch die damit geschaffene Zusammenarbeit mit dem DNVP-Vorsitzenden Hugenberg und dem Stahlhelm-Führer Franz Seldte (1882–1947) konnte Hitler seine Bedeutung insbesondere im rechten Parteienspektrum erheblich ausweiten.[351]

Der „Reichsausschuss" legte für das Volkbegehren das sogenannte Freiheitsgesetz (Titel: Gesetz gegen die Versklavung des deutschen Volkes) vor, dass eine radikale Änderung des Versailler Vertrages vorsah. Zunächst ging es darum, den Paragrafen, der die alleinige Kriegsschuld Deutschlands festschriebe, außer Kraft zu setzen. Gleichermaßen sollten die besetzten deutschen Gebiete geräumt werden. Auch beinhaltete der Gesetzesentwurf das Verbot, dass Reichskanzler, Reichsminister und deren Bevollmächtigten Forderungen an Deutschland bezüglich neuer Lasten und Verpflichtungen zustimmten. Der Entwurf ging sogar so weit, dass bei Zustimmung zu derartigen Verträgen die

---

349 Vgl. Eberhard Kolb: Die Weimarer Republik (Oldenbourg Grundriss der Geschichte 16). München 2002, 72 f. Die Vorteile des Young-Plans bestanden für Deutschland in der Entlastung der ersten Jahre: Vom 1. April 1929 bis zum 31. März 1932 hatte Deutschland 1,7 Milliarden weniger zu zahlen als der Dawes-Plan es vorsah. Außerdem erklärten sich die Alliierten bei der Annahme des Young-Plans durch Deutschland bereit, bis zum 30. Juni 1930 das gesamte Rheinland zu räumen – fünf Jahre früher, als der Versailler Vertrag es vorsah.

350 Kolb: Die Weimarer Republik (Anm. 349), 121; Axel Schildt: Die Republik von Weimar: Deutschland zwischen Kaiserreich und „Drittem Reich" (1918–1933). Erfurt 1997; Heinrich August Winkler: Weimar 1918–1933. Die Geschichte der ersten deutschen Demokratie. München 1993; Peter Longerich: Deutschland 1918. Die Weimarer Republik. Handbuch zur Geschichte. Hannover 1995; Hans Mommsen: Die verspielte Freiheit. Der Weg der Republik von Weimar in den Untergang 1918 bis 1933. Frankfurt/Main-Berlin 1990.

351 Kolb: Die Weimarer Republik (Anm. 349), 121 f.

beteiligten Reichskanzler, Reichminister und Bevollmächtigte des Reichs als Landesverräter mit Zuchthausstrafen zu bestrafen wären.[352]

Der Verlauf der Anti-Young-Plan-Kampagne war eindeutig. Die Hürde für die Durchführung des Volksbegehrens wurde bei der Abstimmung noch knapp überwunden, sodass es tatsächlich zum Volksentscheid am 22. Dezember 1929 kam. Bei dieser Wahl stimmten allerdings lediglich 13,8 Prozent der Wähler für das „Freiheitsgesetz". [353] Folgerichtig hat dann der Reichstag am 11. und 12. März 1930 die Gesetze des Young-Plans mit 270 zu 192 Stimmen verabschiedet.[354]

Obwohl die Nationalsozialisten Teil der Verliererkoalition waren, gingen sie als die Gewinner aus der Anti-Young-Plan-Kampagne hervor. Das zeigte sich bereits deutlich in den Herbst- und Winterwochen des Jahres 1929. Überall dort, wo sie im November und Dezember zur Wahl antraten, erzielten sie große Stimmenzuwächse: bei den Landtagswahlen in Baden und Thüringen, den Wahlen zur Lübecker Bürgerschaft und den preußischen Provinziallandtagen sowie den Kommunalwahlen in Hessen und Berlin, was sich auch dementsprechend in der Zusammensetzung der Parlamente ausdrückte.[355]

Anfang April 1930 notierte Rahel Liebeschütz in ihrem Tagebuch: „Neues Reichskabinett, angenehm rechts, keine Koalition."[356] Bei dem von Rahel Liebeschütz erwähnten neuen Reichskabinett handelte es sich um das von Hindenburg eingesetzte Präsidialkabinett unter Führung Heinrich Brünings (1885–1970). Die Regierungsumbildung im März 1930 markierte einen wichtigen Schritt auf dem Weg von der parlamentarischen Regierungsweise zum Präsidialregime. General Kurt von Schleicher (1882–1934) und seine Mitstreiter hatten das Ziel, das Verfassungssystem grundlegend zu verändern und den alten Eliten in den verschiedenen Bereichen der Gesellschaft wieder zur Macht zu verhelfen.[357]

---

352 Kolb: Die Weimarer Republik (Anm. 349), 122; Winkler: Weimar (Anm. 349), 349 und 355.

353 Winkler: Weimar (Anm. 349), 355, Kolb: Weimarer Republik (Anm. 349), 122.

354 Kolb: Weimarer Republik (Anm. 349), 94.

355 Ebd., 122 f.

356 Tagebuch 1930, Eintrag vom 2.4.

357 Kolb: Weimarer Republik (Anm. 349), 132.

Reichspräsident Hindenburg wollte nach der Verabschiedung des Young-Plans unter keinen Umständen das Kabinett des sozialdemokratischen Kanzlers Hermann Müller im Amt belassen. Daher nahm er im Frühjahr 1929 über Vertrauensleute Kontakt zu Heinrich Brüning auf, um seine Bereitschaft zu klären, die Führung eines nach rechts gerichteten Kabinetts zu übernehmen.[358] Und so kam es dann auch. Als das Kabinett der Großen Koalition am 27. März 1930 seinen Rücktritt beschloss, beauftragte Hindenburg auf Vorschlag von Schleichers am 28. März Brüning mit der Regierungsbildung. Dieser nahm den Auftrag und die mit ihm verbundenen Bedingungen an: Orientierung nach rechts und Ausschaltung der SPD, der stärksten Fraktion im Reichstag.[359]

Am 30. März 1930 stellte Brüning die neue Regierung vor. Es war ein Minderheitenkabinett aus Politikern der bürgerlichen Parteien, das aber nach Hindenburgs Vorstellungen noch stärker nach rechts erweitert werden sollte.[360]

Rahel Liebeschütz schrieb in ihren Erinnerungen, es sei für sie und ihre Familie sehr überraschend gewesen, dass die NSDAP bei den Parlamentswahlen im September 1930 mit 130 Sitzen zur stärksten Reichstagspartei wurde. Von diesem Moment an sei Hitlers Beteiligung an der Regierung eine Möglichkeit und Bedrohung geworden.[361]

Die Größe der nationalsozialistischen Bewegung, schrieb Rahel Liebeschütz 1977 rückblickend, sei ihr im Januar 1931 deutlich geworden. Es war der Jahrestag der Gründung des Deutschen Kaiserreichs von 1871. Die verschiedenen Parteien feierten diesen Tag mit Versammlungen auf der Moorweide, einer großen Rasenfläche, die im Osten an die Neue Rabenstraße, im Süden an den Dammtor-Bahnhof und im Norden an die Tesdorpfstraße grenzt. In ihr Tagebuch schrieb sie am 18. Januar 1931:

> Morgens fahre ich mit Mami nach Dockenhuden. Auf der Moorweide formiert sich Stahlhelm, es sieht hübsch aus und begeistert

---

358 Ebd., 132.

359 Ebd., 132.

360 Ebd., 132 f.

361 Rahel Liebeschütz: Memories, 3.

> Wolf. [...] In Hamburg paradiert Stahlhelm immer noch. Nachmittags mit Oma Lütz & den Kindern aus, dabei paradiert nun Nazi in viel grösserem Haufen. Tausende mit Hakenkreuzfahnen. Heftigstes Schneegestöber vertreibt sie schnell. Grosses Polizeiaufgebot. Dicker ist begeistert und ruft: „ich will Kommunist werden" und läuft dauernd mit einem Regenschirm als Fahne herum.[362]

Das gleiche Ereignis beschrieb sie in ihren Erinnerungen: Morgens habe sie sich mit dem vierjährigen Wolfgang den Aufmarsch des Stahlhelm angesehen. Es seien nicht sehr viele Mitglieder an dem Marsch beteiligt gewesen, aber mit ihren bunten Vorkriegs-Standarten und ihrer Militärmusik hätten sie ein beeindruckendes Schauspiel geboten. Am Nachmittag, so Rahel Liebeschütz, sei sie mit Wolfgang zum selben Platz zurückgekehrt und habe beobachtet, wie die Nazis vom Bahnhofsplatz zur Moorweide marschierten. Es schienen Tausende zu sein und die gesamte Rasenfläche sei von ihnen bedeckt gewesen. Als sie mit ihren Hakenkreuzfahnen zu ihrem Hauptquartier, dem „Braunen Haus" in der Tesdorpfstraße zogen, habe die Zuschauermenge den Hitler-Gruß entboten. Für Rahel Liebeschütz war das beunruhigende an diesem Ereignis vor allem die riesige Zahl von Demonstranten, mehr jedoch noch der Applaus, den gut gestellte Zuschauer der Mittelschicht einer Bewegung spendeten, deren Anhänger normalerweise als ungebildete, gewalttätige und gefährliche Elemente betrachtet wurden und die Tatsache, dass dieses Bekenntnis zur NSDAP nicht in München oder Thüringen erfolgte, sondern in Hamburg, das doch gemeinhin als weltoffen galt.[363] Der Vergleich des Tagebucheintrags mit den Erinnerungen ergibt, dass Rahel Liebeschütz Ähnliches beschrieb, aber dass die Tagebuchnotiz kürzer ist und die Wertung fehlt, die sie später in ihren Erinnerungen vornahm.

---

[362] Tagebuch 1931, Eintrag vom 18.1.

[363] Rahel Liebeschütz: Memories, 3 f.

„Hitler ante portas“

Rahel Liebeschütz war zwar weiterhin Privatdozentin für Physiologie, doch mit zwei kleinen Kindern und in Erwartung eines dritten beschränkte sich ihre Tätigkeit darauf, wöchentlich eine Vorlesung zu halten. Sie bot zwischen 1930 und 1933 Vorlesungen zu Themen wie *Abriß der Physiologie für Nichtmediziner* und *Allgemeine Physiologie (des ganzen Menschen)* sowie ein *Kleines Praktikum der Physiologie für Nichtmediziner* an.[364] Laut Rahel Liebeschütz handelte es sich um Veranstaltungen für Hauswirtschaftsstudentinnen, die sich Kenntnisse über Ernährungswissenschaft aneignen wollten.[365]

Rahel und Hans Liebeschütz beobachteten die politische Entwicklung in Deutschland mit großer Aufmerksamkeit. Auch in ihrem großen Freundes- und Bekanntenkreis wurde viel über Politik geredet. Rahel Liebeschütz berichtete in ihren Erinnerungen detailliert über die politischen Ereignisse und die Reaktion von Freunden und Bekannten. Sie hielt in ihren Memoiren fest, dass die Angehörigen der Mittelschicht keinen Hehl mehr aus ihrer Sympathie mit der Nazibewegung machten, obwohl bekannt war, dass deren Mitglieder nicht vor Verbrechen zurückschreckten. In ihrem Tagebuch und auch später in ihren Erinnerungen berichtete sie über eine Unterhaltung, die sie und ihr Mann am 16. Januar 1932 mit zwei Kollegen von Hans Liebeschütz im Hause der Familie Böckmann führten. Böckmann und Hans Liebeschütz waren zusammen Lehrer an der Realschule Uferstraße gewesen. Böckmann bereitete sich nun auf eine akademische Laufbahn in der Germanistik vor.[366] Rahel Liebeschütz schrieb in ihr Tagebuch:

> Zum Abendessen bei Böckmanns mit Prof. [Erich, S. K.] Weniger & Frau von der ehemaligen Altonaer Akademie zusammen. Er ist sehr interessant; SPD Mann, der jetzt zum Tatkreis Beziehung hat und nach den Linksnazis liebäugelt. Er weissagt ein Kabinett Nazi-Brüning, in dem von der Nazi Seite Frick, Schacht, Gessler und Schmidt vertreten sein sollen. Die Hauptmenge der Nazis stünde

---

364 Hamburgische Universität, Verzeichnis der Vorlesungen, Sommersemester 1930 bis Sommersemester 1933.

365 Rahel Liebeschütz: Memories, 6.

366 Rahel Liebeschütz: Memories, 12 f.

> aber nicht mehr hinter dem sozialreaktionären Hitler sondern hinter den wirklich revolutionären Führern, besonders auch die Bauernschaft. In 4 Monaten würde Hitler abgewirtschaftet haben und dann käme die 2te Welle, die nun wirklich Sperrung der Einfuhr, Autarkie, Zerschlagung des Großgrundbesitzes, Organisation der Arbeitslose als S.A. Leute und alle anderen Reformen durchsetzen würde. Hans diskutiert sehr lebhaft dagegen. Böckmann erkennt Hitlers Verdienste für das Erkennen der nationalen Bedürfnisse des Volkes, die die SPD verkannt habe. Er fürchtet, wenn er sich abseits hält, den Konnex mit dem geistigen Schwung der Zeit zu verlieren.[367]

In ihren Erinnerungen schrieb sie: Böckmann habe Angst gehabt, den Kontakt zum intellektuellen Schwung der Zeit zu verlieren, wenn er sich von der neuen nationalen Bewegung fernhielte. Die Sozialisten hätten nicht verstanden, die patriotischen Bedürfnisse des deutschen Volkes zu sehen. Es sei Hitlers Verdienst, dass er diese Bedürfnisse erkannt habe. Erich Weniger habe versucht, seinen Sozialismus von früher mit der Unterstützung der neuen Bewegung zu vereinen. Hitler, sagte er, sei sozial reaktionär. Er würde wahrscheinlich durch eine Koalition mit Brüning an die Macht kommen, aber nicht für lange. Innerhalb von neun Monaten würde der Nationalsozialismus seinen wahren Charakter in einer zweiten sozialistischen Welle zeigen. Dann würden sich die Arbeitslosen in einer nationalen Miliz organisieren, der Großgrundbesitz würde zerschlagen werden, Importe gestoppt und Autarkie sowie alle notwendigen Reformen eingeführt werden.[368] Erich Weniger (1894–1961) habilitierte sich 1926 im Fach Pädagogik. 1930 wurde er der Leiter der Pädagogischen Akademie Altona bis zu ihrer Schließung 1932. Der Vergleich des Tagebucheintrags mit den Erinnerungen zeigt, dass die Tagebuchnotiz kürzer ist, aber denselben Inhalt wiedergibt.

Erna Axien, eine ehemalige Schulfreundin von Rahel Liebeschütz, die auch in Dockenhuden wohnte, fasste ihre in eine ähnliche Richtung gehende Einstellung in einfachere und verbreitetere Worte. Sie meinte, Hitler sei schrecklich, aber er würde Deutschland wieder in die Höhe bringen.[369]

---

367 Rahel Liebeschütz: Memories, 12 und Tagebuch 1932, Eintrag vom 16.1.

368 Rahel Liebeschütz: Memories, 13.

369 Rahel Liebeschütz: Memories, 13.

Reichspräsident Hindenburg hatte 1930 den Bruch der Großen Koalition zum Anlass genommen, ein Präsidialkabinett einzuführen. Artikel 48 der Reichverfassung ermächtigte den Reichspräsidenten, den Reichstag aufzulösen, wenn eine parlamentarische Mehrheit nicht zustande kam. Darüber hinaus konnte er, wenn dies erforderlich war, einen Reichskanzler ohne parlamentarische Mehrheit ernennen, um einen vorübergehenden Notstand abzuwenden. Ein solches Präsidialkabinett, das sich allein aus dem Vertrauen des Reichspräsidenten zum jeweiligen Reichskanzler legitimierte, wurde Ende März 1930 unter dem Zentrums-Politiker Brüning gebildet.[370]

Da die Regierung Brüning sich nicht mehr auf eine parlamentarische Mehrheit, sondern auf das alleinige Vertrauen des Reichspräsidenten stützte, war sie in hohem Maße auf dessen Wohlwollen angewiesen. Das Hauptziel der Brüning'schen Innenpolitik war die Sanierung der Staatsfinanzen. Um dies zu erreichen, forderte er von allen Bevölkerungsschichten große Opfer. Seine Maßnahmen trugen allerdings nicht dazu bei, den öffentlichen Interessenkampf zu mildern. Der erdrutschartige Wahlerfolg der NSDAP am 14. September 1930 ging mit wachsenden Radikalisierungsschüben der Linken und zunehmender Verelendung weiter Bevölkerungsteile einher. Die Erfolglosigkeit der Brüning'schen Politik sowie Hindenburgs Verstimmung aufgrund des kompromisslosen Kurses von Brüning veranlassten diesen schließlich, den Reichskanzler fallen zu lassen.[371]

Im März 1932 waren die Präsidentschaftswahlen angesetzt. Für das Amt des Reichspräsidenten kandidierten Hindenburg, Hitler und Ernst Thälmann (1886–verm. 1944). Rahel Liebeschütz schrieb in ihren Erinnerungen über den Wahlkampf, dass alle Parteien rechts von den Demokraten, Reichskanzler Brüning inbegriffen, heimlich mit Vertretern der NSDAP verhandelten. Sie alle hofften, die Nazibewegung zu zähmen, indem sie ihr eine Regierungsbeteiligung anboten. Die Verhandelnden unterschieden sich darin, inwieweit sie bereit waren, für den Kompromiss zu zahlen. Es gab für Rahel Liebeschütz keinen Zweifel daran, dass eine Verschlechterung der Position der Juden Teil jeder Verhandlung sein würde. Was die Nazis für sie planten,

---

370 Manfred Funke: Republik im Untergang. Die Zerstörung des Parlamentarismus als Vorbereitung zur Diktatur. In: Karl Dietrich Bracher u. a. (Hrsg.): Die Weimarer Republik 1918–1933. Politik, Wirtschaft, Gesellschaft. Bonn 1987, 505–531, hier 506 f.

371 Funke: Republik (Anm. 370), 509 f.

sei teilweise in einem Flugblatt offenbart worden, das Heinrich Landahl, Parteivorsitzender der Demokraten in Hamburg, an alle Mitglieder der jüdischen Gemeinschaft geschickt hatte. Mord wurde nicht erwähnt. Die Juden würden ihrer Stellungen und ihres Geldes beraubt werden; sie würden von allen Berufen ausgeschlossen werden, außer harter körperlicher Arbeit.[372] Hans und Rahel Liebeschütz war also klar, dass sich ihre Situation drastisch verschlechtern würde, wenn die Nationalsozialisten an die Macht kämen.

Am 11. März 1932 hielt Rahel Liebeschütz in ihrem Tagebuch fest: „Carry schreibt in Zehlendorf sei äusserste Hitlerstimmung. Dasselbe scheint in Hochkamp zu sein."[373] Am 13. März 1932 schrieb sie: „Reichspräsidentenwahl. [...] Mit Hans und Mami zum Wählen in der neuen katholischen Mädchenschule. Hindenburg gewählt. [...] Hans kommt gegen 12 h und berichtet: Hindenburg hat beinahe die absolute Mehrheit."[374] Einen Tag später notierte sie:

> Die Wahl ist unerwartet günstig verlaufen, wenig Kommunisten. Hitler hat etwas mehr an Stimmen gewonnen, aber Hindenburg fehlen mit einigen 18 Millionen Stimmen nur 150 000 an der absoluten Mehrheit; deshalb muss nun noch mal gewählt werden.[375]

Bei der Reichstagspräsidentenwahl am 13. März 1932 erhielt kein Kandidat die erforderliche Mehrheit. Die Wahl zeigte einen alarmierenden Anstieg der Stimmen für die NSDAP. Gegenüber der Reichstagswahl von 1930 konnten die Nationalsozialisten ihren Stimmenanteil fast verdoppeln. Hindenburg erhielt 18,7 Millionen Stimmen (49,6 Prozent), Hitler 11,3 Millionen (30,1 Prozent) und Thälmann 5 Millionen (13,2 Prozent). Da in der Wahl kein Kandidat die absolute Mehrheit erlangte, war ein zweiter Wahlgang erforderlich. Am 10. April 1932 fand der zweite Wahlgang statt, bei dem Hindenburg zwar mit 19,4 Millionen Stimmen (53 Prozent) wiedergewählt wurde, Hitler aber einen weiteren beträchtlichen Zuwachs der Stimmenzahl

---

372 Rahel Liebeschütz: Memories, 13 f.

373 Tagebuch 1932, Eintrag vom 11.3.

374 Tagebuch 1932, Eintrag vom 13.3.

375 Tagebuch 1932, Eintrag vom 14.3.

(13,4 Millionen) und des Wähleranteils (36,8 Prozent) erlangte. Thälmann hatte mehr als eine Million Stimmen eingebüßt und kam nur noch auf 10,2 Prozent.[376] Auch bei den darauffolgenden Bürgerschaftswahlen in Hamburg am 24. April 1932 erzielten die Nationalsozialisten große Stimmengewinne. Sie wurden mit 51 Abgeordneten vor der SPD mit 49 Abgeordneten die stärkste Bürgerschaftsfraktion.[377] Rahel Liebeschütz sah bei dieser Wahl nicht die Gefahren, die durch das Erstarken der NSDAP entstanden.

Der Rücktritt Brünings knapp zwei Monate nach der Präsidentschaftswahl kam für die Liebeschütz' sehr überraschend. Rahel Liebeschütz erinnert sich, dass es ein Schock für sie gewesen sei, davon zu erfahren.[378]

In den folgenden Wochen traten die politischen Ereignisse für die Familie Liebeschütz vorübergehend in den Hintergrund. Die Sorge um den zweieinhalb-jährigen Hugo, der plötzlich erkrankte, und das Warten auf die Geburt des dritten Kindes hielten alle in Anspannung. Am 13. Juni wurde das dritte Kind, Elisabeth, geboren. Fünf Tage später operierten die Ärzte den kleinen Hugo.[379] Die bis dahin fehlenden Hintergrundinformationen zum Sturz Brünings bekamen die Liebeschütz' wenig später von Rahel Liebeschütz' Schulfreundin Elisabeth Marcks, die Anfang Juli einen Besuch in Hamburg machte. Ihr Ehemann Erich Marcks hatte 1932 zunächst ein Amt in der Politischen Abteilung des Kriegsministeriums in Berlin unter General von Schleicher bekleidet. Seither war er zum Reichswehrpressechef avanciert und wurde nach von Schleichers Ernennung zum Reichskanzler Reichspressechef. Über ein Telefongespräch, das später persönlich fortgesetzt wurde, berichtete Rahel Liebeschütz, dass sie von Elisabeth Marcks hörte, von Schleicher habe seit Langem daran gearbeitet, Brüning loszuwerden. Erich Marcks kommentierte Brünings Rücktritt in einem langen maschinengeschriebenen Brief an Rahel Liebeschütz, wobei er in erster Linie Brüning und dessen Politik kritisierte[380]

---

376 Vgl. Kolb: Weimarer Republik, (Anm. 349), 139; Schildt: Republik von Weimar (Anm. 350), 121 f; Winkler: Weimar (Anm. 350), 448; Longerich: Deutschland 1918, (Anm. 350), 318; Manfred Funke: Republik (Anm. 370), 505–531.

377 Vgl. Ursula Büttner, Werner Jochmann: Hamburg auf dem Weg ins Dritte Reich. Entwicklungsjahre 1931–1933. Hamburg 1983, 27.

378 Rahel Liebeschütz: Memories, 15.

379 Rahel Liebeschütz: Memories, 15.

380 Rahel Liebeschütz: Memories, 16.

Abb. 8: Wolfgang, Hugo und Elisabeth Liebeschütz (Foto: Familie Carver).

Im Juni 1932 schrieb sie über eine Unterhaltung mit Erich Marcks:

> Wir reden über Vieles und diskutieren die politische Lage. Erich sollte Reichspressechef werden, hat es aber abgelehnt, um nicht den Eindruck der Militärdiktatur zu erwecken. Erich & v Schleicher halten von den Nazis, speziell Hitler garnichts. Hitler sei bis an die Grenze des Hochverrats mit der französischen Militärpartei gegangen.[381]

Am 31. Juli 1932 fand die Reichstagswahl statt. Die NSDAP wurde mit 37,4 Prozent der Stimmen zur bei Weitem stärksten Partei. Sie war damit stärker als die beiden größten demokratischen Parteien, SPD und Zentrum/BVP, gemeinsam und auch als SPD und KPD zusammen. Nun meldete

[381] Tagebuch 1932, Eintrag vom 2.7.

Abb. 9: Hans (Foto: Wolfgang Liebeschuetz; Hamburger Bibliothek für Universitätsgeschichte) und Rahel Liebeschütz (Foto: Familie Carver).

sie ihre Ansprüche unmissverständlich an. Am 13. August 1932 forderte Hitler Hindenburg zunächst vergeblich auf, ihm die volle Regierungsgewalt zu übertragen. Den ihm angebotenen Posten des Vizekanzlers lehnte er ab.[382] Rahel Liebeschütz schrieb am 14. August in ihr Tagebuch: „Hindenburg hat Hitler als Kanzler abgelehnt, behält das Kabinett Papen und ist nach Neudeck zurück gereist."[383] Am 15. August notierte sie: „Hitler hat die Rechte Mussolinis bei der Besprechung mit Hindenburg verlangt."[384] In ihren Erinnerungen beschrieb sie die innenpolitische Entwicklung im Gegensatz zu der sich erholenden weltwirtschaftlichen Lage als besorgniserregend. Am 5. September hielt sie in ihrem Tagebuch fest: „Alle meinen, die Weltkrise

382 Abrecht Tyrell: Der Aufstieg der NSDAP zu Macht. In: Die Weimarer Republik 1918–1933. Politik, Wirtschaft, Gesellschaft. Hrsg. von Karl-Dietrich Bracher (Studienreihe 251, Studien zur Geschichte und Politik). Bonn 1987, 467–483, hier 467.

383 Tagebuch 1932, Eintrag vom 14.8.

384 Tagebuch 1932, Eintrag vom 15.8.

sei zu Ende."[385] Am 25. September 1932 schrieb sie: „Politik ist finster".[386] Tagebucheinträge und Erinnerungen geben ähnliche Einschätzungen wieder.

Bei ihren Bekannten, die Rahel Liebeschütz als Angehörige der nichtjüdischen Mittelschicht bezeichnete, habe die zunehmende Kluft, die sich zwischen den rechten Parteien auftat, zu Misstrauen gegenüber Hitler geführt. Sein Verhalten im berüchtigten Beuthen-Mordfall, in dem er die Mörder als Kameraden bezeichnete, schadete seinem Ruf in diesen Kreisen. Der von Rahel Liebeschütz als Mord von Beuthen bezeichnete Vorfall fand in der Nacht vom 9. auf den 10. August 1932 statt. Fünf uniformierte SA-Leute drangen im oberschlesischen Dorf Potempa in die Wohnung eines kommunistischen Arbeiters ein, prügelten ihn vor den Augen seiner Mutter zu Tode und verletzten seinen Bruder lebensgefährlich. Wenige Stunden vorher hatte die Reichsregierung unter Reichskanzler Franz von Papen eine Notverordnung erlassen, die für politisch motivierte Totschläge die Todesstrafe vorsah. In einem Schnellverfahren wurden die Täter durch ein Sondergericht in Beuthen am 22. August 1932 zum Tode verurteilt. Das Todesurteil wurde später in lebenslange Zuchthausstrafe umgewandelt.[387]

Es war für Rahel Liebeschütz auch ein Zeichen dafür, dass Hitler jetzt stark genug war, um auf die Zustimmung der Mittelschicht zu verzichten. In ihr Tagebuch schrieb sie am 7. September: „Erna Axien zu Besuch. Sie ist von Hitler wegen der Beuthen Sache etwas zurückgekommen und wieder mehr bei Hindenburg."[388] Bei den Klassentagen des Johanneums waren die Mitglieder des Stahlhelms jetzt entschieden gegen Hitler. Sie waren empört über die Behandlung, die ihre eigenen Jugendgruppen auf der Straße von nationalsozialistischen Jugendlichen erfuhren.[389] In ihr Tagebuch schrieb Rahel Liebeschütz am 7. November 1932: „Abends Klassentag bei Freydags. [...] Es ist ziemlich langweilig bei den Damen. Bei den Herren wird politisiert. Sie sind jetzt sehr gegen Hitler."[390] Auch hier ist das Tagebuch knapper als die Erinnerungen, beschreibt aber die gleichen Beobachtungen.

---

385 Tagebuch 1932, Eintrag vom 5.9.

386 Tagebuch 1932, Eintrag vom 25.9.

387 Gotthard Jasper: Die gescheiterte Zähmung. Wege zur Machtergreifung Hitlers 1930–1934. Frankfurt/Main 1986, 111.

388 Tagebuch 1932, Eintrag vom 7.9.

389 Rahel Liebeschütz: Memories, 17.

390 Tagebuch 1932, Eintrag vom 7.11.

Frau Tietgens, die Mutter von Rahel Liebeschütz' Freundin Elisabeth Marcks, war nach Ansicht von Rahel Liebeschütz all die Jahre hindurch ausgesprochen projüdisch. Sie veranstaltete im Stadthaus ihrer Familie in der Augustenstraße eine Vortragsreihe über Tagespolitik, die von einer Frau Stephann gehalten wurden. Auch Rahel Liebeschütz erhielt eine Einladung dazu. Sie schrieb in ihr Tagebuch:

> Von 2–4 bei Frau Tietgens zu dem Vortrag von Frau Stephann über politische Tagesfragen. Sie spricht vom Standpunkt der deutschen Volkspartei über die Ereignisse der letzten Zeit: Entwicklungen der Nazis, des Zentrums, Ziele Papens. Die Damen außer T. scheinen alle weiter links zu stehen. Besonders eine Frau Dr. Sieveking ist ganz rabiat. Ich muss leider vor Schluss weg zu Baby. Frau Prof. Rabe steigt in mein Auto. Auch sie ist gegen Hitler. [391]

Das Tagebuch ist kürzer, gibt aber dieselben Beobachtungen wieder wie die Erinnerungen.

Einige Tage später aß die Familie Liebeschütz mit Walter Griphan, einem Jugendfreund von Hans, und dessen Familie zu Abend. Er hatte inzwischen einen höheren Rang in der Hamburger Polizei. Laut Rahel Liebeschütz stand Griphan im Ersten Weltkrieg und direkt danach politisch links von Hans. Er hatte jetzt viel über eine Reise nach Berlin zu berichten. Alle Informationen, die er besaß, schienen Rahel Liebeschütz' Meinung nach aus der nationalsozialistischen Szene zu stammen. In einem neuen Buch, das er zeigte, wurden die Russen als Untermenschen bezeichnet.[392] Griphan hatte sich in einen überzeugten Nazi verwandelt. Er schien auch keine Hemmungen zu haben, seine politische Meinung den Liebeschützens gegenüber zu vertreten.

Ein anderes Treffen war für Rahel Liebeschütz sehr offenbarend. Bei einem musikalischen Abend im Hause der Familie Tietgens lud Helene Woermann sie ein, ihre Kinder zu sehen. Ihr Mann, Kurt Woermann, war Mitglied der NSDAP. Rahel Liebeschütz sagte Helene Woermann, sie könne nicht zu ihnen kommen, weil ihr Haus feindliches Gebiet sei. Helene Woermann gab daraufhin einen Be-

---

[391] Tagebuch 1932, Eintrag vom 11.10.

[392] Rahel Liebeschütz: Memories, 18.

richt über das Verhältnis ihres Mannes zur Partei ab. Danach sei er Parteimitglied geworden in der Hoffnung, dass seine beruflichen Pläne gefördert würden. Sie beendete ihre Rechtfertigungsbemühungen damit, dass es bald mit der NSDAP zu Ende sei. Ein paar Tage später besuchte sie Rahel Liebeschütz, um das Problem noch einmal eingehend zu diskutieren. Rahel Liebeschütz bekam dabei den Eindruck, dass es nicht allein die beruflichen Gründe waren, die Kurt Woermann veranlasst hatten, der Partei beizutreten. Helene Woermann erzählte, wie sie und ihr Mann mit einem geliehenen Boot gesegelt seien und dabei Eric Warburg (1900–1990)[393] auf seiner Privatjacht gesehen hätten. Den Wohlstand Warburgs zu sehen, habe Kurt Woermann so wütend gemacht, dass er auf der Stelle nach Hause gesegelt sei.[394]

Kurz nach den Sommerferien des Jahres 1932 sprachen Hans und Rahel Liebeschütz über die Zukunft ihrer Kinder. Ihre Aussichten in Deutschland sahen trostlos aus. Es sei Zeit für sie, Englisch zu lernen, um letztendlich in das Englisch sprechende Ausland zu emigrieren. Hans und Rahel Liebeschütz' Einschätzung der politischen Lage und die Konsequenzen hinsichtlich der Wahl der Fremdensprachen für die Kinder zeugen von politischer Weitsicht. Rahel Liebeschütz nahm Kontakt zu einer Agentur auf, um den Sprachunterricht zu organisieren. Im Oktober 1932 kam die Englischlehrerin, „Fräulein" Schröder, zu einem ersten Besuch. Rahel Liebeschütz schrieb dazu in ihr Tagebuch: „Morgens kommt Engländerin. Eleonore Schroeder. Ich nehme sie gleich. Sie geht gleich mit den Kindern."[395] Es wurde ausgemacht, dass sie zweimal in der Woche zwei Stunden mit den Kindern verbringen sollte. Rahel Liebeschütz schrieb später, dass das Arrangement insgesamt gut funktioniert habe. Im November verließ Schröder die Familie Liebeschütz. Rahel Liebeschütz bemerkte, sie sei nicht so unglücklich darüber gewesen, weil sie den Eindruck bekam, dass Schröder mehr und mehr

---

393 Frank Bajohr: Eric M. Warburg. In: Das jüdische Hamburg. Ein historisches Nachschlagewerk. Hrsg. vom Institut für die Geschichte der deutschen Juden. Göttingen 2006, 269 f. Eric M. Warburg (1900–1990) war Bankier. Nach der Ausbildung zum Bankkaufmann in Berlin, Frankfurt, London und New York war der Sohn Max M. Warburgs 1929 als Teilhaber in das väterliche Bankhaus eingetreten. Die Machtübertragung der Nationalsozialisten 1933 und die Arisierung der Bank 1938 beendeten jedoch seine Tätigkeit in Hamburg und zwangen ihn ins amerikanische Exil.

394 Rahel Liebeschütz: Memories, 18.

395 Tagebuch 1932, Eintrag vom 13.10.

mit dem Nazi-Regime sympathisierte. In den folgenden Jahren hatten die Kinder eine Reihe von verschiedenen Englischlehrern. Schröder kehrte schließlich 1938 zurück und unterrichtete die Kinder weiter bis die Familie Liebeschütz emigrierte. Es sei in erster Linie ihr Verdienst gewesen, dass Hugo und Wolfgang sich schnell an die englischen Schulen anpassen konnten.[396] Der Tagebucheintrag ist in diesem Fall sehr knapp, eine Beurteilung der Situation enthält er nicht. In den Erinnerungen dagegen schildert Rahel Liebeschütz den Englischunterricht und das Verhältnis zur Englischlehrerin ausführlich.

Im November 1932 fanden wieder Reichstagswahlen statt. Wegen einer tarifrechtlichen Auseinandersetzung war das Parlament am 12. September aufgelöst worden, sodass Neuwahlen notwendig wurden. Bei den Reichstagswahlen am 6. November 1932 fiel die NSDAP von 37,8 auf 33,5 Prozent der Mandate zurück, die KPD gewann Stimmen hinzu.[397] Die NSDAP konnte, dies zeigten die Stimmverluste der Wahl im November, nicht allein an die Macht kommen, weil ihr Wähleranteil nicht ausreichte. Gleichzeitig waren die Kräfte, die bisher die Präsidialregierung mitgetragen hatten, nicht mehr regierungsfähig, da ihnen die Massenbasis fehlte. Beide Seiten waren sich bisher mit Misstrauen begegnet. Hitler wollte sich nicht von den alten Eliten, Reichswehr, Unternehmerschaft und Großagrariern, für deren Zwecke instrumentalisieren lassen. Die alten Eliten hingegen hatten nicht deshalb an der Auflösung der Weimarer Demokratie gearbeitet, um von der radikalen Sammlungsbewegung Hitlers aus ihrer gerade wieder eingenommenen Führungsposition verdrängt zu werden. Bis Ende des Jahres 1932 hatten diese Gegensätze jede Zusammenarbeit verhindert. Zum Jahreswechsel waren beide Seiten zum Kompromiss bereit. Hitler wollte an die Macht, und die alten Eliten brauchten eine Massenbasis.[398]

Hans und Rahel Liebeschütz sprachen darüber, wie sie ihre Kinder in Sicherheit bringen könnten.[399] Rahel Liebeschütz schrieb am 20. November in ihr Tagebuch: „In der Morgenzeitung steht, dass Hitler wahrscheinlich

---

[396] Rahel Liebeschütz: Memories, 19 f.

[397] Vgl. Funke: Republik im Untergang (Anm. 370), 514 f.

[398] Vgl. Detlev J. Peukert: Die Weimarer Republik. Krisenjahre der klassischen Moderne. Frankfurt/Main 1987, 259 f.

[399] Rahel Liebeschütz: Memories, 21.

das neue Kabinett bilden wird. Er hat sich dies Mal mit Hindenburg vertragen."[400] Am 22. November 1932 notierte sie: „Hindenburg verhandelt dauernd mit Hitler, der unverschämte Forderungen stellt. Er will Hindenburg ein Praesidialkabinett Hitler aufzwingen."[401] Am 23. November 1932 hielt sie fest: „Noch immer Regierungskrise. Hitler ante portas".[402]

Rahel Liebeschütz schrieb über den Ausgang der Wahl, dass das Ergebnis besser gewesen sei als erwartet. Die Nazis hätten Stimmen verloren und die Parteien, die von Papens Regierung unterstützten, seien gewachsen. Es sei aber nicht genug und zu spät gewesen. Hitler sei schon zu stark geworden. Von Papen trat am 17. November zurück. Es folgten Verhandlungen zwischen dem Reichspräsidenten und den Parteivorsitzenden. Rahel Liebeschütz hielt es für möglich, dass Hitler Nachfolger von Papens wurde. Man wusste, dass er drei Tage „freie Bahn" für die SA gefordert hatte. Für Hans und Rahel Liebeschütz stellte sich die Frage, ob seiner Forderung jetzt stattgegeben werden würde. Als von Schleicher dann als Kanzler berufen wurde und Hitler in der Opposition blieb, schien das Schlimmste noch einmal abgewendet worden zu sein. Rahel Liebeschütz erinnerte sich an einen Klassentag, der am 15. Dezember in ihrem Haus stattfand. Es hatte eine blutige Auseinandersetzung der Hitlerjugend und junger Stahlhelmer in Berlin gegeben. Die Atmosphäre war zugunsten von Schleichers und gegen Hitler. Arthur Reinhardt, ein bekannter Sportler des Stahlhelms, und der Richter Adolf Freydag verurteilten die Nazis in einer Weise, die kaum zu übertreffen war, aber leider, so Rahel Liebeschütz, zum letzten Mal.[403] In ihr Tagebuch schrieb sie über diesen Abend:

> Bei den Damen ist es sehr interessant. Reinhard erzählt von der Saalschlacht im Kaiserhof, wo die Nazis und Stahlhelmer sich geprügelt haben. Er ist sehr empört über den Angriff eines jungen Nazisturms, weil ungezogene Nazijungen auf der Weihnachtsfeier entfernt worden waren.[404]

---

400 Tagebuch 1932, Eintrag vom 20.11.

401 Tagebuch 1932, Eintrag vom 22.11.

402 Tagebuch 1932, Eintrag vom 23.11.

403 Rahel Liebeschütz: Memories, 20 f.

404 Tagebuch 1932, Eintrag vom 15.12.

Das Tagebuch geht bei diesem Ereignis stärker ins Detail als die Erinnerungen, aber die Thematik deckt sich.

Mit ihrer Einschätzung der politischen Lage nach der Wahl, die Rahel Liebeschütz in ihren Erinnerungen festhielt, und ihrem Tagebucheintrag behielt sie Recht. Sie und ihr Mann scheinen vorsichtig gewesen sein, da sie ihre Kinder, als Hitlers Kanzlerschaft eine Option war, in Sicherheit bringen wollten. Ihr Kommentar zur Berufung von Schleichers zum Kanzler dagegen erscheint wie eine Selbstberuhigung.

Die Machtübertragung an die Nationalsozialisten

Hans und Rahel Liebeschütz verfolgten die politische Entwicklung mit Sorge. Am 30. Januar 1933 berief Hindenburg Hitler zum Reichskanzler. Hindenburgs Berater gaben ihren Vorbehalt gegen Hitlers Kanzlerschaft auf, da dieser durch Vertrauensleute der Rechten „eingerahmt" werden sollte. Von Papen als Vizekanzler, Hugenberg (DNVP) als Wirtschaftsminister, Werner von Blomberg (1878–1946) als Reichswehrminister und der Führer des Stahlhelms Seldte als Arbeitsminister schienen einflussreich genug, um die Nationalsozialisten Wilhelm Frick (1877–1946) im Innenministerium und Hermann Göring (1893–1946) als Minister ohne Geschäftsbereich zu neutralisieren.[405]

Rahel Liebeschütz schrieb in ihren Erinnerungen, dass von Schleicher am 30. Januar gezwungen worden sei, abzudanken und Hitler zum Reichskanzler ernannt worden sei. Er habe mit einer Koalitionsregierung begonnen, in der die DNVP den zweiten Platz eingenommen habe. Innerhalb von fünf Wochen habe es eine Diktatur gegeben. Im Kabinett Hitler besaßen die Minister aus anderen Rechtsparteien die Mehrheit, aber innerhalb von verhältnismäßig kurzer Zeit habe Hitler seine Macht so weit ausgedehnt und gefestigt, dass er als Diktator herrschen konnte.[406] In ihrer nüchternen, sachlichen Art beschrieb Rahel Liebeschütz in ihren Erinnerungen die Ereignisse des

---

405 Vgl. Bernd Jürgen Wendt: Deutschland 1933–1945. Das Dritte Reich. Hannover 1995, 67 f; Klaus Hildebrandt: Das Dritte Reich (Oldenbourg Grundriss der Geschichte 17). München 1995, 1.

406 Rahel Liebeschütz: Memories, 22 f.

Abb. 10: Hans und Rahel Liebeschütz, Freiburg 1933 (Fotos: Wolfgang Liebeschuetz; Hamburger Bibliothek für Universitätsgeschichte).

30. Januar 1933 und der Zeit direkt danach.[407] Wie sie die Machtübernahme Hitlers 1933 empfand, lässt sich bedauerlicherweise nicht mehr rekonstruieren, da das Tagebuch von 1933 fehlt.

Veränderungen im Freundeskreis

Rahel Liebeschütz berichtete darüber, wie einige ihrer Freunde sich in erstaunlicher Weise um 180 Grad wendeten. Hans Liebeschütz erfuhr, sein Freund Walter Griphan sei schon seit einiger Zeit Parteimitglied der NSDAP gewesen. Liebeschütz schrieb daraufhin einen Brief an den früheren Freund und teilte ihm mit, dass die Freundschaft nicht fortgesetzt werden könne. Griphan war gekränkt. Er beklagte sich bei Hans Liebeschütz' Mutter über

[407] Zur Situation der Juden unter dem Nationalsozialismus: Saul Friedländer: Das Dritte Reich und die Juden. Die Jahre der Verfolgung 1933–1939. München 2000.

die „grundlose“ Provokation. Griphan stieg durch das Regime beruflich auf. Er entwickelte sich laut Rahel Liebeschütz zu einem scharfen Nationalsozialisten.[408]

Die Information, die Hans Liebeschütz im Februar 1933 erhielt, dass Griphan schon seit einiger Zeit der Partei angehörte, war nicht richtig: Griphan trat am 1. Januar 1933 in die NSDAP ein.[409] Mit ihrer Einschätzung, dass er sich nach dem „Anschluss“ Österreichs zu einem scharfen Nazi entwickelte, hatte Rahel Liebeschütz Recht.[410] Es ist erstaunlich, dass Griphan den Kontakt mit den Liebeschütz nicht aufgeben wollte, obwohl sie Juden waren und sein weiterer Werdegang zeigt, dass er den Antisemitismus der Nationalsozialisten verinnerlicht hatte. Vermutlich verdrängte in seinem Bewusstsein die Jugendfreundschaft die „Rassefrage“.

Auch die Atmosphäre beim Klassentag veränderte sich, so Rahel Liebeschütz, erstaunlich. Beim letzten Treffen in ihrem Haus während von Schleichers Regierungszeit hatten die Nationalisten Hitlers Rowdys missbilligt. Das nächste Treffen fand am 5. März, dem Tag vor der Reichstagswahl, in der Wohnung von Johannes Thomsen[411] statt. Dieser war ein enger Freund von Hans Liebeschütz aus Schul- und Universitätstagen, hatte Jura studiert und war inzwischen Richter in Hamburg. Rahel Liebeschütz schrieb in ihren Erinnerungen, dass nun jeder für Hitler gewesen sei, Thomsen eher gemäßigter, Freydag und Reinhardt mit Begeisterung.[412] Thomsen trat ebenso wie Freydag am 1. Mai

408 Rahel Liebeschütz: Memories, 23.

409 BA (ehem. BDC) NSDAP-Gaukartei, Griphan Walter, 2.7.1893.

410 BA (ehem. BDC), SSO/SS-Führerpersonalakten, Griphan Walter, 2.7.1893, o. Bl. Von 1919 bis 1938 gehörte er der Schutzpolizei Hamburg an. 1932 wurde er in Hamburg Polizei-Major, 1937 Oberstleutnant der Schutzpolizei in Wien. Im August 1940 wurde er Oberst der Wiener Schutzpolizei. Am 1.6.1940 trat er in die SS ein und stieg bis April 1944 bis zum SS-Brigadeführer und Generalmajor der Polizei auf. Im Frühjahr 1941 wurde er nach Lublin abgeordnet, wo er als Kommandeur der Ordnungspolizei eingesetzt war und gleichzeitig das Polizeiregiment Lublin leitete. Er gab dort den Befehl, aufgegriffene Juden „an Ort und Stelle“ zu töten und nicht an das Sondergericht in Lublin zu überweisen. Im Herbst 1941 wurde er als Chef des Stabes zum Befehlshaber der Ordnungspolizei im Reichskommissariat Ostland nach Riga abgeordnet. Vgl. Wolfgang Curilla: Der Judenmord in Polen und die deutsche Ordnungspolizei 1939–1945, Paderborn 2011, 687; Vgl. Stefan Klemp: „Nicht ermittelt“. Polizeibataillone und die Nachkriegsjustiz. Ein Handbuch, Essen 2011, 248.

411 BA (ehem. BDC) NSDAP-Zentralkartei, o. Bl. Thomsen, Johannes, 26.3.1894.

412 Rahel Liebeschütz: Memories, 23.

1933 in die NSDAP ein, Reinhardt am 1. Juni 1940. Reinhardt hatte vom 22. Juni 1928 dem Stahlhelm, Bund der Frontsoldaten angehört, bis dieser im März 1933 in die SA eingegliedert wurde. Am 30. August 1933 trat er in die SA ein.[413]

Rahel Liebeschütz erinnerte sich an den Verlauf des weiteren Abends: Es entwickelte sich eine Diskussion, in der Hans Liebeschütz vor der möglichen Reaktion der westlichen Demokratien auf das neue Regime warnte. Dann klingelte das Telefon. Reinhardt wurde verlangt. Die Nationalsozialisten veranstalteten jede Nacht bewaffnete Fackelzüge und andere Demonstrationen durch die Straßen der Innenstadt mit einem höheren Anteil ärmerer Einwohner, in der Kommunisten wohnten. Die Absicht war zu provozieren und zu schießen. Reinhardt wurde für eine solche „Aktion" angefordert. Die Gesellschaft verabschiedete ihn mit einem Heldengruß. In dieser Nacht schrieb Hans Liebeschütz an Thomsen, dass er nicht mehr zu den Klassentagen kommen werde.[414]

Für Rahel Liebeschütz war Böckmann,[415] der ehrgeizige junge Dozent, ein weiterer Opportunist. Sie schrieb, dass sie sich mit ihm unterhalten habe, als der Reichstagsbrand bekannt wurde. Für Rahel Liebeschütz war es offensichtlich, dass die Nationalsozialisten ihn verursacht hatten. Es passte in ihre Strategie und war im Interesse von niemandem sonst. Böckmann war davon überzeugt, dass die Kommunisten schuld waren. Für ihn wäre alles, woran er glaubte, zusammengebrochen, wenn er Hitler als verantwortlich für eine solche Tat gehalten hätte. Böckmanns Verhalten war in Rahel Liebeschütz' Augen typisch für einen intellektuellen Mitläufer. Wenn die Zeitungen über eine neue Gräueltat der Nationalsozialisten berichteten, glaubte er sie nicht;

---

413 BA (ehem. BDC Research), Personalakte Reinhardt, Arthur, 17.5.1893, Personalfragebogen für die Anlegung der SA-Personalakte, o. Bl. Reinhardt hatte vom 22.6.1928 dem Stahlhelm Bund der Frontsoldaten angehört, bis dieser im März 1933 in die SA eingegliedert wurde. Am 30.8.1933 trat er in die SA ein.

414 Rahel Liebeschütz: Memories, 23 f.

415 Ernst Klee: Das Personenlexikon zum Dritten Reich. Wer war was vor und nach 1945. Frankfurt/Main 2015, 58. Paul Böckmann. Germanist. Geb. am 4.11.1899 in Hamburg. Dozent der Universität Hamburg. Am 11.11.1933 auf der Unterzeichnerliste Bekenntnis der Professoren an den deutschen Universitäten und Hochschulen zu Adolf Hitler und dem nationalsozialistischen Staat. 1936 a. o. Professor. 1937 Eintritt in die NSDAP. 1938 Extraordinarius in Heidelberg. 1949 Lehrstuhl. 1958 Ordinarius in Köln. Gest. 22.4.1987 in Köln. Irrtümlicherweise schrieb Rahel Liebeschütz Johannes Böckmann.

ein paar Tage später hatte er Gründe, sie zu entschuldigen, und nicht viel später beschloss er, dass sie notwendig gewesen sei.[416]

Beim letzten Mal, dass Rahel Liebeschütz Böckmanns Ehefrau traf, fragte sie diese, wie deren Mann seinen Studenten guten Gewissens Anschauungen vermitteln könne, die von oben angeordnet waren. Sie antwortete, dass er nicht den Wahrheitsgehalt einer politischen Aussage mit seinen Studenten diskutiere, sondern diese nur erkläre und anschaulich mache. Als Beispiel wählte sie eines der antisemitischen Dogmen des Regimes. Rahel Liebeschütz fand Böckmanns Kommentar unverschämt und vermied fortan den Kontakt.[417] Das Lehren der antisemitischen Dogmen durch Paul Böckmann ist ein gutes Beispiel dafür, wie sich angepasstes Verhalten im Alltag durchsetzte.

Jenseits dieser diversen menschlichen Enttäuschungen, die zum Abbruch langjähriger Freundschaften führten, gab es Menschen, die sich von der nationalen Euphorie nicht mitreißen ließen oder sogar in Opposition zum Regime gingen. Rahel Liebeschütz nannte hierfür Lehrer und Schüler der Lichtwarkschule. Zu ihnen zählte der Lehrer Franz Wießner (1871–1942), ein Freund von Hans Liebeschütz, der die Freundschaft bis zur Emigration aufrechthielt.

Seine Kollegin, die Lehrerin Erna Stahl (1900–1980), war eine entschiedene Gegnerin des Nationalsozialismus. Sie war seit 1928 an der Lichtwarkschule und unterrichtete dort, bis sie 1935 an die Mädchenoberschule Alstertal versetzt wurde.[418]

Als eine der wenigen Ausnahmen an der Lichtwarkschule erwähnte Rahel Liebeschütz Ernst Lewalter (1892–1956), einen der vier Kommunisten im Lehrerkollegium. Während die anderen Kommunisten früh und eilig emigrierten,

---

416 Rahel Liebeschütz: Memories, 24.

417 Rahel Liebeschütz: Memories, 24.

418 Ursula Meier: Bemerkungen zur Haltung und zum Selbstverständnis der Hamburger Lehrerin Erna Stahl in der Zeit des Nationalsozialismus. In: Auskunft. Zeitschrift für Bibliothek, Archiv und Information in Norddeutschland, 27. Jahrgang, Dezember (2007), Heft 4, 569–612, hier 569. Erna Stahl unterrichtete ihre Klasse von der Lichtwarkschule noch ein Jahr lang weiter in ihrer eigenen Wohnung in Deutsch und Geschichte und schloss diese illegalen Schulstunden mit einer Studienfahrt nach Berlin ab. Sie wurde am 4. Dezember 1943 von der Gestapo festgenommen, inhaftiert und der „Vorbereitung zum Hochverrat" angeklagt. Kurz vor Beginn des Prozesses und der Aburteilung befreiten amerikanische Soldaten sie.

spürte Lewalter, dass seine Einstellung sich wandelte, als die Nationalsozialisten immer stärker wurden. Er sagte Hans Liebeschütz, dass seine Kriegserinnerungen anfingen, sich zu verklären.[419] Mit dieser Bemerkung wollte er ausdrücken, dass er sich zum Nationalsozialismus hingezogen fühlte.

Hinsichtlich ihrer eigenen Freunde nannte Rahel Liebeschütz die Ärztin Schmidt-Schütt, mit der sie sich während ihrer Tätigkeit am Eppendorfer Krankenhaus angefreundet hatte. Kurz nach der „Machtergreifung", als Gerüchte über ein Pogrom im Umlauf waren, bot sie den Kindern von Hans und Rahel Liebeschütz Asyl in ihrem Haus an.[420]

Veränderungen an der Universität

Kurz nach den Weihnachtsferien, berichtete Rahel Liebeschütz, fand ein Treffen des Lehrkörpers statt.[421] Der Historiker Adolf Rein (1885–1979)[422], Extraordinarius für Überseegeschichte, hielt einen Vortrag über die „Idee der Politischen Universität".[423] Die zentrale Aussage seiner Rede war, dass die Universität sich nach den Bedürfnissen der Nation richten und ihre Lehrangebote daher nach politischen Gesichtspunkten auswählen sollte.[424] In der anschließenden Diskussion äußerten die Professoren Otto Lauffer (1874–

---

419 Rahel Liebeschütz: Memories, 25.

420 Rahel Liebeschütz: Memories, 25.

421 Rahel Liebeschütz, Memories: 22. Die Erinnerungen von Rahel Liebeschütz weisen hier eine Unstimmigkeit auf. Sie schrieb, das Treffen habe im Curio-Haus stattgefunden. In der Einladung des Rektors der Universität zum geselligen Zusammensein mit einem Referat von Prof. Rein wird als Veranstaltungsort Streit's Hotel angegeben. Rein schrieb in seinen in den Siebzigerjahren diktierten Lebenserinnerungen: Politik und Universität. Erinnerungen von G. A. Rein, diktiert 1976–1978 (Ms.), dass er den Vortrag am 13.1.1933 in der Aula des Wilhelm-Gymnasiums gehalten habe, 61.

422 Dazu: Arnt Goede: Adolf Rein und die „Idee der Politischen Universität" (Hamburger Beiträge zur Wissenschaftsgeschichte 17). Berlin 2008.

423 StA HH, 364–51, Universität I, C 10.10, Heft 5, o. Bl., Einladung des Rektors der Universität an die Mitglieder des Lehrkörpers am 10. Januar 1933 zu einem geselligen Beisammensein am 13. Januar 1933 im Musiksaal von Steit's Hotel mit einem Referat von Prof. Rein über die „Idee der politischen Universität". Auf der Anwesenheitsliste findet sich neben den Namen der Professoren Lauffer, Thilenius und Kestner auch der Name Liebeschütz.

424 Adolf Rein: Die politische Universität. Hamburg 1933.

1949) und Georg Thilenius (1868–1937), beide, laut Rahel Liebeschütz, gemäßigte Konservative, ernste Bedenken: die Freiheit von Forschung und Lehre sei in Gefahr. Als warnendes Beispiel wählten sie die staatlich kontrollierten Universitäten Russlands. Der Physiologe Otto Kestner, Rahel Liebeschütz' früherer Chef, unterstützte die Warnung mit noch schärferen Worten. Der Pädagoge Wilhelm August Flitner (1889–1990) verteidigte Rein. In seiner Antwort nahm Rein die Position eines Märtyrers ein. Er würde seiner Überzeugung auch dann treu bleiben, wenn er stärkeren Gegnern gegenüberstände.[425]

Die Ernennung Hitlers zum Reichskanzler in einer Koalitionsregierung der „nationalen Erneuerung" löste an der Hamburgischen Universität keine Katastrophenstimmung aus. Es dauerte nur wenige Monate, bis die Universität ihr Bild vollkommen verändert hatte. Das Klima in der Universität war gekennzeichnet durch die „nationale Revolution", gegen die ein erkennbarer Widerstand ausblieb.[426] Das „Gesetz zur Wiederherstellung des Berufsbeamtentums" vom 7. April 1933 war die Grundlage dafür, die „nichtarischen" und politisch unerwünschten Mitglieder des Lehrkörpers zu entlassen oder zwangsweise in den Ruhestand zu versetzen. Proteste gegen diese drastischen Maßnahmen erfolgten kaum.[427] Zwar kam es zu einzelnen persönlichen Bekundungen des Bedauerns, aber selbst diese waren begrenzt. Bemühungen, die Entlassungen der jüdischen Kollegen abzuwenden, waren Ausnahmen und blieben darüber hinaus wirkungslos.[428]

Eine dieser wenigen Ausnahmen stellte der Kreis um den klassischen Philologen und späteren Rektor der Universität Bruno Snell (1896–1986)[429] dar. Snell war eng mit dem klassischen Philologen Ernst Kapp (1888–1978) und dem Anglisten Emil Wolff (1879–1952) befreundet. Bevor die Nationalsozialisten ihre personelle „Kahlschlagpolitik" betrieben, existierte in der

425 Rahel Liebeschütz: Memories, 22.

426 Vgl. Barbara Vogel: Anpassung und Widerstand (Anm. 314), 44, ferner Rainer Nicolaysen: Siegfried Landshut. Die Wiederentdeckung der Politik. Eine Biographie. Frankfurt/Main 1997, 170.

427 Vgl. Nicolaysen: Landshut (Anm. 426), 170.

428 Ebd., 490, dort Anmerkung Nr. 1.

429 John Michael Krois, Gerhard Lohse, Rainer Nicolaysen: Die Wissenschaftler Ernst Cassirer, Bruno Snell, Siegfried Landshut. Hamburg 1994; Rainer Nicolaysen: Snell Bruno. In: Franklin Kopitzsch/Dirk Brietzke (Hrsg.): Hamburgische Biografie. Personenlexikon 5. Göttingen 2010, 346–348.

Philosophischen Fakultät ein Ort des wissenschaftlichen und gesellschaftlichen Lebens, den Kapp, Snell und Wolff, der Philosoph Ernst Cassirer (1874–1945) und der Kunsthistoriker Panofsky mitprägten. Auch der Leiter der Kulturwissenschaftlichen Bibliothek Warburg, Saxl und der Privatdozent Hans Liebeschütz gehörten zu diesem Kreis.[430]

Rahel Liebeschütz berichtete in ihren Memoiren, dass wenige Wochen vor der „Machtergreifung" die Professoren Wolff, Snell, Heinrich Sieveking (1871–1945) und Walther Küchler (1877–1953) diejenigen zu einer Zusammenkunft einluden, deren Stellen aus „rassischen" Gründen gefährdet schienen. Bei dem Treffen sollte darüber beraten werden, wie die zu erwartenden Maßnahmen gegen die jüdischen Mitglieder abzuwenden seien. Rahel Liebeschütz notierte resignierend, das Ergebnis des Treffens sei gewesen, man könne nichts tun.[431]

Die Phase der „Machtergreifung"

Indem Hindenburg der am 30. Januar 1933 gebildeten „Regierung der nationalen Konzentration" die Möglichkeit gab, in Neuwahlen die Mehrheit zu erlangen, förderte er die Dynamik der sogenannten Nationalen Revolution, die die Machtübertragung innerhalb weniger Monate zur „Machtergreifung" verwandelte. In den Monaten dieser „Machtergreifung" war die innere Lage in Deutschland durch Terrormaßnahmen gegen reale oder vermeintliche „Feinde des Nationalsozialismus" gekennzeichnet. Begleitet wurde die Terrorwelle durch eine Flut von Gleichschaltungen und Selbstgleichschaltungen sowie von einer erstmals mehrheitsfähigen nationalen Begeisterung all der Menschen, die sich vom Nationalsozialismus einen Ausweg aus der gesellschaftlichen und politischen Dauerkrise erhofften.[432]Am 5. März 1933 fand die Wahl zum Reichstag statt. Die NSDAP erhielt 43,9 Prozent aller Stimmen. Nach dieser Wahl, die nicht der NSDAP, wohl aber der von Hitler geführten Koalition die absolute Mehrheit einbrachte, wurden die

430 Vgl. Gerhard Lohse: Klassische Philologie und Zeitgeschichte. Zur Geschichte eines Seminars an der Hamburger Universität in der Zeit des Nationalsozialismus. In: Hochschulalltag, 775–826.

431 Rahel Liebeschütz: Memories, 24 f.

432 Vgl. Peukert: Weimarer Republik (Anm. 398), 264.

noch nicht von Nationalsozialisten regierten Länder „gleichgeschaltet", das heißt, die Landesregierungen wurden durch Kommissare ersetzt, die der Reichsregierung unterstellt waren.[433]

Rahel Liebeschütz erinnerte sich an ein Erlebnis, das sie am Tag der Gleichschaltung hatte: An diesem Tag machte sie mit ihren Kindern einen Spaziergang auf der Straße, die zum Flughafen führte. Plötzlich sahen sie eine Schar Motorradfahrer. Sie fuhren einzeln, aber in großer Zahl Richtung Stadt. Ihr Ziel war das Rathaus, das besetzt wurde. Hamburgs Bürgermeister Carl Petersen (1868–1933) wurde gezwungen zurückzutreten. Seinen Platz nahm Carl Vincent Krogmann (1889–1978) ein. Als Reichsstatthalter von Hamburg wurde der Nationalsozialist Karl Kaufmann (1900–1969) am 16. Mai 1933 ernannt.[434]

Zum 1. April 1933 ordnete die NSDAP den Boykott jüdischer Geschäfte, Ärzte und Rechtsanwälte an.[435] Der sogenannte Judenboykott leitete die Beschränkungen der Lebensmöglichkeiten der deutschen Juden ein. Da das Ausmaß dieser geplanten Aktion ungewiss war, beschlossen Hans und Rahel Liebeschütz, ihre Kinder aus Sicherheitsgründen in die Schweiz zu bringen.

Am Tag vor der Abreise saßen die Liebeschützens mit ihren Freunden Edith und Rudolph Ascher zusammen. Der Kaufmann Rudolph Ascher war Logenbruder von Hans Liebeschütz. Mit seiner Frau Edith (1901–1986) hatte sich Rahel Liebeschütz angefreundet, als diese in Hamburg Medizin studierte. Ein Freund der Aschers war ebenfalls anwesend. Dieser junge Mann war der erste Bekannte der Familie Liebeschütz, der die Gewalttätigkeiten der Nationalsozialisten zu spüren bekam. Am 1. April drangen SA-Männer

---

433 Grundlage war das Gesetz über den Neuaufbau des Reichs vom 30. Januar 1934 (RGBL. 1934 I, 75). Zu Hamburg: Uwe Lohalm: Hamburgs nationalsozialistische Diktatur. Verfassung und Verwaltung 1933 bis 1945. Hamburg 1997, besonders 6–9; ferner Werner Johe: Im Dritten Reich 1933–1945. In: Werner Jochmann (Hrsg.): Vom Kaiserreich bis zur Gegenwart (Hamburg – Geschichte einer Stadt und ihrer Bewohner, 2). Hamburg 1986, 265–375, hier 265–288; ferner Henning Timpke (Hrsg.): Dokumente zur Gleichschaltung des Landes Hamburg 1933. Hamburg 1983; Angelika Ebbinghaus/Karsten Linne (Hrsg.): Kein abgeschlossenes Kapitel: Hamburg im „Dritten Reich". Hamburg 1997; Hamburg im „Dritten Reich", hrsg. von der Forschungsstelle für Zeitgeschichte Hamburg. Göttingen 2005.

434 Rahel Liebeschütz: Memories, 26.

435 Vgl. Ursula Wamser, Wilfried Weinke: Der „Judenboykott" vom 1. April 1933. In: Eine verschwundene Welt. Jüdisches Leben am Grindel. Hrsg. von Ursula Wamser, Wilfried Weinke. Springe 2006, 201–202.

in sein Haus ein und warfen ihn die Treppe hinunter. Dabei brach er sich einen Arm. Er wurde ins Krankenhaus St. Georg gebracht. Der politisch als liberal geltende Direktor Carl Theodor Hegler (1878–1943) gab ihm ein Einzelzimmer und erlaubte niemandem außer dem jüdischen Chirurgen Helmut Nathan (1901–1979) ihn zu sehen.[436]

Am 27. März 1933 reiste Rahel Liebeschütz mit ihren drei Kindern und ihrer Haushaltshilfe nach Rapperswil am Zürichsee. Sie machten Wanderungen in die Berge und ruderten auf dem See. Kontakte mit anderen Leuten hatte die Familie nicht. Rahel Liebeschütz führte das darauf zurück, dass ihr Aufenthalt lange vor der Urlaubssaison lag und die Schweizer immer reserviert seien. Allerdings bemerkte sie, dass die Buchläden ebenso viel Naziliteratur wie in Deutschland ausgelegt hatten. Ein Schweizer Herr, der sie als Deutsche, aber nicht als Jüdin erkannte, sagte zu ihr, dass Hitler es schwer mit den Juden habe. In Rahel Liebeschütz' Wahrnehmung war die Atmosphäre nicht anders als zu Hause.[437]

Die Tatsache, dass Rahel Liebeschütz mit ihren Kindern vor dem Boykott in die Schweiz reiste, zeigt, dass das Ehepaar über politische Weitsicht verfügte und vorsichtig handelte. Zudem hat Rahel Liebeschütz die Atmosphäre in der Schweiz als ähnlich wie die in Deutschland wahrgenommen, was möglicherweise darin begründet lag, dass es auch in der Schweiz Anhänger des Nationalsozialismus gab.

Die Entlassungen aus dem Staatsdienst

Eine Woche nach dem Boykott jüdischer Geschäfte wurde am 7. April 1933 das „Gesetz zur Wiederherstellung des Berufsbeamtentums" erlassen.[438] Beamte „nichtarischer Abstammung" sollten in den Ruhestand versetzt und „Nichtariern" in Zukunft die Beamtenlaufbahn verwehrt werden. Ausgenommen blieben auf Hindenburgs Wunsch hin zunächst diejenigen, die als Frontkämpfer im Ersten Weltkrieg gewesen waren, deren Väter oder Söhne

436 Rahel Liebeschütz: Memories, 27.

437 Rahel Liebeschütz: Memories, 27 f.

438 Reichsgesetzblatt 1933 I, Berlin 1933, 175–177.

im Weltkrieg gefallen waren. Der § 6 des Gesetzes sah die vorzeitige Pensionierung aller unerwünschten Beamten vor. In der Sitzung des Universitätssenats am 27. April standen die bevorstehenden Entlassungen schon auf der Tagesordnung:

> Der Rektor berichtet, daß den Professoren [Eduard, S. K.] Heimann, [Richard, S. K.] Salomon, [William, S. K.] Stern, [Erich, S. K.] Panofsky, [Theodor, S. K.] Plaut und [Walter A., S. K.] Berendsohn von der Hochschulbehörde nahegelegt worden sei, Vorlesungen für das Sommersemester 1933 nicht anzusagen. Die genannten Herren hätten diesem Wunsch entsprochen [...] Es sei die Aufgabe der Fakultäten, die Lehrpläne, soweit dies erforderlich sei, entsprechend zu ergänzen.[439]

Im Protokoll der Philosophischen Fakultät vom 29. April 1933 heißt es, die Hochschulbehörde habe den Professoren Stern, Salomon, Panofsky und Berendsohn telefonisch mitgeteilt, dass sie während des Sommersemesters auf ihre Veranstaltungen verzichten sollten, „da die Studenten sonst nicht für die Ruhe in der Universität garantieren könnten". Die Fakultät reagierte auf das Vorgehen der Behörde mit einem Antrag, in dem sie die Eingriffe in den Lehrkörper einmütig bedauerte. Hans Liebeschütz teilte in derselben Sitzung mit, dass er sich „nach reiflicher Überlegung der Lage" entschlossen habe, seine Vorlesungen für das Sommersemester abzusagen.[440] Die Behörde gab mit ihrer Weisung an die genannten Hochschullehrer, auf ihre Vorlesungen zu verzichten, der Forderung des Nationalsozialistischen Deutschen Studentenbundes (NSDStB) nach. Dieser hatte in zwei Schreiben vom 11. und 12. April an den nationalsozialistischen Hochschulsenator Friedrich Ofterdinger (1896–1946) deutlich gemacht, dass er die jüdischen und marxistischen Professoren nicht mehr tolerieren würde und eine Liste derer beigefügt, die sofort von der Lehre zu suspendieren seien. Die Studenten waren also die treibende Kraft für die Entlassungen. Die Protokolle des Universitätssenats bezeugen, dass die

---

[439] StA HH, Uni I, C 20.4, Bd. 5 Protokoll Universitätssenat; vgl. Nicolaysen, Landshut (Anm. 426), 171.

[440] StA HH, 364-13, Fakultäten/ Fachbereiche der Universität, Bd. 2 P10, Protokoll der Philosophischen Fakultät, 29. April 1933.

dort anwesenden Professoren dem aggressiv-drohenden Verhalten der nationalsozialistischen Studenten nichts entgegensetzten. Die Forderungen der Studentenschaft bekamen wie selbstverständlich Beschlusscharakter.[441]

Bis Mitte April waren die Stellen von Hans Liebeschütz, seinen Schwagern Hubert Plaut und Moritz Sprinz noch gesichert. Hans Liebeschütz' Anstellung war zunächst noch durch den sogenannten Hindenburg-Paragraphen, der Frontkämpfer des Ersten Weltkriegs von der Entlassung ausnahm, geschützt. Anscheinend fanden seine Vorlesungen entgegen seiner Ankündigung in der Fakultätssitzung am 29. April 1933, im Sommersemester nicht zu lesen, trotzdem statt. Rahel Liebeschütz schrieb, dass sein Unterricht an der Universität und ihre Vorlesungen vor den Hauswirtschaftsstudentinnen im Sommersemester 1933 ungestört verliefen.[442]

Rahel Liebeschütz' Bruder, Theodor Plaut,[443] außerordentlicher Professor für Nationalökonomie, hatte eine befristete Stelle. Seine Entlassung war daher unausweichlich. Er gehörte zu den Professoren, denen die Hochschulbehörde auf Drängen der NS-Studentenschaft nahegelegt hatte, ihre Vorlesungen für das Sommersemester abzusagen. Rahel Liebeschütz erinnerte sich, dass er einige Monate vorher einen Streit mit dem Vorsitzenden des NSDStB Wolff Heinrichsdorff (1907–1945) gehabt hatte. Als sein Kündigungsschreiben am 27. Juni 1933 abgeschickt wurde, habe Heinrichsdorff erklärt, dass er Plaut durch SA-Angehörige hätte entfernen lassen, wenn er seine Vorlesung gehalten hätte.[444]

Das „Berufsbeamtengesetz" wurde auch an der Hamburgischen Universität zügig und nahezu widerspruchslos umgesetzt. Die Vielzahl der Entlassungen ihrer häufig langjährigen Kollegen nahm die Mehrheit der Hochschullehrer indifferent, in Einzelfällen vielleicht sogar mit Befriedigung hin. Vor allem mancher der Jüngeren mag sie auch unter dem Gesichtspunkt der

---

441 Vgl. Rainer Nicolaysen: Landshut (Anm. 426), 172; ferner Michael Grüttner: „Ein stetes Sorgenkind für Partei und Staat". Die Studentenschaft 1930 bis 1945. In: Hochschulalltag, 201–236, hier 208.

442 Rahel Liebeschütz: Memories, 31.

443 Christian Scheer: Theodor Plaut. In: Beiträge zur Biographie der deutschen wirtschaftswissenschaftlichen Emigration 1933–1945: Rudolf Grabower, Otto Freiherr v. Mering, Theodor Plaut, Eduard Rosenstein, Oswald Schneider, Carl v. Tyska (Diskussionsschriften aus dem Institut für Finanzwissenschaft der Universität Hamburg Nr. 60). Hamburg 1998, 20–31.

444 Rahel Liebeschütz: Memories, 29.

Verbesserung eigener Karrierechancen begrüßt haben.[445] Die neue gesetzliche Situation gab jetzt dem schon zuvor offen oder latent vorhandenen Antisemitismus die Möglichkeit, sich ungehindert auszubreiten.[446]

In der Sitzung des Universitätssenats am 7. Juli 1933 wurden die Entlassungen des Kunsthistorikers Panofsky, des Sozialökonomen Eduard Heimann und die Kündigung Theodor Plauts sowie dreier weiterer Kollegen bekanntgegeben:

> Der Rektor berichtet, daß Professor Dr. Heimann und Professor Dr. Panofsky auf Grund von § 3 des Gesetzes zur Wiederherstellung des Berufsbeamtentums entlassen worden seien [...] Ferner erwähnt der Rektor, daß mehreren wissenschaftlichen Angestellten, so den Professoren Dr. Plaut, Dr. [Hans, S. K.] Türkheim, Dr. [Heinz, S. K.] Werner sowie Dr. [Immanuel, S. K.] Estermann durch die Landesunterrichtsbehörde, Abteilung für Hochschulwesen, ihre Stellung auf den 31. Juli gekündigt worden sei, über ihr Ausscheiden aus dem Lehrkörper sei eine Entscheidung bisher noch nicht getroffen.[447]

Die Landesunterrichtsbehörde scheint mit großem Eifer an der zügigen Umsetzung des „Berufsbeamtengesetzes" gearbeitet zu haben. Zum Ende des Sommersemesters 1933 zeigten sich die Auswirkungen der neuen Gesetzeslage in auffälliger Weise. In der 215. Sitzung des Universitätssenats am 28. Juli 1933 gab der Rektor die Entlassung von Professor Ernst Cassirer gemäß § 3 des Berufsbeamtengesetzes bekannt und berichtete, dass den Honorarprofessoren Ernst Delbanco und Fritz Saxl sowie den nichtbeamteten Professoren Walter A. Berendsohn , Friedrich Wohlwill, Victor Kafka und den Privatdozenten Erwin Jakobsthal, Paul Kimmelstiel, Arthur Haim und Rahel Liebeschütz die Lehrbefugnis entzogen worden sei; ferner sei Professor William Stern mit Wirkung desselben Tages entlassen worden. Gegen die Professoren Theodor Plaut und Kurt Singer schwebe das Entlassungsverfahren. In derselben Sitzung teilte der Rektor mit, er habe sich dafür eingesetzt, „daß sämtliche Entlassungen, soweit sie nicht bereits ausgesprochen seien, mit

445 Vgl. Nicolaysen: Landshut (Anm. 426) 173; Vogel: Anpassung und Widerstand (Anm. 426), 46.

446 Vgl. Nicolaysen: Landshut (Anm. 426), 174.

447 StA HH, Uni I, C 20.4., Bd. 5, Prot. Unisenat, 7. Juli 1933, o. Bl.

Wirkungen von einem und demselben Tage angeordnet würden, damit Ungleichheiten, die als Ungerechtigkeiten empfunden werden könnten, tunlichst vermieden würden".[448]

Nach Theodor Plaut, der schon vor Wirksamwerden seiner Kündigung am 4. Juli 1933 mit Frau und Kindern nach Holland emigriert war, traf das „Berufsbeamtengesetz" Rahel Liebeschütz als nächste in der Familie. Bis einschließlich Sommersemester 1933 hatte sie trotz ihrer kleinen Kinder regelmäßig Vorlesungen am Physiologische Institut gehalten.[449] Im Juli 1933 entzog ihr der hamburgische Senat gemeinsam mit einer Reihe anderer Wissenschaftler die Venia Legendi. In dem Schreiben der Landesunterrichtsbehörde, Abteilung Hochschulwesen vom 31. Juli 1933 hieß es:

> Frau Dr. Rahel Liebeschütz Altona-Blankenese, Schanzkamp 52. Der Herr Reichsstatthalter hat beschlossen, Ihnen auf Grund der Dritten Verordnung zur Durchführung des Gesetzes zur Wiederherstellung des Berufsbeamtentums – Ziffer 8 zu § 7 – die Lehrbefugnis zu entziehen. Die Entziehung wird mit der Zustellung dieses Bescheides wirksam.

Unterzeichnet ist das Schreiben im Auftrag von Adolf Rein.[450]

Die Situation an der Lichtwarkschule

An der Lichtwarkschule war die Situation nach den Osterferien 1933 noch unverändert. Die Atmosphäre sei, so Rahel Liebeschütz, von Solidarität zwischen Lehrern und Schülern geprägt gewesen.[451] Als Hans Liebeschütz dann nach den Sommerferien Mitte August wieder an seine Schule zurückkam,

---

448 StA HH, Uni I, C 20.4., Bd. 5, Prot. Unisenat, 28. Juli 1933, o. Bl.

449 Hamburgische Universität, Verzeichnis der Vorlesungen, Wintersemester 1924/25 bis Sommersemester 1933.

450 StA HH, Uni I, C 20.4, Bd. 5, Prot. Unisenat, The University of Liverpool, University Library Collections and Archives Special Collections and Archives, Cache Hans Liebeschuetz, D 216/1, Brief der Landesunterrichtsbehörde, Abteilung Hochschulwesen an Rahel Liebeschütz mit der Nachricht der Entziehung der Lehrbefugnis vom 31. Juli 1933.

451 Rahel Liebeschütz: Memories, 31.

hatte sich die Lage grundlegend gewandelt. Der Schulleiter Landahl war feierlich abgesetzt und durch den Nationalsozialisten Erwin Zindler (1895–1964) ersetzt worden. Die vier Lehrer, die als Kommunisten bekannt waren, hatten schon früher ihre Kündigung erhalten. Sie wurden nun durch Berthold Ohm und Erich Witter, Mitglieder der NSDAP, ersetzt. Sie sollten die Schule gemeinsam mit dem neuen Schulleiter dem Geist der Zeit anpassen. In den Augen von Rahel Liebeschütz hatte Zindler nicht wirklich einen schlechten Charakter, sondern war eher eine lächerliche Figur. Er hielt sich für einen Schriftsteller und Dichter. Witter und besonders Ohm dagegen schätzte Rahel Liebeschütz als finster und richtig bösartig ein.[452]

Eine neue Vorschrift verpflichtete alle Lehrer, an politischen Schulungen teilzunehmen, eine Verpflichtung, der auch Hans Liebeschütz folgen musste. Die besondere Zusammensetzung des Kollegiums der Lichtwarkschule trug aber dazu bei, dass die politischen Schulungen auszuhalten waren. Der „Esprit de Corps", so Rahel Liebeschütz, habe eine fröhliche Atmosphäre geschaffen und die Situation erträglich gemacht.

Obwohl die Lichtwarkschule nun einen nationalsozialistischen Schulleiter hatte, verlief der Unterricht von Hans Liebeschütz nach Aussage seiner Frau genauso wie vorher. Er unterrichtete Latein und Kulturkunde. Besonders letzteres Fach gab den Lehrern große Freiheit bei der Wahl des Unterrichtsstoffs. Im Schuljahr 1933 bis 1934 gab Hans Liebeschütz die meisten seiner Stunden in der Oberprima. Seine Schüler sollten Ostern 1934 Abitur machen.[453]

Zu einer großen Auseinandersetzung kam es, als die Schüler ihre Abiturklausuren geschrieben hatten. Für den Deutschaufsatz hatte Hans Liebeschütz ihnen ein Thema zu Schillers *Wallenstein* gegeben. Sie hatten diese Tragödie in ihrem letzten Schuljahr gelesen. Zwei Lehrer mussten die Aufsätze korrigieren, in diesem Fall Hans Liebeschütz und Erich Witter, ein scharfer Nationalsozialist. Der letztere sei zu faul gewesen, die Aufsätze zu lesen und habe nur seine Unterschrift daruntergesetzt. Sie wurden zum Schulleiter und dann zum Schulrat gebracht. Am 30. Januar, dem gefeierten Jahrestag von Hitlers Kanzlerschaft, beschuldigte Schulleiter Zindler Hans Liebeschütz im Klassenraum, den Schülern eine falsche Interpretation des *Wallenstein* präsentiert zu haben. Er hätte das Drama als politisches Stück interpretieren sollen, das zeigt, wie der deutsche

452 Rahel Liebeschütz: Memories, 32.

453 Rahel Liebeschütz: Memories, 39.

Patriot Wallenstein unterlag, während er versuchte, seinem Vaterland Frieden zu bringen. Stattdessen habe er es als Tragödie des Ehrgeizes dargestellt. Hans Liebeschütz konnte durch Schillers Briefe an Goethe mühelos zeigen, dass seine Interpretation die des Dichters selbst war. Es entwickelte sich eine lebhafte Diskussion, von der die Schüler begeistert waren. Es war klar, dass der Vorfall Folgen haben würde.[454]

Am 2. Februar 1934 ging Hans Liebeschütz zu Schulrat Walter Behne (1888–1947),[455] um sich über den Vorfall zu beklagen. Schulrat und Schulleiter hatten schon entschieden, dass Hans Liebeschütz gemäß § 6 des neuen „Berufsbeamtengesetzes“ in Pension gehen solle. Schulrat Behne riet Hans Liebeschütz, dies zu akzeptieren. Niemand wisse, welche Erlasse Hitler in Zukunft herausgeben würde. Es könne passieren, dass § 6 gestrichen werde. Damit würde die bevorzugte Behandlung der ehemaligen Frontkämpfer enden und Hans Liebeschütz ohne Bezüge entlassen werden. Die Schulbehörde müsse Platz schaffen für junge, eine Anstellung suchende Lehrer. Behne gab Hans Liebeschütz auch einige nützliche Ratschläge. Er solle von seiner Venia Legendi Gebrauch machen und Latein an der Universität unterrichten.

Rahel Liebeschütz schrieb, ihr Mann habe ihr erzählt, dass er auf Behnes Rat entschieden geantwortet habe. Schulrat Behne leitete Hans Liebeschütz' Klage an einen anderen Schulrat, Theodor Mühe (1875–1962), weiter.[456] Mühe war laut Rahel Liebeschütz ein aggressiver Vertreter der DNVP, aber nicht antisemitisch. Er beteuerte, unschuldig zu sein an allem, was die gegenwärtige Regierung mache. Er hob aber hervor, dass Hans Liebeschütz als bekanntermaßen guter Lehrer und Gegner des Regimes besonders gefährlich sei. Er wiederholte auch das Argument Behnes hinsichtlich der Anstellung junger Lehrer, worauf Hans Liebeschütz ironisch geantwortet habe, dass es dann keine Alternative gebe, als die alten Frontkämpfer loszuwer-

---

454 Rahel Liebeschütz: Memories, 39 f.

455 StA HH, 361-3, Schulwesen-Personalakten, A 1381, Personalakte Walter Behne. Oberschulrat Dr. Phil. Walter Behne (1888–1947) war seit September 1931 Mitglied der NSDAP, seit 1932 SA-Mitglied (Obertruppführer); ab 1919 unterrichtete er als Oberlehrer an der Bismarck-Oberrealschule und wurde 15.11.1933 Oberschulrat und Leiter des Höheren Schulwesens in Hamburg. Er wurde 1947 in Belgrad als Kriegsverbrecher hingerichtet.

456 Rahel Liebeschütz: Memories, 41.

den. Diese Bemerkung brachte den nationalistischen Zivilisten aus der Fassung. Zum Schluss sagte er, es müsste leicht für Hans Liebeschütz sein, Arbeit an einer jüdischen Schule zu finden.

Bezüglich Behnes Rat, Latein an der Universität zu unterrichten, hielt Hans Liebeschütz es für sinnvoll, den Vorschlag mit Snell zu besprechen, der sich sofort bereit erklärte zu helfen. Da aber die Anfrage auch an den späteren Rektor der Universität Adolf Rein gehen würde, sei es für Hans Liebeschütz absolut inakzeptabel gewesen.[457] Snell hatte sich bereits im August 1933 für Hans Liebeschütz eingesetzt. In einem Schreiben an die Landesunterrichtsbehörde vom 16. August 1933 beantragte er, dass Hans Liebeschütz „in Zukunft seine Übungen auf dem Gebiet der mittellateinischen Philologie im Seminar für klassische Philologie abhält", anstatt wie bisher am Historischen Seminar.[458] Offensichtlich hatte Snell mit diesem Antrag Erfolg, denn im Vorlesungsverzeichnis des folgenden Semesters findet sich nach der Ankündigung von Hans Liebeschütz' Übung unter der Rubrik *mittellateinische Philologie* der Vermerk *klassische Philologie*.[459] Möglicherweise erfolgte das, weil Hans Liebeschütz so nicht mehr der direkten Kontrolle des Historikers Rein unterlag.

Ende des Schuljahrs hatte Hans Liebeschütz in seiner Schule eine weitere Auseinandersetzung. Schulleiter Zindler wählte als Ziel seiner Kritik die Schülerjahresarbeiten der Schüler, die Hans Liebeschütz unterrichtete. Diese Jahresarbeiten ermöglichten es den Schülern der Oberstufe, durch eine intensive Auseinandersetzung mit einem von ihnen gewählten Spezialthema ihren individuellen Neigungen nachzugehen. Sie konnten sich dadurch auf ihre vierte schriftliche Abiturprüfung vorbereiten, deren Themengebiete an der Lichtwarkschule wahlfrei waren.[460] Bei einer Jahresarbeit über einen mittelalterlichen Text, die von Hans Liebeschütz betreut wurde, behauptete Zindler, dass der Titel in schlechtem Latein geschrieben sei. Hans Liebeschütz entgegnete, dass es sich

---

457 Rahel Liebeschütz: Memories, 41.

458 StA HH, HW-DPA IV 1197, Bl. 3, Personalakte Hans Liebeschütz. Hans Liebeschütz las im Wintersemester 1933/34 über Literaturgeschichte der lateinischen Spätantike und hielt eine Übung über *Augustinus de civitate dei* ab (Vorlesungsverzeichnis 1933/34).

459 Hamburgische Universität, Verzeichnis der Vorlesungen, Wintersemester 1933/34.

460 Vgl. Lehberger: Lichtwarkschule, 6.

um den originalen mittellateinischen Wortlaut handele. Wieder seien die Schüler begeistert gewesen. Rahel Liebeschütz schrieb, es sei gut gewesen, bei Vorfällen wie diesem „Dampf abzulassen", aber es habe keine Wirkung gehabt, weil die Pensionierung aller unerwünschten Beamten schon lange auf höchster Ebene entschieden gewesen sei.[461]

Hans Liebeschütz war einer der ersten, der gemäß § 6 des „Berufsbeamtengesetzes" entlassen wurde.[462] Am 26. März 1934 entzog der Reichstatthalter auf Vorschlag des hamburgischen Senats auf dieser Grundlage einer Reihe von Hochschullehrern der Hamburger Universität, unter diesen auch dem Privatdozenten Hans Liebeschütz, die Lehrbefugnis.[463] Rahel Liebeschütz schrieb darüber später in ihren Erinnerungen, dass sie die Entlassungen mit derselben Post erhalten hätten. Ein Verbot, den früheren Arbeitsplatz zu betreten, sei etwas später gefolgt.[464]

Nach seiner Entlassung wandte sich Hans Liebeschütz in einem Brief an Karl Hampe, seinen früheren Doktorvater, in der Hoffnung, dass dieser ihm bei der Stellensuche helfen könne. Hampe antwortete auf den Brief:

> Lieber Herr Doktor!
> Ihren Brief vom 2/ 9 34 erhielt ich noch im Sommeraufenthalt, wollte aber der Beantwortung warten, um zu Hause zu sehen, ob ich noch Namen und Adresse des Professors aus der Harvard – Universität fände, der jetzt Hoskins vertritt und mir kürzlich Grüße von Eugen

---

461 Rahel Liebeschütz: Memories, 42.

462 Rahel Liebeschütz: Memories, 42.

463 StA HH, HW-DPA IV 1197, Bl. 4, Personalakte Hans Liebeschütz, Hamburgische Universität.

464 Rahel Liebeschütz: Memories, 42. Hier weisen ihre Erinnerung eine Unstimmigkeit auf, denn der Entzug ihrer Lehrbefugnis ist mit dem 31. Juli 1933 datiert (The University of Liverpool, University Library, Special Collection and Archives, Cache Hans Liebeschütz, D 216/1, Kündigungsschreiben an Rahel Liebeschütz). In ihrem Lebenslauf und in einem Fragebogen der SPSL, der einen Eingangsstempel vom 26. April 1944 trägt, gab sie als Datum der Benachrichtigung ihrer Kündigung 1933 an. Rahel Liebeschütz, Curriculum Vitale, SPSL 418/3, 97 und Fragebogen General Information/Allgemeine Auskunft SPSL, 418/3, 99, Bodleian Library Oxford. Die Kündigung von Hans Liebeschütz hingegen wird in den Akten des Universitätssenats am 26. März 1934 und einige Tage später in ihrem Tagebuch erwähnt. Im Tagebuch notierte sie am 29. März 1934: „Heute kommt der ‚Brief' von der Uni. Wegen Umstellung der Uni Entziehung der Lehrbefugnis." Mit dem Brief muss die Nachricht an Hans Liebeschütz gemeint sein, in der mitgeteilt wurde, dass ihm die Venia Legendi entzogen wurde.

> Rosenstock brachte. Ich habe den Namen leider nicht mehr gefunden; aber durch Prof. Rosenstock, der in Harvard ist, könnten Sie wohl über die dortigen Verhältnisse Auskunft erhalten. [...]
>
> Sonst wüßte ich Ihnen kaum über Amerika etwas zu sagen.
>
> Es hat mir aufrichtig leid getan, daß Sie sogar als Kriegsbeschädigter so hart betroffen sind! Wenden Sie sich doch einmal an Prof. Schramm i. Göttingen, ob er nicht für seine verschiedenen Arbeiten einen mittellateinischen Hilfsarbeiter braucht.
>
> Es würde mich sehr freuen, von Ihnen gelegentlich weiter u. hoffentlich Gutes zu hören.
>
> Einstweilen mit bestem Gruß
>
> Stets Ihr K. Hampe[465]

Hampe zeigt in seinem Brief, welche Wertschätzung er seinem früheren Doktoranden entgegenbrachte und wie sehr er es bedauerte, dass Liebeschütz seine Stelle verloren hatte. Er gab sich große Mühe, Liebeschütz zu helfen, musste aber eingestehen, dass seine Möglichkeiten begrenzt waren.

---

465 The University of Liverpool, University Library, Special Collection and Archives, Cache Hans Liebeschuetz, D 216/1, Brief von Karl Hampe vom 12.9.1934.

Das Leben der Familie Liebeschütz unter dem Nationalsozialismus

Hausbau und Umzug

Trotz aller negativen Erfahrungen entschieden sich Hans und Rahel Liebeschütz im Sommer 1933, ein Haus für sich und ihre Familie bauen zu lassen. Rahel Liebeschütz' Mutter gefiel der Gedanke nicht, dass auf ihrem Grundstück gebaut würde, aber sie wollte auch nicht, dass ihre Kinder wegzogen. Da Rahel und Hans Liebeschütz' ältester Sohn Wolfgang Ostern 1934 zur Schule kommen sollte, mussten die regelmäßig jährlich stattfindenden Umzüge zwischen Stadt und Land aufhören. Wegen der Kinder sollte der feste Wohnsitz Dockenhuden sein. Das alte Haus der Mutter von Rahel Liebeschütz war nicht geeignet, weil es im Winter nicht richtig heizbar war und die gemeinsame Nutzung mit der Familie ihrer Schwester aus Berlin im Sommer sich als unzumutbar herausgestellt hatte. Daher kauften Hans und Rahel Liebeschütz ein Stück Land östlich des Hauses der Mutter, und Hans Liebeschütz setzte sich mit einem Architekten in Verbindung, der für einen seiner Kollegen ein ansprechendes Haus entworfen hatte. Anfang Juli 1933 begannen die Bauarbeiten und im Herbst 1933 war das Haus fertig. Den kommenden Winter verbrachte die Familie Liebeschütz noch in der Neuen Rabenstraße, während der Neubau austrocknete. Am 21. März 1934 zogen sie in das neue Haus in Dockenhuden ein.[466]

Hans und Rahel Liebeschütz müssen sich 1933 demnach noch sicher in Deutschland gefühlt haben. Dabei vertrauten sie sogar den nationalsozialistischen Gesetzen, da sich in diesem Fall durch den Hindenburg-Paragrafen geschützt fühlten. Sie konnten sich offenbar nicht vorstellen, dass sich die Situation innerhalb von relativ kurzer Zeit sehr für sie verschlechtern würde.

466 Rahel Liebeschütz: Memories, 30 f.

Kindheit von Wolfgang, Hugo und Elisabeth Liebeschütz

Ostern 1934 kam Wolfgang, der älteste Sohn von Hans und Rahel Liebeschütz, in die Schule. Da die jüdische Schule in Altona zu weit entfernt war, beschlossen die Eltern, ihren Sohn zur Grundschule in Dockenhuden zu schicken. Sie lag in unmittelbarer Nähe ihres Grundstücks. Rahel Liebeschütz schrieb über diese Schule:

> Die Schule hatte den Ruf, erstklassig zu sein und der Lehrer Herr Hahn, der die erste Klasse Ostern übernehmen sollte, galt als ein sehr fähiger Pädagoge. Leider war er nicht nur Parteimitglied der NSDAP, sondern auch Standartenführer der SS. Bekannte versicherten aber, dass sein Verhalten das nicht verraten würde.[467]

Am 10. April 1934 hatte Wolfgang seinen ersten Schultag. Rahel Liebeschütz schrieb darüber in ihr Tagebuch:

> Um 10 mit Wolfgang da. Im Turnsaal alle Eltern mit Kindern versammelt. Der Direktor redet. Dann muss jedes Kind vortreten, kriegt ein Sparkassenbuch und stellt sich in die Reihe hinter den Klassenlehrer. Für 100 Kinder sind 2 Klassen da. Wolf kriegt Herrn Hahn. Frau Warburg sagt, er sei der beste Lehrer der Schule. Ihre Renate kommt in dieselbe Klasse.[468]

Der Vergleich des Tagebucheintrags mit den Erinnerungen ergibt hier, dass das Tagebuch lediglich die Fakten enthält, während die Erinnerungen auch die Einschätzung der Situation wiedergeben.

Rahel Liebeschütz erinnerte sich, dass sie und ihr Mann die weitere Entwicklung ängstlich beobachteten. In einem Gespräch, das Rahel Liebeschütz mit Hahn über das, was sie als Wolfgangs Isolation wahrnahm, führte, bestritt dieser, dass die Kinder irgendetwas von Antisemitismus wüssten. Er sagte, solange der Führer es erlaubte, sollte kein Unterschied zwischen Juden und Nichtjuden

---

467 Rahel Liebeschütz: Memories, 46.

468 Tagebuch 1934, Eintrag vom 10.4.

Abb. 11: Das Haus der Familie Liebeschütz, Schanzkamp 5 (Foto: Wolfgang Liebeschuetz; Hamburger Bibliothek für Universitätsgeschichte).

gemacht werden. Deswegen wollte er auch nicht, dass Wolfgang neben Renate Warburg saß. Hans Liebeschütz sprach ebenfalls einmal mit dem Lehrer, der auf ihn einen ausgezeichneten Eindruck als Pädagoge machte. Interessanterweise sah er in dem Lehrer auch einen Nazi und Sozialisten. Die neutrale Haltung des Lehrers gegenüber den jüdischen Schülern entsprang demnach nicht einer inneren Überzeugung, sondern hing vor allem von der jeweiligen Entscheidung Hitlers ab. Nach diesem Gespräch mit Hans Liebeschütz fragte Hahn Ilse Warburg, ob ihre Tochter jemals Antisemitismus gespürt habe. Sie stritt das energisch ab und ergänzte, was Hahn über Rahel Liebeschütz gesagt habe. Er war der Meinung, sie erziehe ihren Sohn bewusst zu einem Rassisten auf der anderen Seite. Rahel Liebeschütz entgegnete, sie habe von ihren Eltern gelernt, dass ein kämpferischer Geist das einzige Gegenmittel gegen einen Mangel an Selbstbewusstsein in einer Außenseitersituation sei. Wolfgang Liebeschütz gewöhnte sich mit der Zeit an die neue Umgebung und bekam Spaß an der Schule.

Später ging er sogar sehr gern dorthin. Er hatte sich mit einem Mädchen angefreundet und über seinen Lehrer sagte er, dass der im Herzen sicherlich überhaupt kein Nazi sei.[469] Dies ist ein offensichtlicher Widerspruch zur Einschätzung des Vaters, was möglicherweise damit zusammenhängt, dass der Vater zu seiner Meinung aufgrund der Unterhaltung mit dem Lehrer kam, während Wolfgang Liebeschütz hauptsächlich Hahns Verhalten bewerten konnte.

Rahel Liebeschütz' Schilderung der Situation in der Schule ihres Sohnes Wolfgang zeigt, dass sie und ihr Mann die Befürchtung hatten, Wolfgang könne durch den Einfluss des nationalsozialistischen Lehrers unter Antisemitismus zu leiden haben. Durch mehrere Gespräche mit diesem Lehrer ließen sie sich aber beruhigen, dass dies nicht der Fall sei.

Neben dem im elterlichen Haus stattfindenden Englischunterricht erhielten die Liebeschütz-Kinder auch Turnstunden zu Hause. Erika Busdorf, die Haushaltshilfe der Familie, war eine gute Sportlerin und hatte Freude daran, die Kinder zu unterrichten. Als Rahel Liebeschütz' Mutter dauerhaft nach Dockenhuden zog, brachte sie als ihre Haushaltshilfe Greta Wolff mit. Hinsichtlich ihrer sportlichen Leistungen entsprach sie, so Rahel Liebeschütz, beinahe olympischem Standard. Im Garten der Familie Liebeschütz standen auf einer Wiese unter einer Ulme alle zum Sportunterricht üblichen Geräte. Die Sportstunden fanden regelmäßig zu festen Zeiten statt. Bald kamen zu den Liebeschütz-Söhnen andere Kinder hinzu und turnten mit. Auch die Cousins aus Berlin nahmen während der Ferien regelmäßig teil. Wolfgang Liebeschütz' Klassenkameradin Renate Warburg kam mit ihrer älteren Schwester Marion. Sie brachten nach kurzer Zeit ein anderes Mädchen aus Wolfgangs Klasse mit, und zwar Annelore Löhmann. Mit ihr gab es einen Zwischenfall, der die Warburg-Kinder veranlasste, nicht mehr zum Turnen zu kommen. Nach einer Turnstunde versammelten sich die Kinder zu einem gemeinsamen Spiel, worauf Annelore zu einem der jüdischen Kinder sagte, dass sie nicht mit ihm spielen würde, wofür sie sich allerding hinterher entschuldigte. Ein anderes Mal erschien Annelore aber in der BDM-Uniform. Rahel Liebeschütz fand, das sei zu viel gewesen. Sie schrieb einen Brief an die Mutter, in dem sie bat, Annelore nicht mehr zum Turnen zu schicken. Nach diesem Vorfall wollten die Warburg-Mädchen nicht mehr zum Turnen kommen. Ihre Eltern machte das zwar traurig, aber sie unternahmen

[469] Rahel Liebeschütz: Memories, 56.

nichts. Für Ilse Warburg war Annelore Löhmanns Verhalten eindeutig antisemitisch motiviert. Später erzählte sie, dass Annelore sich in höchst vulgärer Weise über die jüdische Herkunft einer ihrer Töchter geäußert hatte. Von daher lässt sich schließen, dass der oben geschilderte Konflikt einen antisemitischen Hintergrund hatte.

Ilse Warburg gab auch zu, dass der Lehrer Hahn sich änderte. Er predigte nun die nationalsozialistische Doktrin, Antisemitismus eingeschlossen, im Klassenzimmer.[470]

Der Vorfall mit Annelore Löhmann zeigt, dass die nichtjüdische Umgebung keine Rücksicht auf die Befindlichkeit der Familie Liebeschütz nahm und ihren Antisemitismus offen zeigte. Es kam jedoch nicht durch die nationalsozialistisch gesinnten Freunde zum Abbruch der Beziehungen, sondern durch die Liebeschütz' selbst, weil der Antisemitismus, der ihnen entgegengebracht wurde, die Grenze des für sie Erträglichen überschritten hatte. Mit ihrer Befürchtung, dass der nationalsozialistische Lehrer Hahn Antisemitismus ins Klassenzimmer tragen würde, hatten sie Recht. Es ist anzunehmen, dass die Veränderung seines Verhaltens durch Anweisung von oben ausgelöst wurde.

Über den Vorfall mit den Warburg-Kindern schrieb Rahel Liebeschütz am 1. März 1938 in ihr Tagebuch:

> Gogo [Hugo, S. K.] sagte als ich ihn fragte, ob er zu Warburgs gehen wolle: „Nein, da gehe ich nicht hin; die sind nicht mehr zur Turnstunde gekommen. Was sind die überhaupt: Juden oder Christen? – Mit Christen will ich überhaupt nichts zu tun haben."[471]

Hans und Rahel Liebeschütz unternahmen viel, um ihren Kindern die Nachteile, die sie durch die politischen Verhältnisse erlitten, auszugleichen. Wolfgang Liebeschütz bekam, seit er acht Jahre alt war, regelmäßigen Unterricht an einer Reitschule und entwickelte eine Leidenschaft für das Reiten. Hans Liebeschütz förderte dieses Interesse als Gegengewicht zu demütigenden Erfahrungen. Die beiden Liebeschütz-Jungen lernten außerdem schon früh schießen.[472]

---

470 Rahel Liebeschütz: Memories, 49 f.

471 Rahel Liebeschütz, Tagebuch 1938, Eintrag vom 1.3.

472 Rahel Liebeschütz: Memories, 50.

Rahel Liebeschütz unternahm mit Wolfgang gemeinsame Ausritte. Der Verantwortliche des Stalls, von dem aus sie ritten, hatte genügend Vertrauen in Wolfgang und erlaubte ihm und seiner Mutter, seine Pferde unbegleitet zu reiten. So erkundeten sie zusammen das Klövensteener Gehege, ein Wald zwischen Blankenese und Rissen, wo sie kaum einer Menschenseele begegneten. Einmal waren Wolfgang, seine Mutter und zwei SS-Männer im Reitstall. Der eine SS-Mann konnte sein Pferd nicht dazu bringen zu galoppieren. Der Lehrer sagte Rahel Liebeschütz, sie solle die Führung übernehmen. Sie und Wolfgang genossen das.[473]

Über das Sportprogramm der Kinder von 1936 berichtete Rahel Liebeschütz: Im Sommer 1936 wurde das Schwimmen eine willkommene Ergänzung des Sportprogramms der Kinder. Es gab ein Schwimmbecken am Kösterberg im Park der Familie Warburg. Diejenigen, die der Besitzer kannte, bekamen in großzügiger Weise die Erlaubnis, es zu benutzen. Die Familie Liebeschütz war häufig allein dort. Wenn andere Badende kamen, gehörten sie meistens zum Kreis um Ilse Warburg und Elisabeth Fischer. Bei einer Gelegenheit machten Kinder nicht-jüdischer Freunde von Erich Warburg antisemitische Späße über den Besitzer Fritz Warburg, als er badete. Dieser war darüber so verärgert, dass er die Erlaubnis zu baden, fortan einschränkte.[474]

Trotz der Bedrohung durch die Nazis, trotz ihrer eigenen Ängste und Sorgen scheint es Hans und Rahel Liebeschütz gelungen zu sein, ihren Kindern eine relativ unbeschwerte Kindheit zu ermöglichen. Rahel Liebeschütz schrieb in ihren Erinnerungen, wenn man das Tagebuch von 1938 lese, sei man erstaunt über den Kontrast ihrer bedrohten Existenz und dem glücklichen, sorglosen Leben ihrer Kinder. Wolfgang Liebeschütz bestätigte, was seine Mutter in ihren Erinnerungen über seine Kindheit und die seiner Geschwister geschrieben hat. Auf die Frage, ob es trotzdem einschneidende Erlebnisse gegeben habe, antwortete er:

> Ja, einschneidend war, als der Lehrer von der Dockenhudener Volksschule eines Tages sagte: „Du kannst nach Hause gehen."

---

473 Rahel Liebeschütz: Memories, 110.

474 Rahel Liebeschütz: Memories, 82.

> Dann bin ich nach Hause gegangen. Seitdem bin ich nicht mehr auf der Dockenhudener Schule gewesen.[475]

Nachdem Wolfgang der Schulbesuch an einer öffentlichen Schule fortan nicht mehr erlaubt war, mussten sich Hans und Rahel Liebeschütz Gedanken machen, welche Schule für Wolfgang in Zukunft in Frage käme. Sie hielten die jüdische Schule in Altona an der Palmaille nicht geeignet für ihre Kinder. Sie war zu weit entfernt und hatte keine direkte Verbindung mit öffentlichen Verkehrsmitteln. Außerdem war die Schule ultra-orthodox. Hans Liebeschütz verhandelte mit dem Vorstand der jüdischen Schule. Die Eltern in den Elbvororten würden die Erlaubnis erhalten, einen Lehrer an einem von ihnen bestimmten Ort einzustellen und zu bezahlen. Diese Klasse würde ein Teil der Palmaille-Schule bleiben und den Regeln und der Aufsicht dieser Schule unterliegen. Die Eltern müssten Kinder hinzunehmen, die der Vorstand der Palmaille-Schule ihnen zuwies. Hebräisch und Religion müssten in Übereinstimmung mit dem jüdischen Brauch unterrichtet werden, die Klasse müsste an den Schulfesten teilnehmen.

Nachdem Hans Liebeschütz diese Bedingungen akzeptiert hatte, fand der Unterricht im Wohnzimmer des Hauses von Rahel Liebeschütz' Mutter in Dockenhuden statt. Die Lehrerin, Henriette Arndt, hatte zuvor an einer staatlichen Grundschule unterrichtet und dort ihre Stelle verloren, weil sie jüdisch war. Ursprünglich hatte sie wenig Wissen über Judaismus gehabt, sich dann aber auf das Hebräischlernen und moderne Methoden, diese Sprache zu unterrichten, konzentriert.[476]

Wolfgang Liebeschuetz gab an, er habe in der Schule keinen Antisemitismus erlebt.[477] Das ist nur schwer nachvollziehbar. Die Zwangsabschulung war eine folgenreiche, sehr einschneidende Maßnahme. Der Zwischenfall mit Wolfgang Liebeschütz' Klassenkameradin Annelore Löhmann zeigt, dass die Kinder selbst in der beschützenden Umgebung von Dockenhuden nicht gänzlich vom Antisemitismus abgeschirmt waren. Es ist möglich, dass Wolfgang Liebeschütz die Erinnerung an dieses Erlebnis verdrängt hat.

---

475 Gespräch mit Wolfgang Liebeschuetz am 3.2.1999, Archiv Silke Kaiser.

476 Rahel Liebeschütz: Memories, 67–69.

477 Gespräch mit Wolfgang Liebeschuetz am 3.2.1999, Archiv Silke Kaiser.

Er wurde 1938 Mitglied in der Jugendorganisation des Reichsbundes jüdischer Frontsoldaten. Sie trafen sich jeden Montagnachmittag auf einem Spielgelände in Lokstedt. Hier lernte er von einem anderen Jungen Rugby spielen, was ihm später das Einleben in England sehr erleichterte.[478]

Die Liebeschütz-Kinder hatten Kontakte zu anderen Kindern, jedoch beschränkte sich ihr Freundeskreis auf jüdische Kinder. Außer mit ihren Cousins und Cousinen spielten sie mit den Gowa-Kindern, mit Lujo Leopold, Gloria Mangold und einem neuen Mädchen namens Clara Moeller. Wenn Geburtstage gefeiert wurden, zeigte Frau Gowa ein großes Talent, die Kinder zu unterhalten.[479]

Ausschaltung der Opposition: Die politische Lage spitzt sich zu

Im Sommer 1934 gab es in der Politik zwei entscheidende Ereignisse: Am 30. Juni ließ die führende Gruppe der NSDAP unter Leitung von Hitler, Göring und Heinrich Himmler (1900–1945) im Einvernehmen mit der Reichswehrführung durch die SS ein Blutbad unter den eigenen Anhängern anrichten. Zu den Opfern zählten der Chef der SA, Ernst Röhm (1887–1934), und der frühere Reichskanzler von Schleicher und seine Frau Elisabeth von Schleicher (1893–1934). Durch die Attentate gelang es der NSDAP, die Opposition in den eigenen Reihen niederzuwerfen. Der Konkurrenzkampf zwischen SA und Reichswehr um die Führung der bewaffneten Macht wurde zugunsten der letzteren entschieden. Am 2. August starb Reichspräsident von Hindenburg. Hitler vereinigte durch das „Gesetz über das Staatsoberhaupt des Deutschen Reiches“ vom 1. August 1934 die Ämter des Reichspräsidenten und des Reichskanzlers in einer Person und ließ die Wehrmacht auf sich vereidigen.[480] Die sogenannte Volksabstimmung über das Gesetz vom 1. August, die am 19. August 1934 stattfand, brachte Hitler 86,6 Prozent der Stimmen. Über vier

---

478 Rahel Liebeschütz: Memories, 110.

479 Rahel Liebeschütz: Memories, 111.

480 Wolfgang Benz: Die Geschichte des Dritten Reiches. München 2000; Wolfgang Benz/Hermann Graml/Hermann Weiß (Hrsg.): Enzyklopädie des Nationalsozialismus. Stuttgart 1997; Hans Mommsen: Der Nationalsozialismus und die deutsche Gesellschaft. Ausgewählte Aufsätze, zum 60. Geburtstag. Hrsg. von Lutz Niethammer und Bernd Weisbrod. Reinbek bei Hamburg 1991.

Millionen stimmten gegen ihn und über 800.000 gaben ungültige Stimmen ab. Rund zwei Millionen Wähler blieben der Abstimmung fern.[481] Rahel Liebeschütz schrieb über die Volksabstimmung, sie hätten noch ihre Stimme gehabt und mit Nein gestimmt, wie es zweifellos alle Juden getan hätten.[482]

Der Freund der Familie Liebeschütz, Marcks, der einen hohen Posten in der Regierung von Schleicher gehabt hatte, war, als Hitler das Kanzleramt übernommen hatte, entlassen worden. Er arrangierte sich aber mit dem neuen Regime und kehrte in den aktiven Militärdienst zurück. Als Oberst wurde er nach Münster in Westfalen versetzt. Seine Frau Elisabeth und Rahel Liebeschütz pflegten einen intensiven Briefwechsel. Bei den Besuchen von Elisabeth Marcks in Hamburg diskutierten beide viel über die politischen Ereignisse. Rahel Liebeschütz wusste, dass ihre Freundin es vorgezogen hätte, nicht über Politik zu sprechen, aber wie hätte sie das tun können, wenn jeder Aspekt ihres Lebens dadurch überschattet wurde? Im Frühjahr 1934 schrieb Rahel Liebeschütz an Elisabeth, sie glaube nicht, dass ihre Freundschaft weiterbestehen könnte. Elisabeth Marcks wollte davon nichts hören. Sie meinte, echte Freundschaft sei untrennbar. Sie akzeptierte aber, dass Rahel Liebeschütz ihre Patenschaft für Elisabeth Marcks' Sohn, Hermann, beendete. Als die Söhne von Elisabeth Marcks, Hermann und Erich, der Hitlerjugend beitraten, hielt Rahel Liebeschütz ihrer Freundin vor, sie opfere ihre Kinder „dem Moloch". Elisabeth Marcks antwortete darauf, dass sie als Soldatensöhne wesentlich unabhängiger als andere seien. Sie waren beide Truppführer und dürften mit ihrer Truppe lesen, was sie für richtig hielten. Rahel Liebeschütz fand das nicht überzeugend, verstand aber, dass ihre Freundin keine Wahl hatte. Letztere habe ihre Position mit der Jonathans in der Bibel verglichen. Sein Platz war bei seinem Vater, selbst wenn König Saul unrechterweise seine Freunde verfolgte. Offensichtlich gab es aber trotz der Aufkündigung der Freundschaft durch Rahel Liebeschütz weitere Treffen zwischen den beiden Freundinnen, die jedoch nicht unbelastet von der politischen Entwicklung waren.[483]

---

481 Vgl. Wendt, Deutschland 1933–1945 (Anm. 405), 46 f.; ferner Berndt Jürgen Wendt: Das nationalsozialistische Deutschland. Berlin 1999, 119; Ludolf Herbst: Das nationalsozialistische Deutschland 1933–1945. Die Entfesselung der Gewalt. Rassismus und Krieg. Frankfurt/Main 1996, 116–118.

482 Rahel Liebeschütz: Memories, 52.

483 Rahel Liebeschütz: Memories, 52 f.

Am 20. April 1936 schrieb Rahel Liebeschütz in ihr Tagebuch: „Dann kommt Ibi. Sie erzählt viel von ihrer Familie. [...] Über die Juden geraten wir uns wieder in die Haare."[484] Es wird deutlich, dass die Freundschaft der beiden Frauen starken Belastungen ausgesetzt war. Wie bei den Beendigungen von Hans Liebeschütz' Freundschaften ging der Kontaktabbruch von der Liebeschütz-Seite aus und wurde von der anderen Seite nicht akzeptiert.

Im August 1934 kam die Familie Marcks nach Blankenese. Als Rahel Liebeschütz sie besuchte, fand sie das Haus überall mit der Reichskriegsflagge dekoriert, nicht mit Hakenkreuzen. Rahel Liebeschütz, das Ehepaar Marcks und deren Eltern Tietgens saßen zusammen auf der Terrasse.[485] Rahel Liebeschütz diskutierte mit Erich Marcks. Sie schrieb darüber in ihr Tagebuch:

> Es entspinnt sich eine Diskussion über den Nationalsozialismus, von dem Standpunkt, ob das Behaupten hoher Ziele die Mittel wert sei. Er ist 100 %. Seine Argumente kennt man alle. Schleicher hat er schon mit Rücksicht auf das Ziel verschmerzt. Er wird noch mit der Säuberung fortfahren und entschuldigt alles Schlachten als unvermeidlich bei grossen Ereignissen. Ich halte nicht mit meiner Meinung zurück und sage u. a. das System brauche Sklavennaturen. Ibi will die Unterhaltung beenden, aber die alten Tietgens wollen es weiter hören.[486]

In ihren Erinnerungen schrieb Rahel Liebeschütz, Erich Marcks habe die Diskussion höflich beendet, indem er bedauerte, dass Hans und Rahel Liebeschütz nicht an den großartigen Ereignissen der Zeit teilnehmen könnten.[487]

Wie bereits mit anderen Freunden, die sich dem Nationalsozialismus zugewandt hatten, erlebten Hans und Rahel Liebeschütz mit dem Ehepaar Marcks die Taktlosigkeit dieser Menschen, die offensichtlich so von ihrer Ideologie überzeugt waren, dass sie nicht merkten, wie sehr sie ihre langjährigen Freunde kränkten. Erich Marcks glaubte so sehr an den Nationalsozialismus, dass er meinte, dessen verbrecherische Seiten tolerieren zu müssen.

---

[484] Tagebuch 1936, Eintrag vom 20.4.

[485] Rahel Liebeschütz: Memories, 53.

[486] Tagebuch 1934, Eintrag vom 23.8.

[487] Rahel Liebeschütz: Memories, 53 f.

Die Auswirkungen des „Arierparagraphen"

Nach und nach führten fast alle Vereine, denen Hans und Rahel Liebeschütz angehörten, den sogenannten „Arierparagraphen" ein, das heißt, Juden wurden ausgeschlossen. Die Weise, in der Rahel Liebeschütz in ihren Erinnerungen ihre Teilnahme in den verschiedenen jüdischen Vereinen und ihre Unterrichtstätigkeit an der jüdischen Hauswirtschaftsschule sowie am Israelitischen Krankenhaus schilderte, deutet darauf hin, dass sie sich mit den Verhältnissen arrangierte. Sie beklagte die Situation nicht und äußerte keine Worte des Bedauerns.

Anstatt jeden Dienstag zum Ärzteverein zu gehen, besuchte Rahel Liebeschütz nun die Treffen einer neuen jüdischen Ärztegesellschaft, die sich im Israelitischen Krankenhaus versammelte. Sie waren gut besucht und hatten, so Rahel Liebeschütz, einen hohen Standard. Ärzte, die die Nationalsozialisten als „Voll-, Halb- oder Vierteljuden" eingestuft hatten, die oft herausragende Positionen an Krankenhäusern und Universitäten anderer Städte hatten, waren froh, eine Stelle am Israelitischen Krankenhaus in Hamburg zu finden.[488]

Im Juni 1936 unterrichtete Rahel Liebeschütz Physiologie und Pathologie an einer jüdischen Hauswirtschaftsschule und im folgenden Winter am Israelitischen Krankenhaus.[489]

Das Jahr 1935 und die „Nürnberger Gesetze"

Die Erwachsenen der Familie waren mit der Verwaltung und Anpassung der Investition des Familien-Vermögens, dem Rudolph-Brach-Testament, an die wirtschaftliche Situation beschäftigt.[490]

Rahel Liebeschütz beschrieb in ihren *Memories* die Geschichte des Rudolph-Brach-Testaments: Ihr Großvater Rudolph Brach hinterließ bei seinem Tod am 5. September 1907 ein Vermögen von ungefähr 16 Millionen Mark. In einem Testament hatte er 1904 verfügt, dass dieses Kapital nicht vor dem

---

488 Rahel Liebeschütz: Memories, 44 f.

489 Rahel Liebeschütz: Memories, 74 f.

490 Rahel Liebeschütz: Memories, 57 f; Testament Rudolph und Friederike Brach, Privatarchiv Familie Carver, Winchester.

Tod der letzten seiner drei Töchter aufgeteilt werden solle. Solange seine Witwe lebte, solle sie die Erlöse erhalten, aber auch nach ihrem Tod solle das Vermögen intakt bleiben und von Testamentsvollstreckern verwaltet werden. Für diese Aufgabe bestimmte der Erblasser 1904 seinen Sohn Rudolf, seinen Schwiegersohn Baron Victor Schosberger und seine eigene Frau. Im Jahr 1906 bestimmte er dann seinen anderen Schwiegersohn Hugo Carl Plaut zu einem weiteren Testamentsvollstrecker. Nach Krieg und Inflation schlug Rudolf Brach (1871–1937) als Haupttestamentsvollstrecker vor, einen Teil des Vermögens zu teilen, während der Rest unberührt als Reserve für die Zukunft bleiben solle. Die Erlöse dieser Reserve sollten reinvestiert werden, um das verminderte Kapital wieder zu vermehren. Dieser Vorschlag wurde akzeptiert. Großmutter Brach bekam die Häuser in den Colonnaden, Rudolf das Landgut Kaltenhof-Stodthagen, Adele Plaut den Hof Majenfelde, Rahel Liebeschütz' Tante Lily das Gut Dunkelsdorf und Rahel Liebeschütz' andere Tante Maguerite ein Haus in Budapest. Wertunterschiede wurden in bar ausgeglichen. Theodor Plaut folgte seinem Vater als einer der Testamentsvollstrecker des verbliebenen „Trusts".

Anfang 1935 kam Victor Schosberger nach Hamburg. Er schlug vor, dass es nun Zeit sei, den „Trust" aufzulösen. Rudolf solle ihn zwischen den Erben aufteilen. Rudolf widersprach heftig. Er brauche ausländisches Kapital als Schutz gegen Angriffe der Regierung. Victor gab nach, überließ aber diese Angelegenheiten zukünftig mehr und mehr seinem Sohn. Es war für ihn offensichtlich, dass wieder eine Inflation zu erwarten sei. Da der Erwerb ausländischen Kapitals von staatlicher Seite verboten war und Rudolph Brach in seinem Testament den Erwerb von Aktien untersagt hatte, blieb nur der Erwerb von Immobilien. Rudolf kaufte 1935 eine Hälfte des Hauses Steinstraße 14. Hinsichtlich Adele Plauts Privatvermögens waren alle der Meinung, dass sie ihre Investition in Hauseigentum verstärken solle. Rahel Liebeschütz und ihre Schwester fuhren nach Berlin. Der Makler zeigte ihnen ein Haus in der Thorwaldsenstraße, das beiden gefiel. Rahel Liebeschütz kaufte es, ohne zu zögern. Nach dem Krieg war dieses Haus eine Ruine wie die meisten Häuser der Familie. Es stellte sich heraus, dass der Verkäufer ein Jude gewesen war, der jetzt Restitution forderte. Es war ein Glück für die

Familie, dass der Verkäufer des Berliner Hauses österreichischer Staatsbürger war, und da Österreich zu der Zeit des Verkaufs noch unabhängig war, er nicht gezwungen war, es zu verkaufen. So verlor er seine Klage.

Rahel Liebeschütz' Bruder Hubert kaufte ebenfalls ein Haus für sich. Da es für ihn allein zu teuer war, übernahm seine Mutter die Hälfte. Es lag in der Nähe der Berliner Beethovenstraße und seiner eigenen Wohnung.[491]

Im Sommer 1935 steigerten sich judenfeindliche Handlungen und antisemitische Propaganda. Rahel Liebeschütz berichtete, dass sie hauptsächlich aus anderen Landesteilen von verstärktem Druck und Grausamkeiten gegenüber Juden gehört hätten. In Hamburg blieb es ihrer Einschätzung nach zunächst relativ friedlich. Nun wurde jedoch die Propaganda verstärkt. Häufiger machte die ganze Familie Ausflüge mit dem Boot oder, wenn der Vater nicht da war, mit dem Fahrrad an beiden Ufern der Elbe entlang.[492] In ihr Tagebuch schrieb Rahel Liebeschütz darüber: „Am Weg zum Mühlenberg ist ein Plakat halb abgerissen, auf dem stand, der Badestrand ist kein Tummelplatz für Juden und Judengenossen.'"[493] In ihren Erinnerungen schrieb sie: „Am 30. Juni sahen wir ein neues Poster in der Nähe des Elbestrands. Es sagt ‚Der Strand ist kein Tummelplatz für Juden und Judengenossen'". Das Plakat sei bald heruntergerissen worden. Über einen anderen Ausflug schrieb sie in ihren Erinnerungen: „Am 9. Juli besuchten wir den Ort Cranz am Südufer der Elbe, wo die Hakenkreuzflagge vom Giebel der Kirche wehte und die Einheimischen uns mit neuer Feindseligkeit ansehen." In ihrem Tagebuch hielt sie fest: „Die Neuenfelder Kirche ist sehr alt, schön im Friedhof gelegen, hat aber ein Hakenkreuz auf dem Dach."[494] Der Vergleich zwischen Tagebuch und Erinnerungen ergibt hier, dass die Erinnerungen ausführlicher sind und auch ein weiteres Detail, nämlich die Feindseligkeit der Bewohner erwähnen.

Rahel Liebeschütz ließ sich durch die judenfeindlichen Plakate nicht einschüchtern. Der Antisemitismus hatte inzwischen eine sehr aggressive Form angenommen.

---

491 Rahel Liebeschütz: Memories, 58.

492 Rahel Liebeschütz: Memories, 110 f.

493 Tagebuch 1935, Eintrag vom 30.6.

494 Tagebuch 1935, Eintrag vom 9.7.

Einen Monat später hingen überall Plakate, die den Nürnberger Parteitag ankündigten. Ein neues und bedrohlicheres Plakat hing am Strand. Es hatte folgenden Inhalt: „Die Juden haben nicht begriffen, Blankenese zu verlassen. Geht weg! Werft sie raus. Wer auch immer weiterhin Juden aufnimmt oder sie unterhält, wird als Judenknecht behandelt und sein Name in Kürze veröffentlicht."[495]

Neben der Parteizeitung *Völkischer Beobachter* existierten verschiedene andere, noch aggressivere Zeitschriften. Ludendorffs *Judenkenner*, das *Schwarze Korps*, herausgegeben von der SS, und der *Stürmer*, den Hitlers enger Freund und Gauleiter von Franken, Julius Streicher (1885–1946), herausgab. Rahel Liebeschütz schrieb über den *Stürmer*, diese zum Teil obszöne und vulgäre Zeitschrift, die darauf spezialisiert war, Juden sexueller Verbrechen anzuklagen, sei bis dahin in Hamburg kaum zu sehen gewesen. Nun wurden überall in der Stadt und auf dem Land Schaukästen aufgestellt, in denen die Zeitschrift ausgestellt war und von der Öffentlichkeit kostenlos gelesen werden konnte.[496] Es ist interessant, dass in ihren Augen die sogenannten Stürmer-Kästen bis 1935 in Hamburg nicht existierten. Offenbar hat sie sie vorher nicht wahrgenommen, denn es gab sie schon viel früher, als von ihr erwähnt.

Am 15. September 1935 verkündete die Regierung auf dem Reichsparteitag der NSDAP die sogenannten Nürnberger Gesetze. Das „Gesetz zum Schutz des deutschen Blutes und der deutschen Ehre" verbot deutschen Staatsangehörigen die Eheschließung und den außerehelichen Geschlechtsverkehr mit jüdischen Menschen. Es stellte außerdem die Beschäftigung von nichtjüdischen weiblichen Hausangestellten unter 45 Jahren in jüdischen Haushalten unter Strafe. Das „Reichsbürgergesetz" beraubte die Juden der staatsbürgerlichen Gleichberechtigung und degradierte sie offiziell zu Menschen zweiter Klasse. Auf Basis dieses Gesetzes wurden die bis dahin geltenden Ausnahmeregelungen für jüdische Frontkämpfer und ihre Angehörigen abgeschafft. Die erste Verordnung zum Reichsbürgergesetz vom 14. November 1935 sah vor, dass Juden kein offizielles Amt mehr bekleiden durften. Jüdische Beamte waren bis zum 31. Dezember 1935 in den Ruhestand zu versetzen. Das Gesetz teilte die in Deutschland lebenden Menschen in drei Kategorien ein: Reichsbürger mit allen politischen Rechten und Pflichten sowie Ausländer und Staatenlose. Im Gegensatz zu den

495 Rahel Liebeschütz: Memories, 62 f.

496 Rahel Liebeschütz: Memories, 62 f.

Ausländern und Staatenlosen, die jederzeit ausgewiesen werden konnten, waren die Staatsangehörigen, zu denen die Juden zählten, nicht völlig rechtlos. Sie gehörtem dem „staatlichen Schutzverband“ an, durften die öffentlichen Einrichtungen benutzen und sich wirtschaftlich betätigen, soweit das nicht durch Gesetze eingeschränkt wurde.[497]

Für die Familie Liebeschütz hatte das sogenannte Blutschandegesetz Konsequenzen. Rahel Liebeschütz hatte zwei Hausangestellte, deren Alter unterhalb der gesetzlichen Grenze lag: Dora[498] für die Hausarbeit und Erika Busdorf hauptsächlich für die Kinder. Die Erstere ging am 1. November 1935, Busdorf hingegen war so loyal, dass sie nicht nur bis zum letzten erlaubten Termin blieb, sondern auch in einem Gesuch darum bat, von dem Gesetz ausgenommen zu werden. Ihr Gesuch wurde im Namen des „Führers“ abgelehnt. Rahel Liebeschütz hörte später, dass die Gestapo Busdorf einem unangenehmen Verhör unterzogen habe. Dies hinderte sie allerdings nicht daran, die Familie Liebeschütz weiterhin zu besuchen, besonders an den Geburtstagen der Kinder. Sie empfingen sie immer mit einem stürmischen Willkommen.[499] In ihr Tagebuch schrieb Rahel Liebeschütz am Tag nach der Einführung der „Nürnberger Gesetze“: „Morgens ruft Oma Lütz durch: das mit den Mädchen stimmt. Dora und Erika sind verstimmt, Mina darf bleiben. Staatsbürgergesetz (nur für Arier) Mischeheverbot, Hakenkreuzflagge statt Schwarz-weiss-rot.“[500] Die Erinnerungen sind in diesem Fall wesentlich ausführlicher, geben den Inhalt der neuen Gesetze wieder, ihre Auswirkungen auf die Familie enthält aber auch das Tagebuch.

Die jüdischen Haushaltshilfen, die in den folgenden Jahren bei der Familie Liebeschütz arbeiteten, waren überwiegend wohlerzogene junge jüdische Mädchen. Zu ihnen zählte zum Beispiel Hilde Strauss, die Tochter eines praktischen Arztes. Sie nahm 1935 ihre Tätigkeit im Hause Liebeschütz auf

---

497 Hans Robinsohn: Justiz als politische Verfolgung. Die Rechtsprechung in „Rasseschändungsfällen“ beim Landgericht Hamburg 1936–1943. Stuttgart 1977; Otto Dov Kulka: Die Nürnberger Rassegesetze und die deutsche Bevölkerung im Lichte geheimer NS-Lage- und Stimmungsberichte. Stuttgart 1984; Volker Koop: Wer Jude ist, bestimme ich. „Ehrenarier“ im Nationalsozialismus. Köln-Weimar-Wien 2014.

498 Der Nachname konnte nicht ermittelt werden.

499 Rahel Liebeschütz: Memories, 68.

500 Tagebuch 1935, Eintrag vom 16.9.

und blieb, bis die Familie emigrierte. Hannah Norden, Tochter eines liberalen Rabbiners, kam 1936.

Im März 1935 erhielt Hans Liebeschütz das Ehrenkreuz für Frontkämpfer.[501] Diese Ehrung erfolgte, obwohl er ein Jahr zuvor aufgrund des „Gesetzes zur Wiederherstellung des Berufsbeamtentums" aus der Schule und der Universität entlassen worden war. Dies ist allerdings nur ein scheinbarer Widerspruch der nationalsozialistischen Judenpolitik, da diese Ehrung noch auf den Wunsch des zu dem Zeitpunkt schon verstorbenen Hindenburg zurückging.

Der Blankeneser Schulzirkel

Anfang 1936 nahm der neu ins Leben gerufene, jüdische Schulzirkel seine Arbeit auf. Er begann mit sieben Kindern: Wolfgang und Hugo Liebeschütz, Peter Gowa, Antonie Eber, Klaus Samson und zwei Brüder Rehfeld, die Direktor Sommer von der jüdischen Schule Altona geschickt hatte. Die soziale Zusammensetzung der Schüler war sehr heterogen. Während die Liebeschütz-Kinder, Peter Gowa, Antonie Eber und Klaus Samson aus gutbürgerlichen Verhältnissen stammten, lebten die beiden Rehfeld-Brüder unter ärmlichen Bedingungen am Kösterberg. Sie waren die Söhne eines deutschen Seemanns und einer russischen Jüdin. Sie kamen in Lumpen gekleidet auf Fahrrädern zur Schule, wenn sie überhaupt kamen. Häufig schwänzten sie die Schule und waren dadurch, obwohl schon zwölf und vierzehn Jahre alt, hinsichtlich ihres Wissens auf dem Stand von Zweitklässlern stehengeblieben.

Hugo Liebeschütz war der einzige Erstklässler. Die Fluktuation der Schüler war groß. Im Februar 1936 wurde ein neues Kind aufgenommen, Ostern verließ eines der ersten Kinder den Zirkel wieder. Der Vater von Klaus Samson hatte die Erlaubnis erhalten, seinen Sohn auf das Realgymnasium in Blankenese zu schicken.

Der Unterricht dauerte von 9 bis 13 Uhr, unterbrochen von einer Pause um 11 Uhr. Hebräischunterricht ergänzte den Lehrplan der Grundschule. Arndt hatte eine neue Methode gelernt, diese Sprache zu unterrichten. Die Kinder schnitten die hebräischen Buchstaben aus Pappe aus und setzten

501 Urkunde über die Verleihung des Ehrenkreuzes für Frontkämpfer vom 6.3.1934, Privatarchiv Wolfgang Liebeschuetz, Nottingham.

Abb. 12: Der Blankeneser Schulzirkel, ca. 1936, links Hugo Liebeschütz, rechts Wolfgang Liebeschütz (Foto: Wolfgang Liebeschuetz; Hamburger Bibliothek für Universitätsgeschichte).

diese zu Wörtern zusammen. Sie lernten auch, einfache hebräische Lieder zu singen. Später bezog Arndt auf Wunsch von Hans und Rahel Liebeschütz, die ihre Kinder auf das englische Schulsystem vorbereiten wollten, britische Gewichte und Maße in ihren Rechenunterricht ein. In Dankbarkeit erinnerte sich Rahel Liebeschütz an sie: Arndt war sowohl mit ihrer Zeit als auch mit Geld großzügig. Sie machte Ausflüge mit den Kindern und lud sie in ihre Wohnung zum Tee ein. Insgesamt war es für die Liebeschütz-Kinder eine glückliche Schulzeit.[502] Henriette Arndt wurde am 25. Oktober 1941 von Hamburg nach Lodz deportiert und am 1. Mai 1942 weiterdeportiert.[503]

---

502 Rahel Liebeschütz: Memories, 74.

503 Hamburger jüdische Opfer des Nationalsozialismus. Gedenkbuch, bearbeitet von Jürgen Sielemann (Veröffentlichungen aus dem Staatsarchiv der Freien und Hansestadt Hamburg XV). Hamburg 1995, 10; siehe auch Ursula Randt: Die Zerschlagung des jüdischen Schulwesens. In: Wamser, Weinke: Eine verschwundene Welt, 206–218, hier besonders 214.

Im Visier der Gestapo

Die Familie Liebeschütz geriet wie viele andere jüdische Familien, die den Nationalsozialismus erlebten, mehrfach ins Visier der Gestapo. Rahel Liebeschütz berichtete darüber: Anfang 1937 meldete sich die Gestapo telefonisch, weil jemand gemeldet hatte, dass die Familie Liebeschütz drei „arische" Haushaltshilfen eingestellt habe: Erika Busdorf, Ursula Gaupp und Margot Schickele. Margot Schickele war die Nachfolgerin von Ursula Gaupp. Sie war, wie Rahel Liebeschütz es ausdrückte, „hundertprozentige Jüdin". Sie hatte die Liebeschütz bereits am 1. Januar 1936 verlassen und war von Hannah Norden ersetzt worden. Margot Schickele hatte die Denunziation ausgelöst. Das Grundstück der Familie Liebeschütz wurde von der Wach- und Schließgesellschaft bewacht. Der Wachmann dieser Gesellschaft, der das Grundstück mehrmals pro Nacht umkreiste, war Nationalsozialist. Er hatte sich mit Margot Schickele angefreundet, die vorgab, „arisch" zu sein. In diesem Fall war es einfach, die Gestapo zu beruhigen.[504] In ihr Tagebuch schrieb Rahel Liebeschütz über diesen Vorfall: „Frau Weber meint, jemand vom Sicherheitsdienst hätte uns angezeigt. Margot hätte einen Flirt mit einem Mann dort gehabt und ihm verschwiegen, dass sie Jüdin ist."[505] Auch hier beschreibt das Tagebuch den gleichen Vorfall, nur wesentlich kürzer. Die Erinnerungen enthalten auch Erläuterungen für den Leser.

Bei der nächsten Auseinandersetzung mit der Gestapo war die Situation schwieriger. Am 19. April 1937 klingelte die Gestapo bei Rahel Liebeschütz' Mutter. Vor der Tür standen vier Männer, einer davon in Uniform. Er sagte, dass er Hans Liebeschütz sprechen wolle. Rahel Liebeschütz' Mutter informierte ihre Tochter telefonisch, und wenige Minuten später standen die Männer vor der Tür der Familie Liebeschütz. Hans Liebeschütz war in dieser Zeit Vorsitzender der Nehemia-Nobel-Loge. Der Leiter der Gruppe verhaftete ihn, nahm ihm seinen Pass und sein Portemonnaie ab und begann mit seinen Männern, das Haus zu durchsuchen. Er war besonders erpicht darauf, die Satzung der Loge und andere wichtige Dokumente zu finden. Die Durchsuchung dauerte zwei Stunden. Die Familie Liebeschütz durfte vor den Augen der Gestapo frühstücken, bevor sie Hans Liebeschütz abführten.

---

[504] Rahel Liebeschütz: Memories, 87.

[505] Tagebuch 1937, Eintrag vom 15.1.

Während der Durchsuchung durfte niemand das Haus verlassen. Trotzdem gelang es dem siebenjährigen Hugo, unbemerkt aus dem Haus zu gelangen. Der eineinhalb Jahre ältere Wolfgang verstand schon, was vor sich ging und zeigte seine Gefühle, indem er wiederholt seine Arme um den Hals der Mutter schlang.

Die Gestapo fand die Satzung der Loge nicht. Hans Liebeschütz erwähnte die Möglichkeit, dass sie in der Neuen Rabenstraße sein könnte. Daher beschlossen die Gestapoleute, ihre Suche dort fortzusetzen. Sie fuhren mit Hans Liebeschütz zur Neuen Rabenstraße. Doch auch dort wurde die Satzung nicht gefunden. Daher wurde Hans Liebeschütz zum Hauptdienststelle der Gestapo, dem Stadthaus am Neuen Wall gebracht, wohin bereits 53 weitere Mitglieder der Hamburger B'nai-B'rith-Logen, einige davon Frauen, transportiert worden waren. Die Gestapoleute fragten sie über die Aktivitäten der Logen aus. Um 15 Uhr wurden alle wieder freigelassen. Die gesuchte Satzung fand sich später im Hause des früheren Vorsitzenden der Loge. Über dieses Ereignis schrieb Rahel Liebeschütz in ihr Tagebuch:

> Morgens um 7 kommt die Gestapo 4 Mann hoch. Mami avisiert sie uns. Niemand darf in das Haus und heraus. Gogo darf nicht zur Schule, weint darüber und entkommt doch. 2 Stunden Haussuchung, sehr gründlich. Dann fahren sie mit Hans weg. Ein Beamter bleibt da, inzwischen bleibt die Sperre erhalten. [...] Sie nehmen alle Logensachen mit und suchen auch nach einem Logenfreibrief. Ein Brief von mir an Elisabeth wird sehr gründlich gelesen. Für das Vermögen interessieren sie sich auch.[506]

Die Schilderung der Haussuchung durch die Gestapo deckt sich im Wesentlichen mit der der Erinnerungen, nur ist sie wesentlich knapper gehalten.

Nach diesem Erlebnis hielten Hans und Rahel Liebeschütz es für höchste Zeit, die antifaschistische Literatur und die Waffen, die sie im Haus hatten, zu entfernen. Die Schriften von Karl Marx, Konrad Heidens *Geschichte des Nationalsozialismus* und einige andere riskante Bücher wurden im Ofen der Zentralheizung verbrannt.

---

[506] Tagebuch 1937, Eintrag vom 19.4.

Am 9. September 1937 gab es ein Nachspiel der Durchsuchung durch die Gestapo. Am Morgen dieses Tages schickte Rahel Liebeschütz' Mutter ihre Haushaltshilfe zu ihrer Tochter und bat sie, sofort zu kommen. Rahel Liebeschütz traf bei ihrer Ankunft auf zwei Beamten der Finanzbehörde. Sie legten ihr ein Dokument vor, das sie bei der Durchsuchung des Hauses Neue Rabenstraße 21 gefunden hatten. Es enthielt eine kurze Liste der Dividenden, die aus bestimmten ausländischen Kapitalanlagen stammten. Die Finanzbeamten machten den Eindruck, als glaubten sie, auf einen Schatz aus heimlich gehortetem Geld gestoßen zu sein. Sie waren damit allerdings im Irrtum. Rahel Liebeschütz zeigte, nachdem sie sich vom ersten Schreck erholt hatte, eine Kopie des Briefes, in dem diese Sicherheiten bei der Reichsbank deklariert worden waren.[507]

---

507 Rahel Liebeschütz: Memories, 100–101.

Hans und Rahel Liebeschütz' Verhältnis zum Judentum

Jüdisches Leben in der Familie

Aus ihrem Werdegang geht hervor, dass sich sowohl Rahel als auch Hans Liebeschütz mit dem Judentum verbunden fühlten, wenn auch in unterschiedlicher Form. Das Verhältnis zu ihrer jüdischen Herkunft und zur Religion änderte sich allerdings im Laufe ihres Lebens. Hans und Rahel Liebeschütz waren Mitglieder der liberalen Tempelgemeinde in Hamburg.[508] Die Bedrohung der Juden durch den Nationalsozialismus war für Hans Liebeschütz der Anlass, sich intensiv mit jüdischer Geistesgeschichte zu befassen und sie seinen Glaubensgenossen zu vermitteln. Sie scheint bei Hans und Rahel Liebeschütz auch zu einer stärkeren Hinwendung zur jüdischen Religion geführt zu haben. Rahel Liebeschütz schrieb über das Passahfest im Jahr 1935, sie hätten eine richtige Sedernacht feiern wollen, wie sie es vorher noch nie getan hätten. Es sei ein junger Mann, der vom Tempel gesandt worden war, gekommen und habe sie gelehrt, wie Seder richtig zelebriert wird. Er habe Noten für Sedermusik mitgebracht und die Lieder mit ihnen geübt. Sie hätten einen sehr schönen Seder mit Frühlingsblumen ringsherum gefeiert.

Die Sederfeier, die Rahel Liebeschütz beschrieb, zeigt, dass sie noch nicht vertraut mit dem Brauch dieses Festes waren, und dass ihnen seine korrekte Durchführung sehr wichtig war. Es hatte sich also durch die nationalsozialistische Verfolgung ein Wandel vollzogen.

Über das Chanukka-Fest im Dezember 1935 schrieb Rahel Liebeschütz, dass sie den Kindern die Geschenke am ersten Chanukka-Tag gaben, der am 21. Dezember war. Ihre Mutter hielt an dem Brauch fest, die Bescherung am 24. Dezember zu feiern und hatte auch einen kleinen Baum mit Kerzen.[509] Auch das Chanukka-Fest begingen die Liebeschütz' zum ersten Mal in der traditionellen Weise, die Jahre vorher hatten sie mit den Kindern am 24. Dezember, also der christlichen Tradition folgend, gefeiert.

---

508 Brief von Wolfgang Liebeschuetz vom 24.10.1999 an die Verf., Archiv Silke Kaiser.

509 Rahel Liebeschütz: Memories, 71.

Wolfgang Liebeschuetz sagte in einem Gespräch, das in deutscher Sprache geführt wurde, über die Bedeutung des Judentums in seinem Elternhaus:

> Obwohl das Judentum eigentlich im Haus keine sehr sichtbare Rolle gespielt hat, war es doch sehr wichtig. [...] Dass wir Juden waren, war immer da, in einer Weise, wie, ich glaube, meine Kinder es gar nicht verstehen würden. Es ist nicht nur von außen: „ihr seid Juden", obwohl das zusammengeht, aber auch von innen „wir sind Juden".[510]

Er schrieb auf Deutsch über die Religiosität seiner Eltern:

> Meine Eltern waren beide jeder auf seine Weise religiös, und ihre Religion war natürlich das Judentum. Die Hauptfeste haben sie gehalten, obwohl sie die Speisegesetze ablehnten. Als Kind hat mir meine Mutter immer wieder, eigentlich das ganze Alte Testament – soweit sie es für Kinder passend hielt, erst nacherzählt, dann vereinfacht und schließlich in Luthers Übersetzung vorgelesen. Sie hat uns auch mit einigen Kapiteln aus dem Neuen Testament, besonders der Bergpredigt bekannt gemacht, und schließlich auch mit Augustins *Confessiones* – ob auf deutsch oder Englisch weiss ich nicht mehr – obwohl sie selbst das Werk wohl auf Lateinisch gelesen hatte. [...] In Deutschland waren meine Eltern immer mit dem liberalen „Tempel" verbunden, obwohl sie eigentlich nur an Hauptfesten an dem Tempelgottesdienst selbst teilnahmen. In England hatten sie sehr wenig Verbindung mit Tempel oder Synagoge, obwohl ihre religiösen Weltanschauungen sich bestimmt nicht geändert hatten.[511]

In dem Bericht über seine Eltern schrieb Wolfgang Liebeschuetz:

> Mutter war religiös, sie glaubte an Gott. Sie war auch sehr philosophisch und dachte vielleicht, dass es Wahrheit in allen oder den

---

510 Gespräch mit Wolfgang Liebeschuetz am 3.2.1999, Archiv Silke Kaiser.

511 E-Mail von Wolfgang Liebeschuetz vom 30.1.2018 an die Verf., Archiv Silke Kaiser.

> meisten Religionen gab, während die ultimative Wahrheit jenseits des menschlichen Verständnisses war. Das Judentum war ihre Religion und die Verfolgung verstärkte ihren Glauben daran noch.[512]

Über seinen Vater berichtete er:

> Die Religion meines Vaters gründete sich, soweit ich das sagen kann, auf den biblischen Propheten, nicht auf die Rabbiner, deren Gesetzesreligion ihm sehr fremd war. Er blieb immer an der griechischen und römischen Geschichte interessiert, aber hielt es sein Leben lang für seine Pflicht, etwas für die jüdische Sache und das Judentum zu tun, aber als Lehrer und Historiker und nicht als Rabbiner. Er wusste tatsächlich mehr über das mittelalterliche Christentum als über das rabbinische Judentum.[513]

Für Hans Liebeschütz war die Vernunftreligion der Aufklärung aber auch die protestantische Bibelwissenschaft Voraussetzung des liberalen Judentums, dem er sich Zeit seines Lebens zugehörig gefühlt hat.[514] Über das Verhältnis von Hans Liebeschütz zum Judentum sagte Arnold Paucker, ehemaliger Direktor des Leo-Baeck-Instituts in London, mit dem Hans Liebeschütz dort viele Jahre zusammengearbeitet hatte:

> Er war ein liberaler Jude, das wissen wir alle. Aber ich muss sagen, übermäßig religiös scheint er mir nicht gewesen zu sein, und ich hatte auch nicht den Eindruck in seinen Gesprächen. Ja, für ihn waren das mehr philosophische Fragen, wie etwa über den Einfluss des Judentums aufs deutsche Denken, nicht in dem Sinne religiöse. Er war auch kein Zionist. An ein jüdisches Volk hat meiner Meinung nach Hans Liebeschütz nicht geglaubt, und ich habe von ihm folgendes übernommen:

---

512 Wolfgang Liebeschuetz: About my parents: Hans and Rachel Liebeschuetz. Typoskript, o. O. o. J. [Nottingham 2017], 130 Seiten, hier 108.

513 Ebd., 109.

514 Wolfgang Liebeschuetz: Zur Erinnerung an Hans Liebeschütz, Vortrag gehalten am 25. Oktober 1991 an der Universität Hamburg, Manuskript überarbeitet von Eckart Krause. Hamburger Bibliothek für Universitätsgeschichte, Ordner Hans Liebeschütz.

> Er sprach immer, wenn er von den deutschen Juden sprach, von ‚unserer Gruppe'. Das ist ja interessant, das habe ich ihm wirklich gestohlen, weil ich auch immer damit operiere, es ist auch ganz richtig: ‚unsere Gruppe'. Damit meinte er das typisch deutsche, askenasische, sehr deutsche Judentum. Ja, ich glaube nicht, dass er das als Teil des jüdischen Volkes gesehen hat, und aus allen seinen Schriften wäre mir das auch aufgefallen.[515]

Hans Liebeschütz engagierte sich in jüdischen Organisationen. Er hielt es für seine Hauptaufgabe, das Interesse für Geistesgeschichte bei seinen Glaubensgenossen anzuregen. Zu Beginn der nationalsozialistischen Herrschaft fing Hans Liebeschütz an, seine Aktivitäten in der jüdischen Gemeinde zu intensivieren, indem er der Franz-Rosenzweig-Gedächtnisstiftung beitrat. Der jüdische Philosoph und Theologe Franz Rosenzweig (1886–1929) hatte 1920 mit Martin Buber (1878–1965) zusammen in Frankfurt am Main das Freie Jüdische Lehrhaus gegründet. Diese Einrichtung für jüdische Erwachsenenbildung hatte eine intensive Bildung zum Ziel, die das Wesen des Lernenden produktiv veränderte, und die Juden wieder zum Wesentlichen des Judentums zurückführte. Nach dem Frankfurter Vorbild waren in den Zwanzigerjahren in verschiedenen deutschen Städten Lehrhäuser entstanden. Auch wenn einige von ihnen nach Rosenzweigs Tod 1929 geschlossen worden waren, kam es nach 1933 zu einer Wiederbelebung der Lehrhausidee, an der auch Buber persönlich beteiligt war.[516] In Hamburg regte der Kaufmann Hermann Philipp (1870–1941), den Rahel Liebeschütz als weise und tiefreligiös charakterisierte, 1931 die Gründung eines Lehrhauses an. Hans Liebeschütz unterstützte ihn darin.[517] Im Protokoll der Sitzung des Arbeitsausschusses der Franz-Rosenzweig-Gedächtnisstiftung vom 9. Dezember 1931 wurde angeregt, Kurse für Jugendliche und Ältere anzubieten, um ihnen die jüdische Kultur zu vermitteln. In der Liste der Anwesenden findet

---

515 Interview mit Arnold Paucker am 4.2.1999, Archiv Silke Kaiser.

516 Vgl. Volker Dahm: Kulturelles und geistiges Leben. In: Wolfgang Benz (Hrsg.): Die Juden in Deutschland 1933–1945: Leben unter nationalsozialistischer Herrschaft, München 1988, 75–258, hier 97.

517 Rahel Liebeschütz: Memories, 33.

sich auch der Name von Hans Liebeschütz.[518] In der Sitzung des Arbeitsausschusses am 25. April 1932, während der Hans Liebeschütz ebenfalls anwesend war, entspann sich eine Diskussion darüber, ob die Erwachsenenbildung in Form von streng wissenschaftlichen Übungen oder in Form von Veranstaltungen mit Volkshochschulcharakter stattfinden sollte. [519] Am 14. August 1933 schickte der Arbeitsausschuss einen Brief an den Vorstand der Deutsch-Israelitischen Gemeinde Hamburg, in dem die Notwendigkeit, spezifische Bildungseinrichtungen zu schaffen, angesprochen wurde, da Juden keine staatlichen Bildungseinrichtungen mehr besuchen durften. In diesem Schreiben wurde um „Unterstützung und tatkräftige Mithilfe" zur Einrichtung einer jüdischen Volkshochschule gebeten. Die Verfasser hoben die Notwendigkeit hervor, „die Judenheit überparteilich durch intellektuelle Arbeit zusammenzuschließen".[520]

Mit Unterstützung des Bildungsausschusses der Deutsch-Israelitischen Gemeinde entwickelte sich die Stiftung ab 1933 zu einer kleinen Hochschule für Erwachsenenbildung.[521] Diese Bildungseinrichtung, Jüdisches Lehrhaus genannt, organisierte Vortragsreihen und Arbeitsgemeinschaften.[522] Sie beinhalteten biblische, theologische, philosophische, künstlerische und historische Themen und richteten sich an ein breiteres Publikum. Die Stiftung arbeitete mit dem Bildungsausschuss der Gemeinde zusammen.[523] Rahel Liebeschütz berichtete, dass die Vorlesungen und Seminare gut besucht gewesen seien. Im Winter 1933/34 fanden Hans Liebeschütz' Vorlesungen über

---

518 StA HH, Jüdische Gemeinden, 833a, Bl. 61, Sitzungsprotokoll Arbeitsausschuss Franz-Rosenzweig-Gedächtnisstiftung, 9.12.1931.

519 StA HH, Jüdische Gemeinden, 833a, Bl. 69, Sitzungsprotokoll Franz-Rosenzweig-Gedächtnisstiftung, 25.4.1932.

520 StA HH, Jüdische Gemeinden, 833a, Bl. 82, Brief des Arbeitsausschusses der Franz-Rosenzweig-Gedächtnisstiftung an den Vorstand der Israelitischen Gemeinde Hamburg am 14.8.1933.

521 Vgl. Barbara Müller-Wesemann: Theater als geistiger Widerstand. Der Jüdische Kulturbund in Hamburg 1934–1941. Stuttgart 1996, 161.

522 StA HH, Jüdische Gemeinden, 833a, Bl. 118, Programmheft des Lehrhauses für das Wintersemester 1935/36.

523 Björn Biester: Die Hamburger Franz-Rosenzweig-Gedächtnisstiftung 1930–1938. In: Aus den Quellen. Beiträge zur deutsch-jüdischen Geschichte. Festschrift für Ina Lorenz zum 65. Geburtstag. Hrsg. von Andreas Brämer, Stefanie Schüler-Springorum, Michael Studemund-Halévy (Studien zur jüdischen Geschichte 10). Hamburg-München 2005, 97–104, hier 98.

Marcion und Augustinus im Haus von Rahel Liebeschütz' Mutter in der Neuen Rabenstraße 21 statt. Im sogenannten „Kolonialsaal" fanden rund 30 Zuhörer aller Altersgruppen Platz. Zu ihnen zählten Rahel Liebeschütz gemeinsam mit ihrer Mutter und ihrer Haushaltshilfe.[524] Die meisten Veranstaltungen fanden aber im Logenheim in der Hartungstraße statt. Im Programmheft des Lehrhauses für das Wintersemester 1935/36 findet sich unter der Rubrik *Judentum und Judenheit in der Weltgeschichte* auch eine Vortragsveranstaltung von Hans Liebeschütz zum Thema: *Das Judentum in der kirchlichen und bürgerlichen Welt des Hoch- und Spätmittelalters*.[525]

Die Tagungen, die mit anderen Lehrhäusern zusammen organisiert wurden, fanden in Rissen in einem ehemaligen Hotel namens Wilhelminenhöhe statt. Die Treffen dauerten normalerweise drei Tage. Hans Liebeschütz nahm immer an ihnen teil und lud manchmal interessante Referenten zum Essen oder gelegentlich zum Übernachten zu sich nach Hause ein. Darunter waren der Theologe der Berliner Lehranstalt Max Wiener (1882–1950), der Verleger Ludwig Feuchtwanger (1885–1947) aus München, Fritz Bamberger (1902–1984) aus Berlin, der an der Berliner Lehranstalt lehrte, und Rabbi Hermann Vogelstein (1870–1942) aus Breslau. In den folgenden Jahren wurden die Vorlesungen nicht mehr in der Neuen Rabenstraße gehalten.[526] Das Vorlesungsverzeichnis des Jüdischen Lehrhauses für das Wintersemester 1936/37 listete zwei Veranstaltungen von Hans Liebeschütz auf:[527] *Die Entwicklung des Christentums*[528] und in der Rubrik Sonderkurse für den Landesausschuß der jüdischen Jugendorganisationen: *Wie lernen und lehren wir Geschichte?*[529] Da mehr und mehr Mitglieder der jüdischen Gemeinde emigrierten, ging die Teilnahme notgedrungen zurück.[530] In einem Schreiben vom 19. Mai 1937 an den Vorsitzenden des Bil-

---

524 Rahel Liebeschütz: Memories, 33 f.

525 StA HH, Jüdische Gemeinden, 833a, Bl. 17, Programmheft des Lehrhauses für das Wintersemester 1935/36.

526 Rahel Liebeschütz: Memories, 34.

527 StA HH, Jüdische Gemeinden, 833b, Bl. 2, Vorlesungsverzeichnis des Jüdischen Lehrhauses Wintersemester 1936/37.

528 Ebd., StA HH, Jüdische Gemeinden, 833b, Bl. 3.

529 Ebd., StA HH, Jüdische Gemeinden, 833b, Bl. 4.

530 Rahel Liebeschütz: Memories, 34.

dungsausschusses der Deutsch-Israelitischen Gemeinde Hamburg, Fritz Warburg, wird der Entschluss bekanntgegeben, das Jüdische Lehrhaus zum Spätherbst zu schließen. Die Franz-Rosenzweig-Gedächtnisstiftung dagegen sollte „in bescheidenem Maße" weitergeführt werden. Der Brief war von Hermann Philipp, Hans Liebeschütz und Wolfgang Meyer-Udewald unterzeichnet.[531] Nach dem Tod Hermann Philipps am 2. März 1938 hatten Albert Nauen und Hans Liebeschütz bis zum Verbot der Stiftung am 18. Juni 1938 den Vorsitz.[532]

Neben seiner Tätigkeit am Lehrhaus gab Hans Liebeschütz auf Wunsch des Rabbiners Bruno Italiener (1881–1956) von der liberalen Tempelgemeinde einmal in der Woche Unterricht an der Religionsschule. Hans Liebeschütz kam allerdings nicht gut mit Italiener aus und nahm die Tätigkeit nach einem vorübergehenden Aufenthalt in England nicht wieder auf.[533]

Am 12. Januar 1934 wurde in Hamburg die Jüdische Gesellschaft für Kunst und Wissenschaft gegründet, die ihre Aufgabe darin sah, „nichtarischen" Künstlern ein Betätigungsfeld zu bieten sowie Kunst und Wissenschaft zu pflegen. Für die Mitglieder des Vereins sollten Theateraufführungen, Konzerte, Ausstellungen und Vorträge organisiert werden, und zwar grundsätzlich von „nichtarischen" Künstlern und Wissenschaftlern.[534] An der Spitze der Gesellschaft stand ein Kuratorium, das von der Mitgliederversammlung gewählt wurde. Es konnte von sich aus weitere Mitglieder in das Gremium berufen. Anfang November 1934 nahm die Jüdische Gesellschaft für Kunst und Wissenschaft ihre Arbeit auf. Mit einem Werbeheft erging eine Einladung an die jüdische Bevölkerung Hamburgs, der Gesellschaft für Kunst und Wissenschaft beizutreten.[535] Rahel Liebeschütz berichtete, dass sie und ihr Mann über die Ereignisse des Kulturbundes immer auf dem Laufenden waren, weil Ferdinand Gowa (1900–1972), der künstlerische Leiter, in Dockenhuden nur fünf Minuten entfernt von ihnen wohnte und sie sich mit der Familie Gowa anfreundeten.[536]

---

531 StA HH, Jüdische Gemeinden, 833a, Bl. 142, Brief an den Vorstand des Bildungsausschusses der Deutsch-Israelitischen Gemeinde Hamburg vom 19.5.1937.

532 Vgl. Müller-Wesemann: Theater (Anm. 521), 161, dort Fußnote Nr. 275.

533 Rahel Liebeschütz: Memories, 43.

534 Ferdinand Gowa in einem Schreiben vom 22.3.1934 an die Gewerbepolizei, zitiert nach Barbara Müller-Wesemann, Theater (Anm. 521), 101.

535 Vgl. Müller-Wesemann: Theater (Anm. 532), 110 f.

536 Rahel Liebeschütz: Memories, 45.

Auf ihrer Kuratoriumssitzung am 21. August 1935 beschloss die Jüdische Gesellschaft für Kunst und Wissenschaft in Hamburg, sich in Zukunft Jüdischer Kulturbund Hamburg zu nennen.[537]

In der Spielzeit 1935/36 fanden in Hamburg 57 Veranstaltungen des Jüdischen Kulturbundes statt. Dazu kamen 35 auswärtige Gastspiele. Der Spielplan sollte ernste und heitere Klassiker der Weltliteratur sowie zeitgenössische Gesellschaftskomödien und Problemstücke umfassen, um literarisch Anspruchsvolles, Gebrauchsstücke und Unterhaltung zu verbinden. In der Spielzeit 1936/37 stand unter anderem Folgendes auf dem Programm: das „klassische Drama" (Shakespeare: *Romeo und Julia*, Goethe: *Clavigo), „*das jüdische Monumentaldrama" (Stefan Zweig: *Jeremias*) sowie „das phantastische Spiel aus dem jüdischen Alltag".[538]

Auch auf dem Gebiet der Musik bot der Jüdische Kulturbund ein abwechslungsreiches Programm an. Es standen, was die Aufführungszahl anbetraf, die Komponisten der deutschen Klassik und Romantik an erster Stelle. Die am häufigsten gespielten Komponisten waren Mozart, Beethoven, Mendelssohn-Bartholdy, Schubert und Bach. Auch Händel, Tschaikowsky, Brahms, Mahler, Chopin und Schumann wurden aufgeführt.[539]

Im Jahr 1936 betrug die Zahl der passiven Mitglieder 5.800. Damit gehörte ungefähr ein Drittel der Hamburger Juden dem Kulturbund an.[540] Hans Liebeschütz engagierte sich neben seiner Tätigkeit in der Franz-Rosenzweig-Gedächtnisstiftung auch im Jüdischen Kulturbund. Am 29. Mai 1936 wurde er in einer Ergänzungswahl neben fünf anderen Personen in das Kuratorium gewählt.[541] Wie wichtig Hans Liebeschütz die jüdische Kulturarbeit gerade in der Zeit der existentiellen Bedrohung der deutschen Juden eingeschätzt hat, bezeugt sein Artikel zur jüdischen Kulturarbeit in den *Monatsblättern des Jüdischen Kulturbundes Hamburg* im August 1938:

---

537 StA HH, Amtsgericht Hamburg-Vereinsregister, B 1973–257, Jüd. Gesellschaft für Kunst und Wissenschaft, Jüdischer Kulturbund Hamburg, o. Bl.

538 Vgl. Müller-Wesemann: Theater (Anm. 532), 213.

539 Ebd., 242 f.

540 Ebd., 135.

541 StA HH, Amtsgericht Hamburg-Vereinsregister B 1937–257, Bl. 37, Protokoll der Kuratoriumssitzung des JKH vom 29.5.1936.

> Wir alle haben das selbstverständliche Bewußtsein mit ungewöhnlicher Klarheit vor eine entscheidende Wendung unseres Lebens gestellt zu sein, und wir sind uns alle darüber einig, daß es gilt, in diesem Moment so viel geistige Kraft und weitreichende Einsicht in unseren Bezirk zu ziehen, wie es uns irgend möglich ist. Es ist eben so, daß der Drang der Zeit, der uns die Ruhe, welche zum geistigen Leben nötig ist, nimmt, gleichzeitig Konventionen weggetragen hat, die uns den Ausblick auf die wesenhaften Kräfte des Lebens versperren. Erkenntnis des Judentums und Erkenntnis der Welt ist lebenswichtig für uns geworden, die wir vor der Aufgabe stehen, neue Existenzen aufzubauen.[542]

Nach der Pogromnacht vom November 1938 und im Zuge verschärfter Diskriminierungen von Juden wies der Reichskulturverwalter an, den Reichverband Jüdischer Kulturbünde und die ihm angeschlossenen Kulturbünde und Kulturorganisationen im Reichsgebiet mit Ausnahme des Kulturbunds Berlin bis zum 31. Dezember 1938 aufzulösen.[543] Gezwungenermaßen beschlossen Kuratorium, Vorstand und Künstlerischer Beirat des Jüdischen Kulturbunds Hamburg am 9. Januar 1939 dessen Auflösung.[544]

Außer in der Franz-Rosenzweig-Gedächtnisstiftung und dem Jüdischen Kulturbund engagierte sich Hans Liebeschütz in der Nehemia-Nobel-B'nai-B'rith-Loge, die in erster Linie die jüngere Generation der jüdischen Gemeinde vertrat. Er gehörte 1922 zu den Mitbegründern dieser Loge und sei, so Rahel Liebeschütz, regelmäßig zu den Veranstaltungen der Loge gegangen.[545] Im April 1935 wurde Hans Liebeschütz, laut Rahel Liebeschütz, ihr

---

542 StA HH, Amtsgericht Hamburg–Vereinsregister, B 1937–257, Bl. 74, Hans Liebeschütz: Zur jüdischen Kulturarbeit im Winter 1938/39, Monatsblätter des JKB, Heft 8, August 1938, 6, Werbeheft für die Spielzeit 1938/39.

543 Vgl. Müller-Wesemann: Theater (Anm. 521), 150 f.

544 StA HH, Amtsgericht Hamburg–Vereinsregister B 1937–257, Bl. 92, Protokoll der Kuratoriumssitzung des JKH vom 9. Januar 1939.

545 Rahel Liebeschütz über Hans Liebeschütz, IfZ/MA 1500/37, o. Bl. Kopien Hamburger Bibliothek für Universitätsgeschichte, Ordner Hans Liebeschütz; Über die von Rahel Liebeschütz erwähnte Loge findet sich in der Literatur nur folgender Text: „Die dritte Hamburger Loge ist die nach dem Rabbiner Nehemia Anton Nobel (1871–1922) benannte philanthrope Nehemia Nobel

Vorsitzender.[546] Er habe dieses Amt gerade bekleidet, als die Nationalsozialisten am 19. April 1937 die jüdischen Logen auflösten. Im Zuge dieser Maßnahme sei er verhaftet, allerdings nach wenigen Stunden wieder entlassen worden.[547]

In einem Fragebogen der Reichskulturkammer für jüdische Schriftsteller zur Drucklegung ihrer Werke gab Hans Liebeschütz neben seiner Mitgliedschaft in der Nehemia-Nobel-Loge von 1922 bis 1937 an, „etwa seit 1935" Mitglied im Centralverein der Juden zu sein.[548]

Hans Liebeschütz' Mitarbeit in verschiedenen jüdischen Organisationen, die sich nach 1933 intensivierte, zeigt, dass er den Zusammenschluss von Juden besonders im Angesicht der antisemitischen Diskriminierung durch die Nationalsozialisten für äußerst wichtig hielt. Sein Engagement weist auf ein starkes soziales Verantwortungsbewusstsein für seine Glaubensgenossen hin. Gewiss war es aber auch der Versuch, die verlorene Lehrtätigkeit an Universität und Schule durch andere Aufgaben zu kompensieren.

Die Lehranstalt für die Wissenschaft des Judentums in Berlin

Hans Liebeschütz' Arbeit in der Franz-Rosenzweig-Gedächtnisstiftung hatte ihn bei den jüdischen Gelehrten in ganz Deutschland bekannt gemacht. Anfang 1936 fand in Wilhelminenhöhe in der Nähe von Rissen eine Lehrwoche für junge Leiter statt. Fritz Siegfried Bamberger (1902–1984), ein Vorstandsmitglied der Lehranstalt für die Wissenschaft des Judentums in Berlin, nahm daran teil und übernachtete bei der Familie Liebeschütz.[549] Hans Liebeschütz

Loge. Als ihr Begründer gilt der Historiker Hans Liebeschütz (1893–1978). Über ihre Mitglieder und ihr innergemeindliches Engagement ist wenig bekannt." Ina Lorenz, Jörg Berkemann: Die Hamburger Juden im NS-Staat 1933 bis 1938/39 (Hamburger Beiträge zur Geschichte der deutschen Juden XLV). Göttingen 2016, 804.

546 Rahel Liebeschütz: Memories, 56.

547 IfZ/ MA 1500/37, o. Bl., Rahel Liebeschütz über Hans Liebeschütz, Kopien Hamburger Bibliothek für Universitätsgeschichte, Ordner Hans Liebeschütz.

548 IFZ/ MA 1500/37, o. Bl., Fragebogen der Reichskulturkammer für jüdische Schriftsteller, Hamburger Bibliothek für Universitätsgeschichte, Ordner Hans Liebeschütz.

549 Rahel Liebeschütz: Memories, 72.

hatte selbst an der Lehranstalt, wie die Hochschule häufig genannt wurde, von 1912 bis 1914 studiert.

Die Hochschule für die Wissenschaft des Judentums wurde 1872 in Berlin gegründet. Von 1874 bis 1920 hieß sie Lehranstalt für die Wissenschaft des Judentums, gewann ihren ursprünglichen Namen 1920 zurück und musste sich aber ab 1933/34 auf Verlangen der Aufsichtsbehörde wieder Lehranstalt nennen.[550] Sie hatte ihre Blütezeit von 1935 bis Sommer 1939; im Sommersemester 1942 musste sie nach siebzig Jahren Lehrbetrieb geschlossen werden.[551] Die Hochschule war gegründet worden, nachdem es mehrere Jahrzehnte lang nicht gelungen war, die zuständigen Erziehungsministerien davon zu überzeugen, dass die Wissenschaft des Judentums einen eigenen Lehrstuhl an der Universität verdiente. Sie hatte den Anspruch, frei und unabhängig von Staats- und Gemeindebehörden ihre Tätigkeit auszuüben. Sie wollte über allen jüdischen Parteien stehen, ihre Lehrer ohne Rücksicht auf ihre Stellung zu umstrittenen Fragen des Judentums berufen, wenn sie ihre wissenschaftliche Befähigung für das Lehramt erwiesen hatten und sich verpflichteten, ihre Vorlesungen lediglich im Interesse der Wissenschaft des Judentums zu halten. Die Hochschule wollte für Studierende aller Bekenntnisse und Fakultäten offen sein, wenn sie den Wunsch hatten, die Wissenschaft des Judentums zu studieren. Ihre Lehrfächer sollten sich nicht nur auf die jüdische Theologie beschränken, sondern alles umfassen, was das Judentum berührte. Die Hochschule sollte neben, aber in engster Verbindung mit der Universität ihre Arbeit leisten und die Universität durch ein Gebiet ergänzen, das dort nicht gelehrt wurde. Sie war ursprünglich nicht als Rabbinerseminar konzipiert, wurde aber faktisch zum liberalen Rabbinerseminar des Kaiserreiches und der Weimarer Republik, weil es bis in die Zwanzigerjahre des zwanzigsten Jahrhunderts für Judaisten keine akademischen Karrieren an Universitäten gab.[552] Die Dozenten mussten die Qualifikationen besitzen, die von deutschen Universitäten als Lehrbefähigung gefordert

550 Vgl. Herbert A. Strauss: Die letzten Jahre der Hochschule (Lehranstalt) für die Wissenschaft des Judentums, Berlin (1936–1942). In: Julius Carlebach (Hrsg.): Wissenschaft des Judentums. Anfänge der Judaistik in Europa. Darmstadt 1992, 36–58, insbesondere 36 f.

551 Vgl. Richard Fuchs: The Hochschule für die Wissenschaft des Judentums in the Period of Nazi Rule, Personal Recollection. In: Publication of the Leo Baeck Institute (Year Book XII). 1967, 3–31.

552 Vgl. Herbert A. Strauss: Die letzten Jahre (Anm. 550), 36–39.

wurden, die Studenten mussten über die Zugangsberechtigung für staatliche Universitäten verfügen. Obwohl die Ausbildung von Rabbinern und jüdischen Religionslehrern als Hauptziel angesehen wurde, wurden Studierende anderer Fächer, auch Frauen und Nichtjuden zugelassen. Die Kandidaten für die Rabbinerausbildung mussten gleichzeitig an der Berliner Universität eingeschrieben sein, um dort die nicht-judaistischen Fächer zu studieren. Nachdem das „Gesetz gegen die Überfüllung der deutschen Schulen und Hochschulen" am 25. April 1933 in Kraft trat, war dies nicht mehr möglich. Jüdische Studenten wurden mehr und mehr aus den Universitäten verdrängt. 1935 war die Zulassung an deutschen Universitäten für Juden praktisch ausgeschlossen. Nicht nur Juden, die Rabbiner oder Religionslehrer werden wollten, wurde die notwendige wissenschaftliche Ausbildung in nicht-judaistischen Fächern vorenthalten. Vielmehr war für alle Juden das Studium in welchem Fach auch immer und sogar der Besuch von einzelnen Vorlesungen nicht mehr möglich. In dieser Situation bekam das Lehrerkollegium finanzielle Mittel angeboten, damit an der Hochschule Vorlesungen über Fächer, die über die Wissenschaft des Judentums hinausgingen, eingerichtet würden. Die Idee war, die Aktivitäten der Hochschule zu erweitern, indem dort zusätzlich zu den traditionellen Fächern nicht-judaistische Fächer verschiedener Art unterrichtet würden, um die Hochschule schrittweise und unauffällig in eine jüdische Universität umzuwandeln.[553] Leo Baeck und Otto Hirsch (1885–1941) planten im Auftrag der Reichsvertretung, ein Gremium zu schaffen, das sich mit der Umsetzung dieser Idee befassen sollte. Die Reichsvertretung gründete zu diesem Zweck den sogenannten Arbeitskreis für allgemeinwissenschaftliche Vorlesungen. Die Aufgabe dieses Gremiums bestand darin, für die Hochschule angesehene jüdische Wissenschaftler, Fachleute, die an deutschen Universitäten nicht-judaistische Fächer gelehrt hatten, auszuwählen und dafür zu sorgen, dass ihre Vorlesungen stattfinden konnten.[554] 1935 gab es zahlreiche ehemalige jüdische Professoren und Dozenten, die an deutschen Universitäten gelehrt hatten und ihre Stellen durch das „Gesetz zur Wiederherstellung des Berufsbeamtentums" verloren hatten. Im September 1935 endeten die bis dahin noch

553 Vgl. Ernst Simon: Aufbau im Untergang. Jüdische Erwachsenenbildung im nationalsozialistischen Deutschland als geistiger Widerstand. Tübingen 1959, 61–64.

554 Vgl. Fuchs: Hochschule (Anm. 551), 5.

geltenden Ausnahmebestimmungen für ehemalige Frontkämpfer, sodass allen verbleibenden jüdischen Beamten zum Ende des Jahres 1935 gekündigt wurde. Ab 1936 gab es keine jüdischen Hochschullehrer mehr an deutschen Universitäten. Der Arbeitskreis konnte unter diesen Wissenschaftlern Dozenten für nicht-judaistische Vorlesungen und Seminare der Hochschule für die Wissenschaft des Judentums aussuchen. Für die Wissenschaftler eröffnete dies eine unerwartete Möglichkeit, die akademische Lehre in Deutschland wieder aufzunehmen, und nahm einem Teil von ihnen die Sorge, wie sie ihr tägliches Brot verdienen sollten. Im Sommersemester 1936 begann der Arbeitskreis mit der Einführung von Vorlesungen in Philosophie und Geschichte. Im Wintersemester 1936/37 kamen Sozialwissenschaften und orientalische Sprachen hinzu und im Wintersemester 1937/38 griechische und lateinische Philologie und Literatur.[555]

Am 2. Februar 1936 besuchte Leo Baeck Hamburg, um einen Vortrag zu halten und die Vorsitzenden der Nehemia-Nobel-B'nai-B'rith-Logen zu treffen. Hans Liebeschütz nahm als Vorsitzender der Loge an diesem Treffen teil. Als er an der Hochschule studiert hatte, war Baeck dort schon als Lehrer für Homiletik[556] tätig. Sie hatten sich im Ersten Weltkrieg in Frankreich bei einem Jom-Kippur-Gottesdienst wiedergesehen, als Baeck Militärgeistlicher und Hans Liebeschütz Soldat war. Baeck erinnerte sich an diese Begegnung. Am 27. Februar fuhr Hans Liebeschütz zu einem Vorstellungsgespräch mit dem Vorstand der Hochschule für die Wissenschaft des Judentums nach Berlin und wurde als Dozent für mittelalterliche Geschichte und Literatur mit einem Gehalt von 300 Reichsmark monatlich eingestellt. Seine Arbeit sollte im Sommer beginnen. Es ließ sich einrichten, dass seine Vorlesungen und Seminare an drei Tagen der Woche stattfanden, sodass er die übrigen vier Tage zu Hause verbringen konnte. Er wohnte in Berlin bei seiner Schwägerin und seinem Schwager in Nikolassee im Bezirk Steglitz-Zehlendorf.[557]

Rahel Liebeschütz schrieb später, dass Hans Liebeschütz das Lehren an der Hochschule und den Kontakt zu interessanten Kollegen genossen habe. Mit dem Vorsitzenden, Richard Fuchs (1886–1970) verbanden ihn viele gemeinsame Interessen, ihre Freundschaft bestand auch später in England fort.

---

555 Vgl. Fuchs: Hochschule (Anm. 551), 9–11.

556 Homiletik ist die Predigtlehre.

557 Rahel Liebeschütz: Memories, 72 f.

An der Hochschule lehrten die zwei berühmten Theologen Baeck und Max Wiener. Weitere Freunde von Hans Liebeschütz waren der Historiker Arnold Bernay (1897–1943), der Germanist Fritz Friedländer (1901–1980) und der Klassizist Ernst Grumach (1902–1967). Am 29. April 1936 trat Hans Liebeschütz seine neue Stelle an. Er sollte über Tertullian und über Juden im Mittelalter lesen; diese Vorlesung wurde von zehn Studenten besucht.[558]

Im Bereich Geschichte unterrichteten neben Hans Liebeschütz Bernay (Freiburg; moderne Geschichte) sowie vom Winter 1936/37 an Eugen Täubler (Heidelberg; Alte Geschichte) und vom Winter 1937/38 an Moses Goldmann (Islamische Völker). Fuchs, Mitglied des Kuratoriums und später ihr stellvertretender Vorsitzender sowie gleichzeitig Vorsitzender des Arbeitskreises, schrieb rückblickend über das Lehrangebot:

> Owing to these excellent scholars the Hochschule succeeded in providing its students from 1936 to 1938 with teaching of a high academic standard in a rather wide range of subjects, as appears from the lecture programmes from summer 1936 to winter 1938.[559]

Unter der Rubrik *Philosophie, Psychologie und Pädagogik* kündigte Friedländer im Wintersemester 1937/38 *Psychologie und Übungen zur Einführung in die Philosophie* sowie *Die Philosophie von Kants Kritik der reinen Vernunft bis zur Gegenwart* an. Wiener las über *Die Probleme der jüdischen Philosophie*; und Hans Liebeschütz bot *Besprechungen über Fragen des geschichtlichen Unterrichts* an. Im Bereich Geschichtswissenschaft las Ismar Elbogen über die *Geschichte der Juden seit Moses Mendelssohn bis zu Ende des 19. Jahrhunderts,* Täubler über *Die alte Geschichte des Vorderen Orients im 2. Jahrtausend* und Hans Liebeschütz über den *Ausgang der antiken Kultur und die Entstehung der mittellateinischen Gesellschaft.* Hans Liebeschütz bot außerdem die Übung *Einführung in die lateinische Bibel und ihre lateinische Exegese* an. Bernay hielt eine Vorlesung über *Die allgemeine Geschichte des europäischen Staatensystems von 1648 bis 1919* und Goldmann über *Die Kulturgeschichte der islamischen Völker in ihrer Beziehung*

---

[558] Rahel Liebeschütz: Memories, 73.

[559] Fuchs: Hochschule (Anm. 551), 16.

zum Orient und Occident.[560] Hans Liebeschütz hielt in den folgenden Semestern Vorlesungen über *Das Judentum in der Entwicklung des mittelalterlichen Weltbildes*, über *Gesellschaftstheorie der Antike und des Mittelalters (von Plato bis Thomas von Aquin)* und über *Religionsgeschichte der Spätantike im Zeitalter der Entstehung des Christentums.* Des Weiteren las er über den *Ausgang der antiken Kulturen und die Grundlegung der mittelalterlichen Gesellschaft* und über *Kaisertum und Papsttum im Mittelalter.* Er hielt außerdem Übungen über *Geschichte des Streites um die Bibel im Zweiten Jahrhundert (Tertullian)*, zu *Augustinus De civitate Dei*, zur *Einführung in die lateinische Bibel*, zur *Einführung in die lateinische Geschichtsforschung des Mittelalters (Widukind)*, über *Die politische Literatur des Elften Jahrhunderts* und zur *Jüdischen Geschichte in Deutschland um 1880* ab.[561] Fuchs betonte die große Beliebtheit von Hans Liebeschütz:

> But what made his work so effective were his personal qualities which captivated his students and opened their minds to the treasures he imparted to them. He spoke to his audience in a simple, almost conversational manner without using notes, and by his great charm he impressed them deeply. His general popularity with everybody made him the spokesman of lecturers and students in non-judaistic subjects towards the Lehrerkollegium, the Kuratorium and the Arbeitskreis as a whole.[562]

Die äußere Entwicklung der Hochschule im „Dritten Reich" zeigt ein paradoxes Bild: Die Zahl der Dozenten und Studenten stieg nach einem anfänglichen Rückgang von 1936 bis 1938 an, begann allerdings schon im Sommersemester 1938 wieder stark zu sinken. Im Sommersemester lehrten 16 haupt-

---

560 Einundfünfzigster Bericht der Lehranstalt für die Wissenschaft des Judentums in Berlin, Anlage A, Verzeichnis der Vorlesungen für das Wintersemester 1937/38, 11. Kopien in der Hamburger Bibliothek für Universitätsgeschichte, Ordner Hans Liebeschütz.

561 Bodleian Library Oxford, SPSL 255/7, leaf 371, undatierte Bestätigung der von Hans Liebeschütz gehaltenen Lehrveranstaltungen an der Hochschule für die Wissenschaft des Judentums. Hans Liebeschütz hat diese Bescheinigung wahrscheinlich vorformuliert. Anstelle eines Stempels und der Unterschrift des Lehrkollegiums befindet sich die in seiner Handschrift geschriebenen Worte „Stempel" und „Der Vorsitzende des Lehrerkollegiums gz. Dr. Max Israel Wiener".

562 Fuchs: Hochschule (Anm. 551), 19.

und nebenamtliche Dozenten, im Wintersemester 1937/38 die Höchstzahl von 22, die sich in den beiden folgenden Semestern mit leichtem Rückgang auf der Höhe von 20 und 19 Dozenten aller Stufen hielt. Darunter waren elf beziehungsweise zwölf hauptamtliche Dozenten. Vom Sommersemester 1939 an fiel die Zahl aller Dozenten auf zehn und blieb mit vier beziehungsweise fünf hauptamtlichen Lehrkräften bis zum Sommersemester 1942 konstant.[563] Die Allgemeinwissenschaftliche Abteilung der Hochschule bestand in ihrer vollen Ausdehnung nur vom Sommersemester 1936 bis zum Wintersemester 1938, in dem der Novemberpogrom stattfand.[564] Herbert A. Strauss, einer der wenigen überlebenden ehemaligen Studenten der letzten beiden Jahre hob die Bedeutung der Hochschule hervor:

> Die Abteilung glich einer Universität im inneren Exil, sie war ein brillanter Nachsommer des deutsch-jüdischen Bildungsverständnisses, Teil der einmaligen Intensivierung des Geisteslebens der Juden unter der Verfolgung und Diffamierung im Dritten Reich, innere Freiheit inmitten äußerer Knechtschaft, nach der Formulierung Achad Ha'ams, und zwar zugleich ein Meilenstein und Schlusspunkt in der Verwandlung des jüdischen Selbstverständnisses am Ende der liberalen Periode.[565]

Vorbereitungen für die Übersiedlung nach England

Hans Liebeschütz war der Meinung, dass seine Kinder mit zwölf Jahren auf englische Schulen geschickt werden sollten, selbst wenn es für ihn und seine Frau eine Möglichkeit geben sollte, weiter in Deutschland zu leben. Rahel Liebeschütz' bereits in Hull in England lebender Bruder, Theodor Plaut, hatte sie gewarnt, dass es mit zwölf Jahren der letztmögliche Zeitpunkt sei, an einer englischen Schule anzufangen. Sein Sohn Gustav war in diesem Alter und musste sehr hart für das Hymers College arbeiten. Plaut war darauf eingestellt, seinen Neffen Wolfgang Liebeschütz bei sich aufzunehmen,

---

563 Vgl. Strauss: Die letzten Jahre (Anm. 550), 42–45.

564 Strauss, Die letzten Jahre (Anm. 550), 47.

565 Strauss: Die letzten Jahre (Anm. 550), 48.

wenn die Eltern ihn nach England schicken würden. Hans Liebeschütz hielt es für sinnvoll, dass Rahel Liebeschütz mit dem Schulleiter von Hymers College spräche. Bis zu diesem Zeitpunkt gab es noch keine Reisebeschränkungen für das Ausland. So fuhr Rahel Liebeschütz mit ihrem Sohn Wolfgang am 15. Juli 1936 auf dem amerikanischen Dampfer Washington von Hamburg nach Southampton. Rahel Liebeschütz schrieb später über die Reise, dass sie Touristenklasse reisten und fast alle anderen Passagiere deutsche Juden gewesen seien, deren Ziel Amerika war. Rahel und Wolfgang Liebeschütz fuhren über London mit dem Zug nach Hull. Während der Zugfahrt unterhielt sich Rahel Liebeschütz mit zwei englischen Damen, woraus sich ein sehr interessantes Gespräch entwickelte. Rückblickend erinnerte Rahel Liebeschütz diese Unterhaltung:

> In unserem Abteil saß eine dicke und eine dünne Frau. Die letztere begann die Unterhaltung, indem sie mit ernstem Gesicht fragte: ‚Mögen Sie London? Mögen Sie den König?' Dann ging sie sofort zur Politik über: ‚Sind Sie sehr für Hitler?' Ich antwortete: ‚Nein, sicherlich nicht.' Sie antwortete: ‚Ich vermute, dass die Nazis für ihn sind. Er ist ein grausamer Mensch, aber er hat sehr viel für Deutschland getan. Er hat es wieder in die Höhe gebracht. Warum verabscheut er die Juden so sehr?' Ich antwortete: ‚Er glaubt, dass die Juden Schuld daran sind, dass Deutschland den Krieg verloren hat.' Sie antwortete: ‚Das ist nicht sehr wahrscheinlich. Sehen Sie, mir sind die Juden egal, aber es sind Menschen, und sie müssen irgendwo leben und nicht gejagt werden wie Hunde. Wir tun so etwas nicht, wir lassen sie friedlich leben, solange sie die Gesetze beachten.' Dann schaltete sich die dünne Frau ein: ‚Mögen die Deutschen die Engländer? Wir mögen die Deutschen mehr als die Franzosen.' Die dicke Frau bestätigte das. Sie sagte: ‚Die Franzosen sind hinterhältig. Sie haben eine Aristokratie in Deutschland. Wie kann sie es ertragen, dass so ein Mann über ihnen steht, der ein absolutes Nichts ist.'[566]

[566] Rahel Liebeschütz: Memories, 78.

Die Kommentare von Rahel Liebeschütz' beiden Mitreisenden lassen auch in England einen subtilen Antisemitismus beobachten.

Rahel Liebeschütz fand den Eindruck, den diese Damen hinterließen, bestätigt, als sie am letzten Tag ihres Aufenthaltes in London mit der Historikerin Elsbeth Jaffé (1889–1976), einer früheren Assistentin von Richard Salomon (1884–1966) in Hamburg sprach. Auf Rahel Liebeschütz' Frage, wie es um den Antisemitismus in England stehe, antwortete diese, er sei sehr ausgeprägt. Juden lebten isoliert. Man müsse sein Judentum im Hintergrund halten und sich seiner Umgebung so gut es ging anpassen, wenn man akzeptiert werden wolle.[567]

567 Rahel Liebeschütz: Memories, 78 f.

Dramatische Entwicklungen im Jahr 1938

Im Frühjahr 1938 erhielt der antisemitische Aktionswille der Nationalsozialisten erneut einen starken Impuls. Die sogenannte Fritsch-Krise brachte ihnen einen wichtigen innenpolitischen Machtgewinn. Nachdem am 4. April 1938 Kriegsminister von Blomberg und der Oberbefehlshaber des Heeres Werner von Fritsch (1880–1939) aufgrund von Intrigen Himmlers und Görings entlassen worden waren, übernahm Hitler persönlich den Oberbefehl über die Wehrmacht. Der „Erlass über die Führung der Wehrmacht" beinhaltete außerdem die Auflösung des Reichskriegsministeriums und die Schaffung des Oberkommandos der Wehrmacht unter direktem Befehl Hitlers.[568]

Der „Anschluss" Österreichs

Am 12. Februar 1938 forderte Hitler vom österreichischen Bundeskanzler Kurt Schuschnigg (1897–1977) die Kontrolle über die österreichische Außenpolitik und die Beteiligung österreichischer Nationalsozialisten an der Regierung. Am 13. und 14. Februar 1938 fanden militärische Manöver gegen Österreich statt, um den deutschen Forderungen Nachdruck zu verleihen. Die österreichische Regierung erklärte darauf am 15. Februar, sie werde die deutschen Forderungen bis zum 18. Februar erfüllen. Damit begann die Beseitigung der österreichischen Unabhängigkeit. Am 12. März 1938 marschierten deutsche Truppen in Österreich ein und annektierten das Land. Seit dem sogenannten Anschluss Österreichs erhielt das nationalsozialistische Deutschland offiziell die Bezeichnung Großdeutsches Reich. Die Annexion Österreichs verschaffte dem Naziregime enormen Prestigegewinn und bewirkte zugleich eine spürbare Zunahme der realen politischen Kraft Deutschlands sowie eine offensichtliche Verbesserung der strategischen

---

568 Vgl. Wendt: Deutschland 1933–1945 (Anm. 405)187–195; Herbst: Deutschland (Anm. 405), 185 f; Thamer: Verführung und Gewalt (Anm. 405), 564–570; Benz: Geschichte des Dritten Reiches (Anm. 405); Kershaw: NS-Staat (Anm. 405).

Lage des Deutschen Reichs.[569] Das damit verbundene gewachsene Selbstbewusstsein der Nationalsozialisten bekamen die in Österreich lebenden Juden gleich nach der Besetzung des Landes durch die deutschen Truppen zu spüren. Im März durchzog Österreich eine Terrorwelle, die in ihrem Charakter an die in Deutschland kurz nach der „Machtergreifung“ verübten Gräueltaten erinnerte, nur dass in Österreich NSDAP, SA und SS in größerem Stil und mit größerer Brutalität vorgingen. Gleichzeitig mit den Ereignissen in Österreich nahm die Judenverfolgung in Deutschland an Schärfe, Härte und Umfang ständig zu. Mit dem „Anschluss“ an Österreich setzte die zweite Phase der antijüdischen Gesetzgebung ein. Sie war gekennzeichnet durch eine Fülle von Erlassen und Verordnungen, die die Enteignung der Juden und die „Entjudung“ des wirtschaftlichen Lebens vorbereiteten.[570]

Rahel Liebeschütz notierte in ihren Erinnerungen, dass der Anschluss Österreichs eine Beschleunigung der antijüdischen Politik angekündigt habe. Es begann mit den Pässen: Seit dem Verbot der Logen hatte Hans Liebeschütz vergeblich versucht, seinen Pass von der Polizei zurückzubekommen.[571] In ihr Tagebuch schrieb sie: „Morgens durch Gretes Bekannte erfahren, dass Deutsche Truppen nach Oesterreich marschieren. Es wird überall geflaggt.“[572]

Im Januar 1938 hatte Hans Liebeschütz einen erneuten Versuch gemacht, seinen Pass wiederzubekommen, aber ohne Erfolg. Ironischerweise wurde er am nächsten Tag zur Musterung bestellt. Im Wehramt stellte man ihm die Frage nach der Rassenzugehörigkeit. Hans Liebeschütz antwortete, er sei hundertprozentiger Jude. Ob er das beweisen könne, wurde er gefragt. Hans

---

569 Vgl. Wendt: Das nationalsozialistische Deutschland (Anm. 405), 123 f; Wendt: Deutschland 1933–1945 (Anm. 405), 430–432; Herbst: Deutschland (Anm. 405), 184–191; Thamer: Verführung und Gewalt (Anm. 405), 570–580: Benz: Geschichte des Dritten Reiches (Anm. 405); Kershaw: NS-Staat (Anm. 405).

570 Vgl. Jonny Moser: Die Entrechtung der Juden im Dritten Reich. Diskriminierung und Terror durch Gesetze, Verordnungen und Erlasse. In: Walter Pehle (Hrsg.): Der Judenpogrom 1938. Von der „Reichskristallnacht“ zum Völkermord. Frankfurt/Main 1988, 118–131, hier besonders 118.

571 Rahel Liebeschütz: Memories, 108.

572 Tagebuch 1938, Eintrag vom 12.3.

Liebeschütz antwortete, dass ihm dieses bisher jeder geglaubt habe. Man erklärte ihn für „beschränkt tauglich". Kurze Zeit nach diesem Vorfall wurden alle Juden aufgefordert, ihre Pässe bei der Polizei abzugeben.[573]

Jeder Monat brachte neue Einschränkungen für das Leben der Juden. Am 28. April 1938 wurde die Registrierung aller jüdischen Vermögenswerte verfügt. Von nun an konnten die Behörden jeden Verkauf, jede Verpachtung und Neueröffnung eines jüdischen Geschäftes oder Betriebes genauestens überwachen. Die „Entjudung" der Wirtschaft hatte damit eingesetzt.[574] Im Sommer 1938 ergoss sich eine weitere Flut von diskriminierenden Gesetzen über die Juden. Zum Jahresbeginn 1939 wurden sie verpflichtet, ihrem Vornamen Sara oder Israel hinzuzufügen, ab dem 23. Juli 1938 mussten sie Kennkarten vorweisen, die sie als Juden kenntlich machten. Jüdischen Ärzten wurden zum 30. September 1938 die Approbation entzogen; sie wurden seitdem als jüdische „Krankenbehandler" bezeichnet. Jüdischen Rechtsanwälten wurde die Gerichtszulassung genommen, sie durften nur noch als Rechtsberater für Juden tätig sein. Jüdische Krankenpfleger durften nur noch in jüdischen Krankenhäusern arbeiten, jüdische Patentanwälte verloren ihre Konzession. Die Fülle dieser Verordnungen verdeutlicht die Absicht, die Juden in absehbarer Zeit aus dem Wirtschaftsleben zu verdrängen.[575]

Bereits im Januar 1938 hatte es eine neue Verordnung über Steuererleichterungen für Familien mit Kindern gegeben. Jüdische Familien mit Kindern waren seitdem nicht mehr zu Steuererleichterungen berechtigt. Für Hans Liebeschütz war dies ein weiterer Hinweis dafür, dass er und seine Familie auf jeden Fall emigrieren müssten.[576]

Am 5. Oktober 1938 verpflichtete eine Verordnung die deutschen Juden dazu, ihre Reisepässe innerhalb von 14 Tagen abzuliefern. Pässe, die Geltung für das Ausland besaßen, wurden erst wieder gültig, wenn sie mit einem „J" versehen waren und sie damit die Inhaber als Juden auswiesen.[577]

---

573 Rahel Liebeschütz: Memories, 109.

574 Grundlegend hierzu: Avraham Barkai: Vom Boykott zur „Entjudung" 1933–1945. Frankfurt/Main 1988, hier besonders 128–165 und 189–203.

575 Vgl. Moser: Entrechtung (Anm. 570), 119 f.

576 Rahel Liebeschütz: Memories, 109.

577 Vgl. Moser: Entrechtung (Anm. 570), 120; siehe auch: Wolfgang Mönninghoff: Die Enteignung der Juden. Wunder der Wirtschaft. Erbe der Deutschen. Hamburg-Wien 2001.

Sudetenkrise und Münchner Abkommen

Das Jahr 1938 war durch die Expansionspläne des nationalsozialistischen Deutschlands geprägt. Diesbezügliche Vorhaben waren so konkret, dass Hitler bereits am 30. Mai 1938 den Plan für den Einmarsch in die Tschechoslowakei bestätigte, der letztlich zu einer vollständigen Zerschlagung der Tschechoslowakei führen sollte. Die Erreichung dieses Ziels sollte aber vor allem durch diplomatische Mittel erreicht werden.

In seiner Weisung vom 30. Mai nannte Hitler zwei politische Wege, die „Tschechenfrage" zu lösen: den Verlust der Unterstützung durch andere Staaten und die innere Schwächung der Tschechoslowakei. Die Kombination beider Politikvarianten führte am Ende zur Auflösung der Republik.[578] Rahel Liebeschütz schrieb in ihren Erinnerungen, es sei bekannt gewesen, dass Hitler Unfrieden zwischen Tschechen und Deutschen in Böhmen stiftete, um einen Vorwand für ein Eingreifen zu haben, aber die Problematik des Konflikts sei erst nach und nach von der Öffentlichkeit erkannt worden.[579]

Am 29. und 30. September 1938 fand in München eine Viermächtekonferenz statt, die von Chamberlain initiiert wurde, um eine friedliche Lösung zu erzielen. An diesem Treffen nahmen neben den Westmächten Großbritannien und Frankreich auch Italien und Deutschland teil, allerdings nicht die Tschechoslowakei.[580] Rahel Liebeschütz schrieb in ihr Tagebuch:

> Es ist sozusagen Krieg, man kriegt keine Fernverbindung mehr. In England wird London evakuiert. Wir versuchen Gasmasken zu bestellen [...], es gibt keine. Wir gehen mit Mu im Garten & suchen Platz für einen Unterstand. Hans sehr bekümmert, Kinder froh, dass sie nicht von hier wegbrauchen.[581]

---

[578] Vgl. Wendt: Deutschland 1933–1945 (Anm. 405), 432; Herbst: Deutschland (Anm. 405), 192 f; Benz: Geschichte des Dritten Reiches (Anm. 405); Kershaw: NS-Staat (Anm. 405).

[579] Rahel Liebeschütz: Memories, 133.

[580] Vgl. Wendt: Deutschland 1933–1945 (Anm. 405), 437–439; Benz: Geschichte des Dritten Reiches (Anm. 405); Kershaw: NS-Staat (Anm. 405).

[581] Tagebuch 1938, Eintrag vom 28.9.

In ihren Erinnerungen schrieb sie, dass die Kriegsangst einen Höhepunkt erreichte, als Chamberlain am 28. September nach München flog. Im Radio hieß es, dass Schiffe die Häfen nicht mehr verließen und dass in London die Evakuierung begonnen habe. Jeder versuchte, in den Besitz von Gasmasken zu kommen. Sie wurden an die Bevölkerung verteilt. Juden waren ausgenommen. Hans und Rahel Liebeschütz suchten einen geeigneten Platz im Garten, um einen Luftschutzkeller zu bauen. Die Kinder freuten sich, weil Krieg bedeutet hätte, nicht zu emigrieren. Sie dachten, dass sie dann in Dockenhuden bleiben könnten. Rahel Liebeschütz schrieb am 29. September in ihr Tagebuch: „Die Krise ist plötzlich vorbei, große allgemeine Erleichterung."[582] Wieder zeigt sich eine große Übereinstimmung des Tagebuches mit den Erinnerungen, lediglich die Ausführlichkeit der Erinnerungen ist größer.

Das von den Regierungschefs unterzeichnete Münchener Abkommen beinhaltete die Abtretung der Teile des Sudetengebiets mit mehr als 50 Prozent deutscher Bevölkerung an das Deutsche Reich zum 1. Oktober 1938, wobei die nichtdeutsche Bevölkerung bis zum 10. Oktober das Gebiet verlassen musste. Details zu diesem Vorgang wurden von einem internationalen Ausschuss aus den Vertretern der vier Mächte und der Tschechoslowakei geregelt. Er sollte unter anderem die Gebiete benennen, in denen eine Volksabstimmung durchzuführen sei. Eine Konsequenz von diesem Vorgang war, dass die tschechoslowakische Republik maßgeblich ökonomisch geschwächt und auch militärisch wehrlos wurde. Zusätzlich musste die Tschechoslowakei auch noch Gebiete fast zeitgleich an Polen und Ungarn abtreten. Deutschlands Machtposition wurde durch das Abkommen bestätigt, während Frankreich und Großbritannien lediglich die Ansprüche Deutschlands bestätigten. In der Tat setzte Deutschland die Grenzziehung gegenüber der Tschechoslowakischen Republik fest und legte sie dem internationalen Ausschuss nur noch zur formalen Beschlussfassung vor. Bei den Westmächten herrschte die Meinung vor, sie hätten durch ihre nachgiebige Haltung den Frieden gesichert. Chamberlain wurde nach seiner Rückkehr von München in London mit Begeisterung empfangen, da Hitler das Münch-

[582] Tagebuch 1938, Eintrag vom 29.9.

ner Abkommen unterschrieben hatte und darüber hinaus öffentlich mehrfach verkündete, dass er nach Klärung der Sudetenfragen keine weiteren Gebietsansprüche in Europa mehr hätte.[583] Rahel Liebeschütz schrieb in ihr Tagebuch: „Es ist zwischen den 4 Grossmächten zur Einigung gekommen. [...] In England haben sie schon Minen gelegt. Die deutschen Bombenflugzeuge waren schon in Schleswig."[584] An dieser Stelle bringt das Tagebuch Details, die in den Erinnerungen nicht enthalten sind.

Nachdem Rahel Liebeschütz und ihre Mutter die deutschen Genehmigungen und ihre Pässe erhalten hatten und sie nur noch auf die britischen Visa warteten, setzte bei Rahel Liebeschütz und ihren Kindern Abschiedsstimmung ein. Rahel Liebeschütz hatte nach Erledigung der vielen Formalitäten wieder mehr Zeit für die Kinder. In den Herbstferien 1938 trafen sich die Liebeschütz-Kinder zum letzten Mal mit ihren Cousins und Cousinen aus Berlin in Dockenhuden. Wenn Rahel Liebeschütz mit den Kindern jetzt einen Ausflug an die Niederelbe machte, hatten sie das Gefühl, „Wiedersehen" zu sagen. Zur Erinnerung fotografierten Wolfgang und Hugo Liebeschütz das Wohnzimmer in der Neuen Rabenstraße.[585]

Ausweisung der polnischen Juden im Oktober 1938

Am Abend des 28. Oktober 1938 ging Rahel Liebeschütz zum Bahnhof Altona, um die S-Bahn nach Blankenese zu nehmen. Der Bahnhof war voller Menschen. Eine dampfende Lokomotive sah so aus, als wäre sie im Begriff loszufahren, während Leute in die Waggons geführt wurden. Rahel Liebeschütz sah eine weinende Frau ohne Gepäck, die mit Gewalt aus einem Polizeiwagen geholt und zum Zug geführt wurde.[586] In ihr Tagebuch schrieb Rahel Liebeschütz lediglich: „In Altona fahren gerade viele Polen, deren Pässe erlöschen, zurück."[587] Das Tagebuch erwähnt hier lediglich die Ausweisung der polni-

583 Vgl. Wendt: Deutschland 1933–1945 (Anm. 405), 437–439; Benz: Geschichte des Dritten Reiches (Anm. 4059 ; Kershaw: NS-Staat (Anm. 405).

584 Tagebuch 1938, Eintrag vom 30.9.

585 Rahel Liebeschütz: Memories, 136.

586 Rahel Liebeschütz: Memories, 137.

587 Tagebuch 1938, Eintrag vom 28.10.

schen Juden, während die Erinnerungen die gesamte beobachtete Szene wiedergeben. Rahel Liebeschütz scheint nicht bewusst gewesen zu sein, dass die polnischen Juden ausgewiesen wurden, denn sie schrieb lediglich, dass diese zurückführen.

Bei dem beobachteten Ereignis handelte es sich um die Ausweisung der polnischen Juden, die von den deutschen Polizei- und Zollbehörden zwischen dem 27. und 29. Oktober 1938 durchgeführt wurde. Die Abschiebung war die Reaktion des NS-Staates auf das polnische Gesetz vom 31. März 1938 über den Entzug der Staatsbürgerschaft, wodurch allen, die länger als fünf Jahre im Ausland gelebt hatten, die Staatsbürgerschaft entzogen werden sollte. Diese Maßnahme richtete sich in erster Linie gegen Juden, da Polen nach dem „Anschluss" Österreichs mit einer Rückwanderungswelle seiner dort lebenden rund 20.000 jüdischen Staatsangehörigen rechnete. Am 6. Oktober 1938 erließ der polnische Innenminister eine Verordnung über die einmalige Kontrolle der von den polnischen Auslandsvertretungen ausgestellten Pässe. Sie trat am 30. Oktober 1938 in Kraft. Alle diese Pässe mussten vorgelegt werden und erhielten dann einen speziellen Vermerk. Er konnte versagt werden, wenn die Echtheit oder Gültigkeit des Passes bezweifelt wurde oder Gründe für den Entzug der Staatsbürgerschaft bestanden. Pässe ohne den Vermerk stellten einen Grund dar, den Übertritt über die polnische Grenze, das heißt die Einreise nach Polen, zu verwehren. Den deutschen Behörden war klar, dass sie die polnischen Juden, wenn sie erst staatenlos wären, nicht mehr zur Auswanderung zwingen könnten, da kein Land sie aufnehmen würde, wenn sogar Polen ihnen die Aufnahme versagte. Deswegen wollten sie sie abschieben, bevor sie die polnische Staatsangehörigkeit verlören. Der Reichsführer der SS und Chef der deutschen Polizei hatte daher bereits am 26. Oktober 1938 „nach Benehmen mit dem Auswärtigen Amt" die nachgeordneten Behörden in zwei Schnellbriefen angewiesen, „unter Einsatz aller Kräfte der Sicherheits- und Ordnungspolizei und unter Zurückstellung anderer Aufgaben" alle polnischen Juden, die im Besitz gültiger Pässe waren, sofort unter Ankündigung eines Aufenthaltsverbots für das Reichsgebiet in Abschiebungshaft zu nehmen und sie unverzüglich in Sammeltransporten zur polnischen Grenze abzuschieben. Die Sammeltransporte sollten so durchgeführt werden, dass die in Abschiebehaft genommenen Juden noch vor dem 29. Oktober 1938 über die polnische Grenze gebracht werden konnten. Die Aktion traf die meisten in Deutschland lebenden polnischen Juden unvorbereitet.[588] Für die meisten blieb keine Zeit, die nötigsten persönlichen Vorkehrungen für die Abreise zu treffen. Häufig konnten sie sich nicht einmal von Familie und Freunden verabschieden. In Hamburg waren am 28. und 29. Oktober 1938 weit über tausend jüdische Frauen, Kinder und Männer betroffen. Sie wurden aus ihren Wohnungen oder von ihren Arbeitsstellen geholt, zu Sammelstellen gebracht und dann zwangsweise in Zügen bis an die deutsch-polnische Grenze deportiert.

Am 7. November 1938 schoss Herschel Grünspan, ein junger jüdischer Mann polnischer Herkunft, in der deutschen Botschaft in Paris auf den Legationsrat Ernst vom Rath, der zwei Tage später seinen Verletzungen erlag. Mit seiner Verzweiflungstat bot er den Nationalsozialisten den willkommenen Vorwand für die Inszenierung des Pogroms vom 9. auf den 10. November 1938 und die sich daran anschließende verschärfte Verfolgung der Juden.[589]

[588] Vgl. Trude Maurer: Abschiebung und Attentat. Die Ausweisung der polnischen Juden und der Vorwand für die „Reichskristallnacht“. In: Walter H. Pehle (Hrsg.): Der Judenpogrom 1938. Von der „Reichskristallnacht“ zum Völkermord. Frankfurt/Main 1988, 52–73, hier besonders 59–61. Siehe auch: Michael Ruetz: Pogrom 1938. Das Gesicht in der Menge. Wädenswil 2018.

[589] Vgl. Maurer: Abschiebung (Anm. 588), 70.

Abschied von Deutschland: Emigration und das Leben in England

Erste Kontakte nach England

Rahel Liebeschütz' Bruder Theodor Plaut hatte sich von Holland aus an Universitäten in der ganzen Welt beworben. Am 5. August 1933 schrieb er an seine Mutter, dass er Aussicht auf eine auf zwei Jahre befristete Professur an der Universität von Hull in England hätte. Während der in Hamburg veranstalteten Kurse für ausländische Studenten an der Hamburger Universität hatte er den Vizepräsidenten der Universität Hull kennengelernt und einen positiven Eindruck hinterlassen.[590] Im September 1933 zog er mit seiner Familie nach Hull. Schon einen Monat später reiste Rahel Liebeschütz nach England, um mit ihrem Bruder Theodor über dessen Emigration zu sprechen. Er bat sie, ihm bei den notwendigen Schritten für seine Emigration behilflich zu sein. Sie musste mit der deutschen Devisenstelle wegen eines großzügigen Transfers von Theodors Kapital verhandeln. Sie sollte Hilfe von Rudolf Warburg, einem entfernten Verwandten ihrer Schwägerin Ellen Plaut, geb. Warburg bekommen, der von der Bank empfohlen wurde. Rudolf Warburg war Anwalt und Notar, christlichen Bekenntnisses, wegen seiner jüdischen Großeltern aber dem Gesetz nach Jude.[591]

Rahel Liebeschütz schrieb über die Situation ihres Bruders und seiner Familie: Die Familie Plaut lebte in einer Pension in den *Avenues*, nicht weit von ihrem späteren Domizil in der Westbourne Avenue entfernt. Der elfjährige Sohn Gustav besuchte seit Kurzem die Privatschule Hymers College. Die letzten drei Monate in Deutschland waren für ihn eine qualvolle Zeit gewesen. Ostern 1933 wurde er im Christianeum in Altona eingeschult. Dort griffen ihn Mitschüler heraus, um ihn antisemitisch zu schikanieren. Die Lehrer trauten sich nicht einzugreifen. Auf dem Heimweg folgten ihm die

---

590 Rahel Liebeschütz: Memories, 29 f.

591 Rahel Liebeschütz: Memories, 34.

Jungen sogar bis in die S-Bahn und belästigten ihn dort weiter.[592] Er berichtete, dass sie ihm ins Gesicht gespuckt hätten. Das Ganze zog sich ungefähr zwanzig Minuten hin, bis ein Mann eingriff und sagte, dass Hitler so ein Verhalten den Juden gegenüber doch nicht wollen könne.[593]

Rahel Liebeschütz berichtete über die finanziellen Bedingungen, unter denen die Familie ihres Bruders lebte. Theodors Gehalt betrug 400 Pfund pro Jahr. Die Hälfte davon bezahlte die jüdische Gemeinde. Sie hatte ein Haus für ihn in der Westbourne Avenue gefunden und es für ihn renoviert. Die Juden insgesamt hießen ihn großzügig willkommen. Rahel Liebeschütz verbrachte drei Tage mit ihrem Bruder und seiner Familie. Gemeinsam mit ihm machte sie einen Besuch an der Universität von Hull. Er zeigte ihr seinen Arbeitsraum im College und lud sie zum Mittagessen am *High Table* ein. Rahel Liebeschütz empfand den Kontrast zwischen dem nationalsozialistischen Deutschland und der Atmosphäre an der Universität von Hull als atemberaubend.[594]

Wieder nach Hamburg zurückgekehrt, setzte sich Rahel Liebeschütz mit Rudolf Warburg in Verbindung, der ihr die gesetzliche Situation erklärte. Rahel Liebeschütz formulierte daraufhin ein Gesuch an die Reichsbank in Berlin, um 50.000 Reichsmark nach England transferieren zu können. Sie argumentierte, dass Theodor Plaut als Ökonomieprofessor an der Universität von Hull Deutschland anständig vertreten müsste. Da Plauts Professur nützlich für die deutschen Interessen in England sei, sollte ihm die Reichsfluchtsteuer erlassen werden. Warburg war der Meinung, dass Rahel Liebeschütz' Forderung bescheiden genug war, um akzeptiert zu werden. Ihr Gesuch für den Geldtransfer wurde akzeptiert, die Streichung der Reichsfluchtsteuer jedoch abgelehnt. Der Rest von Theodors Kapital, der nicht Bestandteil des Transfers war, konnte an der deutschen Börse nur gegen Sterling als eingefrorene Währung getauscht werden. Zu dieser Zeit verkaufte sich die eingefrorene Reichsmark mit einem Verlust von zehn Prozent. Verglichen mit dem, was jüdische Emigranten in späteren Jahren verloren, war das noch gering. Rahel Liebeschütz musste auch die Auswahl der Haushaltsgegenstände, die die Familie Plaut nach England hinübergeschickt haben wollte, überwachen. Ihr Bruder Theodor ließ viele Möbel

592 Rahel Liebeschütz: Memories, 29.

593 Bericht von Gustav Plaut, masch. geschrieb. Text, 2 Seiten, vom 12.9.2002, 2, Archiv Silke Kaiser.

594 Rahel Liebeschütz: Memories, 35.

in Hamburg zurück, zum Beispiel einen Flügel, der von der Familie Brach stammte. Sein Haus in Hochkamp wurde vermietet.[595]

Die NS-Regierung versuchte durch zahlreiche Restriktionen die Auswanderung der Juden zu erschweren. Die Reichsfluchtsteuer, die schon seit Dezember 1931 in Kraft war, aber seit der „Machtergreifung" verschärft wurde, sowie viele andere auf die wirtschaftliche Vernichtung der deutschen Juden abzielende Verordnungen dienten der finanziellen Auspressung der Juden. Unzählige Emigranten kamen völlig verarmt im Ausland an. Die deutschen Stellen hofften, dass durch die dort auftretenden Probleme der Antisemitismus in den westlichen Ländern, die den Juden Aufnahme boten, verstärkt werden würde. Die NS-Regierung und insbesondere die Gestapo förderten und behinderten die Auswanderung gleichzeitig. Bis zum Erlass der „Nürnberger Gesetze" hatten die nationalsozialistischen Machthaber noch keine klare Konzeption der „Judenfrage", NSDAP und Gestapo waren sich über die Methoden uneinig.[596]

Auch Hans Liebeschütz plante eine Reise nach England. Er hatte mit Fritz Saxl, dem Leiter des Warburg-Instituts besprochen, dass er nach England fahren sollte, um dort sein Englisch zu verbessern. Saxl war der Meinung, dass Hans Liebeschütz' Buch über den Humanismus des John of Salisbury, an dem dieser arbeitete, auf Englisch geschrieben werden sollte. Hans Liebeschütz hatte sehr wenig Englisch am Johanneum gelernt, wo es die vierte Fremdsprache war. Im Mai 1934 verbrachte Hans Liebeschütz eine Woche in London, um die Angelegenheit mit Saxl zu diskutieren. Sie beschlossen, dass Liebeschütz den kommenden Winter in England wohnen sollte, um sein Buch fertigzustellen und die Sprache zu erlernen. Vom 9. Oktober bis 13. Dezember 1934 und dann noch einmal vom 29. Dezember 1934 bis zum 4. April 1935 hielt sich Hans Liebeschütz in London auf.[597]

---

595 Rahel Liebeschütz: Memories, 36 f.

596 Vgl. Juliane Wetzel: Auswanderung aus Deutschland. In: Die Juden in Deutschland 1933–1945. Leben unter nationalsozialistischer Herrschaft. Hrsg. von Wolfgang Benz unter Mitarbeit von Volker Dahm, (Veröffentlichung des Instituts für Zeitgeschichte). München 1996, 413–498, hier 425 f; Sybille Baumbach: Die Emigration der Juden. Flucht vor nationalsozialistischer Verfolgung. In: Andrea Brinkmann, Peter Gabrielsson (Hrsg.): „Seht, wie sie übers große Weltmeer ziehn!" Die Geschichte der Auswanderung über Hamburg. Bremen 2008, 45–55.

597 Rahel Liebeschütz: Memories, 42.

Über die Schwierigkeiten bei den Reisevorbereitungen schrieb Rahel Liebeschütz: Es gab Probleme mit fremder Währung. Im Sommer schien es noch leicht, sie zu bekommen. Man brauchte eine Bescheinigung, die die Leistung der beabsichtigten Arbeit dokumentierte. Hans Liebeschütz wandte sich zuerst an den ehemaligen Schulrat Wilhelm Oberdörffer, der nun die Universitätsverwaltung leitete. Hans Liebeschütz kannte ihn recht gut. Er war Mitglied der Deutschen Volkspartei gewesen und kam gut mit den Sozialisten aus. Er lehnte es ab, die Bescheinigung auszustellen. Hans Liebeschütz bekam sie allerdings umgehend von Bruno Snell. Leider änderte die Reichsbank eine Woche vor Hans Liebeschütz' geplanter Abreise die Bestimmungen. Der Ankauf von Fremdwährung wurde verboten. Hans und Rahel Liebeschütz mussten ausländische Wertpapiere verkaufen.[598]

Hans Liebeschütz buchte eine Überfahrt auf dem Dampfer Washington. Seine Frau hatte ihm einige Goldmünzen ins Futter seines Wintermantels als Reserve eingenäht. Sie nutzte die Gelegenheit auch, um ein Diamanten-Diadem ihrer Großmutter außer Landes zu bringen. Als sich Hans und Rahel Liebeschütz zum Abschied auf dem Schiff trafen, versteckte Rahel Liebeschütz den Schmuck im Koffer ihres Mannes.

In London nahm sich Hans Liebeschütz ein Zimmer in der Nähe des Britischen Museums, um an seinem Buch über John of Salisbury zu arbeiten. Nebenbei lernte er diszipliniert Englisch. Er nahm Privatunterricht und lernte selbstständig, indem er englische Romane ins Deutsche und dann zurück in die Originalsprache übersetzte. Er kam mit verschiedenen Leuten zusammen. Sein Großonkel Gotlieb Bauer lebte in Hampstead, die Warburg Bibliothek mit Saxl und Gertrud Bing (1892–1964) befand sich damals noch im Thames House. Außerdem besuchte er die Familie seines Schwagers Theodor Plaut in Hull.[599]

Emigration bedeutete, Abschied von Freunden und vertrauten Orten zu nehmen, sie forderte aber auch einen enormen administrativen Aufwand, zog Demütigungen durch die Behörden und letztlich auch den Verlust von Vermögen nach sich.

---

598 Rahel Liebeschütz: Memories, 43.

599 Rahel Liebeschütz: Memories, 43 f.

Im Umfeld der Familie Liebeschütz emigrierten immer mehr Menschen. Im Mai 1938 verließ Felix Rosenthal (1885–1952) das Israelitische Krankenhaus.[600]

Eine Bekannte, Edith Ascher, geb. Michael (1901–1986), lud das Ehepaar Liebeschütz unerwarteterweise zu einem Abschiedsfest am 26. Mai 1938 ein. Sie hatte 1929 in Hamburg die Approbation als Ärztin erhalten und sich niedergelassen; für kurze Zeit war sie später am UKE tätig. Ihr Mann hatte ein Exportgeschäft für Steingut in Mittelamerika. Er entschloss sich plötzlich, Deutschland zu verlassen. Mit seinen Verbindungen konnte er seine Aktivitäten leicht von England aus fortsetzen. Sie emigrierten nach London. Rahel Liebeschütz schrieb darüber in ihr Tagebuch: „Ich selbst zu Dr. Michael, wo Edith & Rud. Ascher ihren Abschiedsempfang haben. Sie sagen, sie nehmen nichts mit als die Beziehungen nach Süd-Amerika. Es kommen viele Leute & gibt nichts zu essen. Sie gehen nach Glasgow."[601] Das Tagebuch bringt hier einige Details, die die Erinnerungen nicht enthalten. Zum Zeitpunkt des Tagebuchschreibens war das Emigrationsziel der Aschers offenbar noch Glasgow, später beim Schreiben der Erinnerungen wusste Rahel Liebeschütz, dass es London war.

Auch die Familie Gowa bereitete sich auf die Emigration im Mai vor. Die Hausangestellte, Greta Wolff, fand eine Anstellung als Haushaltshilfe in England und verließ die Familie Liebeschütz am 21. Juni. Die Klavierlehrerin der Kinder machte Urlaub in England und schrieb den Liebeschütz', dass sie nicht mehr zurückkommen werde. Ein großer Verlust für Hans Liebeschütz war der Tod Hermann Philipps am 2. März 1938 kurz nach seinem 75. Geburtstag. Hans und Rahel Liebeschütz gingen zu seiner Beerdigung auf dem orthodoxen Friedhof in Langenfelde, wo Joseph Carlebach (1883–

[600] Felix Rosenthal wurde 1930 Ärztlicher Direktor des Israelitischen Krankenhauses und blieb bis zu seiner Emigration in dieser Position. Nach England emigriert, bereitete er sich auf das britische Staatsexamen vor. Trotz der von Großbritannien erlassenen Restriktionen gegenüber eingewanderten Ärzten konnte er sich als Arzt niederlassen. Später führte er eine Praxis in Leicester. Er setzte gleichzeitig seine in Hamburg bereits durchgeführten wissenschaftlich-experimentellen Arbeiten am dortigen University College weiter. Anna von Villiez: Mit aller Kraft verdrängt. Entrechtung und Verfolgung „nicht arischer" Ärzte in Hamburg 1933 bis 1945 (Studien zur jüdischen Geschichte 11). Hamburg 2009, 387 f.

[601] Tagebuch 1938, Eintrag vom 26.5.

1942)[602] den Gottesdienst leitete. Rahel Liebeschütz' Korrespondenz mit ihrer Freundin Elisabeth Marcks war zu einem Ende gekommen. Als sie sich zuletzt sahen, erzählte Marcks Rahel Liebeschütz, dass ihre Briefe von der Gestapo überwacht würden. Eine Freundin von ihr arbeitete als Sekretärin bei der Gestapo. In ihrer Behörde wusste man, dass Briefe aus Breslau, die an Rahel Liebeschütz gerichtet waren, von Marcks geschrieben waren. Frau Tietgens, die Mutter Elisabeth Marcks', pflegte jedoch weiter den Kontakt zu Rahel Liebeschütz und letztere ging weiterhin zu den Vorträgen von Stephann im Hause der Tietgens.[603]

Auch die Familien Liebeschütz und Plaut beschäftigten sich mit der Frage der Emigration. Am 20. Juni 1938 kamen Hubert Plaut und Moritz Sprinz aus Berlin nach Hamburg. Am nächsten Morgen, es war Rahel Liebeschütz' 42. Geburtstag, liefen beide Männer mit ernsten Gesichtern durch den Garten. In der Besprechung, die folgte, war Hubert sehr emotional. Es wurde entschieden, dass Professor Heinrich Embdengefragt werden sollte, ob er Mutter und Großmutter für reisefähig hielte. Er sagte, dass die Mutter, Adele Plaut, definitiv reisefähig sei, die Großmutter, Frederike Brach, dagegen nur im äußersten Notfall. Mit diesen Einschätzungen hatten die Mutter, Hubert, Moritz sowie Hans und Rahel Liebeschütz eine weitere Besprechung, bei der entschieden wurde, die Emigration von Rahel Liebeschütz und ihrer Mutter sofort in die Wege zu leiten.[604] Die Schilderung der Emigrationspläne in den Erinnerungen korrespondieren mit den Tagebuchnotizen, nur dass diese sehr viel knapper gehalten sind. Am 21. Juni 1938 schrieb Rahel Liebeschütz in ihr Tagebuch:

> Mein Geburtstag und der von Wolfgang werden zusammen gefeiert. [...] Hubi und Moritz irren den ganzen Tag wie Verschwörer mit finsteren Gesichtern herum. Hubi hat große Eile zu einem Gespräch zu kommen; er ist sehr pathetisch, hat aber Recht. [...] und dann Besprechung, die den ganzen Tag dauert bis zum Zubettbringen der

---

602 Andreas Brämer: Joseph Carlebach. Hamburg 2007; Miriam Gillis-Carlebach: Jüdischer Alltag als humaner Widerstand 1939–1941. Dokumente des Hamburger Oberrabbiners Dr. Joseph Carlebach aus den Jahren 1939–1941 (Beiträge zur Geschichte Hamburgs 37). Hamburg 1990.

603 Rahel Liebeschütz: Memories, 112.

604 Rahel Liebeschütz: Memories, 120.

> Kinder und geht nachher weiter bis wir alle schlafen gehen. Erstes Thema: Fenthol, 2tes Thema Mamis Auswanderung.[605]

Fritz Fenthol war ein Anwalt in Berlin, der Hans und Rahel Liebeschütz bei den Anträgen zur Auswanderung vertrat.

Hans und Rahel Liebeschütz sorgten dafür, dass ihre Kinder nicht in die Isolation gerieten. Die Kinder spielten neben ihren Cousins mit Kindern aus anderen jüdischen Familien, die in der Nähe wohnten. Rahel Liebeschütz schrieb in ihren Erinnerungen, der Grund, dass ihre Kinder und deren Cousins und Cousinen nicht unter den Nachteilen der Zeit litten, lag neben der Abgeschiedenheit von Dockenhuden darin, dass ihre Väter noch den Lebensunterhalt ihrer Familien verdienten. Hans Liebeschütz war bei der Lehranstalt angestellt und erhielt eine Hamburger Pension. Moritz Sprinz bekam eine Pension und arbeitete als Rechtsberater für einen Tuch-Exporteur. Hubert Plaut war bis zum 1. April 1938 bei Osram angestellt und bezog danach eine großzügige Pension. Unter anderen Umständen hätten sie die Emigration eher erwogen. Zwei wichtige Dinge standen dem aber entgegen. Hans Aufgaben in der jüdischen Gemeinde und die Verpflichtung von Rahel Liebeschütz' Mutter ihrer eigenen Mutter in deren letzter Phase von Demenz gegenüber.[606]

Emigration bedeutete Verzicht, zumeist auch Armut. In den Anfangsjahren des Nationalsozialismus konnten Emigranten einen Teil ihres Vermögens ins Ausland transferieren, wenn sie die sogenannte Reichsfluchtsteuer von 25 Prozent bezahlt und den Rest ihres Vermögens auf ein Sperrkonto eingezahlt hatten. Diese „Sperrmark" konnten sie im Ausland verkaufen, allerdings zu einem ständig fallenden Kurs. Emigranten, die Deutschland schon in den ersten Jahren des Nationalsozialismus verlassen konnten, erhielten noch einen relativ günstigen Kurs. 1938 fiel der Kurs der „Sperrmark" auf einen winzigen Prozentsatz.[607]

---

605 Tagebuch 1938, Eintrag vom 21.6.

606 Rahel Liebeschütz: Memories, 112.

607 Vgl. Francis L. Carsten: Deutsche Emigration in Großbritannien 1933–1945: In: Gerhard Hirschfeld (Hrsg.): Exil in Großbritannien. Zur Emigration aus dem nationalsozialistischen Deutschland. Stuttgart 1983, 138–154, hier 144.

Wer sich zur Emigration entschlossen hatte, musste die Reise- und Umzugskosten aufbringen. Um in den Besitz eines Visums zu kommen, musste Kapital vorgewiesen werden können. Es durften nur Vermögenswerte ins Ausland transferiert werden. 1934 betrugen die Verluste schon 60 Prozent; 1939 erreichten sie 96 Prozent.[608] Rahel Liebeschütz schrieb in ihren Erinnerungen:

> The final pillage was the new decree which allowed the government to confiscate the possessions of Jews living abroad; this act was usually combined with official annulment of German citizenship.[609]

Was die administrative Seite betraf, musste die Emigration in beiden Ländern vorbereitet werden. Im Falle Liebeschütz war das Visum für England vom britischen Konsul in Hamburg zu beziehen, während der Einreiseantrag von einem Bürgen in England gestellt werden musste. Daher informierten Hans und Rahel Liebeschütz als ersten Theodor Plaut in England darüber, dass seine Mutter, seine Schwester Rahel und deren Kinder sich darauf einstellten, nach England zu kommen. In Deutschland musste der erste Schritt in Berlin unternommen werden, wofür Hans und Rahel Liebeschütz einen Anwalt bemühten.

Am 6. Juli 1938 fuhr Rahel Liebeschütz nach Berlin. Sie traf sich dort mit ihrem Mann, der wegen seiner Tätigkeit an der Lehranstalt schon früher gefahren war. Sie gingen zusammen zum Büro des Rechtsanwalts Fenthol wo Rahels Bruder Hubert Plaut und ihr Schwager Moritz Sprinz schon warteten. Fenthol hielt es für günstig, bald zu emigrieren. Er meinte, Rahel Liebeschütz und ihre Mutter könnten im September reisen. Rahel Liebeschütz erinnerte sich daran, wie sie diese Nachricht aufgenommen hatte: „I was not at all so keen, nor was Mother. Of course the lawyer knew what was coming, and from his point of view was perfectly justified."[610]

---

[608] Vgl. Konrad Kwiet: Gehen oder bleiben? Die deutschen Juden am Wendepunkt. In: Walter H. Pehle (Hrsg.): Der Judenpogrom 1938. Von der „Reichskristallnach" bis zum Völkermord. Frankfurt/Main 1988, 132–145, hier 135.

[609] Rahel Liebeschütz: Memories, 121.

[610] Rahel Liebeschütz: Memories, 122.

In der Zwischenzeit waren immer mehr Freunde mit Emigrationsvorbereitungen beschäftigt. Am 28. Juli kam der Anwalt Fenthol zu einer langen und ausführlichen Besprechung nach Dockenhuden. Er informierte die Familie Liebeschütz über Eigentumslisten, die sie für ihren Umzug ausfüllen müsste und über Geld, das sie zu bezahlen hätte.

Am 8. August gingen Rahel und Hans Liebeschütz zum britischen Vizekonsul, Allan M. Williams. Sie wollten über einen Antrag für eine Einreisegenehmigung für Rahel Liebeschütz und ihre Mutter sprechen. Williams wollte detaillierte Informationen über ihren Besitz und fragte, wie ihre Pläne für ein Leben in England seien. Sich in England niederzulassen, sei sehr schwierig geworden, aber es sei für sie von Vorteil, dass Theodor Plaut schon dort lebe. Die Beantwortung ihres Antrags würde einige Zeit dauern. Es dauerte in Wirklichkeit viel länger, als Williams erwartet hatte, weil Theodor einen großen Fehler in dem parallel in London gestellten Antrag gemacht hatte. Rahel Liebeschütz' Mutter erhielt ihr Visum auf der Grundlage ihres Kapitals in England. In ihrem Fall dauerte die Prozedur ungewöhnlich lange, fast ein halbes Jahr, weil Theodor den Umfang ihres Vermögens in seinem Antrag nicht angegeben hatte.[611] Aus Rahel Liebeschütz' Schilderung des Gesprächs mit dem Vizekonsul geht hervor, dass die Aufnahmestaaten, in diesem Fall Großbritannien, sicher sein wollten, dass die Emigranten keine finanzielle Belastung darstellen würden.

Zehn Tage später, am 18. August, kam Rechtsanwalt Fenthol plötzlich ohne Ankündigung und teilte Rahel Liebeschütz und ihrer Mutter mit, dass sie nun ihre Pässe bei der Polizei beantragen könnten. Ihre Abreise wäre vermutlich schon am 6. September möglich.

Der nächste Schritt war ein Antrag beim Finanzamt für eine Bescheinigung, die belegte, dass alle Steuern bezahlt waren, um eine notwendige Unbedenklichkeitsbescheinigung zu erhalten. Fenthol stellte für Rahel Liebeschütz diesen Antrag.[612] Die Unbedenklichkeitsbescheinigung, die den Vermerk „jederzeit widerruflich" enthielt, wurde am 23. August 1938 vom Finanzamt Hamburg-Blankenese ausgestellt. Sie war bis zum 1. November

611 Rahel Liebeschütz: Rachel & Theodor, 14.

612 StA HH/OFP 314-315 / F 1501-2, Bl. 1–2a, Schreiben des Anwalts Dr. Fritz Fenthol an den Oberfinanzpräsidenten Hamburg – Devisenstelle- vom 8.8.1938.

Abb. 13: Wolfgang, Elisabeth und Hugo Liebeschütz, Sommer 1938, Rahel Liebeschütz mit ihren Kindern, 1937 (Fotos: Wolfgang Liebeschuetz; Hamburger Bibliothek für Universitätsgeschichte).

1938 gültig.[613] Eine weitere Unbedenklichkeitsbescheinigung für Auswanderer erging am 16. Dezember 1938 an Hans und Rahel Liebeschütz. Hierin steht: „Die Auswanderer haben für die Reichsfluchtsteuer und für die Judenvermögensabgabe Sicherheit geleistet."[614]

Es wurde höchste Zeit, eine Liste mit Haushaltsgegenständen von Rahel Liebeschütz' Mutter zu erstellen. Für Rahel Liebeschütz war das eine unangenehme Aufgabe, die sie ihrer Auskunft nach nicht sehr gut machte. Ihre Schwester Caroline, die ihr beim Packen der Bücher half, sagte, dass sie all ihre Musik, also die Noten, mitnehmen müssten. Das sei ihre Kultur. Rahel Liebeschütz folgte diesem Rat, was sich später als nützlich herausstellte. Am 20. August schickte sie eine vorläufige Liste ab. In ihr Tagebuch schrieb sie: „Morgens schreibe ich die Liste fertig. Mit Hans gleich zur Post gebracht."[615]

613 StA HH/OFP 314-315 / F 1501-33, Bl. 31. Unbedenklichkeitsbescheinigung für Auswanderer für Rahel Liebeschütz vom 23.8.1938.

614 StA HH/OFP 314-315 / F1501-81, Bl. 75, Unbedenklichkeitsbescheinigung für Hans und Rahel Liebeschütz vom 16.12.1938.

615 Tagebuch 1938, Eintrag vom 20.8.

Einen Tag zuvor gingen Rahel und Hans Liebeschütz mit ihrem Schwager Moritz Sprinz zur Polizei und beantragten die Pässe für Rahel Liebeschütz und ihre Mutter.[616]

Am 27. August bekam Rahel Liebeschütz die Aufforderung, sich bei der Devisenstelle zu melden. Der Beamte teilte ihr mit, dass das Vermögen ihrer Mutter, ihres Ehemannes und ihr eigenes ab sofort entsprechend § 37 eingefroren sei. In Zukunft würden alle Kontobewegungen eine Genehmigung seiner Behörde benötigen. Ausnahmen davon seien Steuerzahlungen, Verkauf von Sicherheiten und 1.000 Reichsmark für den Lebensunterhalt.[617] In ihr Tagebuch schrieb Rahel Liebeschütz:

> Morgens in der Stadt. Erst Rabenstr., dann Devisenstelle. Dort der § 37 über unser Vermögen ausgesprochen, d. h. für jede Transaktion muss die Genehmigung der Devisenstelle eingeholt werden ausser 1) 1000 Rm monatlich 2) Steuern 3) Effektenverkäufe. Die Besprechung dauert ziemlich lange. Dr. Kroog, sehr jung, Assessor, hat die Art einen reden zu lassen & nie zu widersprechen.[618]

Die Ankündigung, dass ihr Vermögen nach § 37a Devisengesetz eingefroren sei, wurde Rahel Liebeschütz, am 6. September 1938 als „Sicherungsanordnung" zugesandt.[619] Darin heißt es, dass über das Vermögen von Rahel Liebeschütz nur mit schriftlicher Genehmigung des Oberfinanzpräsidenten verfügt werden dürfe. Als Gründe für die „Sicherungsanordnung" wurde folgender Text aufgeführt:

> Die Verwalter und Nutzniesser des Rud. Brach Testaments sind Juden. Es ist damit zu rechnen, dass sie, soweit sie in Deutschland ansässig sind, demnächst auswandern werden. Nach den in letzter

616 Rahel Liebeschütz: Memories, 125.

617 Rahel Liebeschütz: Memories, 125 f.

618 Tagebuch 1938, Eintrag vom 27.8.

619 StA HH/OFP 314-15 / F1501–44-45, Sicherungsanordnung der Devisenstelle an Rahel Liebeschütz vom 6.9.1938.

> Zeit mit auswandernden Juden gemachten Erfahrungen ist es notwendig, Verfügungen von Juden über Vermögenswerte nur mit meiner Genehmigung zuzulassen.[620]

Um die Unbedenklichkeitsbescheinigung für ihre Mutter zu bekommen, ging Rahel Liebeschütz am 22. September 1938 zum Finanzamt für Grundsteuern. Sie bat um das Dokument, bekam aber die Antwort, dass es nicht ausgestellt werden könne, weil Rückstände bestünden. Nach langem Hin- und Her, Nachfragen in verschiedenen Abteilungen teilte der Finanzbeamte, der die Unbedenklichkeitsbescheinigung verweigert hatte, mit, dass sie am folgenden Tag abgeholt werden könne. Sie kam dann schließlich zwei Wochen später.[621]

Am 12. September besuchte Rahel Liebeschütz Frau Tietgens, die Mutter von Elisabeth Marcks, die ebenfalls zu Besuch gekommen war. Ihr Mann Erich Marcks war jetzt in Breslau stationiert und sie hatten einen Sommersitz in den Schlesischen Bergen. Rahel Liebeschütz erzählte ihrer Freundin von ihren Emigrationsplänen, aber Elisabeth Marcks zog es vor, über unwichtige Dinge zu reden. Insgesamt war die Unterhaltung der beiden Freundinnen weniger ungezwungen als sonst. Rahel Liebeschütz schrieb später: „Als wir auseinandergingen, dachten wir beide, es sei für immer und meine Gefühle waren zu bitter, um sehr durch diesen Gedanken bewegt zu sein."[622]

Bis September 1938 waren die Listen mit dem Besitz von Rahel Liebeschütz und ihrer Mutter bei den entsprechenden Behörden abgegeben worden.[623] Nun kamen Beamte, um die auf den Listen aufgeführten Gegenstände zu inspizieren.[624] Zuerst erschien ein Beamter vom Zoll und sah sich die Möbel an. Da sich diese in drei verschiedenen Häusern befanden, zwei in Dockenhuden und eines in Hamburg, nahm die Inspektion fast einen ganzen Tag in Anspruch. Am 19. September 1938 kam ein Mitarbeiter der Hamburger Kunsthalle, Karl Wilhelm Tesdorpf, mit einem Mitarbeiter des Museums für Kunst und Gewerbe, um die Kunstgegenstände zu inspizieren. Sie sollten sicherstellen, dass keine

---

620 StA HH/OFP 314-15 / F1501–45, Sicherungsanordnung der Devisenstelle an Rahel Liebeschütz vom 6.9.1938.

621 Rahel Liebeschütz: Memories, 132.

622 Rahel Liebeschütz: Memories, 132 f.

623 StA HH/OFP 314-15 / F1501–50–52, von Rahel Liebeschütz erstellte Liste der Gegenstände, die vor 1933 erworben wurden und nachgeschickt werden sollen.

624 StA HH/OFP 314-15 / F 1501–48, Ermittlungsbericht der Zollfahndungsstelle vom 24.9.1938.

Objekte von nationaler Bedeutung aus dem Land gebracht wurden. Tesdorpf war nicht daran interessiert, die Pläne der Liebeschütz' zu behindern, aber seine Kommentare zu den Kunstgegenständen waren interessant. Eines der Gemälde befand er für gut und wollte es gern in Hamburg behalten. Ein anderes, das er für besonders wertvoll hielt, nahm die Familie Liebeschütz mit nach England und ließ es von einem Experten schätzen. Es wurde nicht einmal für wert befunden, in das Möbelgeschäft zurücktransportiert zu werden, und wurde deshalb in der National Gallery gelassen.[625]

In dem Ermittlungsbericht der Zollfahndungsstelle heißt es:

> Im Hause Neue Rabenstr. 21, in dem der 1928 verstorbene Professor Plaut wohnte, wurden die Kunstgegenstände im Auftrag der Devisenstelle von Herrn Dr. Testorf (Kunsthalle) und von Herrn Dr. Meissner (Museum für Kunst und Gewerbe) geprüft. Ein Gemälde (Bochiers) soll noch in der Kunsthalle auf Echtheit untersucht werden. Ausserdem bestehen noch über das Bild ‚Schöne Marianne' (Tischbein?) Zweifel.
> In der Wohnung Neue Rabenstr. 21 befinden sich ausserdem noch eine Glocke, 2 Bilder (S. Courbet) und 1 Bild (Eugenie Delacroit). Ueber die letztgenannten Kunstgegenstände, die nicht aus Deutschland heraus dürfen, soll die Devisenstelle nach Angabe der beiden genannten Kunstsachverständigen Kenntnis haben. (Umzugsgut Brach).
> Der Familienschmuck hat hohen Wert, so soll u. a. eine Perlenkette der Frau Adele Plaut nach eigener Angabe ca. RM 7 000 - - Wert haben und soll gleich als Reisegut mitgenommen werden.
> Von dem Forschungsinventar des verstorbenen Prof. Plaut (Bakteriologe) will die Tochter Frau Dr. Rahel Liebeschütz einen grösseren Teil mitnehmen. Besonders wertvoll sind 5 Mikroskope. Frau Dr. Liebeschütz hat angeblich von 1924 bis 1927 eine Praxis ausgeübt. Das Instrumentarium hat sie geerbt.[626]

Der Ermittlungsbericht der Zollfahndungsstelle wird durch Rahel Liebeschütz' eigene Erinnerungen bestätigt. Es befanden sich im Besitz der Familien

[625] Rahel Liebeschütz: Memories, 134 f.

[626] StA HH/OFP 314-15 / F 1501–48, Ermittlungsbericht der Zollfahndungsstelle vom 24.9.1938.

Plaut und Liebeschütz Kunstgegenstände, die sie nicht aus Deutschland hinausbringen durften. Der nationalsozialistische Staat bereicherte sich durch solche Maßnahmen auf Kosten der emigrierenden Juden.[627]

Der Novemberpogrom in Hamburg

Am Abend des 9. November 1938 erfuhr Rahel Liebeschütz durch einen Anruf ihres Schwagers Moritz Sprinz, dass Ernst vom Rath gestorben sei.[628] Sie schrieb in ihren Erinnerungen: "We expected reprisals but could not guess what shape they might take."[629]

Wie überall in Deutschland initiierten auch in Hamburg Nationalsozialisten in der Nacht vom 9. auf den 10. November 1938 Zerstörungen, Brandstiftungen und Raub jüdischen Eigentums.[630] Die Zerstörungen von Geschäften jüdischer Eigentümer waren nicht, wie die zeitgenössische Literatur nahelegt, auf jüdische Kaufhäuser in der Innenstadt beschränkt, sondern erstreckten sich vermutlich über nahezu alle Stadtteile.[631] Trotz des von Joseph Goebbels (1897–1945) am 10. November 1938 um 18 Uhr öffentlich verkündeten Verbots weiterer Ausschreitungen gab es in Hamburg am Abend dieses Tages und an den folgenden Tagen Brandanschläge auf mehrere Synagogen und jüdische sakrale Gebäude. Schwer betroffen von den Brandanschlägen waren die Hauptsynagoge am Bornplatz, die Harburger Synagoge und die Leichenhalle auf dem Harburger jüdischen Friedhof. Letztere brannte als einziges sakrales Gebäude am 10. November völlig nieder.[632]

---

627 Gabriele Ferk: Zur Geschichte des Hamburger Oberfinanzpräsidenten. Eine Hamburger Behörde auf Raubzug. In: Angelika Ebbinghaus/Karsten Linne (Hrsg.), Kein abgeschlossenes Kapitel. Hamburg im 3. Reich. Hamburg 1997, 215–231.

628 Tagebuch 1938, Eintrag vom 9.11.

629 Rahel Liebeschütz: Memories, 138.

630 Jürgen Sielemann: Fragen und Antworten zur „Reichskristallnacht" in Hamburg. In: Bewahren und Berichten. Festschrift für Hans-Dieter Loose zum 60. Geburtstag. Hrsg. im Auftrag des Vereinsvorstandes des Vereins für Hamburgische Geschichte. 83, Teil I. Hamburg 1997, 473–501, hier 485–487.

631 Vgl. Sielemann: Fragen und Antworten (Anm. 630), 488.

632 Sielemann: Fragen und Antworten (Anm. 630).

Auch in Hamburg überfielen Nationalsozialisten gemeinsam mit SA, SS und Polizeieinheiten in der Nacht vom 9. zum 10. November jüdische Menschen und zerstörten privates und gemeindliches Eigentum. Die Zerstörungen wurden am 10. November von zahlreichen Anwohnern und Passanten teils durch aktive Beteiligung, teils durch passives Zusehen am helllichten Tag fortgesetzt. In verschiedenen Straßen der Innenstadt, vor allem am Neuen Wall und an der Schleusenbrücke, hatte die Zerstörungswut zu Bergen von Glasscherben, zerschlagenem Mobiliar und unbenutzbaren Warenbeständen der jüdischen Kaufhäuser geführt. Am Grindel trafen die Gewalt und der Vandalismus in erster Linie religiöse Einrichtungen. Am frühen Morgen des 10. November hatten Nationalsozialisten die Synagoge am Bornplatz aufgebrochen, Glasscheiben zerschlagen, Lampen, Kultgegenstände und Mobiliar nach draußen geworfen. Sie zerrissen Thorarollen und andere religiöse Schriften und zündeten sie an. Die Feuerwehr wurde zwar gerufen, tat aber wenig zur Brandbekämpfung, sondern verhinderte nur, dass die Flammen auf die Nachbargebäude übergingen. Das Zerstörungswerk wurde auch am folgenden Tag noch fortgesetzt.[633]

Hans Liebeschütz' Festnahme und anschließende KZ-Haft

Die Situation spitzte sich am 10. November 1938 dramatisch zu. Als Rahel Liebeschütz am Haus in der Neuen Rabenstraße ankam, klingelte das Telefon ununterbrochen. Es war ihre Schwiegermutter, die erzählte, dass alle jüdischen Geschäfte zerbrochene Scheiben gehabt hätten und die Straßen mit Scherben bedeckt gewesen seien. Sie stand unter Schock. Rahel Liebeschütz sagte ihr, dass sie die Nacht in Dockenhuden verbringen sollte. Als nächstes

---

633 Ursula Wamser, Wilfried Weinke: Der Judenpogrom vom November 1938. In: Eine verschwundene Welt: Jüdisches Leben am Grindel. Hrsg. von Ursula Wamser und Wilfried Weinke. Springe 2006, 298–307, hier 300. Zum Novemberpogrom in Deutschland siehe: Peter Freimark, Franklin Kopitzsch: Der 9./10. November 1938 in Deutschland. Dokumentation zur Kristallnacht. Hamburg 1988 (Landeszentrale für politische Bildung, Hamburg, 5. Auflage); Ben Barkow/Raphael Gross/Michael Lennarz (Hrsg.): Novemberpogrom 1938. Die Augenzeugenberichte der Wiener Library. London-Frankfurt/Main 2008; Alan E. Steinweis: Kristallnacht. Ein deutscher Pogrom. Stuttgart 2011; Wolfgang Benz: Gewalt im November 1938. Die „Reichskristallnacht"-Initial zum Holocaust. Berlin 2018.

kam ein Anruf von Lambert Leopold (1890–1942), einem Logenbruder von Hans Liebeschütz. Er berichtete, dass Juden in ihren Wohnungen verhaftet worden seien. Auch er erhielt das Angebot, nach Dockenhuden zu kommen und nahm dies an.[634]

Am Nachmittag erhielt Rahel Liebeschütz einen Anruf von ihrer Mutter, in dem sie bat, sie solle dringend nach Hause kommen, da die Gestapo im Hause der Liebeschütz' gewesen sei. Sie hatte sich nach Hans Liebeschütz erkundigt. Rahel Liebeschütz und ihre Schwiegermutter kamen am späten Nachmittag nach Dockenhuden. Hier wartete schon Hans Liebeschütz' Logenbruder Leopold. Hans Liebeschütz traf kurz nach ihnen ein, da die Lehranstalt in Berlin gezwungen worden war, zu schließen. In ihr Tagebuch schrieb Rahel Liebeschütz am 10. November 1938:

> Morgens fahre ich in die Stadt zum Packen. Katzenberg ist nicht da. [...] Lambert ruft an. Ich lade ihn ein. Esse in der Rabenstr., besuche Grossmama. Um 3 ruft Mu an, jetzt möchte ich rauskommen. Ich nehme Oma Lütz mit. Draussen ist Lambert mit Frau Lujo. [...] Plötzlich kommt Hans, weil die Lehranstalt geschlossen ist. Und später Frau Gowa und Ricardo.[635]

Der Handschrift nach zu urteilen fügte sie später hinzu: „Hans arrestiert mit Lambert Leopold."[636]

Es bestand also akute Gefahr, dass Hans Liebeschütz und seine jüdischen Freunde von der Gestapo festgenommen werden würden. Um dies zu verhindern, spielten die Anwesenden verschiedene Strategien durch. Schließlich entschieden sie, dass es für Hans Liebeschütz und Lambert Leopold sicherer sei, die Nacht woanders zu verbringen. Das Haus von Rahel Liebeschütz' Onkel Rudolf am Nonnenstieg war, von einer Haushälterin abgesehen, unbewohnt. Sie wurde angerufen und vom bevorstehenden Besuch in Kenntnis gesetzt. Dann brachte ein Freund Hans Liebeschütz und Leopold mit dem Auto zum Bahnhof. Es war bekannt, dass die Nationalsozialisten bei einer früheren „Jagd" im vorangegangenen Juni alle Autos angehalten

---

634 Rahel Liebeschütz: Memories, 138 f.

635 Tagebuch 1938, Eintrag vom 10.11.

636 Tagebuch 1938, Eintrag vom 10.11.

hatten. Daher nahmen Rahel Liebeschütz und die beiden Männer die U-Bahn und gingen von da aus zu Fuß weiter. In der Isestraße ging Rahel Liebeschütz in ein Geschäft, um Waschutensilien für die Männer zu kaufen. Als sie aus dem Laden herauskam, wurden ihr Mann und Leopold gerade verhaftet und abgeführt. Rahel Liebeschütz rannte zur nächsten Polizeiwache, wo junge Männer prahlten, dass sie die Synagoge am Bornplatz überfallen, zerstört und angezündet hätten. Auf der Polizeiwache sagte der Beamte Rahel Liebeschütz, dass die Verhaftung ihres Mannes nichts mit der Polizei zu tun hätte, sondern eine Aktion der Partei sei. Rahel Liebeschütz war verzweifelt und ging nach Hause, die leidigen Waschutensilien verursachten ihr ein schlechtes Gewissen.[637] Wieder decken sich die Vorkommnisse, die Rahel Liebeschütz im Tagebuch und in den Erinnerungen beschrieb, lediglich sind die Erinnerungen sehr viel ausführlicher.

Die Verhaftungen Hamburger Juden durch die Gestapo dauerten eine Woche lang an.[638]

Nachdem Hans Liebeschütz und Leopold in der Isestraße festgenommen worden waren, wurden sie zunächst zu einer Polizeiwache und dann zum

---

[637] Rahel Liebeschütz: Memories, 139 f.

[638] Über die Zahl der Verhafteten gibt die Literatur keine eindeutige Auskunft. Wolfgang Benz' Angabe, im November 1938 seien in Hamburg etwa 6.000 Juden verhaftet und ins Konzentrationslager Sachsenhausen gebracht worden, beruht offensichtlich auf einem Druckfehler. Vgl. Wolfgang Benz: Der Novemberpogrom 1938. In: Wolfgang Benz (Hrsg.): die Juden in Deutschland 1933–1945. München 1988, 530. In dem Vorabdruck seines Beitrags Die Juden in Deutschland 1933–1945 wird die Zahl 600 angegeben. Vgl. Wolfgang Benz: „Schrei, was Du kannst". Der Spiegel 1988, Nr. 37, 145. Die beiden amerikanischen Autoren Anthony Read und David Fisher sprechen in ihrem 1999 erschienenen Buch *Kristallnacht* von der Verhaftung von 2.500 Juden in Hamburg am 10.11.1938. Vgl. Anthony Read, David Fisher: Kristallnacht. Unleashing the Holocaust. New York 1999, 81. Von 1.200 verhafteten Juden berichtete Max Plaut, Geschäftsführer des damaligen Jüdischen Religionsverbandes Hamburg e. V. StA HH, 622-1 Familie Plaut, D 39/6, Zeugengutachten von Dr. Max Plaut für die Kriminalpolizei Hamburg 1967. Laut Ursel Hochmuth und Gertrud Meyer wurden 772 jüdische Hamburger Bürger in die Gestapo-Haftanstalt Fuhlsbüttel eingeliefert. Vgl. Ursel Hochmuth, Gertrud Meyer: Streiflichter aus dem Hamburger Widerstand 1933–1945. Frankfurt/Main 1969, 214. Sielemann zufolge entspricht die Zahl der 873 jüdischen Gefangenen im Kolafu nicht der Gesamtzahl der während des Pogroms Verhafteten. Nicht alle der zunächst in der Gestapo-Zentrale im Stadthaus festgehaltenen Juden wurden ins KZ Fuhlsbüttel eingeliefert, bevor man sie in Eisenbahnzügen in ein auswärtiges Konzentrationslager verschleppte. Vgl. Sielemann: Fragen und Antworten (Anm. 630), 499 f.

Gefängnis Fuhlsbüttel[639] gebracht. Dort begann ihr Martyrium. Bei ihrer Ankunft waren bereits zahlreiche andere verhaftete Juden versammelt und ständig kamen weitere hinzu. Sie wurden in einer überfüllten Sammelzelle festgehalten. Es war so eng, dass sie sich nachts nicht hinlegen konnten. Das Essen war sowohl schlecht als auch zu wenig. Im „Verzeichnis der im Monat November 1938 durch den Vollzug von Schutzhaft für die Geheime Staatspolizei entstanden Kosten" finden sich die Namen von 873 jüdischen Gefangenen des besser als KZ Fuhlsbüttel oder Kolafu bekannten Polizeigefängnisses. Unter den Namen findet sich mit der Nummer 630 der Name „Liebeschnetz, Hans"; im Vermerk über geleistete Verpflegungstage stand: „11.11.–12.11.38". Es handelt sich hierbei höchstwahrscheinlich um Hans Liebeschütz.[640]

Nach drei Tagen und zwei Nächten im Gefängnis Fuhlsbüttel wurde Hans Liebeschütz mit anderen jüdischen Häftlingen nachts in einem Zug zum Konzentrationslager Sachsenhausen bei Oranienburg gebracht.[641] Sie kamen am Morgen des nächsten Tages an. Es folgten zwanzig Stunden Warten bei der Aufnahme ohne die Erlaubnis, sich zu setzen. Während des Wartens mussten die Männer Schilder mit Aufschriften wie „Wir sind schuldig am Tod von vom Rath" oder „Wir haben Deutschlands Niedergang verursacht" hochhalten. Am Morgen des 13. November 1938 um 3 Uhr öffneten sich die Tore des Lagers, und die Häftlinge gingen hinein. Sie durften duschen, bekamen Häftlingskleidung und mussten alle Privatsachen abgeben. Schließlich wurden sie in ihre Baracken geführt, wo sie auf Stroh schlafen konnten. Es war so eng, dass es nur möglich war, auf der Seite zu liegen. In dem Lager waren ungefähr 6.000 Häftlinge untergebracht. Die Blöcke für Juden waren von denen der Nichtjuden getrennt, aber alle gingen zusammen arbeiten. Jeder Block hatte einen Aufseher, Kapo

---

639 Zum KZ Fuhlsbüttel: Herbert Diercks: Gedenkbuch Kola-Fu. Für die Opfer aus dem Konzentrationslager, Gestapogefängnis und KZ-Außenlager Fuhlsbüttel, hrsg. von der KZ-Gedenkstätte Neuengamme. Hamburg 1987; Herbert Diercks: Hamburg-Fuhlsbüttel. In: Wolfgang Benz/Barbara Distel (Hrsg.): Der Ort des Terrors. Geschichte der nationalsozialistischen Konzentrationslager 2: Frühe Lager, Dachau, Emslandlager. München 2005, 112–119.

640 StA HH, 213-8, Staatsanwaltschaft Oberlandesgericht – Verwaltung, 451a E 1c, Monatliche Meldungen der Schutzhaftkosten.

641 Der Bericht über die Haft in Sachsenhausen beruht auf dem, was Hans Liebeschütz seiner Frau auf Deutsch über seine Erfahrungen diktiert hat. Rahel Liebeschütz hat ihn als ein Kapitel in ihre Memories aufgenommen: Memories, 158–162.

genannt. Mit diesem Amt betraute die Lagerverwaltung Männer, die schon lange inhaftiert waren. Es waren niemals Juden. Die Insassen waren in sieben Kategorien eingeteilt. Jede Kategorie hatte ihr spezielles Zeichen auf den Ärmel der Jacke genäht. Juden, die im Zuge des Novemberpogroms verhaftet worden waren, trugen ein braun-gelbes Zeichen. Außerdem hatte jeder Häftling eine Nummer auf seiner Jacke.

Hans Liebeschütz' Kapo war Kommunist, ein freundlicher Mensch, der an den Abenden ziemlich ungeniert kommunistische Propaganda machte. Während seine Schwager Hubert Plaut und Moritz Sprinz in der Nacht ihrer Ankunft Zeugen davon wurden, wie zwei Häftlinge gefoltert wurden, und erfuhren, dass diese beiden an den Folgen starben, blieben Hans Liebeschütz solche Grausamkeiten erspart. Trotzdem erlebte er viel Brutalität. Während die Neuankömmlinge registriert wurden, legte er seine Hand auf den Tisch, an dem der SS-Offizier schrieb. Sofort schlug der Mann mit einem Stock so auf die Hand, dass die Haut aufplatzte.

Aus Hans Liebeschütz Schilderungen geht hervor, dass der Umgang mit den Häftlingen in Sachsenhausen grob, oft auch brutal war. Im Gegensatz zu späteren Berichten aus Konzentrationslagern wird aber deutlich, dass es den Nationalsozialisten in dieser Phase nicht darum ging, die Juden zu vernichten, sondern durch menschenunwürdige Behandlung zur Emigration zu zwingen. Konnten die Ehefrauen während der Haftzeit ihrer Ehemänner ein Visum für die Verhafteten erlangen, beförderte dies eine baldige Entlassung.

Aufstehzeit war um 5.30 Uhr. Das Frühstück bestand aus Milch mit Getreide und Brot. Die Häftlinge gingen, von SS-Männern mit geladenen Gewehren begleitet, zur Arbeit. Gearbeitet wurde an verschiedenen Stellen. Die härteste Arbeit war die am sogenannten Klinker. Es war offiziell eine Ziegelei, aber in Wirklichkeit ein Munitionslager. Hier waren alle Arbeiten zügig auszuführen. Schwere Gewichte mussten mit Geschwindigkeit getragen werden, während österreichische SS-Männer die Männer mit Peitschen und Beschimpfungen antrieben. Die Kommunisten gaben den Rat zusammenzubrechen. Es sei der einzige Weg, dieser Arbeit zu entkommen. Diejenigen, die nicht schnell genug arbeiteten, wurden bestraft. Die Strafe bestand gewöhnlich darin, bewegungslos stundenlang am Eingangstor zu stehen und damit das Abendessen zu verpassen.

Eine weniger erschöpfende, aber dennoch harte Arbeit war der Bau von Häusern für die SS-Angehörigen. Die Häftlinge standen in einer Reihe und reichten Ziegelsteine von einem zum anderen. Wegen seiner Kriegsbeschädigung wurde Hans Liebeschütz normalerweise zu dieser Arbeit abkommandiert. Die kommunistischen Kapos versuchten, hilfsbereit zu sein. Sie gaben den Rat, langsam zu arbeiten. Sie würden nach SS-Männern Ausschau halten und rechtzeitig Bescheid geben, wenn einer von ihnen sich näherte. Dieser Rat stellte sich als erfolgreich heraus.

Die Arbeitszeit betrug acht Stunden. Das Mittagessen mussten die Häftlinge stehend im Freien an ihren Arbeitsplätzen einnehmen. Nach der Arbeit gab es einen Anwesenheitsappell, der wieder zwei Stunden Stehen bedeutete. Um 18 Uhr kehrten die Häftlinge spätestens zu ihren Baracken zurück. Dann wurden die Toiletten geöffnet, die den ganzen Tag über geschlossen waren, und die Baracken geheizt. Abends gab es ein warmes Essen. Es bestand aus Suppe, die Gemüse und Walfleisch enthielt, und Brot. An den Abenden und nachts war selten SS zugegen, sodass die Atmosphäre ganz gemütlich sein konnte. Gelegentlich kam allerdings, wenn die Männer sich zum Schlafen hingelegt hatten, ein SS-Mann herein und kommandierte: „Aufstehen, hinlegen!“ Es gab häufig Gewalt.[642]

Das Lager hatte eine Krankenstation und einen Arzt namens Ludwig Ehrsam. Er sagte, dass es für Juden kein Krankenhaus und keine Medizin gäbe, sondern nur Särge. Es kam vor, dass er den jüdischen Häftlingen medizinische Hilfe verweigerte.[643] Sein Spitzname war Dr. Grausam. Es soll fast die Regel gewesen sein, dass er es ablehnte, Kranke zu behandeln. Viele Häftlinge sind wegen verweigerter Hilfe gestorben. Hans Liebeschütz' Bericht über den Arzt Ehrsam deckt sich mit den Darstellungen in der Literatur. Der SS-Obersturmbannführer Ludwig Ehrsam (1910–1947) war 1936 für fast drei Jahre lang leitender Lagerarzt des Krankenreviers. Er lehnte es als überzeugter Antisemit grundsätzlich ab, jüdische Lagerinsassen ins Krankenrevier aufzunehmen. Dies bedeutete für viele den Tod. Oft hatten Kranke Angst, sich bei Ehrsam im Revier zu melden, weil sie wussten, dass er diejenigen, die er für gesund befand, ins Lager zurückschickte. Außerdem erhiel-

---

[642] Harry Naujocks: Mein Leben im KZ Sachsenhausen 1936–1942. Berlin 1989.

[643] Rahel Liebeschütz: Memories, 161.

ten sie häufig Schläge und wurden mit stundenlangem Stehen oder der Versetzung in lebensgefährliche Arbeitskommandos bestraft. Ehrsam wurde 1945 verhaftet und von den britischen Truppen an die Behörden der UdSSR übergeben. Am 20. März 1947 wurde er nach einer Verurteilung zum Tod durch das sowjetische Militärtribunal in Berlin hingerichtet.[644]

Die Lagerinsassen, die in der Krankenstation halfen, waren sehr hilfsbereit. Sie gaben den Kranken Medikamente und waren äußerst geschickt darin, die Wunden, die beim Tragen der scharfkantigen Ziegelsteine entstanden waren, zu verbinden. Sie führten sogar kleinere Operationen aus. An dem Tag, als Hans Liebeschütz und viele andere aus dem Lager entlassen wurden, sprach der Lagerkommandant zu ihnen. Er sagte: „Ihr habt nie im Lager gelebt, Ihr habt das Lager nur gesehen." Er warnte sie davor Gräuelgeschichten über das Lager zu erzählen, auch dann nicht, wenn sie in andere Länder emigriert seien, denn Deutschland sei nun so stark und mächtig, dass die Gestapo, wo immer sie auch hingingen, sie fassen und zurückbringen würde. Dann würden sich die Tore des Lagers nie wieder für sie öffnen.[645] Den Bericht über Sachsenhausen hat Hans Liebeschütz seiner Frau nach seiner Entlassung diktiert. Er befindet sich im Tagebuch von 1938. Tagebuchaufzeichnungen und Erinnerungen decken sich, nur sind die Erinnerungen ausführlicher.

Auf dem Entlassungsschein der Kommandantur des Konzentrationslagers Sachsenhausen steht, dass Hans Liebeschütz vom 12. November bis 12. Dezember 1938 im Konzentrationslager inhaftiert war und am 12. Dezember 1938 entlassen wurde.[646] Auf einer undatierten, wahrscheinlich vom 11. Dezember 1938 stammenden Anweisung der Politischen Abteilung des

---

644 Astrid Ley, Günter Morsch: Medizin und Verbrechen: Das Krankenrevier des KZ Sachsenhausen 1936–1945 (Schriftenreihe der Stiftung Brandenburgische Gedenkstätten 21). Berlin 2007, 182–185.

645 Günter Morsch/Susanne zur Nieden (Hrsg.): Jüdische Häftlinge im Konzentrationslager Sachsenhausen 1936 bis 1945. Berlin 2004; Wolfgang Benz/Barbara Distel (Hrsg.): Der Ort des Terrors. Geschichte der nationalsozialistischen Konzentrationslager 3. Sachsenhausen, Buchenwald, Flossenbürg. München 2006.

646 Bodleian Library Oxford, SPSL 255/7, leaf 391, Kopie einer Fotografie des Entlassungsscheins von Hans Liebeschütz, ausgestellt von der Kommandantur des KZ Sachsenhausen, Oranienburg, 12.12.1938.

KZ Sachsenhausen zur Entlassung von Häftlingen[647] sowie einer Anlage „Judenentlassungen" vom 12. Dezember 1938[648] ist auch der Name Hans Liebeschütz aufgeführt.

Schwere Zeit der Ungewissheit

Nachdem Rahel Liebeschütz wegen der Verhaftung ihres Mannes auf der Polizeiwache gewesen war, fuhr sie zu ihrer Mutter. Dort erfuhr sie, dass ihr Bruder ebenfalls verhaftet worden sei. Das Haus füllte sich nach und nach mit immer mehr Verwandten und Freunden. Rahel Liebeschütz' Schwester Caroline hielt sich bei der Mutter auf. Bekannte, bei denen die Nationalsozialisten in die Wohnung eingedrungen waren und die Möbel demoliert hatten, bekamen die Aufforderung zu kommen und erst einmal zu bleiben. Aus Berlin traf der Neffe Rudolf Sprinz ein. Außerdem kamen zahlreiche Besucher: Rahel Liebeschütz' Schwiegermutter, Frau Gowa, deren Mann ebenfalls verhaftet worden war, und Frau Leopold. In der Nacht erschienen zwei Söhne der Familie Zassenhaus, Wilfried und Günter, ehemalige Schüler von Hans Liebeschütz an der Lichtwarkschule und jetzt Mitglieder des Arbeitsdienstes, um ihre Hilfe anzubieten. Rahel Liebeschütz schrieb, dass die Brüder Zassenhaus und deren Mutter sowie ihr Bruder Hans und ihre Schwester Hiltgunt (1916–2004) alle aktive Gegner des Regimes gewesen seien und diese Familie in den folgenden Wochen viel für sie getan hätte.[649]

---

[647] Nationale Mahn- und Gedenkstätte Sachsenhausen, Archiv, R 204 M 11, S. 64, Anweisung zur Entlassung von Häftlingen der Politischen Abteilung der KZ Sachsenhausen, Oranienburg, ohne Datum. Hans Liebeschütz hatte die Häftlingsnummer 11150. Auf der Liste der zu entlassenden Häftlinge befindet sich auch der Name Ferdinand Gowa, der künstlerischer Leiter des JKH gewesen war.

[648] Nationale Mahn- und Gedenkstätte Sachsenhausen, Archiv, R 201 M 4, S. 52, Anlage „Judenentlassungen" zur Veränderungsmeldung der Geld- und Effektenkammer vom 12. Dezember 1938 ausgestellt von der Politischen Abteilung des KZ Sachsenhausen. Die meisten Akten der Kommandantur des KZ Sachsenhausen einschließlich der Häftlingskartei und fast aller Häftlingsakten sind nach Auskunft der Stiftung Brandenburgische Gedenkstätten von der SS noch vor der Befreiung des KZ im April 1945 vernichtet worden. Schriftliche Auskunft der Stiftung Brandenburgische Gedenkstätten vom 8.6.1999.

[649] Rahel Liebeschütz: Memories, 140–142; siehe auch: Hiltgunt Zassenhaus: Ein Baum blüht im November. Bericht aus den Jahren des Zweiten Weltkriegs. Bergisch-Gladbach 1992.

Am nächsten Tag fuhr Rahel Liebeschütz frühmorgens zum Gestapobüro in der Düsternstraße. Dort befanden sich bereits viele andere jüdische Frauen, deren Ehemänner ebenfalls festgenommen worden waren sowie zahlreiche Schaulustige. Der Besuch stellte sich als vergeblich heraus, da der Beamte sagte, er wisse nicht, wo die verhafteten Männer hingebracht worden seien. Rahel Liebeschütz bekam den Rat, einen schriftlichen Antrag einzureichen. Sie schrieb in ihr Tagebuch:

> Morgens um ½ 7 fahre ich [...] zur Düsternstr. Dort erfahre ich, dass Griphan seit dem Frühling in Wien ist. [...] Zur Stadt. Dort erst auf der Wache. Dort an die Gestapo geschrieben. Am Stadthaus: es gibt um 2 h Bescheid. [...] Um 2.30 am Stadth. Frauen sagen mir, sie sind in Fuhlsbüttel. Man darf schreiben. Strassenbild: Noch viele Zuschauer, obgleich alles wieder geordnet wird.[650]

Die Erinnerungen geben die gleichen Ereignisse wieder wie das Tagebuch, nur sind sie ausführlicher. Lediglich das Detail über den Verbleib von Walter Griphan ist im Tagebuch enthalten, während es in den Erinnerungen nicht erwähnt wird.

Am 12. November ging Rahel Liebeschütz mit Frau Gowa zum Rechtsanwalt Manfred Zadik (1887–1967).[651] Er war sehr verständnisvoll und gab ihnen Rat, wie sie ihre Anträge schreiben sollten. Am 14. November reichte Rahel Liebeschütz ihren Antrag bei der Gestapo ein.[652] Über den Besuch beim Anwalt notierte sie: „Mit Frau Gowa bei Manfred Z., der sehr nett ist & lange mit uns redet."[653] Am 14. November hielt sie fest: „Vormittags früh zum Photographen. Dann zum Stadthaus, Antrag eingereicht."[654] Wieder decken sich Tagebucheinträge und Erinnerungen.

In der Zwischenzeit versuchten Immobilienmakler die Familie Plaut mit unlauteren Methoden zum Verkauf ihrer Häuser zu drängen. Am Morgen

---

650 Tagebuch 1938, Eintrag vom 11.11.

651 Heiko Morisse: Jüdische Rechtsanwälte in Hamburg. Ausgrenzung und Verfolgung im NS-Staat (Hamburger Beiträge zur Geschichte der deutschen Juden XXVI). Hamburg 2003.

652 Rahel Liebeschütz: Memories, 142.

653 Tagebuch 1938, Eintrag vom 12.11.

654 Tagebuch 1938, Eintrag vom 14.11.

des 15. November kam einer von ihnen, um mit Rahel Liebeschütz zu sprechen. Er vertrat die Interessen der Versicherungsgesellschaft Nova, die das Haus Neue Rabenstraße 20 neben dem Haus der Familie Plaut besaß. Er sagte, dass die Nova expandieren und daher das Haus der Plauts kaufen wolle. Rahel Liebeschütz sagte ihm, dass das Haus nicht zu verkaufen sei, weil ihre Großmutter darin wohnte. Natürlich, so Rahel Liebeschütz, akzeptierte die Nova die negative Antwort nicht. Die Sache sollte am 23. November noch ein Nachspiel haben.[655]

Am Nachmittag des 15. November fuhr Rahel Liebeschütz zum Gefängnis Fuhlsbüttel. Es war Besuchstag. Am Tor des Gebäudes war eine große Menschenmenge versammelt. Die Besucher wurden einzeln hineingelassen. Eine schwangere jüdische Frau, die kurz vor der Niederkunft war, bekam Einlass. Bald darauf kam sie verzweifelt wieder heraus, gefolgt von einem SS-Mann. Er brüllte, dass Häftlinge der „jüdischen Aktion"[656] keine Besuche bekämen. Er gab nicht bekannt, dass diese Häftlinge schon weitergeschickt worden waren. In ihr Tagebuch schrieb Rahel Liebeschütz: „Nachmittags in Fuhlsbüttel mit Wäsche, die ich nicht los werde."[657] Das Tagebuch erwähnt das gleiche Ereignis wie die Erinnerungen, ist aber wesentlich knapper gehalten.

Rahel Liebeschütz schrieb, sie hätten den Abend des 19. November mit der Familie Zassenhaus verbracht. Sie seien sehr bemüht gewesen, ihnen zu helfen.[658] Es war eine schwere Zeit großer Ungewissheit; Wolfgang Liebeschuetz erinnert sich daran, dass es das einzige Mal gewesen sei, in der er seine Mutter habe weinen sehen. Er sagte in einem Gespräch: „Meine Mutter hat nie geweint. Sie war sehr, sehr beherrscht. Sie hat sich immer sehr zusammengenommen, aber diese Zeit, das war, wie man auf Englisch sagt *strain*."[659]

Am 23. November 1938 hatte Rahel Liebeschütz ein weiteres Gespräch mit einem Immobilienmakler. Er behauptete, die „Partei" hätte ihm die Erlaubnis gegeben, das Haus der Plauts in der Neuen Rabenstraße zu verkaufen. Er würde

---

655 Rahel Liebeschütz: Memories, 142 f.

656 Rahel Liebeschütz schrieb auf Englisch: "Prisoners of the 'Jewish action' are not having any visitors."

657 Tagebuch 1938, Eintrag vom 15.11.

658 Rahel Liebeschütz: Memories, 143.

659 Wolfgang Liebeschuetz, Gespräch am 3.2.1999, Archiv Silke Kaiser.

ihnen 195.000 Reichsmark für die Häuser Neue Rabenstraße 21 und Alsterterrasse 19 zusammen bieten. Rahel Liebeschütz gab dem Makler dieselbe Antwort wie dem Makler, der für die Nova agierte. Das Haus stehe nicht zum Verkauf. Später stellte sich heraus, dass die Erlaubnis der „Partei", das Haus zu verkaufen, eine Lüge war. Zehn Tage später, am 3. Dezember kam ein befreundeter Makler nach Dockenhuden. Er sagte, der Verkauf des Hauses Neue Rabenstraße 21 sei unvermeidbar, da die Partei hinter der Nova stünde. Das Einzige was die Familien Plaut und Liebeschütz erreichen könnten, wäre ein Nutzungsrecht für die Großmutter Brach bis Ostern durchzusetzen. Der Makler war bereit, den Plauts zu helfen. Die Verfassung, in der die Großmutter Brach war, ließ es unwahrscheinlich erscheinen, dass sie bis Ostern leben würde. Im Vertrag wurde der 1. Mai als Ende des Nutzungsrechts festgelegt. Die Versicherungsgesellschaft zahlte 200.000 Reichsmark für beide Häuser. Am 8. Dezember kamen die Parteien zusammen, um den Vertrag zu unterzeichnen: Rahel Liebeschütz und der befreundete Makler als Verkäufer sowie der Chef der Nova und sein Mitarbeiter als Käufer.[660]

Jeden Tag kursierten neue Gerüchte über Menschen, die aus Konzentrationslagern entlassen worden waren. Manchmal waren die Berichte widersprüchlich, aber nach und nach wurde es sicher, dass die drei Männer der Familie – Hans Liebeschütz, Hubert Plaut und Moritz Sprinz – im Konzentrationslager Sachsenhausen bei Oranienburg inhaftiert waren. Die erste gute Nachricht über Hans Liebeschütz kam am 24. November 1938. Ein Herr Rosenstein, ein Mithäftling von Hans Liebeschütz, der entlassen worden war, kam mit seiner Frau zu Besuch nach Dockenhuden. Sein Bericht war tröstlich. Rahel Liebeschütz schrieb in ihren Erinnerungen, es sei immer dasselbe mit dem gewesen, was man von den Entlassenen gehört habe. Sie empfanden Mitleid mit den Familien der Mithäftlinge. Ein paar Tage später sah Rahel Liebeschütz den Lehrer der Talmud-Tora-Schule, Katz, der kurz vorher entlassen worden war. Sein Kopf war zwar kahlgeschoren, aber er schien gesund zu sein. Er berichtete, dass Hans Liebeschütz in guter gesundheitlicher Verfassung gewesen sei, als er ihn zuletzt gesehen habe.[661]

Am 29. November fuhr Rahel Liebeschütz nach Berlin, um mit Wiener von der Lehranstalt über ein Gesuch für Hans Liebeschütz zu sprechen. Sie kannten

---

660 Rahel Liebeschütz: Memories, 148 f.

661 Rahel Liebeschütz: Memories, 145.

sich, da Wiener einmal zu Gast in Dockenhuden gewesen war. Er erzählte, dass gerade Gesuche an die Gestapo für alle Häftlinge, die mit der Lehranstalt in Verbindung stünden, in Vorbereitung seien. Über das Gespräch berichtete Rahel Liebeschütz in ihren Erinnerungen, dass sie über die Kindertransporte nach England und Palästina gesprochen hätten, die in Berlin organisiert wurden. Dies wäre nämlich eine Möglichkeit gewesen, um auch ihre Kinder ins sichere Ausland zu bringen. Rahel Liebeschütz muss klar gewesen sein, dass es sich um eine schwerwiegende Entscheidung handelte: Auf der einen Seite die Kinder in Sicherheit zu wissen und auf der anderen Seite, von ihnen auf unbestimmte Zeit getrennt zu sein. Wiener verwies Rahel Liebeschütz diesbezüglich an Baeck, zu dessen Aufgabenbereich die Kindertransporte gehörten. Glücklicherweise wurden die Informationen von Baeck, wie so ein Kindertransport zu organisieren sei, überflüssig, da die Visa am nächsten Tag ankamen.[662] In ihr Tagebuch schrieb sie am 30. November 1938: „Dann zu Wiener, der schickt mich zu Baeck, der mir sehr gute Ratschläge gibt."[663] Einen Tag später notierte sie: „Um 6 plötzlich Telegramm: das Permit für Mu, mich und die Kinder."[664] Im Tagebuch erwähnte Rahel Liebeschütz lediglich, dass sie mit Wiener und Baeck gesprochen habe, während sie in den Erinnerungen auch die Inhalte der Gespräche wiedergab.

Am nächsten Tag kehrte sie nach Hamburg zurück, wo sich verschiedene Familienmitglieder trafen. Die Frage, was mit Rahel Liebeschütz' Großmutter passieren sollte, wenn die restliche Familie emigrierte, beschäftigte alle, die mit ihr verwandtschaftlich verbunden waren. Bei einem Treffen der mit der Testamentsvollstreckung betrauten Familienmitglieder wurde auch diese Frage diskutiert. Rahel Liebeschütz und ihre Mutter wollten sie mit nach England nehmen. Theodor Plaut, der bei der Beschaffung der Visa für die restliche Familie behilflich gewesen war, hielt es allerdings nicht mehr für möglich, noch weitere Visa zu beantragen.[665]

Die Entwicklung warf noch einmal die Frage auf, ob es nicht besser sei, die Großmutter außer Landes zu bringen, selbst wenn sie auf dem Weg sterben sollte. Rahel Liebeschütz sprach mit den Konsuln von Frankreich und der

662 Rahel Liebeschütz: Memories, 147.

663 Tagebuch 1938, Eintrag vom 30.11.

664 Tagebuch 1938, Eintrag vom 1.12.

665 Rahel Liebeschütz: Memories, 148.

Schweiz, allerdings ohne die geringste Hoffnung auf Erfolg. Schließlich kam die Familie zu einer annehmbaren Lösung: Der Besitz in Dockenhuden sollte der Deutsch-Israelitischen Gemeinde als Geschenk gegeben werden, um dort ein Altenheim einzurichten, in dem die Großmutter bleiben könnte, wenn sie länger leben würde. Dieser Plan stellte sich als bei Weitem zu optimistisch heraus. Wenn die Großmutter länger als bis zum 1. Mai gelebt hätte, hätte es kein Dockenhuden für sie gegeben, denn es wurde zusammen mit den umliegenden Wiesen enteignet, um zum Hauptquartier der Luftwaffe zu werden.[666]

Am 1. Dezember 1938 kam die Nachricht des britischen Vizekonsuls, dass die Einreisevisa für Rahel Liebeschütz, ihre Mutter und ihre Kinder genehmigt worden seien. Vielleicht, so der Konsul, würden sie auch Hans Liebeschütz mit einbeziehen.[667] Unabhängig vom Einreiseantrag, den Rahel Liebeschütz für ihren Mann gestellt hatte, hatte das Warburg Institute in London sich um ein Einreisevisum für ihn bemüht. In einem Brief an die Society for the Protection of Science and Learning (SPSL) formulierte Gertrud Bing, die stellvertretende Leiterin des Warburg Institutes, am 23. November 1938 die Bitte, einen Einreiseantrag für Hans Liebeschütz beim Home Office einzureichen.[668] Der bereits im Mai 1933 gegründete Academic Assistance Council (AAC), im März 1936 umbenannt in Society for the Protection of Science and Learning (SPSL), war für die nach Großbritannien emigrierten Wissenschaftler die wichtigste Hilfsorganisation. Die praktische Hilfe, die diese Organisation emigrierten Wissenschaftlern bot, bestand aus der Zuteilung zeitlich befristeter Unterhaltsbeihilfen und einem akademischen Informationsdienst. In zahlreichen Fällen leistete die SPSL erfolgreiche Vermittlungsarbeit.[669]

---

666 Rahel Liebeschütz: Memories, 150.

667 Rahel Liebeschütz: Memories, 151.

668 Bodleian Library Oxford, SPSL 255/7, leaf 424, Brief von Gertrud Bing, Warburg Institute, an die Society for the Protection of Science and Learning vom 23. November 1938.

669 Vgl. Gerhard Hirschfeld: „The defence of learning and science…". Der Academic Asstistant Council in Großbritannien und die wissenschaftliche Emigration aus Nazi-Deutschland. In: Exilforschung. Ein internationales Jahrbuch, Bd. 6: Vertreibung der Wissenschaften und andere Themen. Hrsg. im Auftrag der Gesellschaft für Exilforschung von Thomas Koebner. München 1988, 28–43, hier 29–31.

Esther Simpson, die Sekretärin der SPSL, schrieb ein Empfehlungsschreiben an das Home Office, um den Einreiseantrag von Hans Liebeschütz zu unterstützen.[670] Das Home Office antwortete am 20. Dezember 1938, dass Hans Liebeschütz sich an das britische Generalkonsulat in Hamburg wenden solle, an das ein Schreiben unterwegs sei.[671]

Am 7. Dezember kehrte Rahel Liebeschütz' Bruder Hubert aus dem KZ Sachsenhausen zu seiner Familie zurück, und am 10. Dezember kam er nach Hamburg, um seine Mutter zu besuchen. Es sah glücklicherweise nicht danach aus, als sei ihm etwas Schlimmes passiert.[672] Am 12. Dezember notierte Rahel Liebeschütz in ihrem Tagebuch:

> Morgens geht Hubi noch zu Aemtern und fährt dann nach Berlin. Ich arbeite hier. Nachmittags Herr Huffelmann mit Neffe und Herrn Samson da, als Hans aus der Lehranstalt anruft. Schnell mit Wolfgang in Samsons Auto zum Ort und Kuchen und Beefsteak besorgt. Kinder ausser sich vor Freude, wollen geweckt werden. Wir machen noch einen Geburtstagstisch zurecht. Abends mit Carry an ihrer Steuer gearbeitet. Um 11 ½ nach dem Dammtorbahnhof. Im Wartesaal gewartet, Oma Lütz u. Leni Hedde sind da. Um 12.17 kommt Hans aus Berlin.[673]

Das Tagebuch ist in diesem Fall ausführlicher, es bringt Details, die die Erinnerungen nicht enthalten. Auf der anderen Seite schilderte Rahel Liebeschütz in den Erinnerungen, welchen Eindruck ihr Mann nach der KZ-Haft machte, und brachte auch noch weitere Informationen über die Bedingungen des KZs.

Rahel Liebeschütz berichtete über die Rückkehr ihres Mannes: Er sah abgemagerter und erschöpfter aus als sein Schwager Hubert Plaut. Beide hatten kahlgeschorene Köpfe. Hans Liebeschütz hatte durch das zwanzigstündige Ste-

---

670 Bodleian Library Oxford, SPSL 255/7, leaf 426, Brief von Esther Simpson, Sekretärin der SPSL an den Undersecretary of State, Home Office, Alien Department vom 24. November 1938.

671 Bodleian Library Oxford, SPSL 255/7, leaf 629, Schreiben des Home Office an die Society for the Protection of Science and Learning vom 20. Dezember 1938.

672 Rahel Liebeschütz: Memories, 152.

673 Tagebuch 1938, Eintrag vom 12.12.

hen am ersten Tag in Sachsenhause Krampfadern bekommen. Davon abgesehen ging es ihm, so Rahel Liebeschütz, gut. Am nächsten Morgen musste sich Hans Liebeschütz bei der Polizei melden. Auf die Frage des Beamten, wie er Sachsenhausen gefunden habe, antwortete Hans Liebeschütz, die Drohungen, mit denen sie der Lagerkommandant entlassen hatte, berücksichtigend: „Vorschriftsgemäß".[674] Die Freude der Familie über die Rückkehr von Hans Liebeschütz war übergroß. Es wurde mitten in der Nacht ein Fest gefeiert.

Abschied von Hamburg

Am 13. Dezember 1938, schon einen Tag nach Hans Liebeschütz' Rückkehr aus Sachsenhausen, reisten die drei Liebeschütz-Kinder in Begleitung eines jungen englischen Mädchens nach Hull zu ihrem Onkel Theodor Plaut und dessen Familie.[675] Rahel Liebeschütz schrieb in ihr Tagebuch: „Dann bringen wir die Kinder mit Koffer im Auto nach Altona [...]. Sie kucken im Zug nach dem Garten und rufen allem ‚Auf Wiedersehen' zu."[676] Am folgenden Tag notierte Rahel Liebeschütz: „Anruf von Theo, dass Kinder gut angekommen."[677] Tagebucheintrag und Erinnerungen decken sich, nur bringt das Tagebuch Details, die die Erinnerungen nicht enthalten.

Es muss für Hans und Rahel Liebeschütz sehr schwer gewesen sein, sich von den Kindern zu trennen, nachdem nur ein kurzer Moment des Zusammenseins nach langer Trennung möglich gewesen war. Der Anruf ihres Bruders Theo aus England war daher eine Erleichterung.

Nachdem die Besitztümer von Rahel Liebeschütz und ihrer Mutter für den Transport verpackt waren, nahm sie Abschied von den verbleibenden Bekannten und Freunden. Rahel Liebeschütz schrieb, sie hätten den Abend des 19. Dezember 1938 mit der Familie Zassenhaus verbracht. Sie waren sehr bemüht zu helfen und versprachen, sich um Hans Liebeschütz zu kümmern, nachdem Rahel Liebeschütz und ihre Mutter emigriert seien.[678]

---

674 Rahel Liebeschütz: Memories, 153 f.
675 Rahel Liebeschütz: Memories, 154.
676 Tagebuch 1938, Eintrag vom 13.12.
677 Tagebuch 1938, Eintrag vom 14.12.
678 Rahel Liebeschütz: Memories, 156.

Am 20. Dezember 1938 kam die restliche Familie noch ein letztes Mal in Dockenhuden zusammen. Der Eintrag im Tagebuch von Rahel Liebeschütz für den 20. Dezember lautet:

> Abends kommt Hubi; dann auch Gowas, um Abschied zu nehmen. Nun sind alle 4 Conzentrationäre beisammen und erzählen von Sachsenhausen. Trotz der Scheusslichkeit der Geschichte, und dem grausigen Gedanken, dass keiner der vier schon raus ist, ist der Abend gemütlich. [679]

Am Mittwoch, den 21. Dezember kam die Familie mit Rahel Liebeschütz' Schwiegermutter noch einmal zu einem letzten Mittagessen zusammen. Um 17 Uhr kam das Taxi, um Rahel Liebeschütz und ihre Mutter zum Freihafen zu bringen. Hans Liebeschütz und ihr Neffe Rudolf Sprinz begleiteten sie. Es war bitterkalt. Als sie am Hafen ankamen, waren die Papiere, die Rahel Liebeschütz zeigen musste, durcheinander. Sie konnte die Schlüssel für die Koffer nicht finden. Ein Beamter wollte sie anhalten, aber ein anderer Zollbeamter rief, er solle die Frau in Ruhe lassen, sie hätte alles in Unordnung. So stiegen sie auf die Gangway der President Roosevelt der United States Linie, mit der sie am selben Tag nach England reisten. Das Einreisevisum für Hans Liebeschütz kam drei Tage nach der Abreise seiner Frau. Er hatte es allerdings, so Rahel Liebeschütz, nicht so eilig, Deutschland zu verlassen, sondern wollte erst seine Lehrverpflichtungen an der Lehranstalt erfüllen und dort bis zum Ende des Wintersemesters weiter lesen. Er hatte vor, die Hälfte der Woche wie bisher in Dockenhuden zu wohnen.[680]

Es ist schwer zu verstehen, dass Hans Liebeschütz nach den Erfahrungen im Konzentrationslager noch bis zum Ende des Wintersemesters in Deutschland bleiben wollte. Es spricht für sein enorm starkes Pflichtgefühl, dass er meinte, seine Lehrverpflichtungen noch erfüllen zu müssen.

Rahel Liebeschütz und ihre Mutter reisten in einer kalten Winternacht nach England. Die See war ruhig. Die Mannschaft der Roosevelt war darauf bedacht,

---

679 Tagebuch 1938, Eintrag vom 20.12.

680 Rahel Liebeschütz: Memories, 156 f.

die Toleranz und Freiheit, die jeder in den Vereinigten Staaten genoss, zu preisen. Rahel Liebeschütz' Mutter blieb die gesamten dreißig Stunden der Überfahrt im Bett.[681] Rahel Liebeschütz schrieb in ihr Tagebuch, dass sie ihrer Mutter Medikamente gab, weil diese seekrank zu werden drohte.[682] Das Tagebuch bringt an dieser Stelle mehr Details als die Erinnerungen. Die Erinnerungen dagegen erwähnen Details, die im Tagebuch nicht vorkommen.

Ankunft in England

Rahel Liebeschütz und ihre Mutter erreichten am 23. Dezember 1938 um acht Uhr morgens Southampton. Schiff wie Küste waren mit Schnee bedeckt. Theodor stand am Anleger. Er hatte die Kinder nicht mitgebracht, denn er wollte, dass sie Weihnachten mit seiner Familie feierten. Seine Frau Ellen war sehr krank. Sie war im Krankenhaus in York, wo die Ärzte Krebs festgestellt hatten. Es würde ein trauriges Weihnachten für ihren Sohn Gustav sein und die Gegenwart seiner Cousins und seiner Cousine würden es erträglicher machen.[683]

Rahel Liebeschütz notierte in ihrem Tagebuch: „Mami kommt gut von Bord. Immigration Officer und Zoll sind schmerzlos. Im Auto durch verschneiten New Forest nach Bournemouth in ca. 1 Stunde. Das Gepäck kommt erst nach Weihnachten nach."[684] Auch hier bringt das Tagebuch Details, die in den Erinnerungen nicht enthalten sind, das Ereignis jedoch ist sehr ähnlich beschrieben.

In Boscombe, einem Vorort von Bournemouth, hatte Theodor eine dreiräumige Suite in einem Hotel an der Küste für seine Schwester und deren Familie gemietet. Die Hotelbesitzer stellten sich als sehr gastfreundlich heraus.[685]

Theodor musste noch am selben Tag nach Hause fahren. Vor seiner Abreise hatten er und Rahel Liebeschütz noch eine Unterhaltung, in der es um die praktische Regelung der nächsten Wochen ging. Zuerst musste die Familie Liebeschütz einen festen Wohnsitz finden. Heinrich Embden hatte

681 Rahel Liebeschütz: Memories, 163.
682 Tagebuch 1938, Eintrag vom 22.12.
683 Rahel Liebeschütz: Memories, 163.
684 Tagebuch 1938, Eintrag vom 23.12.
685 Rahel Liebeschütz: Memories, 163.

strikt vom Norden und Osten abgeraten, weil das Klima der Gesundheit von Rahel Liebeschütz' Mutter, der ihres Mannes und der ihres Sohnes Hugo abträglich sei. London und Umgebung, erklärte Theodor zudem, könnten sie sich nicht leisten, weil die Lebenshaltungskosten dort zu hoch seien. Auch das Thema der Schulwahl wurde besprochen. Theodor meinte, es sei falsch, an dieser Stelle zu sparen. Privatschulen wären am besten. Es müsste keine berühmte Schule sein, aber sie sollten zur Schulleiter-Konferenz gehören. Die Schulgebühren seien teilweise verhältnismäßig günstig, so wie zum Beispiel an Hymers College in Hull, das Gustav besuchte.[686]

An den nächsten drei Tagen erlebten sie ein traditionell englisches Weihnachtsfest mit Carol-Sängern, dem üblichen Dinner mit Toasts, Knallbonbons, Luftballons und lustigen Hüten. Die Hotelbesitzer machten den Gästen Geschenke; die Liebeschütz' erhielten ein Adressbuch. Die Gäste sammelten Geld für die Angestellten.

Am Weihnachtstag ging Rahel Liebeschütz in einen anglikanischen Gottesdienst in die nächste Kirche. Während der Feierlichkeiten wurde Geld für Flüchtlinge aus Deutschland gesammelt. In seiner Predigt verglich der Pastor die gegenwärtige Verfolgung mit der, die Herodes befohlen hatte. Der heutige Herodes würde keine Kinder töten, aber er töte durch Ächtung und eine gesetzliche Maschinerie. Er verglich Joseph, den fleißigen jüdischen Zimmermann, und seine fromme Frau auf ihrer Flucht nach Ägypten mit den Flüchtlingen seiner Zeit.[687]

Die Liebeschütz-Kinder kamen begleitet von Theodors Sekretärin an Heiligabend. Sie wurden sofort zu einem Krepppapier-Wettbewerb am 27. Dezember eingeladen. Ihre Kleidung sah im Vergleich zu der aller anderen traurig aus. Sie hatten ihren Koffer bei ihrer Ankunft in Harwich verloren und trugen seit zwei Wochen dieselben Kleidungsstücke. Die Kinderfrau, die die Kinder auf ihrer Reise begleitet hatte, hatte vergessen, das Gepäck nach der Überfahrt abzuholen. Der Koffer kam erst am 29. Dezember an.

Nach den Weihnachtsferien fuhr Rahel Liebeschütz nach London, um sich um das Visum für ihre Schwiegermutter zu kümmern. Sie besuchte

---

686 Rahel Liebeschütz: Memories, 163 f.

687 Rahel Liebeschütz: Memories, 164.

auch Gertrud Bing im Warburg Institute und dankte ihr für ihre Hilfe bei der Beantragung von Hans Liebeschütz' Visum.[688]

In Hamburg feierte Rahel Liebeschütz' Großmutter am 12. Januar 1939 ihren 96. Geburtstag. Diejenigen Familienmitglieder, die noch nicht emigriert waren, versammelten sich um sie.[689] Knapp zwei Wochen später, am 25. Januar 1939 starb sie in Hamburg an einem Herzinfarkt.[690] An diesem Tag schrieb Rahel Liebeschütz in ihr Tagebuch: „Wir sitzen am Nachmittag zum Kaffeetrinken in der Lounge und sagen: ‚Nun müsste Grossmama noch daneben sitzen'. Um 6 h kriegen wir das Telegramm von Lily, dass Grossmama gestorben sei."[691]

Rahel Liebeschütz' Schwester Caroline Sprinz emigrierte direkt nach der Beerdigung. Nach und nach kam die ganze Familie nach England. Hans Liebeschütz und seine Mutter reisten am 16. März 1939 von Hamburg ab und kamen am 17. März in Southampton an. Rahel Liebeschütz holte ihn dort mit ihrer Tochter Elisabeth ab. Am selben Tag traf dort auch Hubert Plaut mit seiner Familie ein.[692]

Rahel Liebeschütz wohnte mit ihren Kindern und ihrer Mutter zunächst in einem Hotel in einem Vorort von Bournemouth. Mit dem beginnenden Jahr 1939 stand sie vor zwei Problemen: Sie musste ein Haus für sich und ihre Familie suchen sowie eine Schule für die Kinder finden, die sie vorübergehend aufnahm. Nach intensiven Diskussionen über das Für und Wider von Privatschulen besuchten Wolfgang und Hugo Liebeschütz schließlich Witchwood School, während Elisabeth in die private Mädchenschule St. Georges aufgenommen wurde. Es war, so Rahel Liebeschütz, gut für die Jungen, dass sie während der schwierigen Zeit der Eingewöhnung noch nicht ihre endgültigen Schulen besuchten. Wolfgang brauchte Privatunterricht in Latein, beide Jungen waren in Französisch sehr zurück. Das Klima an der Witchwood School sei aber freundlich gewesen. Für Wolfgang Liebeschütz war es ein Vorteil, dass er in Hamburg Rugby gespielt hatte, denn der Schulleiter nahm ihn gleich zu Beginn in die Rugby-Mannschaft der Schule auf.

---

688 Rahel Liebeschütz: Memories, 164 f.
689 Rahel Liebeschütz: Memories, 165.
690 Rahel Liebeschütz: Memories, 166f.
691 Tagebuch 1939, Eintrag vom 25.1.
692 Rahel Liebeschütz: Memories, 169.

Als Wohnsitz favorisierte Hans Liebeschütz Winchester. Angesichts ihrer ungewissen Zukunft wollten Hans und Rahel Liebeschütz eher ein Haus mieten, was sich allerdings als sehr schwierig herausstellte. Häuser wurden zwar zum Verkauf, selten aber zur Vermietung angeboten. Ende Februar 1939 sah Rahel Liebeschütz ein Haus in der Nähe von Winchester, das ihr gefiel und das auch Hans Liebeschütz, als er Mitte März kam, zusagte. Am 25. April 1939 kaufte Rahel Liebeschütz' Mutter das Haus „The Mount" in Twyford. Dieses Haus bezog die Familie Liebeschütz gemeinsam mit Rahel Liebeschütz' Mutter und Schwiegermutter am 22. Mai 1939.[693]

Am 3. April 1939 war Seder-Abend. Die Hotelbesitzerin erlaubte ihnen, den großen Raum im Erdgeschoss zu benutzen. Sie waren sechzehn Personen. Huberts Familie mit ihrer Großmutter, die Familie Liebeschütz mit zwei Großmüttern und Rudolf Sprinz mit zwei kleinen Mädchen. Sie hatten „Mazzoth and Wine", und Hans Liebeschütz las die Haggadah.[694] An dieser Stelle enden die Erinnerungen *My Memories of the Time when Hitler was Dictator of Germany*.

Kriegsbeginn und Internierung

Interessanterweise wechselt Rahel Liebeschütz in ihrem Tagebuch zu Beginn des Krieges die Sprache. Am 1. September schreibt sie: „Morgens um 5 erklärt Hitler eine Proklamation. At 5 o'clock his troops march into Poland and bomb Polish town." Fortan schrieb sie in englischer Sprache.

Rahel Liebeschütz widmete sich während der ersten Jahre in England vorrangig ihrer Familie, die neben dem Ehemann und den drei Kindern auch ihre Mutter und Schwiegermutter umfasste. Mit Kriegsbeginn engagierte sie sich in der *Mobile Unit* des Roten Kreuzes Winchester als Ärztin. Diese Tätigkeit musste sie nach der Niederlage Frankreichs im Juni 1940 abbrechen, da die Familie Winchester, das in der Schutzzone lag, verlassen musste.

Von Winchester zog Rahel Liebeschütz mit den Kindern und deren Großmüttern zunächst nach Sutton, einem Vorort von London, wo ihr Bruder Hubert ein Haus besaß. Er und seine Familie waren auf der Isle of Man

---

[693] Tagebuch 1939, Eintrag vom 22.5.

[694] Rahel Liebeschütz: Memories, 169 f.

interniert worden. Nach der Rückkehr der Familie Plaut siedelte Rahel Liebeschütz mit den Kindern, der Mutter und Schwiegermutter im Frühjahr 1941 nach Epsom/Surrey unweit von London um.[695]

Vom Frühsommer 1939 an arbeitete Hans Liebeschütz regelmäßig dreimal in der Woche in der Bibliothek von Winchester Cathedral. Außerdem konnte er durch die Vermittlung des dortigen Bibliothekars Lehrkräften vom Winchester College, die in den Armee-Geheimdienst gehen wollten, beim Deutschlernen helfen.[696] Rahel Liebeschütz schilderte die finanzielle Situation der Familie:

> Da die Katastrophe nicht ganz unerwartet war, hatte die Familie fuer einige Mittel im Ausland gesorgt, aber davon muszten alle leben, auch meine Geschwister und die Ihrigen, und nur mein aeltester Bruder, der zuerst nach England eingewandert war, und uns allen zur Aufnahme in diesem Land verholfen hatte, verdiente etwas Geld. So bedeutete die Internierung eines Teils der Familie auf der Isle of Man im Sommer 1940 eine gewissen Erleichterung. Andererseits war es fuer uns schwer ertraeglich, dasz wir, die Opfer von Hitler, jetzt des Buendnisses mit ihm verdaechtigt wurden.[697]

Ab September 1939 wurden in Großbritannien alle Ausländer aus Deutschland und Österreich als sogenannte *enemy aliens* (feindliche Ausländer) eingestuft. Personen aus diesen Ländern wurden in drei verschiedene Kategorien eingestuft, je nachdem für wie gefährlich man sie hielt. Nach der deutschen Invasion in den Niederlanden, Belgien und Frankreich im Mai und Juni 1940 verbreitete sich eine Welle von Ausländerfeindlichkeit in Großbritannien. Die Regierung erklärte eine breite Zone entlang der Süd- und Ostküste des Landes zu einer Schutzzone, in der alle männlichen Deutschen und Österreicher von 16 bis 60 Jahren, unabhängig davon, welcher Kategorie sie angehörten, interniert werden sollten. Nach dem Zusammenbruch Frankreichs im Juni 1940 beschloss man in England, alle Deutschen und Österreicher zwischen 16 und 70 Jahren

---

[695] Brief von Wolfgang Liebeschuetz vom 24.10.1999 an die Verf., Archiv Silke Kaiser.

[696] Bodleian Library Oxford, SPSL, 255/7, leaf 391, Empfehlungsschreiben von Canon A. W. Goodman, Bibliothekar von Winchester Cathedral, für Hans Liebeschütz vom 29. Mai 1940.

[697] IfZ/MA 1500/37, o. Bl., Rahel Liebeschütz über Hans Liebeschütz, Kopien Hamburger Bibliothek für Universitätsgeschichte, Ordner Hans Liebeschütz.

mit Ausnahme von Kranken und Invaliden zu internieren. Insgesamt wurden 30.000 Menschen interniert, die meisten in eilig errichteten Notlagern. Ungefähr 4.200 Flüchtlinge wurden nach Kanada und Australien verschifft, zum Teil unter schrecklichen Bedingungen. In Großbritannien wurde die Mehrzahl der Internierten auf die Isle of Man transportiert. Dort brachte man sie in leeren Hotels und Pensionen unter. Die Zustände waren anfangs chaotisch, da nicht genug Platz für viele Tausende von Internierten bestand. In den ersten Wochen konnten die Internierten nicht mit ihren Familien korrespondieren und es dauerte Wochen, bis es möglich war, ihnen Bücher zu schicken, da der gesamte Kontakt mit der Außenwelt über eine hoffnungslos überlastete Zensurbehörde ging.[698] Hans Liebeschütz gehörte zu den ersten Ausländern, die von den Masseninternierungen betroffen waren.[699]

Rahel Liebeschütz notierte am 12. Mai 1940, Pfingstsonntag, in ihrem Tagebuch, dass der Polizist des Ortes gekommen sei, um Hans Liebeschütz festzunehmen: "Mr. White arrives early in the morning, arrests Hans, takes him to Winchester before breakfast saying that all male enemy aliens between 16 and 60 are to be arrested."[700] Am 29. Mai schrieb sie: "I telephone to Ilse and she says that she will be taken to the Isle of Man with children and mother at 9.30. We say good bye to her."[701]

In den Lagern entwickelte sich bald ein reges Kulturleben, das Konzerte, Theateraufführungen und eine regelmäßig erscheinende Zeitung einschloss.[702] Auch Hans Liebeschütz lebte während der Internierungszeit in einem der Lager

---

698 Richard Dove (Hrsg.): „Totally un-English"? Britain's Internment of 'Enemy Aliens' in Two World Wars. (The Yearbook for the Research Centre for German and Austrian Exile Studies 7). Amsterdam-New York 2005); Anthony Grenville: Continental Britons. Jewish Refugees from Nazi Europe, published by The Association of Jewish Refugees and The Jewish Museum. London 2002; Anthony Grenville: Jewish Refugees from Germany and Austria in Britain 1933–1970. Their Image in AJR Information. London-Portland 2010; Marian Malet/Anthony Grenville (Hrsg.): Changing Countries. The Experience and Achievement of German-speaking Exiles from Hitler in Britain from 1933 to Today. London 2002.

699 Bodleian Library Oxford, SPSL, 255/7, leaf 395, Brief der stellvertretenden Direktorin des Warburg Instituts Gertrud Bing an die Sekretärin der SPSL vom 7.8.1949.

700 Rahel Liebeschütz, Tagebuch 1940, Eintrag vom 12.5.

701 Rahel Liebeschütz, Tagebuch 1940, Eintrag vom 29.5.

702 Ruth Borchard: We are Strangers here. An 'Enemy Alien' in Prison in 1940. Introduction by Charmian Brinson. London-Portland 2008.

auf der Isle of Man. Er schrieb, dass er im Internierungslager viele interessante Menschen getroffen habe und viel Neues lernen konnte. So lernte er Wilhelm Levison (1876–1947) kennen, der vor der Emigration Professor für mittelalterliche Geschichte in Bonn und leitender Mitarbeiter der *Monumenta Germaniae* gewesen war. Auch traf er Fritz Friedländer, den früheren Kollegen an der Hochschule für die Wissenschaft des Judentums in Berlin, wieder.[703] Rahel Liebeschütz schrieb, dass er im Lager auch die Möglichkeit gehabt hatte, junge Menschen zu unterrichten. So notierte sie am 30. Mai 1940 in ihr Tagebuch: "Very nice letter from Hans; he writes that he has held lectures before Scottish students and that they are all scholars together."[704] Durch Vorträge und künstlerische Darbietungen der Internierten war das Leben im Internierungslager interessant und anregend. Nach fünf Monaten Internierung wurde Hans Liebeschütz im Oktober 1940 von der Isle of Man entlassen.[705]

Hans Liebeschütz bemühte sich sehr darum, wieder Arbeit zu bekommen. In einem Brief an Esther Simpson, Sekretärin der „Society for the Protection of Science and Learning" schrieb Hans Liebeschütz, dass er Arbeit suche. Mehrfach erfuhr er Unterstützung durch die SPSL. Er bat Simpson auch um Rat, wie er eine Anstellung als Lehrer finden und eine Arbeitserlaubnis erhalten könnte.[706] Simpson unterstützte Hans Liebeschütz' Bemühungen, eine Stelle zu finden, indem sie ihm gute Referenzen ausstellte. Eine Bewerbung als Geschichtslehrer an der Boys' Grammar School von Keighley/Yorkshire blieb erfolglos. Die Bitte des Schulleiters um Auskunft über den Bewerber Hans Liebeschütz, die an Simpson gerichtet war, zeigt, dass es ihm offenbar nicht reichte, einen Lehrer einzustellen, der fachlich und charakterlich für den Lehrerberuf geeignet war. Er sollte auch Cricket und Rugby unterrichten können und diese Sportarten gut beherrschen.[707]

---

703 Brief von Hans Liebeschütz an seine Frau vom 6.9.1940 aus dem Central Promenade Camp Douglas, Isle of Man, Privatarchiv Wolfgang Liebeschuetz, Nottingham.

704 Tagebuch 1940, Eintrag vom 30.5.

705 IfZ/MA 1500/37, o. Bl., Rahel Liebeschütz über Hans Liebeschütz, Kopien Hamburger Bibliothek für Universitätsgeschichte, Ordner Hans Liebeschütz.

706 Bodleian Library Oxford, SPSL 255/7, leaf 401, Brief von Hans Liebeschütz an die Sekretärin der SPSL Esther Simpson vom 3.6.1941.

707 Bodleian Library Oxford, SPSL 255/7, leaf 407, Brief Esther Simpson an Hans Liebeschütz vom 29.1.1942.

Im Januar 1942 fand Hans Liebeschütz eine Stelle als Lateinlehrer an der Grammar School in Lymm/Cheshire, wo er bis Juli 1944 tätig war.[708] Seine Unterrichtserfahrungen mit den Schülern der Grammar School in Lymm fasste Hans Liebeschütz in folgendem Bild zusammen:

> Beim Unterrichten meines klassischen Faches habe ich das Gefühl, dass ich als so etwas wie ein Kämpfer der Nachhut auf dem Gebiet der Kultur kämpfe. Das war in meiner Hamburger Schule nicht so viel anders, aber es war leichter geeignete Methoden in meiner Muttersprache zu entwickeln.

Auf der anderen Seite bezeichnete er die Arbeit an der Grammar School als zweite Lehrzeit für die gleiche Aufgabe. Diese zweite Lehrzeit sei eine interessante und anregende Erfahrung für ihn gewesen. Bis 1946 unterrichtete Hans Liebeschütz Latein an verschiedenen englischen Schulen: Von 1944 bis 1945 an der King Henry VIII School in Coventry, von 1945 bis 1946 an der St. Albans County Grammar School.[709] In der freien Zeit, die ihm neben dem Unterrichten blieb, frischte er seine mittelalterlichen Studien auf. Er hatte den Wunsch, einen englischen Abschluss als externer Student zu erwerben.[710] 1944 gelang es ihm, einen Studienabschluss (BA) in Alter Geschichte an der Universität von London zu erlangen.[711]

---

708 IfZ MA 1500/37, o. Bl., Rahel Liebeschütz über Hans Liebeschütz, Kopien Hamburger Bibliothek für Universitätsgeschichte, Ordner Hans Liebeschütz; Bodleian Library Oxford, SPSL 255/7, leaf 441, Empfehlungsschreiben der Society for the Protection of Science and Learning für Hans Liebeschütz an das Home Office im Juni 1945. Dieses Schreiben sollte die Einbürgerung in Großbritannien unterstützen.

709 Bodleian Library Oxford, SPSL 255/7, leaf 441, Empfehlungsschreiben der SPSL für Hans Liebeschütz zur Erlangung der britischen Staatsbürgerschaft an das Home Office vom Juni 1945.

710 Bodleian Library Oxford, SPSL 255/7, leaf 409, Brief von Hans Liebeschütz an die Sekretärin der SPSL Esther Simpson vom 21.6.1942.

711 Bodleian Library Oxford, SPSL 255/7, leaf 441, Empfehlungsschreiben der SPSL für Hans Liebeschütz an das Home Office zur Erlangung der britischen Staatsbürgerschaft vom Juni 1945.

Die letzten Kriegsjahre und das Kriegsende

Während der letzten Kriegsjahre erlebte Rahel Liebeschütz mit ihren Kindern die Bombardierung Londons. Sie schrieb, die Fliegerbombenangriffe im Sommer 1944 hätten zu großer Anspannung bei den Leuten in den Vororten von London geführt. Ihr Bruder Theodor habe sich wieder gastfreundlich gegenüber ihren Kindern gezeigt. Sie entschieden, dass Hugo zu Hans kommen sollte und Elisabeth zu Theodor. Als sie in Victoria Station ankamen und durch die Fahrkartenkontrolle gingen, flog eine Fliegerbombe dicht über ihre Köpfe und explodierte nicht weit vom Bahnhof. Sie hätten den Rauch aufsteigen sehen. Es sei eine unendliche Erleichterung für sie gewesen, als sie die Kinder sicher in den überfüllten *Flying Scotsman* hätte setzen können. Sie reisten beide nach York, wo Theodor inzwischen wohnte. Er war wegen der häufigen Bombenangriffe auf Hull nach York umgezogen.[712]

Wieder zeigte Rahel Liebeschütz ihren vernünftigen Umgang mit Gefahren, obwohl dies ein weiteres Mal bedeutete, sich von den Kindern zu trennen. Die Kinder reisten nach York zu ihrem Onkel Theodor und von dort nach Lymm zu ihrem Vater.

Wolfgang Liebeschuetz erinnerte sich daran, wie er das erste Mal eine Bombardierung erlebte. Dies geschah, als er im Zug von der Schule nach Hause fuhr. Der Zug hielt etwas außerhalb vom Bahnhof Epsom Downs. Wolfgang Liebeschütz hörte die Fliegersirenen und direkt darauf die Fliegerabwehrkanonen. Aus dem Fenster sah er einen Tiefflieger und legte sich sofort auf den Boden des Abteils. Kurz darauf hörte man einen lauten Knall. Was er gesehen hatte, war eine Fliegerbombe, die in einem Feld ungefähr eine Meile entfernt explodiert war. Nach diesem Vorfall evakuierten seine Eltern seinen Cousin Walter und ihn in einem Gästehaus in Crich/Derbyshire.[713]

In ihrem Tagebuch hielt Rahel Liebeschütz die militärischen Erfolge der Alliierten in kurzen Zeitabständen fest. Die Eintragungen lesen sich dabei größtenteils wie eine Aufzählung von reinen Fakten: *2. April 1945:* „Kassel,

---

712 Rahel Liebeschütz: Rachel & Theodor, 14.

713 Fußnote von Wolfgang Liebeschuetz, die er dem Bericht „About my parents: Hans and Rachel Liebeschuetz“ hinzugefügt hat, 65, Privatarchiv Wolfgang Liebeschuetz, Nottingham.

Münster, Eisenach have been taken and Paderborn."[714] *3. April 1945*: „The Ruhr has been cut off."[715] *9. April*: „The English take Hanover, they are fighting for Bremen. Russians in Vienna." *22. April:* „Battle for Berlin. Freiburg, Dessau, Stuttgart taken. Manifesto by Goebbels to fight to the last."[716] *26. April*: „The war news are excellent and the war will be over soon."[717] *27. April*: „Germany is collapsing. Americans and Russians meet at Torgau, Göttingen, [...] Hitler and Goebbels still said to be in Berlin which is surrounded. The whole German army in Italy is collapsed and Mussolini arrested. Petain is arrested in France."[718] *2. Mai 1945*: „In the morning the German news is broadcast that Hitler is dead and Admiral Dönitz succeds him. I am sceptical about Hitler's death. In the 9 o'cl. news the surrender of the whole Italian front is broadcast. Ribbentrop replaced by Schwerin Crosigk. Russians at Rostock, English at Lubeck and Wismar. French and Americans at Salzburg + near Insbruck." *3. Mai*: „Berlin falls to the Russians. In the afternoon Hamburg falls to the British. The Hamburg broadcast says: Britische Truppen marschieren in Hamburg ein." Am 8. Mai 1945 lautet ihr Tagebucheintrag:

> VE Day The unconditional surrender is signed by Germans in Rheims. Churchill announces the end of hostilities at 3 o' clock. We hang up little threecornered flags from our window to another. We listen to a Thanksgiving-service with the Archbishop of Canterbury, later a speech by the King and Messages from the Chief commander Aircraft. Sylvie and Elisabeth light a bonfire. There are bonfires all over the Downs and over London. After darkness we go to a large one with a merry but not excited mood near Tottenham Corner. The sky above London is reddish.[719]

---

714 Tagebuch 1945, Eintrag vom 2.4.
715 Tagebuch 1945, Eintrag vom 3.4.
716 Tagebuch 1945, Eintrag vom 22.4.
717 Tagebuch 1945, Eintrag vom 26.4.
718 Tagebuch 1945, Eintrag vom 27.4.
719 Tagebuch 1945, Eintrag vom 8.5.

Die Tagebucheinträge sind sehr sachlich gehalten. Selbst am Tag der deutschen Kapitulation beschrieb Rahel Liebeschütz ihre Emotionen in nüchterner Weise.

Neuorientierung

Hans Liebeschütz boten sich nach Kriegsende zwei berufliche Möglichkeiten: Sein früherer Schulleiter von der Lichtwarkschule Heinrich Landahl, inzwischen Schulsenator in Hamburg, schlug ihm vor, nach Hamburg zurückzukehren. Landahl kam im Juni 1946 nach London, um seinen Vorschlag mit Liebeschütz zu diskutieren. Wie sich Rahel Liebeschütz später erinnerte, bot er ihm eine Stelle als Leiter der Pädagogischen Akademie Altona[720] an, verbunden mit einem Extra-Ordinariat an der Universität. So gerne Hans Liebeschütz in seine Heimatsstadt zurückgegangen wäre, hätte diese Lösung für die Kinder, die mitten in ihrer Ausbildung waren, Probleme gebracht. Da Hans Liebeschütz schon in aussichtsreichen Verhandlungen mit dem Professor für mittelalterliche Geschichte der Universität Liverpool Geoffrey Barraclough stand, habe er Landahl gesagt, er würde Hamburg annehmen, wenn sich Liverpool zerschlüge.[721]

---

720 Die pädagogische Akademie Altona wurde am 15. Mai 1930 eröffnet. Ihr Direktor war Erich Weniger (1894–1961). Aus finanziellen Gründen wurde sie bereits am 12. März 1932 mit Wirkung zum 1. April 1932 wieder geschlossen. Vgl. Rainer Hering: Vom Seminar zur Universität. Die Religionslehrerausbildung in Hamburg zwischen Kaiserreich und Bundesrepublik. Hamburg 1997, 147 f. und 181.

721 Rahel Liebeschütz über Hans Liebeschütz IfZ/ MA 1500/37, Kopien Hamburger Bibliothek für Universitätsgeschichte, Ordner Hans Liebeschütz. Zum Thema der Remigration siehe: Hans-Georg Lehmann: Rückkehr nach Deutschland? Motive, Hindernisse und Wege von Remigranten. In: Rückkehr und Aufbau nach 1945. Deutsche Remigranten im öffentlichen Leben Nachkriegsdeutschlands. Hrsg. von Claus-Dieter Krohn, Patrik von zur Mühlen (Schriften der Herbert- und Elsbeth-Weichmann-Stiftung). Marburg 1997, 39–70; ferner: Ursula Büttner: Schwierige Rückwanderung nach Hamburg. Wie Briten und Deutsche den jüdischen Flüchtlingen im Wege standen. In: „Auch in Deutschland waren wir nicht wirklich zu Hause". Jüdische Remigranten nach 1945. Hrsg. von Irmela von der Lühe, Axel Schildt, Stefanie Schüler-Springorum. Göttingen 2008, 40–68.

Die Wiederaufnahme alter Bekanntschaften

Schon bald nach Ende des Krieges reisten Hans und Rahel Liebeschütz nach Hamburg. Sie nahmen den Kontakt zu Freunden und Bekannten aus der Vorkriegszeit wieder auf. Einer von Hans Liebeschütz' Bekannten war der führende deutsche liberale Rabbiner Baeck, der an der Lehranstalt für die Wissenschaft des Judentums unterrichtet hatte. Er war Überlebender des Konzentrationslagers Theresienstadt. Baeck war in Deutschland geblieben, obwohl er hätte emigrieren können, weil er der Meinung war, ein Rabbi dürfe seine gefährdete Gemeinde nicht im Stich lassen. Nach dem Krieg kam er nach England. Wolfgang Liebeschuetz erinnert sich daran, einen Vortrag über seine Erfahrungen in Theresienstadt gehört zu haben. Er schrieb darüber: „It was perhaps the most impressive lecture I have ever heard."[722] In einem Brief vom 11. Januar 1951 bedankte sich Baeck für die Widmung, die Hans Liebeschütz in ein von ihm verfasstes Buch geschrieben hat. „Tief empfinde ich die Ehre mit der die Widmung Ihres Buches mich beschenkt. Kaum etwas, was mit zu teil würde, könnte inniger zu mir sprechen. Von Herzen danke ich Ihnen."[723]

Erna Stahl, frühere Kollegin von Hans Liebeschütz an der Lichtwarkschule, war eine weitere Freundin des Ehepaares. Sie trafen sie jedes Mal, wenn sie nach Hamburg kamen, und Stahl besuchte die Liebeschütz' auch in England.[724] In einem Brief vom 7. April 1946 berichtete Stahl Hans Liebeschütz vom Schicksal gemeinsamer Bekannter.[725] In einem weiteren Brief vom 21. Juli 1957 erzählte Stahl von der Gründung des Albert-Schweitzer-Gymnasiums, dessen Schulleiterin sie wurde. Über die Lehrer schrieb sie: „Weltanschauung auch fast alles: Katholik, Evangele, Anthroposoph, Existentialist und Garnichts. – Geschmack: vom Häkeldeckchen bis zu Überpicasso."[726]

---

722 Wolfgang Liebeschuetz: About my parents: Hans und Rachel Liebeschuetz. Typoskript, o. O, [Nottingham], o. J. [2016], 130 Seiten, hier 103, Archiv Wolfgang Liebeschuetz, Nottingham.

723 The University of Liverpool, University Library, Special Collections and Archives, D 216/2, Brief von Leo Baeck vom 11.1.1951 an Hans Liebeschütz.

724 Wolfgang Liebeschuetz: About my parents (Anm. 722), 105.

725 Brief von Erna Stahl an Hans Liebeschütz vom 7.4.1946, Privatarchiv Wolfgang Liebeschuetz, Nottingham.

726 The University of Liverpool, University Library, Special Collections an Archives, D 216/2, Brief von Erna Stahl an Hans Liebeschütz vom 21.7.1957.

Erika Busdorf, die nicht nur Kindermädchen von Wolfgang, Hugo und Elisabeth Liebeschütz , sondern auch deren Turnlehrerin und Freundin von Rahel Liebeschütz war, schrieb zwar keine Briefe, aber die Eltern Liebeschütz besuchten sie immer, wenn sie nach Hamburg reisten, und sie besuchte die Familie auch einmal in England.

Von Johannes Thomsen und Margarete Schmidt-Schütt, zwei sehr guten Freunden von Hans und Rahel Liebeschütz, sind keine Briefe erhalten. Nach dem Krieg besuchte Thomsen die Liebeschütz-Familie mehrfach in England und Hans und Rahel Liebeschütz besuchten ihn immer, wenn sie nach Hamburg kamen. Schmidt-Schütt, genannt Gretchen Schütt, war Ärztin. Sie sei eine leidenschaftliche Gegnerin des Nationalsozialismus gewesen und habe den Kontakt zu den Liebeschütz' während der ganzen Nazizeit aufrechterhalten.[727]

Zu den wieder aufgenommenen Kontakten zählte auch Rahel Liebeschütz' Freundin Elisabeth Marcks. Ihr Ehemann Erich Marcks war in der Normandie gefallen, zwei seiner Söhne hatten ebenfalls ihr Leben im Krieg verloren. Wenn das Ehepaar Liebeschütz in Hamburg war, besuchten sie Marcks regelmäßig. Wolfgang Liebeschuetz erinnert sich, dass er und sein Bruder Hugo sie in den frühen 1950er-Jahren besucht hätten. Sie sei sehr depressiv gewesen, Hugo hätte gesagt, sie habe in der Tat den Krieg verloren.[728]

Hans Liebeschütz' Tätigkeit an der Universität Liverpool

Am 1. Oktober 1946 nahm Hans Liebeschütz seine Tätigkeit als *Assistant Lecturer* für Mittelalterliche Geschichte an der Universität Liverpool auf. Diese Anstellung war für ihn die erste reine Universitätsstelle. 1947 erlangte er an der Universität London einen Magisterabschluss.[729] In diesem Jahr erhielten

727 Wolfgang Liebeschuetz: About my parents (Anm. 722), 106.

728 Wolfgang Liebeschuetz: About my parents (Anm. 722), 106.

729 Brief von Rahel Liebeschütz an Eckart Krause vom 23.5.1984, Hamburger Bibliothek für Universitätsgeschichte, Ordner Rahel Liebeschütz-Plaut.

Rahel und Hans Liebeschütz sowie ihre drei Kinder die britische Staatsangehörigkeit.[730] 1948 wurde Hans Liebeschütz *Lecturer* an der Universität von Liverpool. Irene Collins, eine frühere Kollegin an der Universität Liverpool, die dort moderne Geschichte lehrte, schrieb über Hans Liebeschütz, er sei „much loved and respected" gewesen, als er in Liverpool war.[731]

Geoffrey Barraclough, Professor für mittelalterliche Geschichte, setzte sich für das Studium europäischer Geschichte ein und war darum bemüht, die deutsche Wissenschaft zu fördern. Er konnte ein oder zwei Wissenschaftler zu diesem Zweck einstellen, da die Universitäten nach dem Krieg expandierten. Ihm war bewusst, dass es bei den ausländischen Wissenschaftlern Sprachprobleme geben könnte. Auch realisierte er, dass viele der Studenten während der Kriegsjahre nicht reisen konnten oder aus Arbeiterfamilien stammten und daher nicht an ausländische Akzente gewöhnt waren. Um sie auf die neue Situation vorzubereiten, versammelte er die Studenten, die ihr Studium begannen, und teilte ihnen mit, dass ihr neuer Dozent nicht perfekt Englisch spreche. Sie sollten jedoch wissen, dass dieser besser Englisch spreche als sie Deutsch; und wenn er von gemeinen Witzen hören sollte, würde diese Angelegenheit sehr ernste Folgen haben. Die Studenten fanden in der Tat seine Bemühungen, Englisch zu sprechen, amüsant – aber in einer freundlichen Art. Es gingen zahlreiche Geschichten über seine Vorlesungen durch die Abteilung. Zum Beispiel sagte Hans Liebeschütz in der Vorlesung über mittelalterliche Kriegsführung, dass die Soldaten, die aus dem Krieg entlassen worden seien, Räuberbanden bildeten. Er benutzte für Räuber das Wort *rubber* statt *robber*. So hörten die Studenten, dass die Soldaten Gummibänder formten. Sie fanden das furchtbar komisch. Sie mochten ihn aber trotzdem sehr gerne und respektierten ihn zutiefst. Jüngere Kollegen, wie Collins, betrachteten ihn als Vaterfigur, untereinander nannten sie ihn Poppa Liebeschütz. Sie hätten den Eindruck gehabt, dass er ein großer Wissenschaftler gewesen sei, aber sie hätten nie viel über seine Arbeit gewusst, weil es wenige Diskussionen innerhalb der Abteilung gegeben habe. Über Hans und Rahel Liebeschütz als Paar schrieb Collins: "As a couple, they

730 Bodleian Libray Oxford, SPSL 255/7, leaf 446, Brief von Hans Liebeschütz an die Sekretärin der SPSL Ilse J. Ursell vom 13. Juni 1947, in dem er mitteilt, dass er, seine Frau und seine drei Kinder die britische Staatsbürgerschaft erlangt hätten.

731 Brief von Irene Collins vom 23.3.2001 an die Verf., Archiv Silke Kaiser.

were demonstrably devoted to each other. – One of my colleagues described them as 'uxerious'." Dies könnte man als treuliebend übersetzen. Als Beispiel für das Zusammenspiel der beiden Eheleute wählte Collins das Autofahren. Es war ein gemeinsames Unternehmen. Rahel Liebeschütz saß am Steuer und betätigte die Kupplung, Hans Liebeschütz schaltete.

Körperlich sei Hans Liebeschütz nach Beschreibung von Collins ein schwerfälliger Mensch gewesen. Barraclough habe ihr einmal gesagt, sie dürfe Liebeschütz niemals irgendwelche Papiere leihen, weil er immer auf ihnen saß und sie dann zerknittert zurückkämen. Niemand habe gewusst, wie Hans Liebeschütz nach England gekommen sei. Er habe immer den Eindruck vermittelt, dass er sich dort gut angenommen fühlte. Er sei ein gutmütiger Mann gewesen, der andere niemals schlechtgemacht habe.[732]

Der Bericht von Collins zeigt, mit welchen Schwierigkeiten Hans Liebeschütz in Liverpool zu kämpfen hatte, vornehmlich, weil er die englische Sprache nicht perfekt beherrschte. Sehr deutlich geht aber auch daraus hervor, wie beliebt und respektiert er trotz dieser Probleme war.[733]

Auch der Bericht eines ehemaligen Studenten der Universität Liverpool charakterisierte Hans Liebeschütz mit großer Sympathie:

> Ein anderer Herr, dessen Vorlesungen wir eher wegen ihrer Vortragsweise als ihres Inhalts wegen erinnerten, war der nette und immer hilfsbereite Dr. Hans Liebeschütz. Er lehrte mittelalterliche Geschichte, so wurde es uns zumindest gesagt, aber sein Problem war, dass er Englisch nicht flüssig sprach. Um diese Schwierigkeit zu überwinden bediente er sich zweier anderer europäischen Sprachen und die Kombination aller drei Sprachen in einem Satz verbunden mit den regelmäßigen Geräuschen der Straßenbahn auf der Ashton

---

732 Bericht von Irene Collins vom 26.6.2001, Archiv Silke Kaiser.

733 Zu den Problemen mit der englischen Sprache siehe: Arnold Paucker: Speaking English with an accent. In: Charmian Brinson/Richard Dove/Marian Malet/Jennifer Taylor (Hrsg.): „England? Aber wo liegt es?" Deutsche und österreichische Emigranten in Großbritannien 1933–1945 (Publications of the Institute of Germanic Studies 64). München 1996, 21–31.

> Street führten dazu, dass nicht wenige Studenten am Ende der Vorlesung fragten: „Worüber, zum Teufel, ging das ganze jetzt?“[734]

Bis zum Wintersemester 1953/54 lebten seine Frau und seine Kinder in Epsom, während Hans Liebeschütz in Liverpool wohnte. Die Familie war nur in den Semesterferien zusammen, wenn Hans Liebeschütz seine Frau und Kinder in Epsom besuchte. Dann bezogen Rahel und Hans Liebeschütz gemeinsam ein Haus in Liverpool.[735] 1955 erhielt Hans Liebeschütz dort eine Stelle als *Reader* für mittelalterliche Geschichte. Bis zu seiner Emeritierung 1959 lehrte er an der Universität Liverpool.[736]

Hans und Rahel Liebeschütz' Verhältnis zu Deutschland nach 1945

Hans und Rahel Liebeschütz nahmen – wie oben dargestellt – den Kontakt zu Hamburg nach 1945 wieder auf und hielten ihn, solange sie konnten, aufrecht. Rahel Liebeschütz erwähnte in ihren Erinnerungen, dass sie mit ihrer Familie bald nach Kriegsende Reisen nach Hamburg unternahm.[737] Anfang 1957 wandte sich Hans Liebeschütz an die Philosophische Fakultät der Universität Hamburg mit der Bitte, ihm im Rahmen der Wiedergutmachung die Amtsbezeichnung außerplanmäßiger Professor zu verleihen, die er mit großer Wahrscheinlichkeit erlangt hätte, wenn er nicht 1934 entlassen worden wäre.[738] Sein Wiedergutmachungsantrag hatte Erfolg. Am 21. Mai 1957

---

[734] Arts, Letters, Society: A Miscellany Commemorating the Centenary of the Faculty of Arts at the University of Liverpool. Ed. by P. E. Hair. Liverpool 1996, 35–39, hier 37.

[735] Brief von Wolfgang Liebeschuetz vom 24.10.1999 an die Verf., Archiv Silke Kaiser.

[736] Da es in Großbritannien nicht üblich ist, Vorlesungsverzeichnisse zu drucken und es auch keine Verpflichtung der Fakultäten gibt, Vorlesungsankündigungen an das Universitätsarchiv zu geben, existieren leider keine Unterlagen, die darüber Aufschluss geben könnten, was Hans Liebeschütz an der Universität Liverpool gelehrt hat. E-Mail des Universitätsarchivs Liverpool vom 23.10.1999.

[737] Rahel Liebeschütz: Memories, 20.

[738] StA HH, HW-DPA IV 1197, o. Bl., Schreiben der Universität Hamburg an die Schulbehörde der Freien und Hansestadt Hamburg-Hochschulabteilung vom 15.2.1957.

wurde Hans Liebeschütz die Rechtsstellung eines außerplanmäßigen Professors a. D. ohne Dienstbezüge gewährt.[739]

Nach seiner Pensionierung an der Universität von Liverpool setzte sich Hans Liebeschütz mit der Philosophischen Fakultät der Universität Hamburg wegen eines Lehrauftrags in Verbindung. Die Philosophische Fakultät beantragte bei der Schulbehörde, Hans Liebeschütz für das Sommersemester 1960 einen besoldeten Lehrauftrag zu erteilen. Er beabsichtige, eine Vorlesung über die Frühgeschichte der mittelalterlichen Philosophie zu halten und eine Übung zur Karolingischen Renaissance anzubieten.[740] In den Sommersemestern von 1960 bis einschließlich 1963 lehrte Hans Liebeschütz an der Hamburger Universität.[741]

Es ist schon allein vor dem Hintergrund seiner KZ-Haft erstaunlich, dass Hans Liebeschütz sich dafür einsetzte, in Hamburg einen Lehrauftrag zu erhalten. Ein zeitlich befristeter Aufenthalt war für ihn also durchaus vorstellbar. Rahel Liebeschütz schrieb über die Lehrtätigkeit ihres Mannes: „Trotz der Genugtuung, die ihm diese Tätigkeit gegeben hat, fand er doch, daß er die ihm gebliebenen Kräfte besser zum Schreiben als zum Lehren verwenden sollte."[742]

Eine dauerhafte Rückkehr nach Hamburg konnte sich Hans Liebeschütz offenbar nicht vorstellen. Paucker sagte über das Verhältnis von Hans Liebeschütz zu Deutschland nach 1945:

---

739 StA HH, HW-DPA IV 1197, o. Bl., Wiedergutmachungsbescheid vom 21.5.1957 ausgestellt vom Personalamt des Senats der Freien und Hansestadt Hamburg. Die Wiedergutmachung wurde aufgrund des Gesetzes zur Regelung der Wiedergutmachung nationalsozialistischen Unrechts für Angehörige des öffentlichen Dienstes in der Fassung des Gesetzes vom 13.12.1955 (BGBl.I S. 820) in Verbindung mit dem Gesetz zur Regelung der Wiedergutmachung nationalsozialistischen Unrechts für die im Ausland lebenden Angehörigen des öffentlichen Dienstes vom 18.3.1952 (BGBl.I S. 137) gewährt.

740 StA HH, HW-DPA 1197, o. Bl., Schreiben der Philosophischen Fakultät an die Schulbehörde – Hochschulabteilung vom 11.12.1959.

741 IfZ/MA 1500/37, o. Bl., Rahel Liebeschütz über Hans Liebeschütz, Kopien Hamburger Bibliothek für Universitätsgeschichte, Ordner Hans Liebeschütz. In den Vorlesungsverzeichnissen von 1960 bis 1963 findet sich der Name Hans Liebeschütz unter der Rubrik außerplanmäßiger Professor. Seine Vorlesungen und Übungen wurden in ihnen nicht angekündigt. Hamburgische Universität, Verzeichnis der Vorlesungen Sommersemester 1960 bis Sommersemester 1963.

742 IfZ MA 1500/37, o. Bl., Rahel Liebeschütz über Hans Liebeschütz, Kopien Hamburger Bibliothek für Universitätsgeschichte, Ordner Hans Liebeschütz.

> Es gibt doch zwei Grade der Unversöhnlichkeit. Es gibt die Menschen, die nie wieder etwas mit Deutschland zu tun haben wollten. Wir hatten uns nach dem Krieg geweigert, ein Leo Baeck Institut in Deutschland zu gründen und ich denke, das war auch Hans Liebeschütz' Meinung [...], aber wenn er gewollt hätte, hätte man ihm geholfen, in Hamburg eine Nische zu finden. Er hatte sehr gute Beziehungen, und ich würde denken, als man das Institut für die Geschichte der deutschen Juden gegründet hatte, da hatte er mich vorgeschlagen. Ich wollte aber auch nicht nach Deutschland zurück. Ich wollte auch nicht weg von London vom Leo Baeck Institut. Aber ich bin der festen Meinung, dass er das ohne Weiteres hätte haben können. [...] Ich hätte das haben können, aber es ist doch keine Frage, dass Hans Liebeschütz es zehnmal mehr hätte haben können und dass man ihn ganz bestimmt in die engere Wahl genommen hatte. [...] Wenn er zurückgegangen wäre, dann wäre er doch sofort Professor geworden. Aber das hat er doch offenbar nicht gewollt.[743]

Trotz attraktiver Stellenangebote in Hamburg kehrte Hans Liebeschütz nicht dorthin zurück. Die Widerstände waren zu groß, um wieder nach Deutschland zurück zu ziehen. Die Kinder, die 1946 noch in der Ausbildung gewesen waren, als Hans Liebeschütz von Senator Landahl die Leitung der Pädagogischen Akademie Altona angeboten bekam, können 1960 kein Hinderungsgrund mehr gewesen sein, denn sie waren inzwischen erwachsen. Auch Rahel Liebeschütz scheint eine dauerhafte Rückkehr nach Hamburg nicht mehr erwogen zu haben. Sie unternahm aber häufig Reisen nach Hamburg. Im Oktober 1989 besuchte die damals 95-Jährige als Ehrengast eine Feier des Krankenhauses Eppendorf zu dessen hundertjährigem Bestehen. In diesem Rahmen veranstaltete ihr zu Ehren auch das Physiologische Institut am 20. Oktober 1991 einen festlichen Empfang.[744]

---

743 Interview mit Arnold Paucker am 4.2.1999, Archiv Silke Kaiser.

744 Einladung zu einer Feier im Physiologischen Institut zu Ehren von Rahel Liebeschütz am 20.10.1989 im Rahmen der Veranstaltung 100 Jahre Krankenhaus Eppendorf, Kopie Hamburger Bibliothek für Universitätsgeschichte, Ordner Rahel Liebeschütz-Plaut; Rainer Bubenzer: Rahel Liebeschütz-Plaut: Ende der Karriere per Beamtenrecht. In: Die Neue Ärztliche, 27.10.1989, 2.

Das Haus in Dockenhuden wurde nach der Emigration der Familie Liebeschütz enteignet und kam in den Besitz der Luftwaffe. Nach dem Krieg, in den 1950er-Jahren erhielten Hans und Rahel Liebeschütz eine Entschädigung für das enteignete Haus, das inzwischen in den Besitz der Bundeswehr übergegangen war.[745]

[745] Brief von Wolfgang Liebeschuetz vom 2.3.2022 an die Verfasserin. Archiv Silke Kaiser.

Das Wissenschaftlerehepaar

Hans Liebeschütz' wissenschaftliche Arbeit

Hans Liebeschütz arbeite während seiner gesamten wissenschaftlichen Laufbahn auf dem Gebiet der Geistesgeschichte.[746] Die Schule, der er angehörte, ging auf die Lehre des Philosophen Wilhelm Dilthey (1833–1911) zurück; ihr bedeutendster Vertreter war während Hans Liebeschütz' Studienzeit Friedrich Meinecke (1862–1954). Den Historikern dieser Schule kam es darauf an, die Verbindung zwischen den geistigen Strömungen mit den gleichzeitigen politischen und sozialen Entwicklungen herzustellen und die gegenseitige Beeinflussung von Idee und praktischem Leben aufzuzeigen. Bei der Betrachtung des Lebenswerks von Hans Liebeschütz als Ganzem wird deutlich, dass die aktuellen Situationen seine Fragestellungen im Laufe seines Lebens zunehmend beeinflusst haben. In den ersten Jahren seiner Laufbahn beschäftigte er sich intensiv mit der Entwicklung und dem Fortleben klassischer Ideen im Mittelalter. So wies er nach, dass die scheinbar spontanen Visionen der Hildegard von Bingen weitgehend aus Motiven bestanden, die von spätrömischen Autoren stammten. In seiner Arbeit über John of Salisbury untersuchte er, inwieweit dessen Verständnis des römischen politischen Denkens dadurch eingeschränkt war, dass er in einer Gesellschaft lebte, die den antiken Begriff des Staates als Gemeinwesen nicht kannte.[747] Mit Beginn des Nationalsozialismus verlagerte sich Hans Liebeschütz' wissenschaftliches Interesse: Es konzentrierte sich nun zunehmend auf das Verhältnis der Juden zu ihrer christlichen Umwelt. Hans Liebeschütz beschränkte seine Untersuchungen charakteristischerweise nicht auf die

---

[746] Wolfgang Liebeschuetz: Zur Erinnerung an Hans Liebeschütz, Vortrag gehalten am 25.10.1991 an der Universität Hamburg, Manuskript von Eckart Krause überarbeitet, Hamburger Bibliothek für Universitätsgeschichte, Ordner Hans Liebeschütz.

[747] Hans Liebeschütz: Medieval Humanism in the Life and Writings of John of Salisbury (Studies of the Warburg Institute 17). London 1950.

Neuzeit, sondern führte die Geschichte des Problems auf ihre ersten Anfänge zurück, nämlich auf die Darstellung des Judentums in den Briefen des Apostels Paulus Sein Buch *Synagoge und Ecclesia*, das auf Vorlesungen beruhte, die er von 1936 bis 1938 an der Hochschule für die Wissenschaft des Judentums gehalten hatte, war schon 1938 abgeschlossen, es erschien aber erst 1983 posthum.[748] Es behandelt die mehr als tausend Jahre bestehende Symbiose von Kirche und Judentum und zeigt anhand kirchlicher Schriften, wie die Kirche und ihre Gläubigen von Paulus bis zu Thomas von Aquin zum Judentum standen. Es beinhaltet eine Untersuchung der religiösen, sozialen und wirtschaftlichen Faktoren, die in ihrer Wechselseitigkeit zur ersten großen Verfolgung der westeuropäischen Juden geführt haben.

Im Jahr 1955 gründete Hans Liebeschütz zusammen mit Robert Weltsch (1891–1982) und Martin Buber in London das Leo Baeck Institut zur Erforschung des Judentums in Deutschland (LBI). Bis zu seinem Todesjahr 1978 publizierte er zahlreiche Arbeiten in den Jahrbüchern und der Schriftenreihe des Leo Baeck Instituts. Hans Liebeschütz war von Baeck selbst für den Vorstand des Instituts vorgeschlagen worden. Nach Weltsch, dem Herausgeber des Jahrbuches des Leo Baeck Instituts, gilt Hans Liebeschütz als die wissenschaftlich einflussreichste Persönlichkeit des Londoner LBI in seiner Frühzeit. Hans Liebeschütz war einer der wenigen studierten Historiker unter den Mitgliedern. Als solcher setzte er sich für eine Professionalisierung der Arbeit ein. Paucker sprach davon, dass Liebeschütz das Londoner Institut mit Strenge und Präzision zu Höchstleistungen antrieb. Weltsch äußerte später, dass er ohne Liebeschütz nicht in der Lage gewesen wäre, seine Aufgabe für das LBI zu erfüllen.[749]

In den letzten zwei Jahrzehnten seines Lebens wandte sich Hans Liebeschütz stärker der jüdischen Geistesgeschichte der Neuzeit zu. Öfters habe er, so Rahel Liebeschütz, scherzhaft zu ihr gesagt, dass er nun doch noch

---

748 Hans Liebeschütz: Synagoge und Ecclesia, verfasst 1938, aus dem Nachlass herausgegeben von Alexander Patschovsky. Heidelberg 1983.

749 Eine Bibliografie von Hans Liebeschütz' Schriften befindet sich im Anhang dieser Arbeit. Zur Rolle von Liebeschütz im Leo Baeck Institut London: Ruth Nattermann: Deutsch-jüdische Geschichtsschreibung nach der Shoa. Die Gründung und Frühgeschichte des Leo Baeck Institute. Essen 2004, 178 f.

Rabbiner geworden sei.[750] In seiner 1967 veröffentlichten Schrift *Das Judentum im deutschen Geschichtsbild von Hegel bis Max Weber* setzte er sich mit zwei Themen auseinander, die ihn sein Leben lang bewegten: das Schicksal der Juden und die Entwicklung der deutschen Geschichtsschreibung, der er sich zugehörig fühlte.[751] Er versuchte zu verstehen, weshalb das Zusammenleben von Juden und Deutschen so verhängnisvoll endete. Er schrieb unter dem Eindruck der nationalsozialistischen Barbarei, behandelte aber charakteristischerweise die zu ihr führende Entwicklung nicht unmittelbar, sondern wie sie sich in den Darstellungen bedeutender Historiker des 19. Jahrhunderts widerspiegelt. Ihm lag daran, nachzuweisen, dass historische Sicht und Problematik der Gegenwart sich gegenseitig beeinflusst haben. Ein Kapitel behandelt den Einfluss der deutschen Geschichtsschreibung auf das Selbstverständnis der Juden und den Anfang der Wissenschaft des Judentums. Dieses Thema entwickelte er in seiner 1970 publizierten Monografie *Von Georg Simmel bis Franz Rosenzweig* weiter.[752] Sie zeichnet die Geschichte der Juden in der deutschen Umwelt von der Zeit der Emanzipation im frühen 19. Jahrhundert bis etwa 1920 nach. Hans Liebeschütz kam immer wieder auf historische oder theologische Interpretationen der alt-jüdischen Geschichte zurück. Seiner Meinung nach beeinflussten die sich wandelnden theologischen, später auch wissenschaftlichen Auslegungen der biblischen Geschichte seit dem Mittelalter immer wieder die Situation der Juden der Gegenwart. Auch glaubte er nachweisen zu können, dass Historiker ihre Einstellung in Bezug auf Juden der Gegenwart in ihre Darstellungen der Juden im Altertum einfließen ließen. Die geistige Richtung, die den Historismus hervorbrachte, schätzte Hans Liebeschütz als bedeutsam für das jüdische Selbstverständnis ein. Wolfgang Liebeschuetz schrieb über seinen Va-

[750] IfZ MA 1500/37, o. Bl., Rahel Liebeschütz über Hans Liebeschütz, Kopien Hamburger Bibliothek für Universitätsgeschichte, Ordner Hans Liebeschütz.

[751] Hans Liebeschütz: Das Judentum im deutschen Geschichtsbild von Hegel bis Max Weber (Schriftenreihe wissenschaftlicher Abhandlungen des Leo-Baeck-Instituts 17). Tübingen 1967.

[752] Hans Liebeschütz: Von Georg Simmel bis Franz Rosenzweig. Studien zum jüdischen Denken im deutschen Kulturbereich (Schriftenreihe wissenschaftlicher Abhandlungen des Leo-Baeck-Instituts 23). Tübingen 1970.

ter: „Hans Liebeschütz sah den wichtigsten Beitrag des Historikers für Erziehung und Gesellschaft darin, dass er imstande ist, auch gefühlsbelastete Probleme mit der größtmöglichen Objektivität zu behandeln.“[753]

Hans Liebeschütz hat bis zu seinem letzten Lebensjahr wissenschaftlich gearbeitet. Zuletzt las er viel in den Schriften Friedrich Meineckes. Er meinte, dass dieser deutsche Historiker in England nicht genügend gewürdigt würde; er wollte sich dafür einsetzen, dies zu ändern. Anfang 1978 erkrankte er erstmals an Herzschwäche, erholte sich aber vorübergehend. Im Sommer 1978 bekam er Orientierungsschwierigkeiten. Er verlor des Öfteren das Bewusstsein und wurde bis zu seinem Tod am 28. Oktober 1978 von seiner Frau mithilfe von Krankenschwestern, die tags und nachts im Einsatz waren, gepflegt.[754]

Am 15. November 1978 gedachte der Fachbereich Geschichte der Universität Hamburg angesichts seines Todes Hans Liebeschütz. Im Protokoll des Fachbereichsrats heißt es:

> Vor Eintritt in die Tagesordnung spricht er [der Sprecher des Fachbereichs, S. K.] Worte des Gedenkens für Prof. Dr. Hans Liebeschütz, der am 29. Oktober 1978 in Liverpool verstorben ist, 1929–1934 als Privatdozent dem Lehrkörper der Universität angehörte und 1957 außerplanmäßiger Professor der Universität Hamburg wurde. Die Anwesenden erhoben sich zu diesem Anlaß von ihren Plätzen.[755]

---

753 Wolfgang Liebeschütz: Hans Liebeschütz. Neue Deutsche Biographie 14. Hrsg. von der Historischen Kommission bei der Bayrischen Akademie der Wissenschaften. Berlin 1985, 489 f.

754 Peter Classen: Nachruf Hans Liebeschütz. In: Deutsches Archiv für die Erforschung des Mittelalters 35, Köln-Weimar-Wien 1979, 711–713.

755 StAHH 364-5 II, Universität II, Abl. 1981/ 01 07-03.6 (8) Band 13. Protokoll der Fachbereichsratssitzung des Fachbereichs 08 Geschichtswissenschaft vom 15.11.1978.

Rahel Plauts wissenschaftliche Arbeit

Rahel Plaut nahm zahlreiche Untersuchungen über die Wärmeregulation vor.[756] Der Körper der Warmblüter verfügt über Mechanismen zur Regulierung des Wärmehaushalts, die aus einer Reihe von Funktionen verschiedener Organe bestehen, die durch das Wärmezentrum im Mittelhirn verbunden werden. Man unterscheidet die Regulierung der Wärmeabgabe (physikalische Wärmeregulation) über die Hautgefäße und die Regulierung der Wärmebildung (chemische Wärmeregulation), die in den Muskeln und in der Leber stattfindet. Dabei wird Wärme durch die Verstoffwechselung von Nahrungsstoffen, wie zum Beispiel Fette, erzeugt.

Allen Warmblütern gemeinsam ist, dass sie als Reaktion auf Kälte mit Muskelzittern und Muskelkontraktionen reagieren. Der Mensch verfügt im Gegensatz zum Tier über ein gut funktionierendes System der Wärmeabgabe über die Hautgefäße. Sie regulieren die Wärmeabgabe durch Leitung und Strahlung, die Schweißdrüsen durch Wasserverdampfung. Während die physikalische Wärmeregulation beim Menschen gut ausgebildet ist, verfügt er, so Rahel Plaut, nicht über eine chemische Wärmeregulation. Sie war eine der ersten, die herausfand, dass der Mensch bei Kälte seine Wärmebildung nur durch muskuläre Arbeit erhöhen kann. Es gibt zwar eine chemische Wärmebildung, aber bei größerer Abkühlung ist zumindest bei Erwachsenen immer Muskelarbeit notwendig. Säuglinge können dagegen noch Wärme ohne Muskelzittern bilden, da sie über ein braunes Fettgewebe verfügen, in dem Wärme entsteht.

In einer Untersuchung über die Wärmebildung neugeborener Säugetiere[757], die im Gegensatz zu der menschlicher Säuglinge damals noch nicht systematisch erforscht worden war, stellte Rahel Plaut fest, dass es in den ersten Lebenstagen der Tiere zu einem Anstieg des Energieumsatzes kommt. Plaut vermutete einen Zusammenhang des vermehrten Energieverbrauchs in den ersten Lebenstagen mit der Entwicklung der Wärmeregulation. Je

---

756 Über den Stoffwechsel bei der Wärmeregulation, Zeitschrift für Biologie, 76 (1922), 183–212; Zur Physiologie des Schwitzens, Zeitschrift für Biologie, Bd. 74, 1922, 191–216; Beitrag zur vergleichenden Physiologie der Wärmeregulation und des Fiebers, Pflügers Archiv für die gesamte Physiologie des Menschen und der Tiere, 205 (1924), 51–62.

757 Respirationsversuche an neugeborenen Tieren, Zeitschrift für Biologie, 73 (1921), 141–150.

später sich die Wärmeregulation entwickelte, so beobachtete Plaut, desto später kam es zum Maximum des Energieverbrauchs.

Sie vermutete, dass die chemische Regulation im Muskel, die mit Muskelspannung und Muskelzittern einhergeht, bei Neugeborenen ungenügend sei und die gesamte Wärmeregulation von der Leber geleistet werde, die aber möglicherweise weniger ökonomisch arbeite. Außerdem hielt sie es für wahrscheinlich, dass die physiologische Gewichtsabnahme nach der Geburt in erster Linie eine Folge der noch mangelhaften Wärmeregulation sei. Die Ergebnisse ihrer Untersuchungen sind in die allgemeine Kenntnis eingegangen.

Zu den regelmäßig stattfindenden Untersuchungen gehörten Gaswechseluntersuchungen. Anfangs führte Plaut sie an Tieren durch, später an Menschen. In ihren Tagebüchern finden sie immer wieder Erwähnung. Die Ergebnisse dieser Untersuchungen veröffentlichte sie 1922 und 1923 in medizinischen Fachzeitschriften.[758]

Bei der Gaswechseluntersuchung werden mithilfe eines Respirationsapparats der Sauerstoffverbrauch und die Kohlendioxidabgabe des Probanden gemessen, um dessen Energieverbrauch zu bestimmen. Versuchspersonen waren häufig sie selbst und ihre Kollegen. Nachdem sie aus dem Institut ausgeschieden war und sich als Ärztin niedergelassen hatte, führte sie häufig Gaswechseluntersuchungen bei Patienten durch. Diese Methode benutzte sie hier als diagnostisches Mittel.

Zusammen mit ihrem Chef führte Rahel Plaut die Studie *Die erfrischende Wirkung des Essens* aus. Plaut und Kestner wollten klären, weshalb Nahrungsaufnahme der Ermüdung bei körperlicher Arbeit entgegenwirkt. Sie führten zuerst eine Reihe von Untersuchungen an Hunden aus. Anschließend machten sie mit zwei anderen Mitarbeitern des Instituts zwei vierstündige Radtouren. Unmittelbar im Anschluss daran nahmen sie sich Blut ab und stellten eine Ansäuerung des Blutes fest. Nachdem sie Fleisch gegessen hatten, ergab eine erneute Blutuntersuchung, dass das Blut wieder normale Werte aufwies. Bei körperlicher Arbeit kommt es zu einer Ansäuerung des Blutes (Azidose). Wenn man etwas isst, wird im Magen Säure gebildet, die

---

758 Gaswechseluntersuchungen bei Fettsucht und Hypophysiserkrankungen, Deutsches Archiv für Klinische Medizin, Bd. 139, 285; Über den respiratorischen Gaswechsel bei Erkrankungen der Hypophysis, Deutsche Medizinische Wochenschrift Nr. 42 (1922); Gaswechseluntersuchungen bei Fettsucht II. Deutsches Archiv für Klinische Medizin, 142 (1922), 266.

dem Körper an anderer Stelle entzogen wird. Dies geschieht über Pufferungsvorgänge über Kohlendioxid. Die Magensäurebildung wirkt also der Ansäuerung des Blutes bei körperlicher Betätigung entgegen und mindert dadurch das subjektive Gefühl der Ermüdung. Dies ist wichtig für Sportler. Sie brauchen Nahrungszuführung, um größere Dauerleistungen zu erreichen. Marathonläufer werden alle zehn Kilometer immer langsamer als Folge der Übersäuerung und müssen Nahrung aufnehmen, damit ihre Geschwindigkeit nicht noch mehr abfällt.

Mehrere Untersuchungen führte Rahel Liebeschütz-Plaut über die spezifisch-dynamische Wirkung des Eiweißes[759] durch. Unter spezifisch-dynamischer Wirkung von Nährstoffen versteht man ihre umsatzsteigernde Wirkung, im Fall von Rahel Liebeschütz-Plauts Untersuchungen die umsatzsteigernde Wirkung von Eiweiß. Wenn einer Person Eiweiß zugeführt wird, erhöht sich ihr Umsatz, das heißt, sie verbraucht Energie. Die Erhöhung des Energieumsatzes beruht zu 98 Prozent auf Stoffwechselvorgängen in der Leber (postprandiale Thermogenese). Rahel Liebeschütz-Plaut stellte fest, dass die spezifisch-dynamische Wirkung des Eiweißes nur bei Aufnahme über den Darm eine Stoffwechselsteigerung bewirkt und dass die Stoffwechselsteigerung bei Zufuhr durch den Darm sich zeitlich nicht mit dem Abbau der Eiweiße im Körper deckt. Sie schloss daraus, dass die spezifisch-dynamische Wirkung nicht, wie bis dahin angenommen, auf einem stoffwechselfördernden Reiz auf Zellen des Körpers beruht. Ihre Ergebnisse zum Eiweißstoffwechsel haben heute noch Bestand.

Neben ihren zahlreichen Veröffentlichungen in der *Klinischen Wochenschrift*, dem *Deutschen Archiv für klinische Medizin*, der *Zeitschrift für Biologie* sowie *Pflügers Archiv für die gesamte Physiologie des Menschen und der Tiere* verfasste sie mit Kestner gemeinsam den 211 Seiten umfassenden Beitrag

---

[759] Rahel Liebeschütz-Plaut und Hermann Schadow: Über den Aminosäuregehalt des Bluts bei der spezifisch-dynamischen Wirkung des Eiweiß. Deutsches Archiv für klinische Medizin, Bd. 14 (1925), 214–222; Dies. Zur Ursache der spezifisch-dynamischen Wirkung des Eiweiß. Pflügers Archiv der gesamten Physiologie des Menschen und der Tiere 214, Nr. 1 (1926), 537–551; Rahel Liebeschütz-Plaut: Über die Prüfung der spezifisch-dynamischen Eiweißwirkung in der Klinik, Klinische Wochenschrift, Nr. 45 (1925), 2153–2154; Otto Kestner, Rahel Liebeschütz-Plaut, Hermann Schadow: Spezifisch-dynamische Wirkung, Hypophysenvorderlappen und Fettsucht, Klinische Wochenschrift 5, Nr. 36 (1926), 1646–1648.

Physiologie des Stoffwechsels für das *Handbuch der vergleichenden Physiologie* (Jena 1924).[760]

Rahel Liebeschütz' Tätigkeiten in England

Über Rahel Liebeschütz' Tätigkeiten in England finden sich nur begrenzt Informationen, da sie über sich selbst kaum Auskunft gegeben hat. Ihre akademischen Qualifikationen wurden in Großbritannien nicht anerkannt. Sie nahm 1944 auch Kontakt zur Society for the Protection of Science and Learning auf, um zu erfahren, ob sie in diese Gesellschaft aufgenommen werden könne.[761] In ihrer Antwort ermunterte Esther Simpson, die Sekretärin der SPSL, sie, sich zu bewerben, da sie als entlassene Hochschullehrerin die Voraussetzungen für die Aufnahme erfülle.[762] Sie folgte dieser Aufforderung und sandte ihren Lebenslauf, eine Liste ihrer Publikationen und den ausgefüllten Fragebogen *General Information* an die SPSL. Auf die Frage „Haben Sie eine unbezahlte Möglichkeit an einem Institut zu arbeiten?“, gab sie an, zu dem Zeitpunkt weder eine bezahlte noch eine unbezahlte Tätigkeit annehmen zu können, da ihre familiären Pflichten dies nicht erlaubten.[763] Neben ihren drei Kindern, die inzwischen elf, vierzehn und sechzehn Jahre alt waren, lebten noch ihre 77 Jahre alte Mutter und ihre ebenso alte Schwiegermutter in der Familie, die beide ihrer Hilfe bedurften. Rahel Liebeschütz schrieb im November 1945 in einem Brief:

> Dear Sir, I received your letter of Nov. 15, but am afraid that there is practically nothing to report about myself. I came to England with a family of seven: my husband Dr. H. Liebeschuetz, both his mother and my one and our three children. When war broke out I joined the

[760] Otto Kestner und Rahel Plaut: Physiologie des Stoffwechsels. In: Handbuch der vergleichenden Physiologie. Hrsg. von Hans Winterstein, 2, 2. Hälfte. Jena 1924, 902–1112.

[761] Bodleian Library Oxford, SPSL 418/3, leaf 101, Brief von Rahel Liebeschütz an die SPSL vom 13.4.1944.

[762] Bodleian Library Oxford, SPSL 418/3, leaf 102, Antwortbrief von der Sekretärin der SPSL Esther Simpson an Rahel Liebeschütz vom 17.4.1944.

[763] Bodleian Library Oxford, SPSL 418/3, leaf 98 f, Fragebogen „General Information“ der SPSL ausgefüllt von Rahel Liebeschütz, eingegangen bei der SPSL am 26.4.1944.

> Mobile Unit of Winchester Rural District (Leader: Dr. Churches, Winchester). This work was interrupted after the collaps of France, when we were obliged to leave Winchester and to abstain from Civil Defence activities. Since then we have been living in Surrey, where the lack of help in the household compelled me to devote all my time to householdwork and the care of my family.
> I have, however, not given up the hope of returning to some kind of scientific work once conditions have become normal. Therefore I have registered as an external student at the University of London with the aim of going in for B.Sc. Special (Zoology) in June 1946.
> We suppose that you are informed about Dr. H. Liebeschuetz' work.
> Yours sincerely
> E. A.R. Liebeschuetz.[764]

Im Sommer 1946 bemühte sich Rahel Liebeschütz darum, den Bachelor of Science in Zoologie zu machen. Ihre Examina hierfür fanden vom 17. Juni bis 12. Juli 1946 in London statt. Rahel Liebeschütz konnte offenbar die nötige Ruhe dafür aufbringen, da ihre Schwester Caroline sich währenddessen zumindest zeitweise um die Familie kümmerte.[765] Mit einer Ausnahme bestand sie alle Prüfungen. Am 11. Juli notierte sie: „On this day I fail completely. Exam only in the afternoon"[766] und einen Tag später: „Last day of exam. I do it well enough to make up for yesterday."[767] Offensichtlich war die nicht bestandene Prüfung der Grund dafür, dass sie den Plan, den Studienabschluss zu erwerben, aufgab.

Sie widmete sich fortan ihrer großen Familie. Ihre Schwiegermutter Lizzy Olga Wulff, sie hatte nach dem Tod ihres Mannes Anfang der 1930er-Jahre erneut geheiratet, starb am 6. Dezember 1950.[768] Rahel Liebeschütz' Mutter wurde offenbar 1952 so pflegebedürftig, dass die Familie Liebeschütz

---

[764] Bodleian Library Oxford, SPSL 255/7, leaf 435, Schreiben Rahel Liebeschütz vom 22.11.1945 ohne Namen des Empfängers.

[765] Tagebuch 1946, Einträge vom 17.6., 18.6. und 19.6.

[766] Tagebuch 1946, Eintrag vom 11.7.

[767] Tagebuch 1946, Eintrag vom 12.7.

[768] Tagebuch 1950, Eintrag vom 6.12.

eine Krankenschwester und zusätzlich eine Nachtschwester einstellte. Am 4. September 1953 starb Rahel Liebeschütz' Mutter im Alter von 86 Jahren.[769] Von ihrer Studienzeit abgesehen hatte Rahel Liebeschütz immer in deren Nähe gewohnt, Mutter und Tochter hatten sich täglich gesehen. Seit der Emigration lebten sie in einem Haushalt zusammen. In den beiden letzten Lebensjahren ihrer Mutter pflegte Rahel Liebeschütz sie mithilfe von Krankenschwestern. In ihrem Tagebuch beschrieb sie ihre Gefühle nach dem Tod der Mutter in ihrer sachlichen Art in der Sprache der Medizin: „I feel as if a limb had been cut off and all the nerves are still running into the void. The little Liebeschuetz family is on its own for the first time for over 15 years."[770]

Nach dem Tod ihrer Mutter begann Rahel Liebeschütz, in Liverpool ein Haus für sich und ihren Mann zu suchen. Sie war im Oktober 1953 tagelang mit der Haussuche in Liverpool beschäftigt, während Hans Liebeschütz seinen Lehrverpflichtungen an der Universität nachging.[771] Im November fand sie schließlich in Crosby bei Liverpool ein Haus, das ihnen zusagte und das sie kaufen wollten.[772] Im Dezember 1953 fand der Umzug aus dem Haus *The Mount* in Epsom/Surrey nach Liverpool statt. Offenbar fand sie den Abschied als bedrückend, denn sie schrieb in ihr Tagebuch: „The packers arrive. It is a melancholy time doing everything ‚for the last time' and seeing the house desintegrating."[773]

Sie besuchte in Liverpool den für die Ehefrauen der Dozenten vorgesehenen University Ladies' Tea Club und notierte darüber: „It is quite nice though conversation remains very superficial [...]"[774] In einem Brief an ihre Schwester drückte sie ihre Meinung über diese Gesellschaft sehr deutlich aus: „Yesterday I went to the University Ladies' Tea Club. It was so uninteresting that in writing my diary I forgot that I had been there".[775] Sie fand die Unterhaltungen in dieser Gesellschaft nichtssagend, es war für sie keine verlockende Aussicht, ihre Zeit mit Gesprächen zu verbringen, die sie langweilten.

---

769 Tagebuch 1953, Eintrag vom 4.9.

770 Tagebuch 1953, Eintrag vom 4.9.

771 Tagebuch 1953, Einträge vom 14., 15., 16., und 22.10.

772 Tagebuch 1953, Eintrag vom 11.11. Sie schrieb, sie sei zur Bank gegangen, um einen Überziehungskredit zu unterzeichnen.

773 Tagebuch 1953, Eintrag vom 28.12.

774 Tagebuch 1955, Eintrag vom 15.2.

775 Brief an ihre Schwester Caroline vom 5.11.1958, Privatarchiv Familie Carver, Winchester.

Offenbar wollte sie erneut eine nützliche Tätigkeit aufnehmen, da sie zu Hause nicht mehr ständig gebraucht wurde. Die Kinder waren aus dem Haus, Mutter und Schwiegermutter lebten nicht mehr. Daher interessierte sie sich im Laufe des Jahre 1954 für eine ehrenamtliche Arbeit im Women's Royal Voluntary Service (WRVS).[776]

Ende des Jahres 1954 begann Rahel Liebeschütz für den WRVS zu arbeiten, zunächst in einem der Büros dieser Organisation.[777] Im darauffolgenden Jahr übernahm sie den Besuchsdienst (Old People's Visiting Service) des WRVS, das heißt, sie suchte alte hilfsbedürftige Menschen in ihren Wohnungen auf und ließ ihnen Hilfe zukommen. Sie scheint diese ehrenamtliche Tätigkeit mit der gleichen Ernsthaftigkeit eines Berufs ausgeübt zu haben, denn sie führte ihren Dienst regelmäßig und offenbar sehr diszipliniert und gewissenhaft aus. Sie besuchte die alten Menschen, die in den armen Stadtteilen Liverpools wohnten, und sorgte dafür, dass sie das bekamen, was sie benötigten. Bei jedem Besuch machte sie sich Notizen, achtete auch darauf, dass niemand seinen Kohlevorrat zum Beispiel in Alkohol umsetzte, und sorgte dafür, dass ein Arzt gerufen wurden, wenn sie es für notwendig hielt.[778] Am 30. Juni 1955 wurde sie offizielle Mitarbeiterin des WRVS.[779] Von da an arbeitete sie viele Jahre lang für diese Organisation, die ihr 1983 die Spange und die Long Service Medal verlieh und ihr Dank für die vielen Jahre selbstloser Tätigkeit aussprach.[780] Bis 1985, also dreißig Jahre lang, war sie für den WRVS tätig.[781] In einem Nachruf auf sie hieß es:

---

776 Tagebuch 1954, Eintrag vom 6.10. Der WRVS ist eine karitative Organisation, die das Ziel hat, hilfsbedürftige Menschen in ganz England, Schottland und Wales zu unterstützen. Sie wurde im Zweiten Weltkrieg als Women's Voluntary Service (WVS) gegründet, um Zivilisten Hilfe zukommen zu lassen. Im Jahr 1956 wurde Königin Elisabeth II. Schirmherrin des WVS, 1966 verlieh sie der Organisation die Ehre, das Attribut „Royal" in ihrem Namen zu tragen. Nach dem Krieg ging die Organisation dazu über, Hilfe für isolierte und einsame, insbesondere ältere Menschen anzubieten.

777 Tagebuch 1954, Eintrag vom 2.12.

778 Gespräch mit Ivan Hall, Rahel Liebeschütz' Schwiegersohn, am 27.4.2001 in London, Archiv Silke Kaiser.

779 Tagebuch 1955, Eintrag vom 30.6.

780 Glückwunschschreiben an Rahel Liebeschütz zum Anlass der Verleihung einer Dienstmedaille des Women's Royal Voluntary Service vom 14.7.1983, Kopie in der Hamburger Bibliothek für Universitätsgeschichte, Ordner Rahel Liebeschütz-Plaut.

781 Tagebuch 1985, Eintrag vom 17.12.: „Abschiedsfeier vom WRVS".

> Her German qualifications were not recognised in Britain, and she therefore devoted herself to her family and, as a member of the Women's Royal Voluntary Service, to elderly people in Liverpool; she retired from this at the age of 91.[782]

Sie bewohnte auch nach dem Tod ihres Mannes weiterhin das Haus in der Mariners Road in Liverpool. Ihre letzten Lebensjahre verbrachte sie bei ihrer Tochter Elisabeth Hall in Rochester/Kent, wo sie am 22. Dezember 1993 im Alter von 99 Jahren starb.[783]

Anlässlich des 100. Jahrestags von Rahel Plauts Antrittsvorlesung im Rahmen ihrer Habilitation wurde am 23. Februar 2023 in einem Festakt ein Hörsaal im Universitätsklinikum Hamburg-Eppendorf (UKE) nach ihr benannt. Diese Hörsaalbenennung ging auf eine studentische Initiative zurück. Bei den Feierlichkeiten waren 26 aus England angereiste Angehörige von Hans und Rahel Liebeschütz zugegen. Reden der zweiten Bürgermeisterin der Stadt Hamburg und von Mitarbeitern des UKE würdigten Rahel Plaut-Liebeschütz. Es sprachen auch drei ihrer Enkeltöchter – Maggie Carver, Sue Liebeschuetz und Rachel Liebeschuetz –über ihre Großmutter.

Maggie Carver charakterisierte sie folgendermaßen:

> Zunächst war Oma eine Pionierin. Sie war nicht nur eine Pionierin als Ärztin und medizinische Wissenschaftlerin, sondern auch in ihrer Freizeit. Während ihres Studiums in Freiburg ging sie auch in den Bergen klettern und Ski fahren. Sie flog in Hamburg in einem der ersten offenen Flugzeuge. Oma war mutig und frei von Angst und zögerte nicht, innovative Wege einzuschlagen, besonders in ihrer medizinischen Forschung.

---

782 Nachruf auf Rahel Liebeschütz-Plaut von Gustav Plaut im British Medical Journal, vol. 308, 26 March 1994, 851, Hamburger Bibliothek für Universitätsgeschichte, Ordner Rahel Liebeschütz-Plaut.

783 Brief von Hendrik van den Bussche (Fachbereich Medizin der Universität Hamburg) an den Sprecher des Fachbereichs Medizin und den Direktor des Instituts für Physiologie vom 18.2.1994, o. Bl., Kopie in der Hamburger Bibliothek für Universitätsgeschichte, Ordner Rahel Liebeschütz-Plaut.

Mit einem erstklassigen Geist gesegnet, war sie hochgradig intellektuell und vielfältig talentiert. Sie verfolgte nicht nur Zeit ihres Lebens die Entwicklungen in Wissenschaft und Medizin, sondern war an vielen anderen Dingen interessiert. Sie konnte lange Passagen von Shakespeare und Goethe rezitieren. Sie sprach fließend Französisch, Englisch und Deutsch. Sie interessierte sich auch für Kunst. Sie konnte malen und zeichnen, und sie liebte Musik, besonders deutsche Komponisten, und spielte Querflöte. Sie war von der Philosophie fasziniert und sehr belesen. Oma war auch eine Autorin. Sie führte Tagebuch und schrieb eine Reihe von Familiengeschichten, wobei sie ihr Wissen aus unserem Familienarchiv bezog, das sie gründlich erforschte. Sie war auch eine eifrige Briefeschreiberin, die in Verbindung zu den Familienmitgliedern stand, die den Holocaust überlebt hatten und über alle Welt verstreut in anderen Ländern lebten. Und als treue Freundin nahm sie den Kontakt zu ihren alten nicht-jüdischen Freunden in Deutschland wieder auf.

Sie folgte einem strengen moralischen Kompass, auch wenn sie über Humor verfügte. Ich erinnere, dass von uns am Esstisch intellektuelle Gespräche erwartet wurden. Mein Großvater, wenn er meinte, dass das Gespräch zu seicht wurde, begann mit den Ohren zu wackeln als Zeichen, das Thema zu wechseln. Wir durften auch nicht die modischen Hotpants in den 1970-er Jahren tragen.

Sie war eine Führungsperson und eine exzellente Organisatorin. Ich glaube nicht, dass sie es auf Führung anlegte, sondern sie erlangte sie durch bloße Kompetenz und Notwendigkeit. Ihre Fähigkeiten wurden früh erkannt, als sie Treuhänderin des Familienvermögens wurde, aber sie kamen auch zur Geltung, als sie die Auswirkungen des Antisemitismus bekämpfte. Es war Oma, die die Schule zu Hause für die Kinder organisierte, als diese nicht mehr die staatlichen Schulen besuchen durften. Es war Oma, die die Familie nach England in Sicherheit brachte, nachdem mein Großvater ins Konzentrationslager gebracht worden war. Und es war Oma, die erreichte, dass mein Großvater nach England kam und die die Familie zusammenhielt, als er als „Enemy Alien“ im Lager war und die Familie kein Einkommen hatte, von dem sie leben konnte. Sie nutzte

ihre hervorragenden administrativen Fähigkeiten, um die Entschädigung zu organisieren und sorgte für die Finanzen der Familie.
Sie war eine liebende und hingebungsvolle Tochter, Ehefrau, Mutter und Großmutter. Ihre Beziehung zu meinem Großvater war sehr eng, nachdem sie eine groß angekündigte arrangierte Ehe ausgeschlagen hatte, um eine Liebesheirat einzugehen.
Meine eigenen Erinnerungen an sie beinhalten viele Stunden des gemeinsamen Musizierens mit der Querflöte, an Bachs „Schafe können sicher weiden", ein Lieblingsstück, mit meiner Mutter am Klavier.
Meine Großmutter illustrierte auch Geschichtenbücher für uns und unterstützte viele von unseren Bemühungen. So besuchte sie ein Musikfestival, bei dem ich spielte, oder sie diskutierte mit mir meine biochemische Forschung. Bildung war ein sehr wichtiges Thema mit hohen akademischen Erwartungen. Alle ihre elf Enkelkinder besuchten Top-Universitäten, wobei ihr Wissenschaftsgen dominant war, denn neun der elf von den Enkeln studierten Naturwissenschaften oder Medizin. Kulturell deutsch, behielten sie und mein Großvater viele ihrer kontinentalen Vorkriegsgewohnheiten. Sie überlieferte ihre Lieblingsgerichte, die wir heute noch immer gerne mögen: Rote Grütze, Marzipankartoffeln, Pfefferkuchen, Pflaumenkuchen und Pumpernickel. Niederegger Marzipan war eine Lieblingssüßigkeit, wenn wir mit unseren Großeltern in das von ihnen geliebte Hamburg fuhren.
Obwohl sie aus einer stark assimilierten Familie kam und nicht im Judentum gebildet war, bedeutete es sehr viel für sie. Jüdische Tradition war so wichtig für sie, dass sie einen jüdischen Heiratsvermittler für meine Mutter engagierte. Beide Großeltern unterstützten unser jüdisches Zuhause sehr. Wir gingen zusammen zur Synagoge, feierten die jüdische Feste zusammen, und sie besuchten unsere jüdischen Familienfeste. Als ich 15 Jahre alt war und meine jüdische Konfirmation bevorstand, nahm ich an einem Fernlehrgang in jüdischer Philosophie teil. Meine Lehrerin beantwortete meine Fragen nicht zufriedenstellend und so kam es, dass ich eine lange Korrespondenz mit meiner Oma führte. Sie nutzte ihr weitreichendes Wissen, besonders der Philosophen der Aufklärung, in ihren Briefen

und zusammen arbeiteten wir einen Rahmen für meinen Glauben aus, der bis heute besteht.
Schließlich sorgte sie intensiv für die, die in Not waren und opferte Zeit und Geld für andere Menschen. Besonders engagierte sie sich im Women's Royal Voluntary Service, in dem sie dafür sorgte, dass alte Menschen warme Mahlzeiten erhielten. Ich ging gelegentlich mit. Die Fahrt konnte gefährlich sein. Meine Großmutter mischte deutsche und englische Fahrweise und fuhr sehr langsam in der Mitte der Straße, während Autos von rechts und links hupten. Sie arbeitete auch als Freiwillige in einem Sommer-Camp für geistig und körperlich behinderte Kinder, wo ich und meine Schulfreundinnen sie begleiteten.
Ich stehe vor Ihnen als ein sehr stolzes Enkelkind, dankbar für die Anerkennung, die Sie meiner Oma gegeben haben. Sie ist ein Vorbild für mich, und ich hoffe, sie wird eine Inspiration für Studentinnen in der Zukunft sein, vor allem, Pionierinnen zu sein. So, wie wir im Judentum sagen: „Möge ihr Andenken zum Segen sein."[784]

Rachel Liebeschuetz, die älteste Tochter von Wolfgang Liebeschuetz, sprach ebenfalls bei dem Festakt. In ihrer in Englisch gehaltenen Rede bezieht sie sich auf ihren vor Kurzem verstorbenen Vater:

> Es tröstet mich sehr, dass Wolf noch erfahren hat, welche Ehre Sie seiner Mutter zukommen lassen. Wolf schrieb einen kurzen Text darüber, was er sagen wollte, falls er nicht anwesend sein konnte, und ich möchte Ihnen seine Gedanken mitteilen.
> Wolf schrieb: ‚Entgegen dem Plan ihrer Eltern, akzeptierte sie eine arrangierte Ehe nicht, sondern wählte ihren Ehemann selbst und traf damit eine sehr glückliche Wahl. Sie waren unterschiedlich, aber ihre Begabungen ergänzten einander. Sie bekamen uns beachtlich gut aus Nazi-Deutschland heraus und ließen sich in England nieder.

---

[784] Rede von Maggie Carver anlässlich der Hörsaalbenennung nach Rahel Liebeschütz-Plaut im UKE am 23.2.2023. Aus dem Englischen übersetzt und bearbeitet von der Verfasserin, Privatarchiv Familie Carver, Winchester, deutsche Übersetzung Privatarchiv Silke Kaiser, Mol (Belgien).

Meine Mutter war allumfassend begabt. Sie sprach Deutsch, Englisch und Französisch nahezu gleich fließend. Sie konnte auch sehr gut Latein. Sie machte ihre Kinder gründlich vertraut sowohl mit den deutschen als auch den englischen Klassikern. Sie vermittelte mir ein gründliches Wissen des Alten Testaments, wobei sie Passagen ausließ, die sie für ungeeignet hielt. In England hätte sie während des Krieges sicherlich als Ärztin praktizieren können. Sie entschied sich aber, sich voll und ganz der Familie zu widmen, also Ehemann, Kindern, Mutter und Schwiegermutter. Soweit ich das sagen kann, hielt sie das für vollkommen natürlich und bedauerte sie es überhaupt nicht.'

Ich glaube, Wolfs Zusammenfassung beschreibt ihre Persönlichkeit sehr gut. In mancher Hinsicht war sie progressiv und in anderer traditionell. Sie war immer ruhig und optimistisch. Ich werde das an einigen Erinnerungen zeigen.

Ihr Wissen war allumfassend. Als Kind besprach ich oft meine Hausaufgaben mit ihr und stellte fest, dass es keinen Autor gab, dessen Werk sie nicht gelesen hatte. Nicht bloß Shakespeare und Schiller, sondern die Tagebücher von Napoleon Bonaparte und des Heiligen Augustinus und die Philosophie von Plato und Aristoteles. Sie erzählte mir, dass sie, wenn sie ein Buch gelesen habe, die Seiten in ihrem Gehirn sehen und sie im Kopf wieder lesen konnte. Ich hielt das für unglaublich, aber verstehe nun, wie das für sie möglich war. Sie war eine kluge Geschäftsfrau. Ihre Organisation der Familienfinanzen sorgte dafür, dass alle durch die Inflation der 1920er-Jahre und durch die Emigration kamen.

In England wählte Oma die Konservativen und liebte es, über Politik zu sprechen. In den 1970er-Jahren sprachen wir über den Aufstieg Margaret Thatchers. Oma sagte, indem Thatcher Premierministerin wurde, erreichte sie so etwas Erstaunliches, dass sie sich ihren Platz in der Geschichte gesichert hatte, und anders als bei männlichen Führungspersonen waren dafür keine besonderen Taten erforderlich. Was Oma aber niemals sagte, war, dass sie die erste Frau war, die sich an der Fakultät für Medizin der Universität Hamburg habilitierte. Sie war eine Pionierin, deren Werk jetzt Erfüllung findet.

So war Oma eine extrem bescheidene Person. Wie bei unserer verstorbenen Königin war Omas Bescheidenheit die Folge eines starken und gut entwickelten Glaubens, der alles motivierte, was sie tat. Es war ihr wichtig, dies ihren Kindern und denen, die um sie waren, weiterzugeben. Obwohl sie durch und durch jüdisch war, akzeptierte sie alle Religionen und dass sie auf ihre Art zu Gott führen. Ihre geistige Offenheit bedeutete, dass sie und ich als praktizierende Christin viele interessante theologische Diskussionen miteinander haben konnten. Sie sagte mir, dass niemand aufwachsen sollte, ohne das Gleichnis vom Barmherzigen Samariter zu kennen. Für sie bedeutete es, dass menschliche Pflichten immer wichtiger sind als das rituelle Gesetz oder die Konvention. Es war kein Konflikt für sie, Patin des Kindes ihrer besten Freundin zu werden oder während des Ersten Weltkriegs kranke Kinder im Krankenhaus zu taufen. Mit ihrer Toleranz und ihrer Bereitschaft von anderen Religionen zu lernen, war sie ihrer Zeit mehrere Generationen voraus.

Ich glaube, es war Omas starker Familiensinn, nämlich dass die familiären Pflichten am wichtigsten waren, der erklärt, weshalb sie ihren Kindern und Eltern Vorrang gegenüber der eigenen Karriere gab und es nicht bedauerte. Wolf sagte oft, dass er niemals Professor ohne die Erziehung geworden wäre, die sie ihm zuteilwerden ließ. Ihr Sohn Hugo und seine Tochter Susan folgten ihr mit ihrer Wahl, Ärzte zu werden. Die Familie ist auch Elisabeth, Omas Tochter, sehr dankbar, die den gleichen Familiensinn erbte und in ihrem Haus für Oma sorgte, als sie in den letzten Lebensjahren Pflege nötig hatte. Omas überragendes Pflichtgefühl ihrer Familie gegenüber und gegen ihren Beruf ist heute ungewöhnlich. Es scheint heute merkwürdig, dass sie diese Entscheidung treffen musste. Wir sollten kreative Lösungen finden, um es sowohl Männern als auch Frauen zu ermöglichen, Karriere und Familie miteinander zu verbinden.

Bei diesem glücklichen Ereignis, zu dem vier Generationen unserer Familie zusammengekommen sind, möchte ich abschließend betonen, dass sowohl Oma als auch Opa eine lebenslange Liebe zu Deutschland und Hamburg hatten und die Treue ihrer deutschen

Freunde wertschätzten. Nach dem Krieg kehrten sie so oft sie konnten nach Hamburg zurück und manchmal kam ich mit. Dort sah ich Omas andere Seite.
Sie bekam keine Gelegenheit, die Villa Plaut etwa im Rahmen einer Führung zu besichtigen. In den 1950er-Jahren kletterte sie daher illegalerweise mit einer Freundin durch den Stacheldrahtzaun und durchs Unterholz, um einen Blick auf das zu erlangen, was einst ihr Zuhause war, was aber jetzt durch die deutsche Armee belegt war. Es war ein sehr gefährliches Unternehmen und Wolf war schockiert, davon zu hören. In England folgte sie einer disziplinierten Diät, und wir durften keine Süßigkeiten und Schokolade in ihr Haus bringen. In Hamburg jedoch liebte sie es, Eiskaffee im Alster-Pavillon zu trinken und ich erinnere ihre Worte: ‚Das werde ich nie vergessen, es schmeckt so gut.'
Hamburg war immer ihre Heimat. Ihre Liebe zu Hamburg ist jetzt an die vierte Generation weitergegeben worden und wir versprechen, dass sie für vier weitere andauert. Wir sind tief bewegt, dass Sie es nach hundert Jahren richtig finden, unsere Großmutter, Urgroßmutter und Ururgroßmutter zu ehren, genauso wie wir uns in vielfältiger Weise daran erinnern, dass wir durch das Privileg Angehörige der Familie zu sein, weiser geworden sind.[785]

785 Rede von Rachel Liebeschuetz gehalten am 23.2.2023 im UKE anlässlich der Hörsaalbenennung nach Rahel Liebeschütz-Plaut. Aus dem Englischen übersetzt und bearbeitet von der Verfasserin. Privatarchiv Rachel Liebeschuetz, Great Wakering, Essex, deutsche Übersetzung Privatarchiv Silke Kaiser, Mol (Belgien).

Die Liebeschütz-Kinder

Wolfgang, Hugo und Elisabeth

Die Familie Liebeschütz blieb nach dem Krieg in England. Am 9. Juni 1947 erhielten Hans und Rahel Liebeschütz mit ihren drei Kindern die britische Staatsangehörigkeit. Wolfgang Liebeschuetz erinnert sich daran und schrieb:

> On the ninth of June 1947 my parents and their 3 children received British nationality. I got the news while I was serving in the British army in the Canal Zone. This was good news indeed, it meant a new start for all of us, and we all recognized that we had been incredibly lucky.[786]

Hugo, der jüngere Sohn des Ehepaars Liebeschütz, hatte als Kind immer eine schwache Gesundheit gehabt. Daher schickten ihn die Eltern nicht zur fast eine Stunde entfernten Whitgift School, die Wolfgang besuchte, sondern zum näher liegenden Epsom College. Viele Schüler von Epsom College wurden Ärzte, das könnte eine Rolle dabei gespielt haben, dass Hugo auch die Medizin als Beruf wählte. Wolfgang Liebeschuetz vermutet aber, dass sein Bruder ohnehin eine medizinische Laufbahn eingeschlagen hätte. Hugo Liebeschütz' Gesundheit verbesserte sich sehr. Er und seine Frau Marian Liebeschütz, die ebenfalls Ärztin war, lebten später in Southend. Sie hatten zwei Söhne, John und David, und zwei Töchter, Catherine und Susan. In Southend arbeitete Hugo Liebeschütz als Kinderarzt an verschiedenen Krankenhäusern. Er entwickelte Intensivpflege für Neugeborene und gründete ein Kinder-Entwicklungs-Zentrum. Er gehörte mehreren örtlichen Unterstützungsgruppen für Eltern von behinderten Kindern an. Hugo Liebeschütz starb am 24. März 1994 an Krebs.

Elisabeth Liebeschütz war fünf Jahre jünger als Wolfgang Liebeschuetz. Wegen dieses Altersunterschieds hatte er als Kind viel weniger mit ihr zu tun gehabt, als mit Hugo. Elisabeth lernte ihr Englisch überwiegend in England, aber

---

[786] Wolfgang Liebeschuetz: Crises, Continuity and Change in the Lives of the Plaut and Liebeschuetz Families (c. 1850–1960). Typoskript o. O. (Nottingham), o. J. [2017], 165 Seiten, hier 124.

sie lernte es sehr schnell und war die einzige von den drei Liebeschütz-Kindern, die es ohne deutschen Akzent sprach. Sie besuchte die Sutton High School und gewann dort viele Freunde, wie überall, wohin das Leben sie verschlug. Elisabeth studierte Gartenbau am Wye College an der Universität London und wurde Biologielehrerin. Wie ihr Vater war sie für den Beruf des Lehrers geboren. Sie heiratete den Kunsthistoriker Ivan Hall. Kurz vor ihrem Tod 1994 beendete sie ein Buch über die historischen Gärten Kents, das 1995 veröffentlicht wurde. Elisabeth hatte eine starke, aber überhaupt nicht bestimmende Persönlichkeit. Obwohl sie einen Nichtjuden heiratete, wie alle Liebeschütz-Kinder, hielt sie am liberalen Judentum ihrer Eltern fest und erzog ihre Kinder als Juden. Ihr Ehemann hatte nichts dagegen und ermunterte sie sogar dazu.[787]

Wolfgang Liebeschuetz schrieb, sein Englisch sei vollkommen ausreichend gewesen, als sie nach England kamen. Er hatte vorher nie Französisch oder Latein gehabt, aber diese Sprachen seien so langsam gelehrt worden, dass er keine Mühe hatte, die fehlenden Kenntnisse aufzuholen. Er spielte sehr gerne Rugby und betrieb es bis in seine Studentenzeit. Er machte das Abitur an der Whitgift School in Croydon. Wie seine Mutter und seine beiden Großväter hatte er damals Arzt werden wollen, doch fiel er durch das erste medizinische Examen. Während er seinen Militärdienst leistete, stellte er fest, dass er sich als Arzt nicht eignete. Wolfgang Liebeschuetz erinnerte sich an seine Schulzeit in England:

> At school I was considered a German, but in spite of the war I was treated quite the same as everybody else by both teachers and fellow pupils; though there was one perhaps ultimately quite important exception to this: I was never invited to the home of a class-mate.[788]

Wolfgang Liebeschuetz verbrachte den Großteil seines Militärdienstes in Ägypten. Nachdem er die Armee verlassen hatte, studierte er Alte und Mittelalterliche Geschichte an der Universität von London. Nach seinem Abschluss verbrachte er ein Jahr am Westminster College, London, um die Qualifikation zum Unterrichten an Schulen zu erhalten. Er kehrte dann an die Universität von London zurück, um an einer Dissertation zu arbeiten. Seine

---

[787] Liebeschuetz: Crises (Anm. 786), 124.

[788] Liebeschuetz: Crises (Anm. 786), 144.

Abb. 14: Hans und Rahel Liebeschütz mit ihren drei erwachsenen Kindern. (Foto: Familie Carver).

Doktorarbeit handelte von den sozialen und ökonomischen Bedingungen Antiochias in Syrien im vierten Jahrhundert nach Christi. Die Reden des Libanios aus Antiochia waren seine Hauptquellen.[789]

Am 9. April 1955 heiratete er Margaret Taylor, die an der Universität London Englisch studierte.[790] Nach befristeten Anstellungen an verschiedenen Schulen von 1957 bis 1958, unterrichtete er von 1958 bis 1963 an der Heanor Grammar School in Derbyshire. Latein war sein Hauptfach, aber er unterrichtete auch Deutsch. Er hielt sich nicht für einen begnadeten Lehrer, da ihm die Gabe fehlte, seine Schüler durch das, was er sagte, zu fesseln.[791]

Von September 1963 bis 1979 lehrte Wolfgang Liebeschuetz an der Abteilung für Klassik der Universität Leicester. Diese Universität war neu und sei ein sehr anregender Ort gewesen. Es gab viele Kontakte zwischen den

789 Liebeschuetz: Crises (Anm. 786), 144.

790 Liebeschuetz: Crises (Anm. 786), 109.

791 Liebeschuetz: Crises (Anm. 786), 145.

verschiedenen Abteilungen der geisteswissenschaftlichen Fakultät, aber auch einige mit den Sozialwissenschaften und den Naturwissenschaften.

Liebeschuetz wurde 1979 an der Universität Nottingham zum Professor ernannt, wo er bis zu seiner Pensionierung 1992 lehrte. In dieser Zeit wurde kaum noch Latein an staatlichen Schulen unterrichtet. In Nottingham reagierte man darauf, indem Kurse angeboten wurden, die auf übersetzten Texten basierten. Diese waren sehr beliebt. Die Universität Nottingham profitierte von der schwierigen Situation der Universitäten in den 1980er-Jahren, indem sie Kollegen von Abteilungen anstellte, die in Sheffield und Lancaster geschlossen wurden. Gleichzeitig schrieben sich in Nottingham genügend Studenten ein, um das insgesamt erweiterte Personal zu rechtfertigen und zu behalten.

Im Jahre 1992 wurde Liebeschuetz Mitglied der British Academy und 1993 Mitglied des Institutes of Advanced Studies at Princeton sowie in der Society of Antiquaries als auch korrespondierendes Mitglied des Deutschen Archäologischen Instituts. Er hatte 1959 seine frühesten Arbeiten publiziert, die aus einem Thema der bis dahin unveröffentlichten Doktorarbeit hervorgegangen waren. Seine jüngste Veröffentlichung schrieb er 2015 über politische Aspekte des *Ecclesistical Council of Chalcedon*. Es wurde in der *Scripta Classica Israelica* 2017 veröffentlicht.

Rückblickend fragte er sich, wie sein Leben verlaufen wären, wenn es Hitler nicht gegeben hätte und sie in Deutschland geblieben wären. Die Angehörigen der Familie Liebeschütz wurden Flüchtlinge, weil sie Juden waren. Sein jüdischer Hintergrund habe ihm in seiner Karriere als Historiker für Alte Geschichte genutzt, spielte in seinen Schriften ansonsten aber keine große Rolle.

Wolfgang Liebeschuetz wurde 2012 zusammen mit einigen anderen Menschen, die Deutschland als Flüchtlinge verlassen mussten, eingeladen, um vor Schülern von Schulen in Hamburg und Umgebung zu sprechen. Er fuhr 2013 und 2014 noch einmal nach Deutschland, aber es ging ihm nicht gut genug, um es 2015 zu wiederholen und er sei seitdem nicht mehr gefragt worden. Seine Kollegen bei diesen Besuchen erzählten von Erfahrungen, die wesentlich schlimmer als seine gewesen seien. Die Lehrer in Hamburg und

Lübeck seien aber sehr daran interessiert, ihren Schülern über die schrecklichen Dinge, die passiert waren, etwas beizubringen, damit so etwas nie wieder geschehen könne.[792]

Wolfgang Liebeschuetz starb am 11. Juli 2022 im Alter von 95 Jahren in Birmingham. Er hatte bis kurz vor seinem Tod allein in seinem Haus in Nottingham gewohnt.

---

[792] Liebeschuetz: Crises (Anm. 786), 146–148.

Trotz allem mit Deutschland verbunden

Das vorliegende Buch über Hans und Rahel Liebeschütz versteht sich als Beitrag zur deutsch-jüdischen Geschichte. Es zeigt, wie sich jüdisches Leben in Deutschland während der Kaiserzeit, der Weimarer Republik und im Nationalsozialismus vollzog. Die Biografien der beiden Protagonisten machen dies sehr anschaulich. Deutlich wird auch, dass sich der Antisemitismus in Deutschland nicht erst mit den Nationalsozialisten ausbreitete, sondern vielmehr schon im Kaiserreich, mehr aber noch in der Weimarer Republik bestand, dann aber im Nationalsozialismus ungekannte Ausmaße annahm. Das Buch beschreibt unter anderem die Atmosphäre der Weimarer Republik, in der es für jüdische Wissenschaftler möglich war, sich zu habilitieren. Anschaulich wird auch, wie sich der Alltag der Juden in Deutschland durch den Nationalsozialismus änderte. Dabei wird deutlich, wie absurd die nationalsozialistische Politik war.

Das Buch versteht sich aber auch als Beitrag zur Universitäts- und Wissenschaftsgeschichte, da es darstellt, wie Rahel Plaut sich als erste Frau im Fach Medizin an der Hamburger Universität habilitierte. Außerdem zeigt es die Entwicklungen an einer deutschen Universität während des Nationalsozialismus. Besonders eindrücklich ist dabei der Einfluss der Ereignisse auf die berufliche Laufbahn der jüdischen Wissenschaftler.

Darüber hinaus trägt das Buch zur Exilgeschichte bei, indem es aufzeigt, wie die Emigration geplant wurde und mit welchen Schwierigkeiten gerade Wissenschaftler als Emigranten im Aufnahmeland zu tun hatten.

Als letzten Punkt, der aber nicht weniger wichtig ist, soll der Beitrag des Buches zur Geschlechtergeschichte genannt werden. Wie kaum eine andere Darstellung eignet sich die Doppelbiografie dazu, zu verdeutlichen, wie unterschiedlich Lebenswege sein können, je nachdem ob eine Person männlichen oder weiblichen Geschlechts geboren wird. Bei Hans und Rahel Liebeschütz zeigte sich dies schon einschneidend, als Rahel Liebeschütz nach ihrer Heirat ihre Stelle verlor, Hans Liebeschütz aber weiter in seinem Beruf tätig sein konnte. Sie konnte zwar als Assistentin nicht weiter angestellt sein, blieb aber dennoch bis 1933 in der Lehre tätig. Trotz der Entlassung aus dem Staatsdienst durch die Nationalsozialisten blieb Hans Liebeschütz berufstätig, während Rahel Liebeschütz nach dem Verlust ihrer Arbeitsstelle an der Universität keine berufliche Tätigkeit mehr aufnehmen konnte und auf die Arbeit in der Familie beschränkt war. Dieses Ungleichgewicht änderte sich auch im Exil nicht. Hans Liebeschütz fand nach kurzer Zeit eine Anstellung als Lehrer, während Rahel Liebeschütz sich um die große Familie kümmerte. Später fand Hans Liebeschütz eine Stelle an der Universität von Liverpool, während Rahel Liebeschütz sich ehrenamtlich im sozialen Bereich engagierte.

Hans und Rahel Liebeschütz waren Vorbilder, weil sie sich beide durch die verschiedenen Schwierigkeiten, die ihnen in den Weg gelegt wurden, nicht haben entmutigen lassen. Bemerkenswert ist, dass sie trotz der negativen Erfahrungen im „Dritten Reich" nicht mit Deutschland gebrochen haben, aber auch, dass für sie eine Rückkehr nach Deutschland offenbar nicht denkbar war. Es ist eine enorme Leistung, im Exil ein neues Leben aufzubauen. Hans Liebeschütz hat das durch seine Berufstätigkeit erreicht, Rahel Liebeschütz durch die Arbeit für die Familie und später in ihrer ehrenamtlichen Arbeit.

Die Hauptquellen dieses Buches sind Rahel Liebeschütz' Tagebücher und ihre später verfassten *My Memories of the Time when Hitler was Dictator of Germany*. Auf ihnen fußt diese Darstellung. Um festzustellen, ob sich Erinnerungen und Tagebücher decken, habe ich stichprobenartige Vergleiche durchgeführt. Diese ergaben, dass sich die Inhalte ähneln, die Erinnerungen jedoch wesentlich ausführlicher sind und auch Hintergrundwissen liefern, das Rahel Liebeschütz erst später erworben haben kann, mit dem sie aber für ihre Leserschaft ihre eigenen Erinnerungen ergänzte. Die Tagebücher bringen meistens lediglich die Fakten, während in den Erinnerungen auch Wertungen enthalten sind.

Tagebücher und Erinnerungen sind als Quellen für biografische Arbeiten von großer Bedeutung. Sie geben direkten Einblick in das Leben des biografierten Menschen und erlauben die Rekonstruktion seines Werdeganges. Die Weise, in der sie verfasst sind, lässt auch Schlüsse auf den Charakter des Verfassers zu. Im Fall Rahel Liebeschütz' geben die Tagebücher und Erinnerungen nicht nur umfassende Informationen über sie selbst, sondern über ihre ganze Familie. Sie sind ein Schlüssel zur Geschichte.

Anhang

Stammbäume

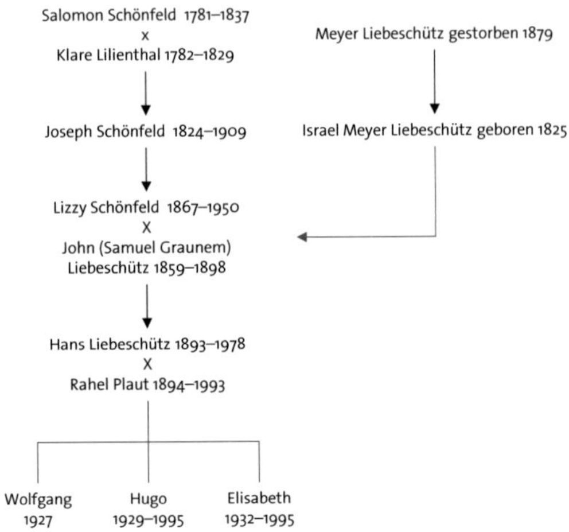

Abb. 15: Stammbaum Familie Liebeschütz (Wolfgang Liebeschuetz: Crises, continuity and change in the lives of the Plaut and Liebschuetz families (c. 1850–1960), Typoskript 2017).

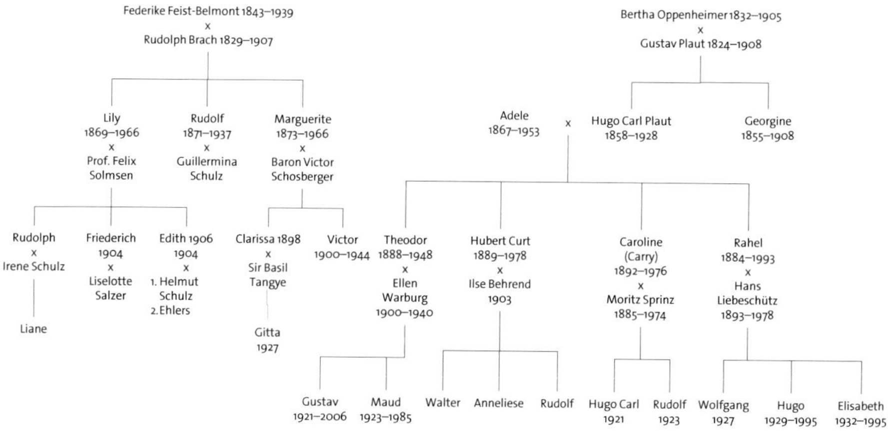

Abb. 16: Stammbaum Familie Plaut (Rahel Liebeschütz: Hugo Carl Plaut, Part II 1890–1928, Privatdruck 1977)

Publikationsliste Rahel Plaut

Doktordissertation: Über das spaltcystenbildende Adenom der Brustdrüse, Bonn 1918.

Über drei Fälle von Infektion mit echten streng anaeroben Streptobakterien. In: Centralblatt für Bakteriologie, Bd. 84 (1920), 440–449.

Über den Einfluß des Ovarialhormons auf das Beckenwachstum. In: Zeitschrift für physiologische Chemie, Bd. 111 (1920), 36–40.

Fritz Rabe/Rahel Plaut: Zur Folge eiweißarmer Ernährung. In: Deutsches Archiv für klinische Medizin, Bd. 137. (1921), 187–199.

Respirationsversuche an neugeborenen Tieren. In: Zeitschrift für Biologie, Bd. 79, Nr. 55 (1921), 141–150.

Rahel Plaut/Eberhard Wilbrand: Zur Physiologie des Schwitzens. In: Zeitschrift. für Biologie, Bd. 74, Nr. 56 (1922), 191–216.

Über den Stoffwechsel bei der Wärmeregulation Ebenda, Bd. 76, Nr. 58 (1922), 183–212.

Walter Patzschke/Rahel Plaut: Über einen Fall von Anhidrosis nach toxischer Dermatitis. In: Münchener Medizinische Wochenschrift. Nr. 35 (1921), 1117.

Gaswechseluntersuchungen bei Fettsucht und Hypophysiserkrankungen. In: Deutsches Archiv für klinische Medizin, Bd. 139 (1922), 285.

Über den respiratorischen Gaswechsel bei Erkrankungen der Hypophysis. In: Deutsche Medizinische Wochenschrift. Nr. 42 (1922), 1413.

Analyse des Aktionsstromanstiegs beim Nervus ischiaticus von Rana esculenta. In: Zeitschrift für Biologie, Bd. 78, Nr. 60 (1923), 133–138.

Über den Einfluß des Uterus und der Ovarien auf die Entwicklung der Brustdrüse. In: Zeitschrift für Biologie, Bd. 79, Nr. 61 (1923), 263–276.

Gaswechseluntersuchungen bei Fettsucht II. In: Deutsches Archiv für klinische Medizin, Bd. 142 (1923), 266.

Beobachtungen zur Sperrung des Skelettmuskels. (Habilitationsschrift). In: Pflügers Archiv für die gesamte Physiologie des Menschen und der Tiere, Bd. 202 (1924), 410–428.

Die Wärmeregulation bei Mensch und Tier. In: Deutsche Medizinische Wochenschrift Nr. 10, Bd. 50 (1924). (Antrittsvorlesung), 296–298.

Beitrag zur vergleichenden Physiologie der Wärmeregulation und des Fiebers. In: Pflügers Archiv für die gesamte Physiologie des Menschen und der Tiere, Bd. 205 (1924), 51–62.

Otto Kestner/Rahel Plaut: Die erfrischende Wirkung des Essens. In: Pflügers Archiv für die gesamte Physiologie des Menschen und der Tiere, Bd. 205. Nr. 1 (1924), 43–46.

Otto Kestner/Rahel Plaut: Physiologie des Stoffwechsels. In: Handbuch der vergleichenden Physiologie, hrsg. von Hans Winterstein. Bd. II. 2. Jena 1924, 902–1112.

Rahel Plaut/H. A. Timm: Über den Einfluß der Keimdrüsen auf den Stoffwechsel In: Klinische Wochenschrift. Jahrg. 3. Nr. 37 (1924), 1664–1666.

Rahel Plaut/Gustav Haselhorst: Über den Einfluß der Ernährung auf den Stoffwechsel in der Schwangerschaft. In: Klinische Wochenschrift Jahrg. 3. Nr. 38 (1924), 1708–1711.

Otto Kestner/Friedrich Peemöller/ Rahel Plaut: Die Einwirkung der Strahlung auf den Menschen. In: Klinische Wochenschrift. Jahrg. 2. Nr. 44 (1923), 2018–2019.

Otto Kestner/F. Dannmeyer/ Friedrich Peemöller/ Rahel Liebeschütz-Plaut: Die Heilwirkung des Höhenklimas. In: Klinische Wochenschrift. Jahrg. 4., Nr. 19 (1925), 910–913.

Rahel Liebeschütz-Plaut/Hermann Schadow: Über den Aminosäuregehalt des Bluts bei der spezifisch-dynamischen Wirkung des Eiweiß. In: Deutsches Archiv für klinische Medizin, Bd. 14 (1925), 214–222.

Rahel Liebeschütz-Plaut: Über die Bestimmung der spezifisch-dynamischen Einweißwirkung in der Klinik. In: Klinische Wochenschrift, Jahrg. 4, Nr. 45 (1925), 109–110.

Rahel Liebeschütz-Plaut: Über das Zustandekommen der spezifisch-dynamischen Wirkung des Eiweiß. Kongreß der Deutschen Physiologischen Gesellschaft, Rostock. August 1925.

Quelle: StA HH HW-DPA IV 619

Die Beziehungen Kaiser Friedrich 11. zu England seit dem Jahr 1235. Phil. Diss. Heidelberg 1920 (masch.). 76, 14 S. [Auszug in: Jahrbuch der Philosophischen Fakultät der Universität Heidelberg 1920/21, 13f.].

Fulgentius Metaforalis. Ein Beitrag zur Geschichte der antiken Mythologie im Mittelalter. (Studien der Bibliothek Warburg 4) Leipzig/Berlin 1926.

Kosmologische Motive in der Bildungswelt der Frühscholastik. In: Vorträge der Bibliothek Warburg 1923–1924 (1926) 83–148.

Das allegorische Weltbild der heiligen Hildegard von Bingen. (Studien der Bibliothek Warburg 16) Leipzig/Berlin 1930. (Neudruck Darmstadt 1964. Mit einem Nachwort).

Hildegard von Bingen und die Kulturbewegung des 12. Jahrhunderts. In: HZ 146 (1932), 490–500. [= Erwiderung auf H. Grundmanns Besprechung von Nr. 4 in: HZ 144 (1931), 340–344.].

Der Sinn des Wissens bei Roger Bacon. In: Vorträge der Bibliothek Warburg 1930/1931 (1932) 28–63.

Eine Polemik des Thomas von Aquino gegen Maimonides. In: MGWJ 80, N. F. 44 (1936), 93–96. [Fotomechanischer Nachdruck in: Studies in Maimonides and St. Thomas Aquinas, hrsg. von Jacob I. Dienstag. (Bibliotheca Maimonidica 1) o. O. (New York) 1975, 256–259.]

Bibel und klassisches Altertum im englischen Hochmittelalter. In: Festschrift für Leo Baeck, Berlin 1938, 91–105. [Wahrscheinlich erst 1939; vgl. Dahm (wie S. 239 Anm. 8) Sp. 851.].

Die Stellung des Judentums im Dialogus des Peter Abaelard. In: MGWJ 83, N. F. 47 (1939), 390–405. [Englische Fassung vgl. unten Nr. 36].

The Social and Educational Background of the Nazi School System. In: The British Journal of Educational Psychology 11 (1941), 197–204.

John of Salisbury and Pseudo-Plutarch. In: Journal of the Warburg and Courtauld Institutes 6 (1943), 33–39.

Petrarch, John of Salisbury and the Institutio Traiani. In: Journal of the Warburg and Courtauld Institutes 12 (1949), 189–190 [= Auseinandersetzung mit Arnaldo Momigliano um Nr. 11].

Mediaeval Humanism in the Life and Writings of John of Salisbury. (Studies of the Warburg Institute 17) London 1950. [Vgl. Summary in Bulletin of the Institute of Historical Research 22 (1949), 49–51].

Wesen und Grenzen des karolingischen Rationalismus. In: Archiv für Kulturgeschichte 33 (1951), 17–44.

Englische und europäische Elemente in der Erfahrungswelt des Johannes von Salisbury. In: Die Welt als Geschichte 11 (1951), 38–45.

Das zwölfte Jahrhundert und die Antike. In: Archiv für Kulturgeschichte 35 (1953), 247–271.

Wissenschaft des Judentums und Historismus bei Abraham Geiger. In: Essays Presented to Leo Baeck on the Occasion of his Eightieth Birthday, London 1954, 75–93.

Ranke. (Historical Association Pamphlets, General Series G. 26) London 1954.

Jewish Thought and its German Background. In: LBI Year Book 1 (1956), 217–236.

A Precious Legacy. In: In Memory of Leo Baeck. May 23, 1873 November 2, 1956. AJR Information, Supplement, December 1956, 5.

Friedrich Meinecke and the Revival of German Idealism. In: German Life and Letters 10 (1956–1957), 285–288.

Theodulf of Orleans and the Problem of the Carolingian Renaissance. In: Fritz Saxl 1890–1948. A Volume of Memorial Essays, Edited by D. J. Gordon, London 1957, 77–92.

Problems of Diaspora History in XIXth Century Germany. In: JJS 8 (1957), 103–111.

Judaism and the History of Religion in Leo Baeck's Work. In: LBI Year Book 2 (1957), 8–20.

Martin Buber und das neue jüdische Geschichtsbild. In: Bulletin für die Mitglieder der Gesellschaft der Freunde des Leo Baeck Institute, Jg. 1957/1958, 24–27 (= Heft 1, 1957).

Texterklärung und Weltdeutung bei Johannes Eriugena. In: Archiv für Kulturgeschichte 40 (1958), 66–96.

Leo Baeck, Aus drei Jahrtausenden. Mit einer Einführung von H. L. (Tübingen 1958), 1–8.

A Faith beyond the World. In: Common Ground. The Bulletin of the Council of Christians and Jews 12 No. 1 (1958).

The Crusading Movement in its Bearing on the Christian Attitude towards Jewry. In: JJS 10 (1959), 97–111.

Das Judentum im Geschichtsbild Jacob Burckhardts. In: LBI Year Book 4 (1959), 61–80.

Judentum und Religionsgeschichte in Leo Baecks Werk. In: Worte des Gedenkens für Leo Baeck. Im Auftrag des Councils of Jews from Germany, London, hrsg. von Eva G. Reichmann, Heidelberg 1959,104–124. [Erweiterte Fassung der Ansprache bei der Trauerfeier des Councils am 16.12.1956].

Zur Geschichte der Erklärung des Martianus Capella bei Eriugena. In: Philologus 104 (1960), 127–137.

Die politische Interpretation des Alten Testaments bei Thomas von Aquino und Spinoza. In: Antike und Abendland 9 (1960), 39–62.

Max Wiener's Reinterpretation of Liberal Judaism. In: LBI Year Book 5 (1960), 35–57.

Hermann Cohen und Spinoza. In: Bulletin für die Mitglieder der Gesellschaft der Freunde des Leo Baeck Institute, Jg. 1960, 225–238 (= Heft 12).

The Significance of Judaism in Peter Abaelard's Dialogus. In: JJS 12 (1961), 1–18 [= erweiterte englische Fassung von Nr. 9].

Judaism and Jewry in the Social Doctrine of Thomas Aquinas. 111: JJS 13 (1962), 57–81. [Fotomechanischer Nachdruck (»with author's corrections«) in: Studies in Maimonides ... (wie Nr. 7) 140–164].

Objektivität und Werturteil. In: In zwei Welten. Siegfried Moses zum fünfundsiebzigsten Geburtstag. Hrsg. von Hans Tramer. Tel Aviv 1962, 607–626.

Treitschke and Mommsen on Jewry and Judaism. In: LBI Year Book 7 (1962), 153–182.

Profile of a Rabbi (Paul Rieger, 1870–1939]. In: LBI Year Book 8 (1963), 252–253.

German Radicalism and the Formation of Jewish Political Attitudes during the Earlier Part of the Nineteenth Century. In: Studies in Nineteenth Century Jewish Intellectual History, Edited by Alexander Altmann. (Philip W. Lown Institute of Advanced Judaic Studies. Brandeis University. Studies and Texts 2) Cambridge/Mass. 1964, 141–170.

Max Weber's Historical Interpretation of Judaism. In: LBI Year Book 9 (1964), 41–68.

The Stefan George Circle, II: Ernst Kantorowicz and the George Circle. In: LBI Year Book 9 (1964), 345–347.

Relations between Jews and Christians in the Middle Ages. In: JJS 16 (1965), 35–46.

Reflections on Spengler. In LBI Year Book 10 (1965), 277–279.

Between Past and Future. Leo Baeck's Historical Position. In: LBI Year Book 11 (1966), 3–27.

Hermann Philipp und die Franz-Rosenzweig-Gedächtnisstiftung in Hamburg. In: MB. Wochenzeitung des Irgun Olei Merkas Europa, Jg. 34 Nr. 36/37, 9. September 1966, 14.

Western Christian Thought from Boethius to Anselm. In: The Cambridge History of Later Greek and Early Medieval Philosophy. Ed. by A. H. Armstrong. Cambridge 1967, 535–639.

Das Judentum im deutschen Geschichtsbild von Hegel bis Max Weber. (Schriftenreihe wissenschaftlicher Abhandlungen des Leo Baeck Institutes 17). Tübingen 1967.

Chartres und Bologna. Naturbegriff und Staatsidee bei Johannes von Salisbury. In: Archiv für Kulturgeschichte 50 (1968), 3–32.

Hermann Cohen and his Historical Background. In: LBI Year Book 13 (1968), 3–33.

Von Georg Simmel zu Franz Rosenzweig. Studien zum jüdischen Denken im deutschen Kulturbereich. Mit einem Nachwort von Robert Weltsch. (Schriftenreihe wissenschaftlicher Abhandlungen des Leo Baeck Instituts 23) Tübingen 1970. [Vgl. hierzu Robert Weltsch: An der Wende des modernen Judentums. Tübingen 1972, 145].

Das Judentum in der Geschichtsphilosophie des frühen Hegel. In: Hegel Jahrbuch 1968/1969 (1970), 323–331.

Die Bedeutung der Ideengeschichte für das Verständnis der jüdischen Situation in Deutschland. In: Zur Geschichte der Juden in Deutschland im 19. und 20. Jahrhundert, Jerusalem 1971, 65–67. [Englische Fassung: The Contribution of Intellectual History to the Understanding of the Jewish Situation in Germany. In: Perspectives of German Jewish History in the 19th and 20th Century, Jerusalem 1971, 58–61.]

Aby Warburg (1866–1929) as Interpreter of Civilisation. In: LBI Year Book 16 (1971), 225–236.

Robert Weltsch and Contemporary Politics. In: AJR Information Bd. 26 Nr. 6, June, 1971, 6–7.

Meister Eckhart und Moses Maimonides. In: Archiv für Kulturgeschichte 54 (1972), 64–96.

The Place of the Martianus Glossae in the Development of Eriugena's Thought. In: The Mind of Eriugena. Papers of a Colloquium Dublin, 14 18 July 1970. Ed. by J. O'Meara and Ludwig Bieler, Dublin 1973, 49–58.

The Relevance of the Middle Ages for the Understanding of Contemporary Jewish History. In: LBI Year Book 18 (1973), 3–25.

The Legacy of Leo Baeck, May 23, 1873-November 2, 1956. In: AJR Information Bd. 28 Nr. 5, May, 1973, 1–2.

Mittelalterlicher Platonismus bei Johannes Eriugena und Meister Eckhart. In: Archiv für Kulturgeschichte 56 (1974), 241–269.

German Politics and Jewish Existence. In: LBI Year Book 20 (1975), 27–33.

Die Aufgabe einer Biographie für Leo Baeck. In: Emuna 10 (1975), 42–46.

Arnold Toynbee (1889–1975). In: LBI Year Book 21 (1976), 289–292.

Das Judentum in der deutschen Umwelt, 1800–1850. Studien zur Frühgeschichte der Emanzipation. Hrsg. von Hans Liebeschütz und Arnold Paucker. (Schriftenreihe wissenschaftlicher Abhandlungen des Leo Baeck Instituts 35) Tübingen 1977. Darin an Einzelbeiträgen von Hans Liebeschütz: Judentum und deutsche Umwelt im Zeitalter der Restauration, 1–54; Schlußwort. Werten und Verstehen, 377–389.

University Remembers Historian. Wilhelm Levison Memorial Volume. In: AJR Information. Bd. 32, Nr. 9, Sept. (1977), 7.

Past, Present and Future of German Jewish Historiography. In: LBI Year Book 23 (1978), 3–21.

Mendelssohn und Lessing in ihrer Stellung zur Geschichte. In: Studies in Jewish Religious and Intellectual History. Presented to Alexander Altmann on the Occasion of his Seventieth Birthday. Ed. by Siegfried Stein and Raphael Loewe, o. O. [Montgomery] 1979, 167–182.

Alfred Lichtwark und unsere Schule. Ansprache am 20. Mai 1977 in der Aula der ehemaligen Lichtwarkschule. In: Die Lichtwarkschule. Idee und Gestalt. Hrsg. vom Arbeitskreis Lichtwarkschule. Hamburg 1979, 167–171.

Mittelalter und Antike in Staatstheorie und Gesellschaftslehre des heiligen Thomas von Aquino. In: Archiv für Kulturgeschichte 61 (1979; erschienen 1981), 35–68.

Synagoge und Ecclesia. Verfasst 1938, aus dem Nachlass herausgegeben, mit einem Nachwort und einer „Bibliographie Hans Liebeschütz“ versehen von Alexander Patschhovsky. Heidelberg 1983.

Gedruckte Quellen

Artikel 14 und 15, Verordnung zur Herabminderung der Personalausgaben des Reichs (Personal-Abbau-Verordnung) vom 27. Oktober 1923, Reichsgesetzblatt, Teil I, 30. Oktober 1923, 999–1006.

Einundfünfzigster Bericht der Lehranstalt für die Wissenschaft des Judentums in Berlin, Anlage A, Verzeichnis der Vorlesungen für das Wintersemester 1937/38, 11.

Gesetz über den Neuaufbau des Reichs vom 30. Januar 1934 (RGBL. 1934 I, 75).

Hamburgische Universität Verzeichnis der Vorlesungen Wintersemester 1923/24 und Sommersemester 1924.

Hamburgische Universität Verzeichnis der Vorlesungen Wintersemester 1923/24 bis Sommersemester 1927.

Hamburgische Universität, Verzeichnis der Vorlesungen Wintersemester 1929/30 bis Sommersemester 1934.

Hamburgische Universität, Verzeichnis der Vorlesungen, Sommersemester 1930 bis Sommersemester 1933.

Hamburgische Universität, Verzeichnis der Vorlesungen, Wintersemester 1924/25 bis Sommersemester 1933.

Hamburgische Universität, Verzeichnis der Vorlesungen, Wintersemester 1933/34.

Hamburgisches Gesetz und Verordnungsblatt vom 23. November 1923, Artikel 13 § 1,1461–1467.

Naujocks, Harry: Mein Leben im KZ Sachsenhausen 1936–1942. Berlin 1989.

Neumann, Paul: Hamburg unter der Regierung des Arbeiter- und Soldatenrats. Hamburg 1919.

Plaut, Gustav: Elisabeth Amalie Rachel Liebeschütz. British Medical Journal 308 (1994), 851.

Reichsgesetzblatt 1933 I, Berlin 1933,175–177.

Rein, Adolf: Die politische Universität. Hamburg, 1933.

Richarz, Monika (Hrsg.): Jüdisches Leben in Deutschland. Selbstzeugnisse zur Sozialgeschichte (Veröffentlichungen des Leo-Baeck-Instituts). Stuttgart 1976.

Richarz, Monika (Hrsg.): Bürger auf Widerruf. Lebenszeugnisse deutscher Juden 1780–1945. München 1989.

Schiefler, Gustav: Eine Hamburgische Kulturgeschichte 1890–1920. Beobachtungen eines Zeitgenossen. Bearbeitet von Gerhard Ahrens, Hans Wilhelm Eckart und Renate Hauschild-Thiessen. (Veröffentlichungen des Vereins für Hamburgische Geschichte, Bd. XXVII). Hamburg 1985.

Schmidt-Schütt, Margarete: Ärztin auf Haiti. Berlin 1942.

StA HH, [522-1] Jüdische Gemeinden, 833a, Bl. 17, Programmheft des Lehrhauses für das Wintersemester 1935/36.

StA HH, [522-1] Jüdische Gemeinden, 833b, Bl. 2, Vorlesungsverzeichnis des Jüdischen Lehrhauses Wintersemester 1936/37.

Timpke, Henning (Hrsg.): Dokumente zur Gleichschaltung des Landes Hamburg 1933. Hamburg 1983.

Zassenhaus, Hiltgunt: Ein Baum blüht im November. Bericht aus den Jahren des Zweiten Weltkriegs. Bergisch-Gladbach 1992.

Zassenhaus, Hiltgunt: Halt Wacht im Dunkeln. Wedel/Holstein 1947.

Zassenhaus, Hiltgunt: Walls: Resisting the Third Reich. One Woman's Story. Boston 1974.

Ungedruckte Quellen

Archiv der Nationalen Mahn- und Gedenkstätte Sachsenhausen

- R 204 M 11, S. 64, Anweisung zur Entlassung von Häftlingen der Politischen Abteilung der KZ Sachsenhausen, Oranienburg, ohne Datum.
- R 201 M 4, S. 52, Anlage „Judenentlassungen" zur Veränderungsmeldung der Geld- und Effektenkammer vom 12. Dezember 1938.

Archiv der Rheinischen Friedrich-Wilhelm-Universität Bonn

- Amtsbuch 42, Nr. 101.

Archiv der Universität Rostock

- Matrikelbuch der Universität Rostock 1904–1912. http://purl.uni-rostock.de/matrikel/200009452 (letzter Zugriff 20.9.2019).

Bodleian Library, Oxford

- 255/7, leaf 371, undatierte Bestätigung der von Hans Liebeschütz gehaltenen Lehrveranstaltungen an der Hochschule für die Wissenschaft des Judentums.
- SPSL 255/7, leaf 424, Brief von Gertrud Bing, Warburg Institute, an die Society for the Protection of Science and Learning vom 23. November 1938.
- SPSL 255/7, leaf 426, Brief von Esther Simpson, Sekretärin der SPSL an den Undersecretary of State, Home Office, Alien Department vom 24. November 1938.
- SPSL 255/7, leaf 629, Schreiben des Home Office an die Society for the Protection of Science and Learning vom 20. Dezember 1938.
- SPSL 255/7, leaf 391, Kopie einer Fotografie des Entlassungsscheins von Hans Liebeschütz, ausgestellt von der Kommandantur des KZ Sachsenhausen, Oranienburg, 12.12.1938.
- SPSL, 255/7, leaf 391, Empfehlungsschreiben von Canon A. W. Goodman, Bibliothekar von Winchester Cathedral, für Hans Liebeschütz vom 29. Mai 1940.
- SPSL, 255/7, leaf 395, Brief der stellvertretenden Direktorin des Warburg Instituts Gertrud Bing an die Sekretärin der SPSL vom 7.8.1949.

- SPSL 255/7, leaf 401, Brief von Hans Liebeschütz an die Sekretärin der SPSL Esther Simpson vom 3.6.1941.
- SPSL 255/7, leaf 407, Brief Esther Simpson an Hans Liebeschütz vom 29.1.1942.
- SPSL 255/7, leaf 441, Empfehlungsschreiben der Society for the Protection of Science and Learning für Hans Liebeschütz an das Home Office im Juni 1945. Dieses Schreiben sollte die Einbürgerung in Großbritannien unterstützen.
- SPSL, 255/7, leaf 408, Brief von Hans Liebeschütz an die Sekretärin der SPSL Esther Simpson vom 21.6.1942.
- SPSL 255/7, leaf 446, Brief von Hans Liebeschütz an die Sekretärin der SPSL Ilse J. Ursell vom 13. Juni 1947, in dem er mitteilt, dass er, seine Frau und seine drei Kinder die britische Staatsbürgerschaft erlangt haben.
- SPSL 418/3, leaf 101, Brief von Rahel Liebeschütz an die SPSL vom 13.4.1944.
- SPSL 418/3, leaf 102, Antwortbrief von der Sekretärin der SPSL Esther Simpson an Rahel Liebeschütz vom 17.4.1944.
- SPSL 418/3, leaf 98 f, Fragebogen „General Information“ der SPSL ausgefüllt von Rahel Liebeschütz, eingegangen bei der SPSL am 26.4.1944.
- SPSL 255/7, leaf 435, Schreiben Rahel Liebeschütz vom 22.11.1945 ohne Namen des Empfängers.

Bundesarchiv

- NSDAP-Gaukartei, Reinhardt, Arthur, 17.5.1893.
- NSDAP-Gaukartei, Freydag, Adolf, 15.5.1893, Mitgliedsausweis der NSDAP.
- NSDAP-Gaukartei, Griphan Walter, 2.7.1893.
- SSO/SS-Führerpersonalakten, Griphan Walter, 2.7.1893.
- NSDAP-Zentralkartei, o. Bl. Thomsen, Johannes, 26.3.1894.
- Personalakte Reinhardt, Arthur, 17.5.1893, Personalfragebogen für die Anlegung der SA-Personalakte.

Hamburger Bibliothek für Universitätsgeschichte

- Brief von Rahel Liebeschütz an Eckart Krause vom 23.5.1984, Ordner Rahel Liebeschütz-Plaut.

- Glückwunschschreiben an Rahel Liebeschütz zum Anlass der Verleihung einer Dienstmedaille des Women's Royal Voluntary Service vom 14.7.1983.
- Brief von Hendrik van den Bussche (Fachbereich Medizin der Universität Hamburg) an den Sprecher des Fachbereichs Medizin und den Direktor des Instituts für Physiologie vom 18.2.1994.
- Wolfgang Liebeschuetz: Zur Erinnerung an Hans Liebeschütz, Vortrag gehalten am 25. Oktober 1991 an der Universität Hamburg, Manuskript von Eckart Krause überarbeitet.

Institut für Zeitgeschichte, München

- IfZ MA 1500/37, o. Bl., Kopien Hamburger Bibliothek für Universitätsgeschichte, Rahel Liebeschütz über Hans Liebeschütz, Ordner Hans Liebeschütz.

Landesamt für Gesundheit und Soziales – Krankenbuchlager

- LAGeSo 905 b. Hans Liebeschütz.

Leo Baeck Institute New York

- ME 847, Rahel Liebeschütz. Hugo Carl Plaut, Part I: 1858–1890, Privatdruck 1976, Nachdruck London 1989; Kopien Hamburger Bibliothek für Universitätsgeschichte.
- ME 847, Rahel Liebeschütz: Hugo Carl Plaut, Part II 1890–1928, Privatdruck 1976, Nachdruck London 1989. Kopien Hamburger Bibliothek für Universitätsgeschichte.
- MS 252; MSF 47, Rahel Liebeschütz: Feist-Belmont History: 1775–1882.
- ME 66, Rudolph Brach Autobiography.

Privatarchiv Familie Carver, Winchester

- Tagebücher Rahel Liebeschütz 1902–1987.
- Zeugnis Rahel Plaut 23. März 1912.
- Brief von Hans Liebeschütz an seine Frau vom 22.2.1929.
- Brief von Hans Liebeschütz an seine Frau vom 19.3.1929.
- Brief von Rahel Liebeschütz an ihren Mann vom 26.7.1932.
- Brief von Elisabeth Marcks vom 5.3.? aus Breslau.
- Rudolph Brach Testament

- Rede Maggie Carver zur Hörsaalbenennung nach Rahel Liebeschütz-Plaut am 23.2.2023 in englischer Sprache.

Privatarchiv Silke Kaiser, Mol (Belgien)

- Gespräch mit Wolfgang Liebeschuetz am 3.2.1999.
- Gespräch mit Arnold Paucker am 4.2.1999.
- Bericht von Gustav Plaut.
- Brief von Wolfgang Liebeschuetz vom 24.10.1999.
- Brief von Wolfgang Liebeschuetz vom 2.3.2022
- Brief von Irene Collins vom 23.3.2001.
- Bericht von Irene Collins vom 26.6.2001.
- Rede Rachel Liebeschuetz zur Hörsaalbenennung nach Rahel Liebeschütz-Plaut am 23.2.2023, ins Deutsche übersetzt von der Verfasserin.
- Rede Maggie Carver zur Hörsaalbenennung nach Rahel Liebeschütz-Plaut am 23.2.2023, ins Deutsche übersetzt von der Verfasserin.

Privatarchiv Rachel Liebeschuetz, Great Wakering, Essex

- Rede Rachel Liebeschuetz zur Hörsaalbenennung nach Rahel Liebeschütz-Plaut am 23.2.2023 in englischer Sprache.

Privatarchiv Wolfgang Liebeschuetz, Nottingham

- Wolfgang Liebeschuetz: Biography of my father Hans Liebeschuetz.
- Rahel Liebeschütz: Rachel & Theodor The Plaut Family 1888–1948, Typoskript, o. O., o. J.
- Rahel Liebeschütz: My Memories of the Time when Hitler was Dictator of Germany, o. O. [Liverpool] o. J. [1979–1984]. Kopien Hamburger Bibliothek für Universitätsgeschichte. Deutsche Übersetzung in: Doris Fischer-Radizi: Vertrieben aus Hamburg. Die Ärztin Rahel Liebeschütz-Plaut. Göttingen 2019.
- Wolfgang Liebeschuetz: About my parents: Hans and Rachel Liebeschuetz, Typoskript, o. O. o. J. [Nottingham 2017], 130 Seiten.
- Urkunde über die Verleihung des Ehrenkreuzes für Frontkämpfer vom 6.3.1934.
- Brief von Hans Liebeschütz an seine Frau vom 6.9.1940 aus dem Central Promenade Camp Douglas, Isle of Man.
- Brief von Erna Stahl an Hans Liebeschütz vom 7.4.1946.

- Wolfgang Liebeschuetz: Crises, Continuity and Change in the Lives of the Plaut and Liebeschuetz Families (c. 1850–1960). Typoskript o. O. [Nottingham], o. J. [2017], 165 Seiten.
- Geburtsschein Hans Liebeschütz.
- Abiturzeugnis Hans Liebeschütz.

Staatsarchiv Hamburg

- [361-6] Hochschulwesen – Dozenten- und Personalakten IV 619, o. Bl., Lebenslauf Rahel Liebeschütz, Personalakte Hamburgische Universität.
- [361-6] HW DPA I 323, o. Bl., Brief der Senatskommission vom 16.7.1919 an H. C. Plaut mit der Mitteilung über Erteilung des Titels außerordentlicher Professor am 19.5.1919.
- [361-6] HWP-DPA I 239, Bd. I, Bl. 93, Personalakte Otto Kestner.
- [361-6] HW-DPA IV 1197, o. Bl., Personalakte Hans Liebeschütz, Hamburgische Universität.
- [361-6] HW-DPA IV 1197, o. Bl., Schreiben der Universität Hamburg an die Schulbehörde der Freien und Hansestadt Hamburg-Hochschulabteilung vom 15.2.1957.
- [361-6] HW-DPA IV 1197, o. Bl., Wiedergutmachungsbescheid vom 21.5.1957 ausgestellt vom Personalamt des Senats der Freien und Hansestadt Hamburg.
- [361-6] HW-DPA 1197, o. Bl., Schreiben der Philosophischen Fakultät an die Schulbehörde – Hochschulabteilung vom 11.12.1959.
- [332-5] Standesämter, 8790, Trauregister des Standesamts 3 1924 Nr. 242.
- Zeitungsauschnittsammlung A 773, Hamburger Abendblatt vom 27./28.1.1951, Hamburger Freie Presse vom 27.1.1951.
- [522-1] Jüdische Gemeinden 297, Bd. 16.
- [522-1] Jüdische Gemeinden, 297, Bd. 17.
- [741-4] Jüdische Gemeinden, 3470 (Filmnummer: Sa 1059).
- [741-4] Jüdische Gemeinden, 347 p.
- [741-4] Jüdische Gemeinden, 347q.
- [Z 680/4b] Gemeindeblatt der Deutsch-Israelitischen Gemeinde, Nr. 3, 4. Jahrgang, 10. März 1928, S. 5.
- [352-3] Medizinalkollegium I c 11.
- [364-5 I], Universität I, C 10.10, Heft 5.
- [364-5 I] Uni I, C 20.4, Bd. 5 Protokoll Universitätssenat.

- [364-5] II Universität II, Abl. 1981/ 01 07-03.6 (8), Bd. 13. Protokoll des Fachbereichsrats 08 Geschichtswissenschaft vom 15.11.1978.
- [364-13] Fakultäten/ Fachbereiche der Universität, Bd. 2 P10, Protokoll der Philosophischen Fakultät, 29. April 1933.
- [364-13] Fakultäten/ Fachbereiche der Universität, Bd. 2 P10, Protokoll der Philosophischen Fakultät, 29. April 1933.
- [361-3] Schulwesen-Personalakten, A 1381, Personalakte Walter Behne.
- [522-1] Jüdische Gemeinden, 833a, Bl. 61, Sitzungsprotokoll Arbeitsausschuss Franz-Rosenzweig-Gedächtnisstiftung, 9.12.1931.
- [231-10] Amtsgericht Hamburg-Vereinsregister, B 1973-257, Jüd. Gesellschaft für Kunst und Wissenschaft, Jüdischer Kulturbund Hamburg.
- [213-8] Staatsanwaltschaft Oberlandesgericht – Verwaltung, 451 a E 1c, Monatliche Meldungen der Schutzhaftkosten.
- [OFP 314-315] / F 1501-2, Bl. 1–2a, Schreiben des Anwalts Dr. Fritz Fenthol an den Oberfinanzpräsidenten Hamburg – Devisenstelle – vom 8.8.1938.
- [OFP 314-315] / F 1501-33, Bl. 31. Unbedenklichkeitsbescheinigung für Auswanderer für Rahel Liebeschütz vom 23.8.1938.
- [OFP 314-315] / F1501-81, Bl. 75, Unbedenklichkeitsbescheinigung für Hans und Rahel Liebeschütz vom 16.12.1938.
- [OFP 314-15] /1501 – 44–45, Sicherungsanordnung der Devisenstelle an Rahel Liebeschütz vom 6.9.1938.
- [OFP 314-15] / F1501 – 50–52, von Rahel Liebeschütz erstellte Liste der Gegenstände, die vor 1933 erworben wurden und nachgeschickt werden sollen.
- [OFP 314-15] / F 1501 – 48, Ermittlungsbericht der Zollfahndungsstelle vom 24.9.1938.

The University of Liverpool, University Library, Special Collection and Archives

- Cache Hans Liebeschuetz, D 216/1, Brief der Landesunterrichtsbehörde, Abteilung Hochschulwesen an Rahel Liebeschütz mit der Nachricht der Entziehung der Lehrbefugnis vom 31. Juli 1933.
- Cache Hans Liebeschuetz, D 216/1, Brief von Karl Hampe vom 12.9.1934.
- D 216/2, Brief von Leo Baeck vom 11.1.1951 an Hans Liebeschütz.
- D 216/2, Brief von Erna Stahl an Hans Liebeschütz vom 21.7.1957.

Literaturverzeichnis

Angress, Werner: Das deutsche Militär und die Juden im Ersten Weltkrieg. Militärgeschichtliche Mitteilungen 1976, 77–146.

Arbeitskreis Lichtwarkschule (Hrsg.): Die Lichtwarkschule – Idee und Gestalt. Hamburg 1979.

Arendt, Hannah: Elemente und Grundlagen totalitärer Herrschaft. Antisemitismus, Imperialismus, Totalitarismus. München 1955.

Arendt, Hannah: The Origins of Totalitarism. New York 1951.

Arts, Letters, Society. In: A Miscellany Commemorating the Centenary of the Faculty of Arts at the University of Liverpool. Ed. by P. E. Hair. Liverpool 1996, 35–39.

Bajohr, Frank: Eric M. Warburg. In: Das jüdische Hamburg. Ein historisches Nachschlagewerk, Hrsg. vom Institut für die Geschichte der deutschen Juden. Göttingen 2006, 269 f.

Bajohr, Frank: Gauleiter in Hamburg. Zur Person und Tätigkeit Karl Kaufmanns. In: Vierteljahreshefte für Zeitgeschichte 43 (1995), 267–295.

Bajohr, Frank: Warburg, Max M. In: Das jüdische Hamburg. Ein historisches Nachschlagewerk. Hrsg. vom Institut für die Geschichte der deutschen Juden. Göttingen 2006, 272 f.

Barkai, Avraham: „Wehr Dich!“ Der Centralverein deutscher Staatsbürger jüdischen Glaubens (C. V.) 1893–1938. München 2002.

Barkai, Avraham: Vom Boykott zur „Entjudung“ 1933–1945. Frankfurt/Main 1988.

Barkow, Ben, Gross, Raphael, Lenarz, Michael: Novemberpogrom 1938. Die Augenzeugenberichte der Wiener Library. London-Frankfurt/Main 2008.

Bast, Eva-Maria: Rahel Liebeschütz-Plaut. Die erste habilitierte Ärztin - Ein ungewöhnlicher Weg. In: Hamburger Frauen - Historische Lebensbilder aus der Stadt an der Elbe. Überlingen 2019, 2 2–28.

Bauche, Ulrich, Eiber, Ludwig, Wamser, Ursula, Weinke, Wilfried: „Wir sind die Kraft“ Arbeiterbewegung von den Anfängen bis 1945. Katalog zu Ausstellungen des Museums für Hamburgische Geschichte. Hamburg 1988.

Baumbach, Sybille: Die Emigration der Juden: Flucht vor nationalsozialistischer Verfolgung. In: „Seht, wie sie übers große Weltmeer ziehn!" Die Geschichte der Auswanderung über Hamburg. Hrsg. von Andrea Brinkmann und Peter Gabrielsson. Bremen 2008, 45–55.

Beck, Hermann: Antisemitische Gewalt während der Machtergreifungszeit und die Reaktion der deutschen Gesellschaft. In: Hering, R. (Hrsg.): Die "Reichskristallnacht" in Schleswig-Holstein: Der Novemberpogrom im historischen Kontext: Bd. 109. Hamburg 2016, https://doi.org/10.15460/HUP.LASH.109.

Beer, Anne-Kathrin: Eine Schule, die hungrig machte. Helmut und Loki Schmidt und die Lichtwarkschule (Studien der Helmut und Loki Schmidt Stiftung 3). Bremen 2007.

Benz, Wolfgang: Die Geschichte des Dritten Reiches. München 2000.

Benz, Wolfgang: Gewalt im November 1938. Die „Reichskristallnacht" – Initial zum Holocaust. Berlin 2018.

Benz, Wolfgang, Graml, Hermann, Weiß, Hermann (Hrsg.): Enzyklopädie des Nationalsozialismus. Stuttgart 1997.

Benz, Wolfgang, Distel, Barbara: Der Ort des Terrors. Geschichte der nationalsozialistischen Konzentrationslager, Bd. 3: Sachsenhausen, Buchenwald, Flossenbürg. München 2006.

Biester, Björn: Die Hamburger Franz-Rosenzweig-Gedächtnisstiftung 1930–1938. In: Aus den Quellen. Beiträge zur deutsch-jüdischen Geschichte (Studien zur jüdischen Geschichte 10). Hamburg-München 2005, 97–104.

Bock, Nicolas, Theissen-Abendroth, Peter: Aby Warburg – Der Bilderdenker. Berlin 2017.

Borchard, Ruth: We are Strangers here. An 'Enemy Alien' in Prison in 1940. London-Portland 2008.

Born, Karl Erich: Helfferich, Karl Theodor. Bd. 8, In: Neue Deutsche Biographie 8. Berlin 1969, 470–472.

Bottin, Angela unter Mitarbeit von Rainer Nicolaysen. ENGE ZEIT. Spuren Vertriebener und Verfolgter der Hamburger Universität (Hamburger Beiträge zur Wissenschaftsgeschichte 11). Berlin-Hamburg 1992.

Brämer, Andreas: Joseph Carlebach (Hamburger Köpfe). Hamburg 2007.

Brämer, Andreas: Judentum und religiöse Reform. Der Hamburger Israelitische Tempel 1817–1938 (Studien zur jüdischen Geschichte 8). Hamburg 2000.

Brämer, Andreas: Leimdörfer, David. In: Das Jüdische Hamburg. Ein historisches Nachschlagewerk. Hrsg. vom Institut für die Geschichte der deutschen Juden. Göttingen 2006, 173.

Brenner, Michael. Jüdische Kultur in der Weimarer Republik. München 2000.

Bruch, Rüdiger vom (Hrsg.): Jahrbuch für Universitätsgeschichte. Stuttgart 1998.

Bubenzer, Rainer: Rahel Liebeschütz-Plaut: Ende der Karriere per Beamtenrecht. In: Die Neue Ärztliche. 27.10. (1989), 2.

Bussche, Hendrik van den (Hrsg.): Medizinische Wissenschaft im „Dritten Reich". Kontinuität, Anpassung und Opposition an der Hamburger Medizinischen Fakultät (Hamburger Beiträge zur Wissenschaftsgeschichte 5). Berlin-Hamburg 1989.

Büttner, Ursula: Politische Gerechtigkeit und sozialer Geist. Hamburg zur Zeit der Weimarer Republik (Hamburger Beiträge zur Sozial- und Zeitgeschichte XX). Hamburg 1985.

Büttner, Ursula: Schwierige Rückwanderung nach Hamburg. Wie Briten und Deutsche den jüdischen Flüchtlingen im Wege standen. In: Auch in Deutschland waren wir nicht wirklich zu Hause. Hrsg. von Irmela von der Lühe, Axel Schildt und Stefanie Springer-Springorum. Göttingen 2008, 40–68.

Büttner, Ursula, Jochmann, Werner: Hamburg auf dem Weg ins Dritte Reich. Entwicklungsjahre 1931–1933. Hamburg 1983.

Carsten, Francis L.: Deutsche Emigration in Großbritannien 1933–1945. In: Exil in Großbritannien. Zur Emigration aus dem nationalsozialistischen Deutschland. Hrsg. von Gerhard Hirschfeld. Stuttgart 1983, 138–154.

Chickering, Roger: Das Deutsche Reich und der Erste Weltkrieg. München 2002.

Christophersen, Alf: Stoecker, Christian Adolf. In: Neue Deutsche Biographie 25. Berlin 2013, 377 f.

Classen, Peter: Nachruf Hans Liebeschütz. In: Deutsches Archiv für die Erforschung des Mittelalters. Köln-Weimar-Wien 1979, 711–713.

Curilla, Wolfgang: Der Judenmord in Polen und die deutsche Ordnungspolizei 1939–1945. Paderborn 2011.

Czech, Hans-Jörg, Matthes, Olaf und Pelc, Ortwin unter Mitwirkung des Vereins für Hamburgische Geschichte: Revolution! Revolution? Hamburg 1918/19. Kiel-Hamburg 2018.

Dageförde, Astrid: Frauen an der Hamburger Universität 1933–1945. Forschungsbericht vorgelegt im Auftrag der Behörde für Wissenschaft und Forschung. Freie und Hansestadt Hamburg. Hamburg 1987.

Dahm, Volker: Kulturelles und geistiges Leben. In: Die Juden in Deutschland 1933–1945. Leben unter nationalsozialistischer Herrschaft. Hrsg. von Wolfgang Benz. München 1988, 75–258.

Diercks, Herbert: Gedenkbuch Kola-Fu. Für die Opfer aus dem Konzentrationslager, Gestapogefängnis und KZ-Außenlager Fuhlsbüttel. Hrsg. von der KZ-Gedenkstätte Neuengamme. Hamburg 1987.

Diercks, Herbert: Hamburg-Fuhlsbüttel. In: Der Ort des Terrors. Geschichte der nationalsozialistischen Konzentrationslager, Bd. 2: Frühe Lager, Dachau, Emslandlager. Hrsg. von Barbara Distel, Wolfgang Benz. München 2005, 112–119.

Dove, Richard: „Totally un-English“? Britain's Internment of 'Enemy Aliens' in Two World Wars (The Yearbook for the Research Centre for German and Austrian Exile Studies 7). Amsterdam-New York 2005.

Drüll, Dagmar: Franz Boll. In: Heidelberger Gelehrtenlexikon 1803–1923. Heidelberg 1986, 24.

Dubnow, Simon. Weltgeschichte des jüdischen Volkes; von der Entstehung des Volkes Israel bis zum Ende der persischen Herrschaft, 3. Aufl. Berlin 1925.

Ebbinghaus, Angelika, Linne Karsten: Kein abgeschlossenes Kapitel. Hamburg im „Dritten Reich“. Hamburg 1997.

Elbogen, Ismar: Geschichte der Juden in Deutschland. Berlin 1935.

Erll, Astrid: Biographie und Gedächtnis. In: Handbuch Biographie. Methoden, Traditionen, Theorien. Hrsg. von Christian Klein. Stuttgart 2009, 79–86.

Evans, Richard J.: Tod in Hamburg. Stadt, Gesellschaft und Politik in den Cholera-Jahren 1830–1910. Hamburg 1996.

Ferk, Gabriele: Zur Geschichte des Hamburger Oberfinanzpräsidenten. Eine Hamburger Behörde auf Raubzug. In: Kein abgeschlossenes Kapitel. Hamburg im 3. Reich. Hrsg. von Angelika Ebbinghaus und Carsten Linne. Hamburg 1997, 215–231.

Fischer-Radizi, Doris: Rahel Liebeschütz-Plaut. Die erste und einzige habilitierte Physiologin 1923 in Deutschland. In: Geschichte(n) der Medizin Bd. 3. Hrsg. von Oliver Erens und Andreas Otte. Stuttgart 2016, 175–183.

Fischer-Radizi, Doris: Vertrieben aus Hamburg. Die Ärztin Rahel Liebeschütz-Plaut (Wissenschaftler in Hamburg 2). Göttingen 2019.

Formanski, Birgit: Rahel Liebeschütz-Plaut. In: 100 Jahre Frauenstudium. Frauen an der Rheinischen Friedrich-Wilhelms-Universität Bonn. Hrsg. von Anette Kuhn, Brigitte Mühlenbruch und Valentine Rothe. Dortmund 1996, 195–196.

Freimark, Peter: Juden an der Hamburger Universität. In: Hochschulalltag im „Dritten Reich". Die Hamburgische Universität von 1933–1945, Hrsg. von Eckart Krause u. a. Hamburg 1991, 125–147.

Freimark, Peter, Kopitzsch, Franklin: Der 9./10. November 1938 in Deutschland. Dokumentation zur „Kristallnacht". Hamburg 1988.

Friedländer, Saul: Das Dritte Reich und die Juden. Die Jahre der Verfolgung 1933–1939. München 2000.

Fuchs, Peter: Marcks, Erich. In: Neue Deutsche Biographie 16. Berlin 1990, 125.

Fuchs, Richard: The „Hochschule für die Wissenschaft des Judentums" in the Period of Nazi Rule. Personal Recollection. In: Publications of the Leo Baeck Institute XII, Year Book 1967, 3–31.

Funke, Manfred: Republik im Untergang. Die Zerstörung des Parlamentarismus als Vorbereitung zur Diktatur. Die Weimarer Republik 1918–1933. Politik, Wirtschaft, Gesellschaft. Hrsg. von Karl Dietrich Bracher. Bonn 1987, 505–531.

Gay, Peter: Die Republik der Außenseiter. Geist und Kultur in der Weimarer Zeit 1918–1933. Frankfurt/Main 2004.

Gillis-Carlebach, Miriam: Jüdischer Alltag als humaner Widerstand 1939–1941. Dokumente des Hamburger Oberrabbiners Dr. Joseph Carlebach aus den Jahren 1939–1941 (Beiträge zur Geschichte Hamburgs 37). Hamburg 1990.

Gittermann, Alexandra: Rudolph und Friederike Brach. Vom Rio Grande an die Elbe (Mäzene für Wissenschaft, Neue Folge 6). Göttingen 2023.

Goede, Arnt: Adolf Rein und die „Idee der Politischen Universität" (Hamburger Beiträge zur Wissenschaftsgeschichte 17). Berlin 2008.

Gombrich, Ernst H.: Aby Warburg. Eine intellektuelle Biographie. Hamburg 1992.

Graetz, Heinrich: Geschichte der Juden von den ältesten Zeiten bis auf die Gegenwart aus den Quellen neu bearbeitet. Leipzig 1853, Berlin 1996, Reprint der Ausgabe Leipzig.

Grenville, Anthony: Continental Britons. Jewish Refugees from Nazi Europe. London 2002.

Grenville, Anthony: Jewish Refugees from Germany and Austria in Britain 1933–1970. Their Image in AJR Information. London-Portland 2010.

Grenville, J. A. S. [John Ashley Soames]: The Jews and Germans of Hamburg. The Destruction of a Civilization 1790–1945. London-New York 2012.

Grüttner, Michael: „Ein stetes Sorgenkind für Partei und Staat". Die Studentenschaft 1930 bis 1945. In: Hochschulalltag im „Dritten Reich". Die Hamburger Universität 1933–1945. Hrsg. von Eckart Krause u. a., Hamburger Beiträge zur Wissenschaftsgeschichte, Berlin-Hamburg, 1991, 201–236.

Hamburg im „Dritten Reich". Hrsg. von der Forschungsstelle für Zeitgeschichte in Hamburg. Göttingen 2005.

Hamburger jüdische Opfer des Nationalsozialismus. Gedenkbuch. (Veröffentlichungen aus dem Staatsarchiv der Freien und Hansestadt Hamburg XV). Hamburg 1995.

Hamburg-Fuhlsbüttel. In: Der Ort des Terrors. Geschichte der nationalsozialistischen Konzentrationslager, Bd. 2: Frühe Lager, Dachau, Emslandlager. Hrsg. von Wolfgang Benz und Barbara Distel, München 2005, 112–119.

Hausen, Karin: Geschlechtergeschichte als Gesellschaftsgeschichte (Kritische Studien zu Geschichtswissenschaft 202). Göttingen 2013.

Hecht, Cornelia: Deutsche Juden und Antisemitismus in der Weimarer Republik. Bonn 2003.

Heinsohn, Kirsten: Hamburgischer Verein zur Förderung von Frauenbildung und Frauenstudium (1900–1924). Ein Beispiel für die Entwicklung des höheren Mädchenschulwesens im Deutschen Reich. Magisterarbeit (Geschichtswissenschaft), Ms. Hamburg 1988.

Heise, Carl Georg: Persönliche Erinnerungen an Aby Warburg. Hamburg 1959.

Herbst, Ludolf: Das nationalsozialistische Deutschland 1933–1945. Die Entfesselung der Gewalt: Rassismus und Krieg. Frankfurt/Main 1996.

Hering, Rainer: Konstruierte Nation. Der Alldeutsche Verband 1890–1939 (Hamburger Beiträge zur Sozial- und Zeitgeschichte 40). Hamburg 2003.

Hering, Rainer: Theologische Wissenschaft und „Drittes Reich". Studien zur Hamburger Wissenschafts- und Kirchengeschichte im 20. Jahrhundert (Reihe Geschichtswissenschaft 20). Pfaffenweiler 1990.

Hering, Rainer: Vom Seminar zur Universität. Die Religionslehrerausbildung in Hamburg zwischen Kaiserreich und Bundesrepublik. Hamburg 1997.

Herzig, Arno: Judentum und Emanzipation in Westfalen. (Veröffentlichungen des Provinzialinstituts für Westfälische Landes- und Volksforschung des Landesverbandes Westfalen-Lippe, Reihe 1 17) 1973.

Hildebrandt, Klaus: Das Dritte Reich (Oldenbourg Grundriss der Geschichte 17). München 1995.

Hipp, Hermann: Freie und Hansestadt Hamburg. Geschichte, Kultur und Stadtbaukunst an Elbe und Alster. Köln 1989.

Hipp, Hermann: Harvestehude-Rotherbaum. Arbeitshefte zur Denkmalpflege in Hamburg 3, Hamburg 1976.

Hirsch, Erika: Jüdisches Vereinsleben in Hamburg bis zum Zweiten Weltkrieg. Jüdisches Selbstverständnis zwischen Antisemitismus und Assimilation (Judentum und Umwelt 63). Frankfurt/Main u. a. 1996.

Hirschfeld, Gerhard: „The defence of learning and science ..." Der Academic Assistant Council in Großbritannien und die wissenschaftliche Emigration aus Nazi-Deutschland. In: Exilforschung. Ein internationales Jahrbuch 6, Vertreibung der Wissenschaften und andere Themen. Hrsg. von Thomas Koebner. München 1988, 28–43.

Hochmuth, Ursel, Meyer Gertrud: Streiflichter aus dem Hamburger Widerstand 1933–1945. Frankfurt/Main 1969.

Hochmuth, Ursel, de Lorent, Hans-Peter (Hrsg.): Schule unterm Hakenkreuz. (Beiträge der "Hamburger Lehrerzeitung" (Organ der GEW) und der Landesgeschichtskommission der VVN/Bund der Antifaschisten), Hamburg 1985.

Hochschulalltag im „Dritten Reich". Die Hamburger Universität 1933–1945. Hrsg. von Eckart Krause u. a. (Hamburger Beiträge zur Wissenschaftsgeschichte 3). Berlin-Hamburg 1991.

Hoffmann, Andreas: Schule und Akkulturation. Geschlechtsdifferente Erziehung von Knaben und Mädchen der Hamburger jüdisch-liberalen Oberschicht 1848–1942 (Jüdische Bildungsgeschichte in Deutschland 3). Münster u. a. 2001.

Hoffmann, Gabriele: Max M. Warburg. (Hamburger Köpfe), Hamburg 2009.

Hornbostel, Wilhelm, Klemm, David: Martin Haller. Leben und Werk 1835–1925. Hamburg 1999.

Huerkamp, Claudia: Bildungsbürgerinnen. Frauen im Studium und in akademischen Berufen 1900–1945. Göttingen1996.

Institut für Geschichte der Medizin. Datenbank. Verfolgte Ärzte, Charité. https://geschichte.charite.de/verfolgte-aerzte/liste.php (letzter Zugriff 24.7.2023).

Israelitisches Krankenhaus Hamburg (Hrsg.): 150 Jahre Israelitisches Krankenhaus in Hamburg. Hamburg 1997.

Janzen, Rudolf: Die Medizinische Fakultät. In: Universität Hamburg 1919–1969. Hamburg 1970, 179–201.

Jasper, Gotthard: Die gescheiterte Zähmung. Wege zur Machtergreifung Hitlers 1930–1934. Frankfurt/Main 1986.

Jenss, Harro, Jahn, Marcus, Layer, Peter und Zornig, Carsten: Israelitisches Krankenhaus in Hamburg – 175 Jahre. Berlin 2016.

Jochmann, Werner: Die Ausbreitung des Antisemitismus. In: Deutsches Judentum in Krieg und Revolution 1916–1923. Hrsg. von Werner E. Mosse. (Schriftenreihe wissenschaftlicher Abhandlungen des Leo Baeck Instituts 25). Tübingen 1971, 409–511.

Jochmann, Werner: Gesellschaftskrise und Judenfeindschaft in Deutschland 1870–1945 (Hamburger Beiträge zur Sozial- und Zeitgeschichte 23). Hamburg 1988.

Jochmann, Werner, Loose, Hans-Dieter: Hamburg. Geschichte der Stadt und ihrer Bewohner, 2 Bde. Vom Kaiserreich bis zur Gegenwart 2. Hamburg 1986.

Jochmann, Werner: Handelsmetropole des Deutschen Reiches. Das Tor zur Welt, In: Hamburg: Geschichte der Stadt und ihrer Bewohner, 2 Bde. Vom Kaiserreich bis zur Gegenwart 2, Hrsg. von Werner Jochmann und Hans-Dieter Loose. Hamburg 1986, 15–35.

Johe, Werner. Im Dritten Reich 1933–1945 In: Hamburg: Geschichte einer Stadt und ihrer Bewohner, 2 Bde. Vom Kaiserreich bis zur Gegenwart 2. Hrsg. von Werner Jochmann und Hans-Dieter Loose. Hamburg 1986, 265–375.

Jost, Isaak Markus. Geschichte der Israeliten seit der Zeit der Maccabäer bis auf unsre Tage: (in der ersten Hälfte des XIX. Jahrhunderts) 10. Neuere Geschichte der Israeliten Abt. 3 Culturgeschichte, nach den Quellen bearbeitet von J. M. Jost. Breslau o. J. [ca. 1857].

Kaiser, Silke: Hans Liebeschütz. In: Biographisch-Bibliographisches Kirchenlexikon XXIX, Hrsg. von Traugott Bautz. Nordhausen 2008, 813–821.

Kaiser, Silke: Hans Liebeschütz. In: Hamburgische Biografie. Personenlexikon 1. Hrsg. von Franklin Kopitzsch und Dirk Brietzke. Hamburg 2001, 184 f.

Kaiser, Silke: Rahel Liebeschütz-Plaut. In: Hamburgische Biografie. Personenlexikon 1. Hrsg. von Franklin Kopitzsch und Dirk Brietzke, Hamburg 2001, 185 f.

Kaiser, Silke: Rahel und Hans Liebeschütz – zwei jüdische Wissenschaftler der Hamburger Universität – ihr Leben unter dem Nationalsozialismus bis 1939 und im Exil in Großbritannien. Magisterarbeit (Geschichtswissenschaft). Ms. Hamburg 1999.

Kaiser, Silke: Jüdische Frauen in Mischehen – Schutz vor der Deportation? In: Fuhlsbüttel unterm Hakenkreuz. Hrsg. von der Willi-Bredel-Gesellschaft Geschichtswerkstatt e. V. Hamburg 1996, 73–82.

Kampmann, Wanda: Deutsche und Juden: die Geschichte der Juden in Deutschland vom Mittelalter bis zum Beginn des Ersten Weltkriegs. Frankfurt/Main 1979.

Katz, Jacob: Tradition and Crisis: Jewish society at the end of the Middle Ages. New York 1961.

Kershaw, Ian: Der NS-Staat. Geschichtsinterpretationen und Kontroversen im Überblick. Reinbek bei Hamburg 1994.

Kinzler, Sonja, Tillmann, Doris: Die Stunde der Matrosen. Kiel und die deutsche Revolution 1918. Darmstadt 2018.

Klee, Ernst: Das Personenlexikon zum Dritten Reich. Wer war was vor und nach 1945. Frankfurt/Main 2015.

Klemp, Stefan: „Nicht ermittelt". Polizeibataillone und die Nachkriegsjustiz. Ein Handbuch. Essen 2011.

Kleßmann, Eckart: M. M. Warburg & Co 1798–1998. Die Geschichte eines Bankhauses. Hamburg 1998.

Kolb, Eberhard: Die Weimarer Republik (Oldenbourg Grundriss der Geschichte 16). 6. Auflage. München 2002.

Koop, Volker: Wer Jude ist, bestimme ich: „Ehrenarier" im Nationalsozialismus. Köln-Weimar-Wien 2014.

Krohn, Claus-Dieter, Winckler, Lutz in Verbindung mit Rotermund, Erwin (Hrsg.): Exilforschungen im historischen Prozess (Exilforschung 30). München 2012.

Krohn, Claus-Dieter (Hrsg.): Jüdische Emigration zwischen Assimilation und Verfolgung, Akkulturation und jüdischer Identität. Hrsg. im Auftrag der Gesellschaft für Exilforschung (Exilforschung. Ein internationales Jahrbuch 19). München 2001.

Krohn, Claus-Dieter: Exilforschung, Version: 1.0, in: Docupedia-Zeitgeschichte, 20.12.2012, http://doi.org/10.14765/zzf.dok.2.253.v1.

Krohn, Helga: Die Juden in Hamburg. Die politische, soziale und kulturelle Entwicklung einer jüdischen Großstadtgemeinde nach der Emanzipation 1848–1918 (Hamburger Beiträge zur Geschichte der deutschen Juden 4). Hamburg 1974.

Krois, John Michael, Lohse, Gerhard und Nicolaysen, Rainer: Die Wissenschaftler Ernst Cassirer, Bruno Snell, Siegfried Landshut. (Hamburgische Lebensbilder 8). Hamburg 1994.

Kulka, Otto Dov: Die Nürnberger Rassegesetze und die deutsche Bevölkerung im Lichte geheimer NS-Lage- und Stimmungsberichte. Stuttgart 1984.

Kwiet, Konrad: Gehen oder bleiben? Die deutschen Juden am Wendepunkt. In: Der Judenpogrom 1938. Von der „Reichskristallnacht" bis zum Völkermord. Hrsg. von Walter H. Pehle. Frankfurt/Main 1988, 132–145.

Lehberger, Reiner: Die Lichtwarkschule in Hamburg. Das pädagogische Profil einer Reformschule des höheren Schulwesens in der Weimarer Republik. Darstellung und Quellen. (Geschichte - Schauplatz Hamburg / Freie und Hansestadt Hamburg, Behörde für Schule und Berufsbildung, Amt für Schule 996). Hamburg 1996.

Lehberger, Reiner: Einflüsse der Reformpädagogik auf das Hamburger Regelschulwesen in der Weimarer Republik. In: Der Traum von der freien Schule. Schule und Schulpolitik während der Weimarer Republik, Hrsg. von: Volker Ullrich und Hans-Peter de Lorent. (Hamburger Beiträge zur Wissenschaftsgeschichte 3). Hamburg 1988, 118–134.

Lehberger, Reiner, Pritzlaff, Christiane und Randt, Ursula: Entrechtet – Vertrieben – Ermordet – Vergessen. Jüdische Schüler und Lehrer in Hamburg unterm Hakenkreuz. Hrsg. von der Behörde für Schule, Jugend und Berufsbildung, Amt für Schule Freie und Hansestadt Hamburg. Hamburg 1988.

Lehmann, Hans-Georg: Rückkehr nach Deutschland? Motive, Hindernisse und Wege von Remigranten. In: Rückkehr und Aufbau nach 1945. Deutsche Remigranten im öffentlichen Leben Nachkriegsdeutschlands, Hrsg. von Patrik von zur Mühlen und Claus-Dieter Krohn. (Schriften der Herbert- und Elsbeth-Weichmann-Stiftung). Marburg 1997, 39–70.

Letschinsky, Jacob: Das wirtschaftliche Schicksal des deutschen Judentums: Aufstieg, Wandlung, Krise, Ausblick. In: Schriften der Zentralwohlfahrtsstelle der deutschen Juden und der Hauptstelle für jüdische Wanderfürsorge. Berlin o J. [1932?].

Ley, Astrid, Morsch, Günter: Medizin und Verbrechen. Das Krankenrevier des KZ Sachsenhausen 1936–1945 (Schriftenreihe der Stiftung Brandenburgische Gedenkstätten 21). Berlin 2007.

Liebeschuetz, Wolfgang: Zur Erinnerung an Hans Liebeschütz. Vortrag gehalten am 25.10.1991 an der Universität Hamburg, Manuskript von Eckart Krause überarbeitet.

Liebeschuetz, Wolfgang: Hans Liebeschütz. In: Neue Deutsche Biographie 14. Hrsg. von der Historischen Kommission bei der Bayrischen Akademie der Wissenschaften. Berlin 1985, 489 f.

Lindemann, Mary: 140 Jahre Israelitisches Krankenhaus – Vorgeschichte und Entwicklung. Hamburg 1981.

Lixl-Purcell, Andreas (Hrsg.): Erinnerungen deutsch-jüdischer Frauen 1900–1990. Leipzig 1992.

Lohalm, Uwe: Hamburgs nationalsozialistische Diktatur. Verfassung und Verwaltung 1933 bis 1945. Hamburg 1997.

Lohalm, Uwe: Völkischer Radikalismus. Die Geschichte des Deutschvölkischen Schutz- und Trutzbundes 1919–1923. (Hamburger Beiträge zur Zeitgeschichte VI). Hamburg 1970.

Lohse, Gerhard: Klassische Philologie und Zeitgeschichte. Zur Geschichte eines Seminars an der Hamburger Universität in der Zeit des Nationalsozialismus. In: Hochschulalltag im „Dritten Reich“. Die Hamburger Universität 1933–1945. Hrsg. von: Eckart Krause u. a. (Hamburger Beiträge zur Wissenschaftsgeschichte 3). Berlin-Hamburg 1991, 775–826.

Longerich, Peter: Deutschland 1918. Die Weimarer Republik. Handbuch zur Geschichte. Hannover 1995.

Lorenz, Ina: Deutsch-Israelitische Gemeinde (DIG). In: Das Jüdische Hamburg. Ein historisches Nachschlagewerk. Hrsg. vom Institut für die Geschichte der deutschen Juden. Göttingen 2006, 58–60.

Lorenz, Ina: Die Juden in Hamburg zur Zeit der Weimarer Republik, Bd. 2. Hamburg 1987.

Lorenz, Ina, Berkemann, Jörg: Die Hamburger Juden im NS-Staat 1933 bis 1938/39 (Hamburger Beiträge zur Geschichte der deutschen Juden XLV). Göttingen, 2016.

Lorenz, Ina: Die jüdische Gemeinde Hamburg 1860–1943 Kaiserreich – Weimarer Republik – NS-Staat. In: Die Juden in Hamburg 1590 bis 1990. Wissenschaftliche Beiträge der Universität Hamburg zur Ausstellung „Vierhundert Jahre Juden in Hamburg“. Hrsg. von Arno Herzig. Hamburg 1991.

Malet, Marian, Grenville Anthony: Changing Countries. The Experience and Achievment of German-speaking Exiles from Hitler in Britain from 1933 to Today. London 2002.

Massing, Paul W.: Rehearsal for Destruction: a study of political anti-semitism in imperial Germany. New York 1949.

Massing, Paul W.: Vorgeschichte des politischen Antisemitismus. Aus dem Amerikanischen übersetzt und für die deutsche Ausgabe bearbeitet von Felix J. Weil. Frankfurt/Main 1959.

Maurer, Trude: Abschiebung und Attentat. Die Ausweisung der polnischen Juden und der Vorwand für die „Reichskristallnacht". In: Der Judenpogrom 1938. Von der „Reichskristallnacht" zum Völkermord. Hrsg. von Walter H. Pehle. Frankfurt/Main 1988, 52–73.

Meier, Ursula: Bemerkungen zur Haltung und zum Selbstverständnis der Hamburger Lehrerin Erna Stahl in der Zeit des Nationalsozialismus. In: Auskunft. Zeitschrift für Bibliothek, Archiv und Information in Norddeutschland. 27. Jahrgang, Heft 4 (2007), 569–612.

Mende, Hans-Jürgen, Wernicke, Kurt (Hrsg.): Krankenhaus am Urban. In: Berliner Bezirkslexikon. Friedrichshain-Kreuzberg. Berlin 2003, 231.

Michels, Karen: Aby Warburg. Im Bannkreis der Idee. München 2007.

Michels, Karen, Schoell-Glas, Charlotte (Hrsg.): Aby Warburg. Tagebuch der Kulturwissenschaftlichen Bibliothek Warburg mit Einträgen von Gertrud Bing und Fritz Saxl. (Aby Warburg. Gesammelte Schriften. Studienausgabe VII). Berlin 2001.

Mittag, Gabriele: Erinnern, Schreiben, Überliefern. Über autobiographisches Schreiben deutscher und deutsch-jüdischer Frauen. Bd. 11: Frauen und Exil. Zwischen Anpassung und Widerstand. In: Jahrbuch „Exilforschung". Hrsg. von Claus-Dieter Krohn, Erwin Rotermund, Lutz Winckler und Wulf Köpke. München 1993, 53–67.

Mommsen, Hans: Der Nationalsozialismus und die deutsche Gesellschaft. Ausgewählte Aufsätze, zum 60. Geburtstag. Hrsg. von Lutz Niethammer und Bernd Weisbrod. Reinbek bei Hamburg 1991.

Mommsen, Hans: Die verspielte Freiheit. Der Weg der Republik von Weimar in den Untergang 1918 bis 1933. Frankfurt/Main-Berlin 1990.

Mönninghoff, Wolfgang: Die Enteignung der Juden. Wunder der Wirtschaft. Erbe der Deutschen. Hamburg-Wien 2001.

Morisse, Heiko: Jüdische Rechtsanwälte in Hamburg. Ausgrenzung und Verfolgung im NS-Staat (Hamburger Beiträge zur Geschichte der deutschen Juden XXVI). Hamburg 2003.

Morsch, Günter, zur Nieden, Susanne: Jüdische Häftlinge im Konzentrationslager Sachsenhausen 1936 bis 1945. Berlin 2004.

Moser, Johnny: Die Entrechtung der Juden im Dritten Reich. Diskriminierung und Terror durch Gesetze, Verordnungen, Erlasse. In: Der Judenpogrom 1938. Von der „Reichskristallnacht" zum Völkermord. Hrsg. von Walter Pehle. Frankfurt/Main 1988, 118–131.

Mühlfried, Klaus: Baukunst als Ausdruck politischer Gesinnung. Martin Haller und sein Wirken in Hamburg. Hamburg 2005.

Müller-Wesemann, Barbara: Theater als geistiger Widerstand. Der Jüdische Kulturbund in Hamburg 1934–1941. Stuttgart 1996.

Nattermann, Ruth: Deutsch-jüdische Geschichtsschreibung nach der Shoa. Die Gründung und Frühgeschichte des Leo Baeck Institute. Essen 2004.

Nicolaysen, Rainer: Snell, Bruno. In: Hamburgische Biografie, Personenlexikon 5. Hrsg. von Franklin Kopitzsch und Dirk Brietzke. Göttingen 2010, 346–348.

Nicolaysen, Rainer: „Frei soll die Lehre sein und frei das Lernen". Zur Geschichte der Universität Hamburg. Hamburg 2008.

Nicolaysen, Rainer: Siegfried Landshut. Die Wiederentdeckung der Politik. Eine Biographie. Frankfurt/Main 1997.

Nicolaysen, Rainer: Wissenschaft ohne Zentrum: Über das Ende des Akademischen Gymnasiums 1883 und den schwierigen Weg zur Gründung einer Universität. In: Das Akademische Gymnasium. Bildung und Wissenschaft in Hamburg 1613–1883. Hrsg. von Dirk Brietzke, Franklin Kopitzsch und Rainer Nicolaysen. Hamburg 2013, 213–235.

Nicolaysen, Rainer: Das „Ja" eines späteren Sozialdemokraten. Über Heinrich Landahl (1895–1971) und seine Zustimmung zum „Ermächtigungsgesetz" am 23. März 1933. In: Zeitschrift des Vereins für Hamburgische Geschichte 98. 2012, 151–192.

Paletschek, Sylvia: Stand und Perspektiven der neueren Universitätsgeschichte. N. T. M. 19, 169 (2011), https://doi.org/10.1007/s00048-011-0051-8.

Pelc, Ortwin: Kaiserreich und Weimarer Republik (1871–1933). In: Das Jüdische Hamburg. Ein historisches Nachschlagewerk. Hrsg. vom Institut für die Geschichte der deutschen Juden. Göttingen 2006, 153–157.

Peukert, Detlev J.: Die Weimarer Republik. Krisenjahre der klassischen Moderne. (Neue historische Bibliothek). Frankfurt/Main 1987.

Piezonka, Beatrix, Wamser, Ursula: Von der Neustadt zum Grindel. In: Eine verschwundene Welt. Jüdisches Leben am Grindel. Hrsg. von Ursula Wamser und Wilfried Weinke. Springe 2006, 16–23.

Plagemann, Volker (Hrsg.): Industriekultur in Hamburg. Des Deutschen Reiches Tor zur Welt. München 1984.

Plagemann, Volker (Hrsg.): Übersee. Seefahrt und Seemacht im Deutschen Kaiserreich. München 1988.

Militärgeschichtliches Forschungsamt Potsdam (Hrsg.): Deutsche Jüdische Soldaten 1914–1945. Von der Epoche der Emanzipation bis zum Zeitalter der Weltkriege. Berlin 1997.

Pritzlaff, Christiane: Entrechtet – Ermordet – Vergessen. Jüdische Schüler in Hamburg. Geleitmaterialien zur Tonbildschau. Hrsg. von der Behörde für Schule, Jugend und Berufsbildung, Amt für Schule Freie und Hansestadt Hamburg. Hamburg 1996.

Paucker, Arnold: Speaking English with and accent. In: „England? Aber wo liegt es?“ Deutsche und österreichische Emigranten in Großbritannien 1933–1945. Hrsg. von Charmian Brinson, Richard Dove, Marian Malet, Jennifer Taylor. München 1996.

Rackwitz, Martin: Kiel 1918 Revolution – Aufbruch zur Demokratie und Republik. Kiel 2018.

Randt, Ursula: Die Zerschlagung des jüdischen Schulwesens. In: Eine verschwundene Welt. Jüdisches Leben am Grindel. Hrsg. von Ursula Wamser und Wilfried Weinke. Springe 2006, 206–218.

Read, Anthony, Fisher, David: Kristallnacht. New York 1989.

Reichmann, Eva: Die Flucht in den Hass. Die Ursache der deutschen Judenkatastrophe. Frankfurt/Main 1956.

Reichmann, Eva: Hostages of Civilization. London 1950.

Richarz, Monika: Der Eintritt der Juden in die akademischen Berufe. Jüdische Studenten und Akademiker in Deutschland 1678–1848, mit einem Geleitwort von Adolf Leschnitzer (Schriftenreihe wissenschaftlicher Abhandlungen des Leo Baeck Instituts). Tübingen 1974.

Robinsohn, Hans: Justiz als politische Verfolgung. Die Rechtsprechung in „Rasseschändungsfällen" beim Landgericht Hamburg 1936–1943. Stuttgart 1977.

Röder, Werner: Die deutschen sozialistischen Exilgruppen in Großbritannien: ein Beitrag zur Geschichte des Widerstandes gegen den Nationalsozialismus. Hannover 1968.

Röder, Werner, Strauss, Herbert A.: Biographisches Handbuch der deutschsprachigen Emigration nach 1933. Berlin 1999. Reprint 2016.

Rosenthal, Jacob. Die Ehre des jüdischen Soldaten. Die Judenzählung im Ersten Weltkrieg und ihre Folgen. Frankfurt/Main 2007.

Ruetz, Michael: Pogrom 1938. Das Gesicht in der Menge. Wädenswil 2018.

Rumberger, Ekkehart, Hünerbein, Diana: Das Physiologische Institut. Ein Schritt vom AKE zum UKE vor 75 Jahren. In: 100 Jahre Universitäts-Krankenhaus Eppendorf 1889–1989. Hrsg. von Ursula Weisser. Tübingen 1989, 348–352.

Runge, Anita: Wissenschaftliche Biographik. In: Handbuch Biographie. Methoden, Traditionen, Theorien. Hrsg. von Christian Klein. Stuttgart 2009, 113–121.

Rürup, Reinhard: Judenemanzipation und bürgerliche Gesellschaft in Deutschland. In: Gedenkschrift für Martin Göhring. Studien zur europäischen Geschichte. Hrsg. von Ernst Schulin mit einem Geleitwort von Jacques Droz. Wiesbaden 1968, 174–199.

Schäfer, Hans-Michael: Kulturwissenschaftliche Bibliothek Warburg. In: Das Jüdische Hamburg. Ein historisches Nachschlagewerk. Hrsg. vom Institut für die Geschichte der deutschen Juden. Göttingen 2006, 166.

Schäfer, Hans-Michael: Hans Liebeschütz. In: Das Jüdische Hamburg. Ein historisches Nachschlagewerk. Hrsg. vom Institut für die Geschichte der deutschen Juden. Göttingen, 176.

Scheer, Christian: Theodor Plaut. In: Beiträge zur Biographie der deutschen wirtschaftswissenschaftlichen Emigration 1933–1945: Rudolf Grabower, Otto Freiherr v. Mering, Theodor Plaut, Eduard Rosenstein, Oswald Schneider, Carl v. Tyszka, (Diskussionsschriften aus dem Institut für Finanzwissenschaft der Universität Hamburg Nr. 60). Hamburg 1998, 20–31.

Schildt, Axel: Die Republik von Weimar. Deutschland zwischen Kaiserreich und „Drittem Reich" (1918–1933). Erfurt 1997.

Schmidt, Uwe: Hamburger Schulen im „Dritten Reich". Hrsg. von Rainer Hering (Beiträge zur Geschichte Hamburgs 64). Hamburg 2010, https://doi.org/10.15460//HUP/BGH.64.101.

Schoeps, Hans-Joachim: Jüdischer Glaube in dieser Zeit. Geschichte der jüdischen Religionsphilosophie in der Neuzeit. Jüdisch-christliches Religionsgespräch in neunzehn Jahrhunderten, mit einer Einleitung von Friedrich Wilhelm Kantzenbach. Nachdruck der Aufl. Hildesheim 1990.

Sieg, Ulrich: Jüdische Intellektuelle im Ersten Weltkrieg. Kriegserfahrungen, weltanschauliche Debatten und kulturelle Neuentwürfe. Berlin 2001.

Sielemann, Jürgen: Fragen und Antworten zur „Reichskristallnacht" in Hamburg. In: Bewahren und Berichten. Festschrift für Hans-Dieter Loose zum 60. Geburtstag. Hrsg. im Auftrag des Vereinsvorstandes des Vereins für Hamburgische Geschichte von Hans Wilhelm Eckart und Klaus Richter. Hamburg 1997 (Zeitschrift des Vereins für Hamburgische Geschichte 83, Teil 1), 473–501.

Simon, Ernst: Aufbau im Untergang. Jüdische Erwachsenenbildung im nationalsozialistischen Deutschland als geistiger Widerstand. Tübingen 1959.

Steinweis, Alan E.: Kristallnacht: Ein deutscher Pogrom. Stuttgart 2011.

Ein Spaziergang durch Hamburgs City. In: Hamburgs Handel und Verkehr. Illustrirtes Export-Handbuch. Hamburg 1897/99.

Sterling, Eleonore: Er ist wie du. Aus der Frühgeschichte des Antisemitismus in Deutschland (1815–1850). Vorwort von Karl Schmid. München 1956.

Steuwer, Janosch, Graf, Rüdiger: Selbstkonstitution und Welterzeugung in Tagebüchern des 20. Jahrhunderts. In: Selbstreflexion und Weltdeutungen. Tagebücher in der Geschichte und Geschichtsschreibung des 20. Jahrhunderts. Hrsg. von Janosch Steuwer und Rüdiger Graf. Göttingen 2015, 7–36.

Stobbe, Otto: Die Juden in Deutschland während des Mittelalters in politischer, sozialer und rechtlicher Beziehung. Berlin 1923.

Strauss, Herbert A.: Die letzten Jahre der Hochschule (Lehranstalt) für die Wissenschaft des Judentums, Berlin (1936–1942). In: Wissenschaft des Judentums. Anfänge der Judaistik in Europa. Hrsg. von Julius Carlebach. Darmstadt 1992, 36–58.

Strauss, Herbert A.: Jewish immigrants of the Nazi period in the U.S.A. New York 1978–1987.

Strupp, Christoph: Die mobilisierte Gesellschaft. Hamburg im Ersten Weltkrieg. In: Zeitgeschichte Hamburg 2014. Hrsg. von der Forschungsstelle für Zeitgeschichte in Hamburg. Hamburg 2015, 11–37.

Stubbe da Luz, Helmut: Kaufmann, Karl. In: Hamburgische Biografie. Personenlexikon 3. Hrsg. von Franklin Kopitzsch und Dirk Brietzke. Göttingen 2006, 195–197.

Tietz, Christiane: Karl Barth. Ein Leben im Widerspruch. München 2018.

Tyrell, Albrecht: Aufstieg der NSDAP zu Macht. In: Die Weimarer Republik 1918–1933. Politik, Wirtschaft, Gesellschaft. Hrsg. von Karl Dietrich Bracher u. a. (Studien zur Geschichte und Politik 251). Bonn 1987, 467–483.

Uhlmann, Gordon, Weisser, Ursula: Grundzüge einer Geschichte des Eppendorfer Krankenhauses. In: 100 Jahre Universitätskrankenhaus Eppendorf 1889–1989. Hrsg. von Ursula Weisser. Tübingen 1989, 12–121.

Ullrich, Volker: Fünfzehntes Bild: Drückeberger. In: Bilder der Judenfeindschaft. Antisemitismus, Vorurteile und Mythen. Hrsg. von J. Schlör, Julius H. Schoeps. Augsburg 1999, 210–217.

Ullrich, Volker: Vom Augusterlebnis zur Novemberrevolution. Beiträge zur Sozialgeschichte Hamburgs und Norddeutschlands im Ersten Weltkrieg. Bremen 1999.

Ullrich, Volker: Die Hamburger Arbeiterbewegung vom Vorabend des Ersten Weltkriegs bis zur Revolution 1918/19. 2 Bde. Hamburg 1976.

Ullrich, Volker: Die nervöse Großmacht 1871–1918. Aufstieg und Untergang des deutschen Kaiserreichs. Frankfurt/Main 2001.

Ullrich, Volker: Die Revolution von 1918/19. München 2009.

Ullrich, Volker: Kriegsalltag. Hamburg im ersten Weltkrieg. Köln 1993.

Ullrich, Volker: Kurz lebe die Revolution! Vor hundert Jahren wehte auf dem Hamburger Rathaus die rote Fahne. Arbeiter und Soldaten rissen die Macht an sich. Doch ihre Herrschaft dauerte nur wenige Wochen. In: DIE ZEIT, Hamburg. Nr. 45. 31.10.2018.

Ullrich Volker: „Ruhestörer sofort unschädlich machen." Im Januar 1918 wagten 30 000 Werftarbeiter in Hamburg einen verzweifelten Aufstand gegen den Krieg – das Vorspiel zur Revolution im November. In: DIE ZEIT, Hamburg. Nr. 5. 25.1.2018.

Vieth, Harald: Hier lebten sie miteinander ... in Harvestehude-Rotherbaum. Jüdische Schicksale. Alltägliches. Heutiges. Hamburg 1993.

Villiez, Anna von: Mit aller Kraft verdrängt. Entrechtung und Verfolgung „nicht arischer" Ärzte in Hamburg 1933 bis 1945 (Studien zur jüdischen Geschichte 11). München-Hamburg 2009.

Vogel, Barbara: Anpassung und Widerstand. Das Verhältnis Hamburger Hochschullehrer zum Staat 1919 bis 1945. In: Hochschulalltag im „Dritten Reich". Die Hamburger Universität 1933–1945. Hrsg. von Eckart Krause u. a. (Hamburger Beiträge zur Wissenschaftsgeschichte). Hamburg 1991, 3–83.

Volkov, Shulamit: Die Juden in Deutschland 1780–1918 (Enzyklopädie deutscher Geschichte 16). München 1994.

Walter, Dirk: Antisemitische Kriminalität und Gewalt. Judenfeindschaft in der Weimarer Republik. Bonn 1999.

Wamser, Ursula, Weinke, Wilfried: Antisemitismus. In: Eine verschwundene Welt. Jüdisches Leben am Grindel. Hrsg. von Ursula Wamser und Wilfried Weinke. Springe 2006, 172–194.

Wamser, Ursula, Weinke, Wilfried: Der „Judenboykott" vom 1. April 1933. In: Eine verschwundene Welt. Jüdisches Leben am Grindel. Hrsg. von Ursula Wamser und Wilfried Weinke. Springe 2006, 201–202.

Wamser, Ursula, Weinke, Wilfried: Der Judenpogrom vom November 1938. In: Eine verschwundene Welt. Jüdisches Leben am Grindel. Hrsg. von Ursula Wamser und Wilfried Weinke. Springe 2006, 298–307.

Wendt, Bernd Jürgen: Das nationalsozialistische Deutschland. Berlin 1999.

Wendt, Bernd Jürgen: Deutschland 1933–1945. Das Dritte Reich. Hannover 1995.

Wendt, Joachim: Die Lichtwarkschule in Hamburg (1921–1937). Eine Stätte der Reform des höheren Schulwesens (Beiträge zur Geschichte Hamburgs 57) zugleich (Hamburger Schriftenreihe zur Schul- Unterrichtsgeschichte 8). Hamburg 2000.

Wetzel, Juliane: Auswanderung aus Deutschland. In: Die Juden in Deutschland 1933–1945. Leben unter nationalsozialistischer Herrschaft. Hrsg. von Wolfgang Benz. München 1988, 413–498.

Wiener, Max: Jüdische Religion im Zeitalter der Emanzipation. Hrsg. und mit einem Nachwort versehen von Daniel Weidner. Berlin 2002.

Wilhelm-Gymnasium Hamburg 1881–2006. Festschrift zum 125-jährigen Jubiläum 2006. Im Auftrage der Schulkonferenz, des Schulvereins und des Ehemaligen-Vereins. Hamburg 2006.

Wininger, S.: Große Jüdische National-Biographie. Nendeln/Liechtenstein 1979.

Winkler, Heinrich August: Weimar 1918–1933. Die Geschichte der ersten deutschen Demokratie. München 1993.

Zechlin, Egmont unter Mitarbeit von Hans-Joachim Bieber: Die deutsche Politik und die Juden im Ersten Weltkrieg. Göttingen 1969.

Kurzbiografien

Ascher, Edith, geb. Michael (1901–1986), Bekannte der Liebeschütz, Ärztin in Hamburg, emigrierte nach England.

Baeck, Leo (1873–1956), Freund und Kollege von Hans Liebeschütz an der Hochschule für die Wissenschaft des Judentums in Berlin, Rabbiner und zu seiner Zeit bedeutendster Vertreter des liberalen Judentums sowie Führungsfigur und Repräsentant der deutschen Juden. Er wurde 1943 ins Konzentrationslager Theresienstadt deportiert und emigrierte im Juni 1945 nach England.

Böckmann, Paul (1899–1987), Kollege von Hans Liebeschütz an der Realschule Uferstraße, Germanist an der Universität Hamburg, Freund des Ehepaares Liebeschütz.

Brach, Friederike, geb. Feist Belmont (1843–1939), Großmutter von Rahel Liebeschütz, lebte in Hamburg.

Brach, Rudolph (1829–1907), Großvater von Rahel Liebeschütz, Kaufmann.

Busdorf, Erika, Kindermädchen der Liebeschütz, Turnlehrerin der Liebeschütz-Kinder, Freundin von Rahel Liebeschütz.

Carver, Maggie (*1964), Tochter von Elisabeth und Ivan Hall, Enkelin des Ehepaares Liebeschütz, lebt in Winchester.

Fenthol, Fritz, Anwalt der Liebeschütz, der bei der bürokratischen Abwicklung der Emigration half.

Freydag, Adolf (1893–1973), Freund von Hans Liebeschütz, Amtsrichter in Hamburg.

Geppert, Karoline, Freundin von Rahel Liebeschütz in Hamburg, Ärztin.

Griphan, Walter (1891–1947), Freund von Hans Liebeschütz, Beamter der Schutzpolizei in Hamburg, später SS-Führer.

Hall, Elisabeth, geb. Liebeschütz (1932–1994), Tochter von Hans und Rahel Liebeschütz, Kindheit in Hamburg, emigrierte nach England, war Lehrerin für Gartenbau.

Hall, Ivan (*1932), Schwiegersohn des Ehepaares Liebeschütz, Kunsthistoriker, war mit Elisabeth Hall, geb. Liebeschütz verheiratet.

Kestner, Otto (1873–1953), Freund und Chef von Rahel Plaut, Professor für Physiologie, Direktor des Physiologischen Instituts der Universität Hamburg, emigrierte nach England, kehrte 1949 nach Hamburg zurück, wo er 1953 starb.

Landahl, Heinrich (1895–1971), Bekannter des Ehepaares Liebeschütz, Politiker der DDP in Hamburg, von 1926–1933 Leiter der Lichtwarkschule, nach dem Krieg SPD und langjähriger Schulsenator in Hamburg.

Liebeschuetz, Wolfgang (1927–2022), Sohn von Hans und Rahel Liebeschütz, Kindheit in Hamburg, emigrierte nach England, war emeritierter Professor für Alte Geschichte in Nottingham.

Liebeschütz, Hugo (1929–1994), Sohn von Hans und Rahel Liebeschütz, Kindheit in Hamburg, emigrierte nach England.

Liebeschütz, John (Samuel Graunem) (1859–1898), Vater von Hans Liebeschütz. Praktischer Arzt in Hamburg.

Liebeschütz, Lizzy Olga, geb. Schönfeld (1867–1950), Mutter von Hans Liebeschütz, lebte in Hamburg, emigrierte nach England.

Marcks, Elisabeth, geb. Tietgens (1894–1965), beste Freundin von Rahel Liebeschütz, verheiratet mit dem späteren General Erich Marcks.

Marcks, Erich (1891–1944), Freund des Ehepaares Liebeschütz, Reichspressechef unter den Reichskanzlern Franz von Papen und Kurt von Schleicher, später General der der Deutschen Wehrmacht, war Ehemann von Elisabeth Marcks.

Panofsky, Erwin (1892–1968), Kollege und Freund von Hans Liebeschütz von der K.B.W in Hamburg, Kunsthistoriker, emigrierte in die USA.

Plaut, Adele, geb. Brach (1867–1953), Mutter von Rahel Liebeschütz, lebte in Hamburg, emigrierte nach England.

Plaut, Ellen, geb. Warburg (1900–1940), Rahel Liebeschütz' Schwägerin war verheiratet mit Theodor Plaut, lebte in Hamburg, emigrierte nach England.

Plaut, Gustav (1921–2006), Sohn von Theodor und Ellen Plaut, Neffe von Rahel Liebeschütz, Kindheit in Hamburg, emigrierte nach England, wurde Arzt.

Plaut, Hubert Curt (1889–1978), Bruder von Rahel Liebeschütz, Physiker in Hamburg, emigrierte nach England.

Plaut, Hugo Carl (1858–1928), Vater von Rahel Liebeschütz, Bakteriologieprofessor in Hamburg, Direktor des Pilzinstituts der Universität Hamburg.

Plaut, Ilse geb. Berend (1903–1994), Schwägerin von Rahel Liebeschütz, war verheiratet mit Hubert Curt Plaut, lebte in Hamburg, emigrierte nach England.

Plaut, Maud (1923–1985), Tochter von Theodor und Ellen Plaut, Nichte von Rahel Liebeschütz, Kindheit in Hamburg, emigrierte nach England.

Plaut, Theodor (1888–1948), Bruder von Rahel Liebeschütz, Ökonomieprofessor in Hamburg, emigrierte nach England.

Reinhardt, Arthur (1893), Freund von Hans Liebeschütz, Stahlhelm Hamburg, später SA.

Saxl, Fritz (1890–1948), Kollege und Freund von Hans Liebeschütz von der Kulturwissenschaftlichen Bibliothek Warburg (K.B.W.), Kunsthistoriker, zeitweise Leiter der K.B.W. in Hamburg, emigrierte nach England.

Schmidt-Schütt, Margarethe, Freundin von Rahel Liebeschütz, Ärztin in Hamburg, später in Haiti.

Schönfeld, Joseph (1824–1909), Großvater von Hans Liebeschütz, lebte in Hamburg.

Snell, Bruno, Prof. Dr. (1896–1986), Bekannter des Ehepaares Liebeschütz, klassischer Philologe an der Universität Hamburg.

Sprinz, Caroline, geb. Plaut (1892–1976), Schwester von Rahel Liebeschütz, lebte in Berlin, war mit Moritz Sprinz verheiratet, emigrierte nach England.

Sprinz, Moritz (1885–1974), Schwager von Rahel Liebeschütz, war verheiratet mit Caroline Plaut, lebte in Berlin, emigrierte nach England.

Stahl, Erna (1900–1980), Freundin des Ehepaares Liebeschütz, Lehrerin in Hamburg und Kollegin von Hans Liebeschütz.

Thomsen, Johannes, Dr. (1894–1971), Freund von Hans Liebeschütz, Oberlandesgerichtsrat in Hamburg.

Weniger, Erich, Prof. Dr. (1894–1961), Freund von Hans Liebeschütz, Leiter der Pädagogischen Akademie Altona, Geschichtsdidaktiker.

Wießner, Franz, Prof. Dr. (1871–1942), Freund und Kollege von Hans Liebeschütz, Lehrer an der Lichtwarkschule.

Zadik, Manfred (1887–1965) Anwalt der Liebeschütz, der Rahel Liebeschütz während Hans Liebeschütz' Haftzeit im KZ Sachsenhausen beriet.

Zassenhaus, Hiltgunt (1916–2004) war eine Tochter der Familie Zassenhaus, mit der das Ehepaar befreundet war. Sie arbeitete in Zweiten Weltkrieg als Dolmetscherin im Gefängnis Fuhlsbüttel. Wegen ihrer Unterstützung der skandinavischen Häftlinge wurde sie der Engel von Fuhlsbüttel genannt. Sie emigrierte nach dem Krieg in die USA, wo sie als Ärztin tätig war.

Zindler, Erwin (1895–1964), Lehrer, Schulleiter der Lichtwarkschule ab 1933, Politischer Leiter in der NSDAP, kommissarischer Leiter des Nationalsozialistischen Lehrerbundes.

Personenregister

Abbildungsnachweis

Dank

Zum Zustandekommen dieses Buches haben viele Menschen beigetragen. Besonders wichtig war der stetige Austausch mit Prof. Dr. Wolfgang Liebeschuetz. Ohne ihn hätte es dieses Buch nicht gegeben. Ihm gilt mein besonderer Dank. Durch die Familie Carver, der Enkelin der Liebeschütz mit ihrem Mann konnte ich die Tagebücher auswerten und habe ich Fotos für dies Buch bekommen. Auch ihnen danke ich.

Besonders möchte ich auch meinem Herausgeber Prof. Dr. Dr. Rainer Hering danken, der es möglich machte, dass dies Buch erscheinen konnte. Er hat das Projekt durch wertvolle Ratschläge und Hinweise maßgeblich vorangebracht. Für seine beratende Unterstützung danke ich auch Prof. Dr. Klaus Saul.

Ich danke auch Prof. Dr. Rainer Nicolaysen und Eckart Krause von der Hamburger Bibliothek für Universitätsgeschichte und Jürgen Sielemann von der Hamburger Gesellschaft für jüdische Genealogie. Für die Einführung in Rahel Liebeschütz' wissenschaftliche Arbeit danke ich Prof. Dr. Ekkehart Rumberger.

Auch Dr. Gustav Plaut, der Neffe der Liebeschütz hat meine Arbeit unterstützt, indem er für mich einen Bericht über seine Erlebnisse in Hamburg während des Nationalsozialismus verfasste. Dr. Irene Collins, die ehemalige Kollegin Hans Liebeschütz' an der Universität von Liverpool schrieb einen Bericht über Hans Liebeschütz. Beiden gilt mein Dank.

Ich danke auch unserer Tochter Miriam von Holst für ihre Hilfe bei der Bearbeitung der Fotos.

Besonders bedanken möchte ich mich bei meinem Mann Dr. Christoph von Holst, der die Arbeit an dem Buch in allen Phasen unterstützte und es mit seiner unendlichen Geduld ermöglichte, dass es fertig werden konnte.

Über die Autorin

Silke Kaiser, geb. 1964, hat in Hamburg Geschichte und Anglistik studiert. Schon während ihres Studiums befasste sie sich mit der Familie Liebeschütz. Trotz mehrerer Wohnortwechsel nach Italien und Belgien ließ sie das Schicksal dieser Familie nicht los. Sie lebt in Belgien und arbeitet dort als Deutschlehrerin. Mit ihrer Dissertation über Jüdische Identität in Deutschland und im Exil wurde sie 2022 an der Universität Hamburg zum Dr. phil. promoviert.